中国固定资产投资统计年鉴

2008

国家统计局固定资产投资统计司
国家发展和改革委员会投资研究所 编

中 国 计 划 出 版 社

图书在版编目(C I P)数据

中国固定资产投资统计年鉴.2008/国家统计局固定资产投资统计司，国家发展和改革委员会投资研究所编.北京：中国计划出版社，2009.2
ISBN 978-7-80242-297-1

I.中... II.①国...②国... III.固定资产—投资—统计资料-中国-2008-年鉴 IV.F832.48-54

中国版本图书馆CIP数据核字（2009)第022376号

中国固定资产投资统计年鉴

2008

国家统计局固定资产投资统计司
国家发展和改革委员会投资研究所 编

☆

中国计划出版社出版
（地址：北京市西城区木樨地北里甲11号国宏大厦C座4层）
（邮政编码:100038 电话：63906381 63906433）
新华书店北京发行所发行
北京市启恒印刷有限公司

787×1092毫米 1/16 29.5 印张 740千字
2009年2月第一版 2009年2月第一次印刷
印数1－3000 册

☆

ISBN 978-7-80242-297-1
定价：198.00元

《中国固定资产投资统计年鉴(2008)》
编 辑 委 员 会

编 者 说 明

《中国固定资产投资统计年鉴（2008）》资料来源于2007年全国固定资产投资统计报表基层数据库和综合报表。本年报分全社会投资、城镇投资和农村投资三个部分。

第一部分为全社会固定资产投资。包括全社会固定资产投资主要指标，各地区按各种经济类型（国有经济、集体经济、联营经济、股份制经济、外商投资经济、港澳台投资经济和私营个体经济）分组的总投资规模、本年投资、新增固定资产及有关建筑面积等指标。

第二部分为城镇固定资产投资。包括城镇计划总投资50万元以上项目（单位）投资和房地产开发投资。

第三部分为农村固定资产投资。包括非农户计划总投资50万元以上项目（单位）投资和农户投资。农户投资数据来源于国家统计局农村司抽样调查资料。

使用本年报资料时请注意以下几点：

1.本年报各部分按建设性质分的投资和项目个数中不含房地产开发投资。

2.由于房地产自筹资金来源中只下设“企事业单位自有资金”，故自筹资金来源各分项之和不等于总计。

3.不分地区固定资产投资数据包括跨省、市、区项目和各部门统一购置的设备、铁路机车、车辆、飞机等，以及用军费和人防经费安排的基本建设工程完成的投资。

4.本年报资料凡小数点后各项相加不等于总计者，均由于四舍五入的缘故。

5.本年报资料是直接由全国固定资产投资统计基层报表数据库及综合表加工而来，由于篇幅所限，只能编印部分内容。各资料使用单位若有特殊的资料加工需求，可与国家统计局固定资产投资统计司联系。

目　录

第一部分　全社会固定资产投资

全社会固定资产投资2007年主要指标与2006年比较 …… (13)
全社会固定资产投资主要指标 …… (14)
按城乡分的全社会固定资产投资 …… (16)
各地区全社会固定资产投资建设总规模 …… (17)
各地区全社会全部计划总投资 …… (18)
各地区全社会全部累计完成投资 …… (20)
各地区全社会按主要行业分的固定资产投资 …… (22)
各地区全社会按城乡分的固定资产投资 …… (25)
各地区全社会按经济类型分的固定资产投资 …… (26)
各地区全社会建筑安装工程投资 …… (28)
各地区全社会设备、工器具购置投资 …… (30)
各地区全社会其他费用投资 …… (32)
各地区全社会住宅建设投资 …… (34)
各地区全社会新增固定资产 …… (36)
各地区全社会投资资金来源 …… (38)
各地区全社会施工房屋面积 …… (39)
各地区全社会施工住宅面积 …… (41)
各地区全社会竣工房屋面积 …… (43)
各地区全社会竣工住宅面积 …… (45)
生产能力施工规模和建成率 …… (47)

第二部分　城镇固定资产投资

(一) 城镇

城镇投资主要指标 …… (55)
各地区城镇固定资产投资建设总规模 …… (56)
国民经济行业小类城镇固定资产投资建设总规模 …… (57)
各地区城镇计划总投资和累计完成投资 …… (87)

国民经济行业小类城镇计划总投资和累计完成投资 …………………………………… (88)
各地区城镇投资和新增固定资产 ……………………………………………………………(118)
国民经济行业大类城镇投资和新增固定资产 ……………………………………………(119)
各地区按登记注册类型分的城镇投资 ………………………………………………………(122)
国民经济行业大类按登记注册类型分的城镇投资………………………………………… (126)
各地区国有控股、内资、外商及港澳台城镇投资 ………………………………………… (141)
国民经济行业小类国有控股、内资、外商及港澳台城镇投 ……………………………… (142)
各地区按三次产业分的城镇投资 ……………………………………………………………(172)
各地区按投资规模分的城镇投资 ……………………………………………………………(173)
各地区按构成分的城镇投资 …………………………………………………………………(175)
各地区按隶属关系分的城镇投资 ……………………………………………………………(176)
各地区按建设性质分的城镇投资 ……………………………………………………………(177)
各地区城镇旧设备、旧建筑物及土地购置情况……………………………………………… (178)
各地区按行业大类分的城镇投资 ……………………………………………………………(179)
各地区按行业门类分的城镇住宅投资 ………………………………………………………(198)
国民经济行业小类按构成分的城镇投资 ……………………………………………………(202)
国民经济行业小类按隶属关系分的城镇投资 ………………………………………………(232)
国民经济行业小类按建设性质分的城镇投资 ………………………………………………(262)
各地区按隶属关系分的城镇新增固定资产…………………………………………………… (292)
各地区按建设性质分的城镇新增固定资产…………………………………………………… (293)
各地区按行业门类分的城镇新增固定资产…………………………………………………… (294)
各地区按工业行业大类分的城镇新增固定资产……………………………………………… (298)
国民经济行业大类按隶属关系分的城镇新增固定资产……………………………………… (304)
国民经济行业大类按建设性质分的城镇新增固定资产……………………………………… (307)
各地区城镇投资项目个数 ……………………………………………………………………(310)
国民经济行业小类城镇投资项目个数 ………………………………………………………(311)
各地区城镇投资财务拨款 ……………………………………………………………………(341)
各地区城镇投资本年资金来源构成 …………………………………………………………(342)
国民经济行业大类城镇投资财务拨款 ………………………………………………………(344)
国民经济行业小类城镇投资资金来源构成…………………………………………………… (347)
各地区城镇房屋建筑面积和造价 ……………………………………………………………(407)
各地区城镇住宅建筑面积和造价 ……………………………………………………………(408)
国民经济行业大类城镇房屋建筑面积和造价 ………………………………………………(409)
国民经济行业大类城镇住宅建筑面积和造价 ………………………………………………(412)

（二）房地产开发

房地产开发投资主要指标…………………………………………………………………………(415)
各地区按登记注册类型分的房地产开发单位个数……………………………………………(416)
各地区房地产开发固定资产投资总规模…………………………………………………………(420)
各地区房地产开发计划总投资和累计完成投资…………………………………………………(421)
各地区房地产开发投资和新增固定资产…………………………………………………………(422)
各地区房地产开发投资各种购置费用……………………………………………………………(423)
各地区按登记注册类型分的房地产开发投资……………………………………………………(424)
各地区按资质等级分的房地产开发投资…………………………………………………………(428)
各地区按构成分的房地产开发投资………………………………………………………………(430)
各地区按用途分的房地产开发投资………………………………………………………………(431)
各地区按隶属关系分的房地产开发投资…………………………………………………………(432)
各地区房地产开发投资财务拨款…………………………………………………………………(433)
各地区房地产开发投资本年资金来源构成………………………………………………………(434)
各地区房地产土地开发情况………………………………………………………………………(435)
各地区房地产开发房屋建筑面积和造价…………………………………………………………(436)
各地区房地产开发住宅建筑面积和造价…………………………………………………………(437)
各地区房地产开发房屋施工面积…………………………………………………………………(438)
各地区房地产开发房屋新开工面积………………………………………………………………(439)
各地区房地产开发房屋竣工面积…………………………………………………………………(440)
各地区房地产开发商品房屋实际销售面积………………………………………………………(441)
各地区房地产开发商品房屋空置面积……………………………………………………………(442)
各地区房地产开发商品房屋实际销售额…………………………………………………………(443)

第三部分　农村固定资产投资

各地区农村固定资产投资……………………………………………………………………………(447)
各地区农村本年新增固定资产………………………………………………………………………(448)
各地区农村非农户按构成分的投资…………………………………………………………………(449)
各地区农村非农户按主要行业分的投资……………………………………………………………(450)
各地区农村非农户投资资金来源……………………………………………………………………(453)
各地区农村非农户房屋建筑面积和投资……………………………………………………………(454)
各地区农村非农户住宅建筑面积和投资……………………………………………………………(455)
各地区农村农户固定资产投资增长情况……………………………………………………………(456)

各地区农村农户按构成分的投资…………………………………………………………………（457）
各地区农村农户按项目分的投资…………………………………………………………………（458）
各地区农村农户按主要行业分的投资……………………………………………………………（459）
各地区农村农户投资资金来源……………………………………………………………………（462）
各地区农村农户房屋建筑面积和投资……………………………………………………………（463）
各地区农村农户住宅建筑面积和投资……………………………………………………………（464）

第一部分
全社会固定资产投资

全社会固定资产投资 2007 年主要指标与 2006 年比较

指标名称	2006 年	2007 年	2007 年比 2006 年增减	
			绝对数	%
一、投资总额(亿元)	**109998.16**	**137323.94**	**27325.78**	**24.8**
其中:住宅	19333.05	25005.01	5671.96	29.3
1.按构成分				
建筑安装工程	66775.83	83518.28	16742.45	25.1
设备工器具购置	25563.90	31574.77	6010.88	23.5
其他费用	17658.43	22230.89	4572.45	25.9
2.按产业分				
第一产业	2749.94	3403.50	653.57	23.8
第二产业	48479.05	61153.76	12674.71	26.1
第三产业	58769.17	72766.67	13997.50	23.8
二、全部建设规模(亿元)				
计划总投资	322744.54	396409.01	73664.47	22.8
自开始建设至本年底	195455.81	248198.92	52743.12	27.0
累计完成投资	——	——	——	——
全部建成尚需投资	127288.74	148210.09	20921.35	16.4
三、新增固定资产(亿元)	**69641.16**	**83474.99**	**13833.83**	**19.9**
四、房屋建筑面积(万平方米)				
施工面积	462677.00	548542.04	85865.04	18.6
其中:住宅	265565.30	315629.80	50064.50	18.9
竣工面积	212542.20	238425.31	25883.11	12.2
其中:住宅	131408.19	146282.71	14874.52	11.3
五、投资资金来源小计(亿元)	**118956.99**	**150803.61**	**31846.62**	**26.8**
国家预算内资金	4672.00	5857.06	1185.05	25.4
国内贷款	19590.47	23044.20	3453.73	17.6
利用外资	4334.31	5132.69	798.37	18.4
自筹资金	71076.45	91373.23	20296.78	28.6
其他资金	19283.75	25396.44	6112.69	31.7

全社会固定资产投资主要指标（一）

指标名称	合计	国有经济	集体经济	集体经济·农村	个体经济	个体经济·农村
一、投资总额(亿元)	**137323.94**	**42227.75**	**5570.87**	**1799.14**	**33114.25**	**11638.09**
其中:住宅	25005.01	2744.59	1130.06	204.26	9749.28	3324.67
1.按构成分						
建筑安装工程	83518.28	28056.96	4163.33	1396.16	19822.43	6746.56
设备工器具购置	31574.77	7118.99	775.67	215.31	8417.60	3704.53
其他费用	22230.89	7051.80	631.87	187.67	4874.22	1187.00
2.按产业分						
第一产业	3403.50	1004.27	266.10	179.48	1647.61	1378.67
第二产业	61153.76	11844.07	1697.61	463.31	15951.42	5738.10
第三产业	72766.67	29379.41	3607.16	1156.35	15515.22	4521.31
二、全部建设规模（亿元）						
计划总投资	396409.01	141233.77	10364.42	2711.04	67895.07	15138.12
自开始建设至本年底	248198.92	83378.52	7975.06	2198.32	47769.97	12878.74
累计完成投资	——	——	——	——	——	——
全部建成尚需投资	148210.09	57855.26	2389.36	512.72	20125.10	2259.38
三、新增固定资产(亿元)	**83474.99**	**23375.20**	**3873.82**	**1384.49**	**23353.19**	**9995.61**
四、房屋建筑面积（万平方米）						
施工面积	548542.04	83107.27	24558.52	6855.22	227204.77	106548.43
其中：住宅	315629.80	36567.72	11751.88	2410.55	156141.43	82660.86
竣工面积	238425.31	30987.33	10759.10	3547.33	131761.28	90567.10
其中：住宅	146282.71	14426.21	4929.41	1130.19	96340.94	74130.78

全社会固定资产投资主要指标（二）

指标名称	联营经济	股份制经济	外商投资经济	港澳台投资经济	其他经济
一、投资总额(亿元)	**276.22**	**39915.18**	**7355.39**	**5998.51**	**2865.77**
其中:住宅	46.89	8579.33	1003.00	1374.86	377.00
1.按构成分					
建筑安装工程	175.12	23014.92	3286.25	3113.88	1885.38
设备工器具购置	64.39	9825.83	2976.55	1802.10	593.65
其他费用	36.71	7074.43	1092.59	1082.52	386.73
2.按产业分					
第一产业	7.18	305.19	24.48	19.75	128.92
第二产业	129.60	22187.24	4924.67	3152.04	1267.11
第三产业	139.44	17422.75	2406.24	2826.72	1469.73
二、全部建设规模（亿元）					
计划总投资	710.93	123498.78	24088.96	23109.14	5507.93
自开始建设至本年底	577.55	75947.43	14938.88	13736.50	3875.02
累计完成投资	——	——	——	——	——
全部建成尚需投资	133.38	47551.35	9150.08	9372.65	1632.91
三、新增固定资产(亿元)	**223.74**	**23250.35**	**4324.97**	**3193.07**	**1880.64**
四、房屋建筑面积（万平方米）					
施工面积	977.92	153921.61	23084.85	25103.15	10583.96
其中：住宅	544.61	86479.75	7880.14	11404.97	4859.31
竣工面积	413.12	47405.60	6053.86	6270.39	4774.63
其中：住宅	211.51	24081.62	1643.68	2399.54	2249.80

按城乡分的全社会固定资产投资

指 标 名 称	2006 年	2007 年	2007 年比 2006 年增减	
			绝对数	%
投资总额(亿元)	**109998.16**	**137323.94**	**27325.78**	**24.8**
一、城　镇				
完成投资	93368.68	117464.47	24095.79	25.8
建筑安装工程	57099.41	71595.25	14495.84	25.4
设备、工器具购置	20397.57	25694.84	5297.27	26.0
其他费用	15871.70	20174.38	4302.67	27.1
计划总投资	296350.40	366270.26	69919.86	23.6
自开始建设至本年底	176018.18	224698.58	48680.40	27.7
累计完成投资	——	——	——	——
本年新增固定资产	56290.90	67367.49	11076.59	19.7
其中：房地产				
完成投资	19422.92	25288.84	5865.92	30.2
建筑安装工程	13352.87	17205.54	3852.67	28.9
设备、工器具购置	269.95	340.49	70.54	26.1
其他费用	5800.10	7742.81	1942.71	33.5
计划总投资	80955.66	104670.93	23715.27	29.3
自开始建设至本年底	48376.33	64155.34	15779.01	32.6
累计完成投资	——	——	——	——
本年新增固定资产	10728.23	12618.65	1890.42	17.6
二、农　村				
完成投资	16629.48	19859.47	3229.99	19.4
建筑安装工程	9676.42	11923.02	2246.60	23.2
设备、工器具购置	5166.33	5879.94	713.61	13.8
其他费用	1786.73	2056.51	269.78	15.1
计划总投资	26394.14	30138.76	3744.62	14.2
自开始建设至本年底	19437.63	23500.34	4062.71	20.9
累计完成投资	——	——	——	——
本年新增固定资产	13350.26	16107.50	2757.24	20.7

各地区全社会固定资产投资建设总规模

单位：亿元

地区	建设总规模	在建总规模	在建净规模
全国总计	**396409.01**	**310890.34**	**150463.03**
北京	18739.20	16295.57	7298.43
天津	8458.54	7149.38	3718.86
河北	14901.81	11183.39	5221.22
山西	8400.73	6436.05	3283.03
内蒙古	9938.09	6716.17	3171.50
辽宁	19061.93	14585.72	8034.48
吉林	6839.15	4594.14	1991.69
黑龙江	5814.30	3591.26	1853.15
上海	19581.17	16972.77	6390.47
江苏	30576.63	21481.57	10234.79
浙江	28363.09	22816.38	10549.43
安徽	12794.64	9937.76	4587.24
福建	14631.97	12832.42	6793.40
江西	7916.98	6182.25	2750.67
山东	25036.73	18485.92	7527.08
河南	15544.07	8892.52	4186.41
湖北	13245.59	10724.62	4960.98
湖南	11587.14	9072.68	4338.93
广东	33737.56	27551.60	12973.71
广西	9491.34	7705.53	3793.61
海南	2176.55	1879.43	1217.29
重庆	12160.04	10270.09	5394.58
四川	17530.24	14476.08	7483.39
贵州	5853.37	4720.11	2697.82
云南	10027.39	8539.77	4358.75
西藏	622.38	420.63	215.57
陕西	8654.25	6617.44	3241.48
甘肃	4043.30	3817.90	1785.81
青海	1557.00	1329.08	635.92
宁夏	2498.40	2252.31	1537.09
新疆	4085.00	2855.72	1384.15
不分地区	12540.47	10504.06	6852.10

各地区全社会全部计划总投资（一）

单位：亿元

地　　区	合　　计	国有经济	集体经济	农　　村	个体经济	农　　村
全国总计	**396409.01**	**141233.77**	**10364.42**	**2711.04**	**67895.07**	**15138.12**
北　京	18739.20	5593.43	178.79	129.06	906.63	61.76
天　津	8458.54	3862.71	126.76	61.72	779.28	97.44
河　北	14901.81	4225.32	791.09	195.93	3139.02	891.85
山　西	8400.73	3206.15	373.00	100.50	1114.48	166.37
内蒙古	9938.09	4073.04	193.38	4.61	1122.89	91.16
辽　宁	19061.93	5633.92	517.71	115.21	3861.03	694.64
吉　林	6839.15	2119.18	70.52	11.84	1298.97	220.24
黑龙江	5814.30	2714.18	49.33	1.38	912.64	230.92
上　海	19581.17	6689.39	394.92	87.81	2808.89	373.26
江　苏	30576.63	5958.08	922.88	366.14	9494.02	2953.09
浙　江	28363.09	8404.34	483.93	231.46	5895.72	2119.51
安　徽	12794.64	4259.95	343.95	39.53	2871.22	537.42
福　建	14631.97	5485.73	231.84	67.19	2626.52	370.39
江　西	7916.98	2633.34	121.15	24.74	1697.36	254.63
山　东	25036.73	4704.36	1800.16	370.61	5742.48	1582.52
河　南	15544.07	3704.45	737.71	199.45	3798.17	1063.96
湖　北	13245.59	6244.62	281.95	70.12	1694.10	276.86
湖　南	11587.14	4176.15	347.63	43.15	1882.51	352.63
广　东	33737.56	10779.43	1182.82	375.51	5035.12	1046.65
广　西	9491.34	3402.59	153.56	28.23	1960.62	294.63
海　南	2176.55	442.11	13.84	0.52	162.01	25.99
重　庆	12160.04	4959.82	109.18	28.56	2450.04	146.57
四　川	17530.24	7113.64	226.21	16.67	2351.19	419.17
贵　州	5853.37	3345.26	40.80	4.40	777.06	180.55
云　南	10027.39	4969.17	183.17	50.73	1251.52	239.93
西　藏	622.38	461.48	10.28	0.57	69.62	29.90
陕　西	8654.25	4072.16	337.02	59.50	914.69	166.34
甘　肃	4043.30	2403.79	108.41	16.38	357.42	85.31
青　海	1557.00	588.96	13.32	4.28	133.28	16.35
宁　夏	2498.40	1697.62	5.72	2.80	287.78	40.15
新　疆	4085.00	1777.97	13.39	2.42	498.78	107.93
不分地区	12540.47	11531.45	——	——	——	——

各地区全社会全部计划总投资（二）

单位：亿元

地　　区	联营经济	股份制经济	外商投资经济	港澳台投资经济	其他经济
全国总计	**710.93**	**123498.78**	**24088.96**	**23109.14**	**5507.93**
北　　京	16.01	9110.65	1720.67	1173.81	39.21
天　　津	0.97	2674.61	656.22	223.05	134.94
河　　北	46.74	5427.78	553.22	413.50	305.13
山　　西	57.94	3147.61	208.36	207.51	85.69
内 蒙 古	1.19	4219.43	178.72	79.83	69.62
辽　　宁	25.05	5838.17	1858.81	1152.57	174.69
吉　　林	0.75	2657.02	424.45	191.75	76.50
黑 龙 江	1.90	1813.90	209.30	79.25	33.78
上　　海	99.76	5671.86	2552.93	1329.64	33.79
江　　苏	50.30	7979.52	3523.20	2399.10	249.52
浙　　江	17.24	9627.16	2003.88	1620.93	309.90
安　　徽	27.24	4134.80	410.03	513.37	234.07
福　　建	41.39	3120.34	1066.62	1730.39	329.13
江　　西	8.79	2529.51	321.70	488.92	116.20
山　　东	21.94	9118.78	1842.80	996.03	810.19
河　　南	39.22	5623.88	482.66	563.75	594.23
湖　　北	70.63	3444.78	673.12	591.28	245.11
湖　　南	27.36	3983.10	283.93	442.49	443.97
广　　东	68.25	7588.85	2754.43	6129.06	199.58
广　　西	9.25	2831.17	438.83	562.86	132.45
海　　南	1.25	940.55	327.28	266.74	22.79
重　　庆	47.67	3420.27	427.08	622.84	123.14
四　　川	3.50	6337.85	638.22	724.06	135.56
贵　　州	4.95	1514.72	60.95	76.44	33.19
云　　南	6.47	3315.51	74.25	131.39	95.92
西　　藏	——	56.88	0.34	4.00	19.79
陕　　西	6.36	2620.96	230.32	311.75	160.99
甘　　肃	2.52	1012.65	70.19	45.47	42.85
青　　海	4.19	761.58	28.02	6.32	21.33
宁　　夏	0.88	272.38	26.97	4.32	202.73
新　　疆	1.22	1693.49	41.48	26.73	31.94
不分地区	——	1009.02	——	——	——

各地区全社会全部累计完成投资（一）

单位：亿元

地区	合计	国有经济	集体经济		个体经济	
				农村		农村
全国总计	**248198.92**	**83378.52**	**7975.06**	**2198.32**	**47769.97**	**12878.74**
北京	11370.97	3071.08	148.79	105.65	597.93	51.37
天津	5249.43	1913.60	97.91	44.61	560.81	83.70
河北	9809.02	2674.12	630.93	179.46	2486.03	830.30
山西	5221.19	2151.04	274.92	75.27	691.88	147.34
内蒙古	6718.01	3004.86	138.19	3.58	812.62	88.85
辽宁	11070.87	3286.28	325.00	80.49	2722.99	624.40
吉林	4830.07	1501.22	56.62	10.78	977.25	205.92
黑龙江	3952.16	1644.73	39.50	1.38	737.04	230.21
上海	13315.57	4107.38	307.29	67.42	2059.32	290.56
江苏	20172.95	4062.75	662.23	281.27	6435.76	2285.68
浙江	17886.54	5254.15	348.06	170.96	4071.56	1543.09
安徽	8525.26	2960.53	237.64	33.79	1964.73	489.13
福建	8030.42	2820.02	165.46	58.14	1671.49	321.38
江西	5386.18	2000.95	99.07	22.49	1234.56	225.97
山东	18045.81	3184.80	1511.31	331.73	4535.14	1402.76
河南	11365.59	2830.57	595.97	166.48	3056.45	987.53
湖北	8422.90	3907.66	206.13	57.60	1193.23	260.29
湖南	7445.35	2798.75	459.36	34.14	1229.94	326.37
广东	20687.72	5848.45	828.22	304.53	3301.55	863.47
广西	5739.41	2081.43	108.57	21.69	1359.65	271.60
海南	932.70	216.11	8.65	0.42	88.70	23.67
重庆	6542.27	2682.37	75.64	20.59	1274.66	131.18
四川	10228.72	3824.92	113.70	15.08	1784.58	402.10
贵州	3146.23	1664.95	26.70	3.44	521.06	157.93
云南	5818.53	2911.29	104.97	37.82	845.43	210.15
西藏	405.66	280.25	6.45	0.57	60.31	29.90
陕西	5525.20	2690.79	300.57	54.16	586.74	161.93
甘肃	2278.71	1256.08	72.13	7.53	256.67	75.11
青海	918.00	350.63	10.14	2.72	73.74	15.21
宁夏	975.93	535.84	5.05	2.33	206.90	38.96
新疆	2691.45	1135.38	9.90	2.20	371.25	102.69
不分地区	5490.08	4725.54	——	——	——	——

各地区全社会全部累计完成投资（二）

单位：亿元

地　　区	联营经济	股份制经济	外商投资经济	港澳台投资经济	其他经济
全国总计	**577.55**	**75947.43**	**14938.88**	**13736.50**	**3875.02**
北　　京	12.17	5509.25	1240.87	759.78	31.11
天　　津	0.82	2022.67	472.90	118.56	62.16
河　　北	37.81	3184.41	335.71	214.52	245.49
山　　西	55.77	1795.86	52.74	163.08	35.90
内 蒙 古	1.02	2535.97	115.96	46.87	62.50
辽　　宁	11.29	3236.54	853.71	500.98	134.08
吉　　林	0.62	1854.41	278.71	111.73	49.51
黑 龙 江	1.20	1351.56	98.53	56.57	23.03
上　　海	70.28	3811.41	1928.28	1001.64	29.97
江　　苏	36.20	5067.07	2262.85	1465.87	180.20
浙　　江	16.74	5864.32	1137.58	986.39	207.75
安　　徽	18.72	2656.09	208.54	319.85	159.17
福　　建	24.42	1536.59	596.18	1019.25	197.01
江　　西	5.29	1482.67	202.89	262.54	98.21
山　　东	16.78	6410.21	1137.24	574.95	675.38
河　　南	29.27	3765.62	314.55	320.29	452.87
湖　　北	111.84	2119.30	368.09	329.35	187.29
湖　　南	18.17	2216.35	173.01	245.88	303.89
广　　东	50.81	4668.53	1915.58	3911.18	163.39
广　　西	6.43	1569.22	254.99	264.86	94.26
海　　南	1.25	397.15	150.00	60.85	9.99
重　　庆	17.42	1960.39	190.55	286.06	55.18
四　　川	2.89	3682.16	360.94	367.44	92.09
贵　　州	4.75	832.94	42.74	29.70	23.39
云　　南	4.64	1736.97	34.80	89.63	90.80
西　　藏	0.00	41.38	0.24	0.38	16.65
陕　　西	5.97	1550.50	100.89	161.57	128.18
甘　　肃	2.27	575.62	46.03	35.63	34.28
青　　海	3.80	434.07	25.48	5.97	14.17
宁　　夏	1.04	204.31	17.03	3.04	2.73
新　　疆	7.88	1109.34	21.25	22.08	14.38
不分地区	——	764.54	——	——	——

各地区全社会按主要行业分的固定资产投资（一）

单位：亿元

地　区	合　计	农、林、牧、渔业	采矿业	制造业	电力、燃气及水的生产和供应业	建筑业	交通运输、仓储和邮政业
全国总计	**137323.94**	**3403.50**	**5878.81**	**44505.13**	**9467.58**	**1302.25**	**14154.01**
北　京	3907.20	19.22	12.22	264.34	201.36	6.62	536.80
天　津	2353.15	15.84	181.19	679.02	163.23	27.60	315.35
河　北	6884.68	261.24	291.61	2821.68	446.07	37.01	676.73
山　西	2861.46	74.72	410.69	770.84	424.22	11.41	247.24
内蒙古	4372.88	188.54	591.81	950.35	671.47	25.52	501.33
辽　宁	7435.23	197.99	334.92	2832.75	342.66	55.93	592.90
吉　林	3651.36	141.69	237.38	1405.57	201.02	15.99	241.54
黑龙江	2833.50	218.60	357.36	547.58	203.17	31.08	307.93
上　海	4420.37	8.37	17.20	1152.12	225.53	2.72	837.59
江　苏	12268.06	81.63	27.35	6208.01	387.03	68.17	674.66
浙　江	8420.43	71.52	13.99	3352.38	573.83	16.21	761.02
安　徽	5087.53	109.75	265.63	1531.02	352.57	120.21	365.20
福　建	4287.75	72.11	49.80	1194.00	287.57	31.41	533.94
江　西	3301.94	83.94	65.10	1267.57	156.01	8.26	280.24
山　东	12537.70	357.56	346.23	6069.62	350.30	411.61	600.18
河　南	8010.11	286.02	469.51	3197.39	420.39	28.22	509.83
湖　北	4330.36	127.34	79.19	1258.69	338.99	19.91	496.58
湖　南	4154.76	108.28	141.25	1118.06	339.84	41.32	347.87
广　东	9294.26	86.89	74.41	2776.97	573.59	59.15	862.48
广　西	2939.67	120.71	102.29	770.39	302.87	21.92	314.44
海　南	502.37	30.30	3.60	49.77	27.64	2.30	89.86
重　庆	3127.74	73.10	61.96	741.99	216.26	29.42	353.43
四　川	5639.80	176.18	168.71	1455.60	606.89	36.51	433.22
贵　州	1488.80	29.32	120.11	252.61	271.13	2.97	193.97
云　南	2759.03	100.30	129.18	318.41	536.64	3.87	421.12
西　藏	270.34	15.69	9.64	9.43	19.29	0.95	68.45
陕　西	3415.02	79.46	291.56	619.31	291.47	40.34	389.00
甘　肃	1304.16	61.11	60.94	260.76	188.70	115.18	102.04
青　海	482.84	25.20	48.11	119.87	76.00	7.55	85.54
宁　夏	599.80	33.22	71.85	153.89	76.51	2.62	48.90
新　疆	1850.84	147.65	454.89	355.17	121.29	20.28	169.45
不分地区	2530.77	——	389.11	——	74.02	——	1795.20

各地区全社会按主要行业分的固定资产投资（二）

单位：亿元

地区	信息传输、计算机服务和软件业	批发和零售业	住宿和餐饮业	金融业	房地产业	租赁和商务服务业	科学研究、技术服务和地质勘查业
全国总计	**1848.09**	**2880.32**	**1519.43**	**157.56**	**32438.90**	**949.34**	**560.03**
北京	97.90	28.09	44.80	5.96	2101.14	46.22	27.24
天津	35.73	26.73	15.96	0.76	536.29	29.14	5.24
河北	60.48	231.18	66.49	7.09	1226.34	47.84	57.05
山西	47.77	46.95	19.53	0.33	476.59	1.71	2.31
内蒙古	56.46	72.60	49.22	3.01	571.00	3.17	21.82
辽宁	71.90	200.15	91.85	20.81	1700.88	87.66	49.30
吉林	42.19	113.73	24.91	6.21	664.15	46.35	19.67
黑龙江	134.54	61.99	19.21	2.51	496.15	7.34	17.76
上海	111.30	48.54	30.53	5.23	1457.15	13.97	24.07
江苏	53.97	279.15	131.25	2.20	2963.29	118.46	40.62
浙江	125.75	145.77	102.76	9.67	2222.02	83.79	13.56
安徽	46.28	110.05	64.80	5.77	1318.15	34.47	18.86
福建	74.30	40.07	43.57	11.37	1269.22	28.74	14.52
江西	63.65	62.50	64.76	6.04	615.70	32.97	10.02
山东	39.86	409.11	133.12	7.20	2341.71	53.91	32.46
河南	59.44	235.49	77.88	7.23	1801.95	24.08	19.03
湖北	55.17	131.49	70.68	8.02	910.38	51.72	20.60
湖南	64.92	120.27	53.01	7.61	1080.35	34.85	14.68
广东	212.47	134.92	128.64	11.54	3043.85	78.19	28.60
广西	32.27	49.57	36.74	2.55	684.94	17.18	13.89
海南	13.27	2.99	40.76	0.85	143.53	2.07	1.52
重庆	42.41	17.10	18.92	3.74	996.80	14.60	4.72
四川	61.12	49.52	45.70	3.60	1573.00	17.22	15.65
贵州	38.40	16.44	16.08	2.83	335.32	3.62	4.58
云南	55.55	39.99	36.96	4.22	637.38	12.25	12.90
西藏	12.97	4.05	9.85	0.24	62.82	0.42	0.40
陕西	69.19	130.72	50.96	4.80	604.63	42.60	46.07
甘肃	18.12	35.14	11.38	1.50	188.35	5.49	5.99
青海	3.30	7.22	4.00	0.56	44.78	2.44	2.66
宁夏	5.79	4.94	3.18	0.33	112.89	0.71	2.92
新疆	41.60	23.87	11.94	3.79	258.14	6.15	8.67
不分地区	——	——	——	——	——	——	2.66

各地区全社会按主要行业分的固定资产投资（三）

单位：亿元

地　　区	水利、环境和公共设施管理业	居民服务和其他服务业	教　育	卫生、社会保障和社会福利业	文化、体育和娱乐业	公共管理和社会组织	国际组织
全国总计	**10154.31**	**434.68**	**2375.56**	**885.03**	**1243.36**	**3166.05**	——
北　京	264.76	2.29	49.22	22.11	129.51	47.37	——
天　津	215.34	3.35	36.43	18.28	14.37	33.31	——
河　北	329.24	13.38	126.35	49.78	54.50	80.62	——
山　西	202.47	3.08	48.19	10.46	17.45	45.50	——
内蒙古	344.69	6.27	57.46	26.05	59.73	172.38	——
辽　宁	543.68	41.36	103.48	42.50	58.11	66.41	——
吉　林	294.46	12.18	47.48	28.75	33.13	74.97	——
黑龙江	181.65	17.71	76.56	29.46	32.05	90.84	——
上　海	334.08	4.68	73.86	23.00	29.31	21.12	——
江　苏	792.55	52.12	148.38	59.01	81.81	98.41	——
浙　江	665.72	6.99	100.75	51.56	37.43	65.71	——
安　徽	472.49	14.29	84.34	32.07	55.16	86.44	——
福　建	372.73	5.70	78.55	27.64	40.58	111.94	——
江　西	327.44	6.21	83.79	26.20	30.34	111.22	——
山　东	483.52	31.72	212.49	73.02	95.37	488.71	——
河　南	455.14	38.08	149.78	63.27	69.59	97.80	——
湖　北	408.45	15.50	103.76	35.60	59.45	138.82	——
湖　南	350.98	10.94	83.52	31.65	39.84	165.51	——
广　东	722.05	14.30	181.35	57.61	97.07	150.19	——
广　西	264.02	8.15	61.88	22.23	19.28	94.35	——
海　南	47.11	0.17	13.10	6.78	7.84	18.91	——
重　庆	399.17	1.93	74.16	18.70	25.17	34.13	——
四　川	691.15	58.77	112.64	42.45	36.52	55.36	——
贵　州	111.80	3.04	25.19	9.85	13.07	38.50	——
云　南	206.60	3.49	59.12	17.97	28.12	134.96	——
西　藏	8.99	0.55	6.86	1.52	2.85	35.37	——
陕　西	307.95	43.49	107.61	21.83	38.70	235.33	——
甘　肃	81.49	8.04	21.20	12.52	11.40	114.82	——
青　海	26.04	1.76	4.94	1.32	3.71	17.86	——
宁　夏	40.47	0.34	14.60	7.04	8.42	11.18	——
新　疆	115.86	4.78	28.55	14.79	13.51	50.47	——
不分地区	92.25	——	——	——	——	177.54	——

各地区全社会按城乡分的固定资产投资

单位：亿元

地区	合计	城镇		农村		
			房地产开发		非农户	农户
全国总计	**137323.94**	**117464.47**	**25288.84**	**19859.47**	**14736.18**	**5123.29**
北京	3907.20	3597.29	1995.82	309.91	286.41	23.50
天津	2353.15	2192.17	505.30	160.98	128.27	32.71
河北	6884.68	5690.31	709.28	1194.37	872.39	321.98
山西	2861.46	2600.22	258.93	261.24	145.45	115.79
内蒙古	4372.88	4255.00	500.89	117.88	43.15	74.73
辽宁	7435.23	6576.05	1497.58	859.18	692.11	167.07
吉林	3651.36	3340.19	490.08	311.17	191.73	119.44
黑龙江	2833.50	2591.69	382.37	241.81	14.75	227.05
上海	4420.37	4045.10	1307.53	375.28	370.06	5.21
江苏	12268.06	9161.37	2515.91	3106.69	2794.71	311.98
浙江	8420.43	5996.93	1821.67	2423.50	2095.19	328.30
安徽	5087.53	4444.58	892.07	642.95	367.97	274.98
福建	4287.75	3829.02	1132.49	458.74	323.66	135.07
江西	3301.94	2954.87	435.46	347.07	191.54	155.53
山东	12537.70	10153.56	1521.02	2384.14	1948.67	435.47
河南	8010.11	6609.16	837.11	1400.95	809.41	591.54
湖北	4330.36	3927.36	723.73	403.00	216.23	186.78
湖南	4154.76	3609.54	754.58	545.22	328.88	216.33
广东	9294.26	7368.69	2517.23	1925.58	1665.87	259.70
广西	2939.67	2596.74	536.28	342.93	158.50	184.44
海南	502.37	472.77	127.57	29.61	10.35	19.26
重庆	3127.74	2937.07	849.90	190.67	116.15	74.52
四川	5639.80	5043.42	1326.83	596.38	302.30	294.08
贵州	1488.80	1289.13	249.67	199.67	117.35	82.32
云南	2759.03	2443.79	422.86	315.24	152.74	162.51
西藏	270.34	230.83	11.68	39.52	39.52	——
陕西	3415.02	3168.82	535.32	246.20	111.19	135.01
甘肃	1304.16	1177.46	134.07	126.69	70.36	56.33
青海	482.84	443.69	34.21	39.15	25.14	14.01
宁夏	599.80	527.69	93.11	72.10	38.09	34.01
新疆	1850.84	1659.19	168.32	191.65	108.06	83.59
不分地区	2530.77	2530.77	——	——	——	——

各地区全社会按经济类型分的固定资产投资（一）

单位：亿元

地区	合计	国有经济	集体经济	农村	个体经济	农村
全国总计	**137323.94**	**42227.75**	**5570.87**	**1799.14**	**33114.25**	**11638.09**
北京	3907.20	1273.85	88.27	70.45	222.94	43.85
天津	2353.15	922.83	50.46	27.27	243.44	77.23
河北	6884.68	1570.30	511.85	165.26	2068.09	791.82
山西	2861.46	1174.93	204.79	60.39	458.85	141.19
内蒙古	4372.88	1905.23	80.64	2.49	655.63	88.03
辽宁	7435.23	2051.43	278.71	72.26	2091.58	597.16
吉林	3651.36	1032.14	50.66	10.22	868.06	199.89
黑龙江	2833.50	1194.89	30.04	1.38	602.13	230.20
上海	4420.37	1723.59	120.26	38.52	650.69	189.70
江苏	12268.06	2092.57	453.27	218.83	4437.84	2009.88
浙江	8420.43	2054.29	206.75	124.17	2367.51	1196.36
安徽	5087.53	1632.89	144.81	28.42	1439.88	458.83
福建	4287.75	1488.97	117.18	50.16	1059.61	285.93
江西	3301.94	1113.39	68.13	12.40	920.30	214.99
山东	12537.70	1823.29	1212.97	288.81	3743.20	1318.06
河南	8010.11	1715.78	510.04	154.65	2663.63	959.85
湖北	4330.36	1650.71	155.66	44.10	900.60	254.13
湖南	4154.76	1406.99	170.86	29.74	892.40	305.45
广东	9294.26	2202.62	519.37	252.05	1986.84	732.56
广西	2939.67	977.59	76.58	19.81	825.34	254.09
海南	502.37	153.62	3.33	0.42	60.79	22.74
重庆	3127.74	1244.17	49.79	16.41	704.18	122.35
四川	5639.80	1932.34	74.15	14.00	1182.99	382.33
贵州	1488.80	697.68	17.27	2.77	341.99	147.12
云南	2759.03	1280.39	73.72	34.00	550.93	197.08
西藏	270.34	169.93	6.20	0.57	50.02	29.84
陕西	3415.02	1647.97	227.13	47.51	422.94	159.83
甘肃	1304.16	699.35	48.29	6.28	204.92	73.94
青海	482.84	202.94	7.88	2.12	50.48	15.07
宁夏	599.80	309.62	3.75	1.83	164.62	38.84
新疆	1850.84	710.08	8.07	1.88	281.82	99.78
不分地区	2530.77	2171.37	——	——	——	——

各地区全社会按经济类型分的固定资产投资（二）

单位：亿元

地　　区	联营经济	股份制经济	外商投资经济	港澳台投资经济	其他经济
全国总计	**276.22**	**39915.18**	**7355.39**	**5998.51**	**2865.77**
北　京	2.70	1688.81	380.44	236.38	13.80
天　津	0.58	776.01	282.33	63.74	13.76
河　北	32.64	2147.25	221.64	129.91	203.00
山　西	33.55	855.76	28.85	76.64	28.07
内蒙古	0.28	1563.96	86.80	26.84	53.50
辽　宁	6.30	2069.54	544.20	283.10	110.36
吉　林	0.62	1458.51	136.15	64.63	40.61
黑龙江	0.94	907.48	46.72	31.34	19.96
上　海	25.13	1163.65	513.07	216.08	7.92
江　苏	23.98	2809.83	1497.38	803.74	149.44
浙　江	4.77	2579.93	564.16	511.48	131.53
安　徽	9.87	1453.01	127.24	168.41	111.42
福　建	9.80	764.32	305.31	426.62	115.94
江　西	4.02	852.76	112.68	161.57	69.11
山　东	14.37	4155.65	681.37	344.48	562.37
河　南	24.13	2408.84	140.55	169.95	377.20
湖　北	26.59	1171.31	164.84	145.53	115.11
湖　南	8.34	1236.61	82.49	110.90	246.15
广　东	19.63	2180.05	838.66	1421.55	125.54
广　西	2.64	740.75	127.78	117.65	71.34
海　南	0.49	218.99	42.24	20.13	2.79
重　庆	9.23	856.27	103.89	125.46	34.74
四　川	2.75	2022.05	195.48	176.71	53.33
贵　州	1.84	382.27	18.57	14.85	14.33
云　南	2.80	768.38	18.12	28.70	36.00
西　藏	——	30.19	0.18	0.38	13.45
陕　西	4.32	880.90	47.29	89.42	95.06
甘　肃	1.08	300.87	13.35	10.12	26.18
青　海	1.67	200.14	8.51	1.84	9.39
宁　夏	0.10	107.98	8.25	3.04	2.45
新　疆	1.06	803.71	16.83	17.34	11.93
不分地区	——	359.40	——	——	——

各地区全社会建筑安装工程投资（一）

单位：亿元

地　区	合　计	国有经济	集体经济		个体经济	
				农　村		农　村
全国总计	**83518.28**	**28056.96**	**4163.33**	**1396.16**	**19822.43**	**6746.56**
北　京	2087.21	733.38	65.25	57.26	149.16	34.43
天　津	1388.16	536.23	34.63	22.56	158.70	44.77
河　北	4070.03	1057.46	370.20	119.61	1130.65	437.00
山　西	1792.94	769.59	160.21	49.98	308.04	99.13
内蒙古	3067.60	1357.31	67.27	1.93	472.11	42.47
辽　宁	4703.50	1389.86	180.58	55.04	1304.44	348.23
吉　林	2183.88	739.48	28.51	6.86	472.72	84.18
黑龙江	1765.99	795.41	23.29	1.00	304.85	69.66
上　海	2418.61	868.37	88.37	31.01	451.51	119.07
江　苏	6804.65	1426.84	364.43	168.28	2355.50	964.72
浙　江	4644.26	1385.91	150.55	90.71	1255.42	635.84
安　徽	3188.80	1154.77	102.53	23.38	899.45	305.92
福　建	2409.53	926.42	86.99	41.05	576.25	170.87
江　西	2134.65	812.01	46.54	10.24	578.63	151.21
山　东	7344.20	1263.66	888.31	201.30	2004.54	687.15
河　南	5358.63	1314.69	396.95	132.56	1757.64	708.58
湖　北	2645.92	1049.49	111.44	32.16	569.37	181.29
湖　南	2663.34	954.85	117.50	21.65	560.19	202.72
广　东	5854.05	1442.75	415.25	207.16	1430.35	506.50
广　西	1779.16	669.53	51.92	14.86	508.12	165.15
海　南	326.18	121.79	2.66	0.39	41.69	11.11
重　庆	1977.87	829.62	37.76	12.62	451.67	80.77
四　川	3352.19	1329.31	48.72	10.79	696.68	215.78
贵　州	874.47	421.94	10.51	1.65	219.40	88.88
云　南	1841.80	904.65	58.68	29.64	391.44	150.18
西　藏	251.14	158.46	6.07	0.57	48.20	29.43
陕　西	2325.82	1150.50	195.99	41.59	283.17	96.08
甘　肃	888.34	493.07	37.34	5.23	134.46	41.97
青　海	363.72	172.95	6.64	1.98	39.27	9.18
宁　夏	364.93	192.58	2.92	1.74	99.09	14.69
新　疆	1218.51	496.89	5.32	1.36	169.70	49.56
不分地区	1428.20	1137.20	——	——	——	——

各地区全社会建筑安装工程投资（二）

单位：亿元

地　　区	联营经济	股份制经济	外商投资经济	港澳台投资经济	其他经济
全国总计	**175.12**	**23014.92**	**3286.25**	**3113.88**	**1885.38**
北　　京	2.11	825.34	172.69	130.14	9.13
天　　津	0.44	519.11	98.26	31.74	9.05
河　　北	16.34	1239.88	89.95	54.64	110.90
山　　西	13.32	471.05	14.73	38.62	17.37
内 蒙 古	0.27	1077.74	41.97	13.00	37.94
辽　　宁	5.95	1273.80	295.52	181.20	72.14
吉　　林	0.36	815.24	65.65	35.78	26.14
黑 龙 江	0.52	594.57	18.26	12.49	16.60
上　　海	15.46	634.43	213.62	140.37	6.47
江　　苏	13.84	1598.80	569.02	379.84	96.37
浙　　江	3.16	1289.31	253.92	231.66	74.35
安　　徽	6.97	777.15	63.62	104.21	80.10
福　　建	6.99	374.98	139.14	235.16	63.59
江　　西	2.77	498.15	57.56	87.47	51.52
山　　东	8.03	2283.79	346.78	196.07	353.02
河　　南	16.28	1448.47	82.16	85.60	256.84
湖　　北	20.01	669.54	72.28	75.09	78.69
湖　　南	6.08	740.20	42.42	61.29	180.81
广　　东	15.37	1301.98	414.40	746.75	87.20
广　　西	1.50	383.06	61.12	57.74	46.18
海　　南	0.46	127.32	16.43	13.15	2.68
重　　庆	7.10	540.36	30.98	56.66	23.72
四　　川	2.22	1126.24	57.85	58.82	32.35
贵　　州	1.23	199.57	5.51	5.91	10.41
云　　南	2.16	433.14	6.72	18.37	26.64
西　　藏	——	25.92	0.18	0.38	11.93
陕　　西	3.31	554.66	30.77	44.07	63.37
甘　　肃	1.00	188.36	7.58	5.62	20.92
青　　海	1.03	130.74	5.26	1.55	6.27
宁　　夏	0.06	59.23	6.75	2.08	2.22
新　　疆	0.79	521.77	5.13	8.43	10.46
不分地区	——	291.00	——	——	——

各地区全社会设备、工器具购置投资（一）

单位：亿元

地　　区	合　　计	国有经济	集体经济	农　　村	个体经济	农　　村
全国总计	**31574.77**	**7118.99**	**775.67**	**215.31**	**8417.60**	**3704.53**
北　　京	457.69	138.62	5.66	4.56	14.34	6.65
天　　津	488.54	159.35	10.56	2.78	33.69	23.77
河　　北	1891.81	301.98	73.99	22.43	645.19	254.27
山　　西	762.94	293.69	29.01	6.42	89.34	30.95
内 蒙 古	905.77	362.99	6.27	0.15	110.91	29.77
辽　　宁	1703.47	357.95	68.29	9.76	547.56	183.71
吉　　林	945.65	157.47	16.22	2.29	231.81	65.46
黑 龙 江	706.23	258.46	4.67	0.37	180.16	101.97
上　　海	903.03	374.08	4.83	2.35	67.29	49.56
江　　苏	3558.54	210.05	41.21	26.13	1504.11	890.71
浙　　江	1982.14	203.98	30.52	20.62	640.21	457.02
安　　徽	1092.46	246.37	20.39	2.65	334.63	115.63
福　　建	808.66	198.66	12.49	5.06	223.93	86.83
江　　西	748.19	175.60	13.23	1.42	226.86	36.97
山　　东	3708.22	277.06	197.36	52.02	1333.34	494.54
河　　南	1971.81	247.08	78.48	13.15	715.99	207.30
湖　　北	913.77	309.46	22.34	3.59	191.45	48.25
湖　　南	776.76	219.11	28.83	5.31	187.70	70.95
广　　东	1928.87	360.77	43.56	22.07	256.37	154.87
广　　西	610.57	133.89	14.77	2.37	164.18	61.52
海　　南	103.41	16.73	0.29	0.02	3.80	2.34
重　　庆	453.23	136.56	5.51	2.66	101.57	26.76
四　　川	1031.53	238.06	14.85	1.79	224.99	91.16
贵　　州	329.11	132.27	4.60	0.93	77.94	49.18
云　　南	398.62	172.41	6.60	0.97	61.26	25.44
西　　藏	16.82	9.73	0.09	——	1.41	0.41
陕　　西	620.39	270.23	11.30	2.23	80.55	50.36
甘　　肃	237.16	105.32	6.38	0.56	40.38	21.92
青　　海	73.33	15.08	0.62	0.10	5.13	3.31
宁　　夏	164.72	79.95	0.72	0.07	45.68	21.97
新　　疆	431.25	136.96	2.01	0.47	75.86	40.97
不分地区	850.07	819.04	——	——	——	——

各地区全社会设备、工器具购置投资（二）

单位：亿元

地区	联营经济	股份制经济	外商投资经济	港澳台投资经济	其他经济
全国总计	**64.39**	**9825.83**	**2976.55**	**1802.10**	**593.65**
北京	0.48	153.40	132.17	12.37	0.66
天津	0.08	131.38	132.65	18.86	1.96
河北	13.25	625.31	105.67	65.92	60.49
山西	20.17	283.16	11.60	30.52	5.45
内蒙古	0.01	363.42	40.25	12.90	9.02
辽宁	0.31	519.95	151.99	33.69	23.74
吉林	0.23	457.50	59.06	15.89	7.46
黑龙江	0.29	225.68	19.44	16.13	1.40
上海	0.56	184.16	224.62	47.10	0.38
江苏	5.19	704.45	751.37	305.82	36.33
浙江	0.08	650.75	204.66	207.34	44.60
安徽	1.98	401.80	37.12	33.77	16.40
福建	0.70	137.23	122.58	106.42	6.66
江西	0.68	231.11	40.93	50.69	9.09
山东	5.22	1379.78	267.89	92.83	154.74
河南	5.79	732.94	44.68	69.60	77.27
湖北	3.06	274.55	61.48	34.52	16.91
湖南	1.59	259.31	19.98	26.86	33.38
广东	1.27	421.18	332.66	492.30	20.75
广西	0.91	195.79	46.42	36.50	18.09
海南	0.02	58.71	22.98	0.83	0.04
重庆	0.47	122.11	52.85	27.90	6.26
四川	0.20	476.82	48.85	16.91	10.86
贵州	0.48	97.30	9.79	4.64	2.09
云南	0.15	148.71	3.77	2.20	3.51
西藏	——	4.08	——	——	1.52
陕西	0.36	198.26	12.12	28.04	19.53
甘肃	0.06	75.34	4.13	3.50	2.05
青海	0.54	46.61	2.78	0.29	2.29
宁夏	0.04	36.25	1.21	0.75	0.12
新疆	0.24	197.75	10.84	6.99	0.59
不分地区	——	31.03	——	——	——

各地区全社会其他费用投资（一）

单位：亿元

地　区	合　计	国有经济	集体经济		个体经济	
				农　村		农　村
全国总计	**22230.89**	**7051.80**	**631.87**	**187.67**	**4874.22**	**1187.00**
北　京	1362.30	401.85	17.36	8.63	59.45	2.77
天　津	476.45	227.25	5.27	1.93	51.05	8.69
河　北	922.84	210.86	67.66	23.21	292.24	100.55
山　西	305.58	111.65	15.57	3.99	61.47	11.10
内蒙古	399.51	184.93	7.10	0.41	72.62	15.79
辽　宁	1028.26	303.62	29.84	7.46	239.58	65.22
吉　林	521.83	135.19	5.93	1.07	163.52	50.24
黑龙江	361.28	141.01	2.08	0.01	117.12	58.57
上　海	1098.73	481.13	27.06	5.16	131.88	21.06
江　苏	1904.88	455.68	47.64	24.42	578.23	154.44
浙　江	1794.03	464.40	25.68	12.84	471.89	103.50
安　徽	806.26	231.76	21.89	2.39	205.80	37.28
福　建	1069.56	363.90	17.69	4.06	259.43	28.23
江　西	419.10	125.78	8.35	0.74	114.80	26.81
山　东	1485.28	282.58	127.29	35.49	405.33	136.37
河　南	679.67	154.02	34.61	8.93	190.00	43.96
湖　北	770.67	291.76	21.89	8.34	139.78	24.59
湖　南	714.66	233.04	24.52	2.79	144.51	31.78
广　东	1511.34	399.10	60.56	22.82	300.11	71.19
广　西	549.95	174.17	9.88	2.58	153.04	27.41
海　南	72.78	15.10	0.38	0.01	15.30	9.29
重　庆	696.64	277.99	6.52	1.14	150.94	14.82
四　川	1256.08	364.97	10.58	1.42	261.32	75.38
贵　州	285.22	143.48	2.16	0.19	44.65	9.06
云　南	518.61	203.33	8.44	3.38	98.23	21.45
西　藏	2.38	1.73	0.05	——	0.41	——
陕　西	468.81	227.24	19.84	3.70	59.22	13.38
甘　肃	178.66	100.95	4.56	0.48	30.08	10.05
青　海	45.79	14.91	0.62	0.04	6.08	2.58
宁　夏	70.15	37.08	0.11	0.02	19.85	2.18
新　疆	201.08	76.23	0.74	0.05	36.26	9.25
不分地区	252.50	215.13	——	——	——	——

各地区全社会其他费用投资（二）

单位：亿元

地　　区	联营经济	股份制经济	外商投资经济	港澳台投资经济	其他经济
全国总计	**36.71**	**7074.43**	**1092.59**	**1082.52**	**386.73**
北　京	0.11	710.07	75.58	93.87	4.01
天　津	0.06	125.52	51.42	13.13	2.74
河　北	3.04	282.06	26.01	9.35	31.61
山　西	0.06	101.55	2.53	7.50	5.25
内蒙古	0.01	122.79	4.58	0.94	6.54
辽　宁	0.05	275.80	96.69	68.20	14.48
吉　林	0.03	185.76	11.45	12.95	7.01
黑龙江	0.13	87.24	9.02	2.72	1.96
上　海	9.11	345.05	74.84	28.60	1.06
江　苏	4.95	506.58	176.99	118.08	16.73
浙　江	1.53	639.88	105.58	72.48	12.59
安　徽	0.92	274.06	26.50	30.43	14.91
福　建	2.11	252.11	43.59	85.04	45.69
江　西	0.57	123.50	14.19	23.41	8.50
山　东	1.12	492.08	66.69	55.57	54.61
河　南	2.06	227.43	13.71	14.75	43.09
湖　北	3.52	227.22	31.08	35.91	19.51
湖　南	0.68	237.10	20.09	22.76	31.96
广　东	2.99	456.89	91.59	182.51	17.59
广　西	0.23	161.91	20.24	23.41	7.06
海　南	0.01	32.96	2.83	6.14	0.06
重　庆	1.66	193.80	20.06	40.91	4.76
四　川	0.33	418.99	88.78	100.98	10.12
贵　州	0.13	85.40	3.27	4.30	1.84
云　南	0.48	186.52	7.63	8.13	5.85
西　藏	——	0.18	——	——	0.00
陕　西	0.66	127.98	4.40	17.31	12.16
甘　肃	0.03	37.17	1.64	1.01	3.21
青　海	0.10	22.78	0.47	——	0.82
宁　夏	——	12.50	0.29	0.21	0.11
新　疆	0.02	84.18	0.85	1.91	0.88
不分地区	——	37.37	——	——	——

各地区全社会住宅建设投资（一）

单位：亿元

地区	合计	国有经济	集体经济	农村	个体经济	农村
全国总计	**25005.01**	**2744.59**	**1130.06**	**204.26**	**9749.28**	**3324.67**
北京	1091.39	91.74	20.69	14.54	103.71	18.92
天津	373.60	50.33	11.30	8.37	107.86	16.94
河北	998.98	72.29	94.29	13.77	487.25	221.61
山西	462.00	86.86	75.36	22.99	193.75	83.86
内蒙古	523.85	78.13	14.28	0.72	212.38	25.08
辽宁	1380.53	84.78	27.29	9.37	507.68	103.82
吉林	521.74	86.33	2.51	0.06	185.85	36.43
黑龙江	468.14	90.34	9.64	0.72	202.33	60.04
上海	853.13	67.12	48.04	0.24	248.98	3.71
江苏	2168.24	159.35	69.28	21.93	865.38	185.18
浙江	1685.07	168.95	24.80	11.91	746.07	237.65
安徽	989.00	120.72	19.80	4.10	443.39	206.39
福建	861.97	133.55	19.55	——	327.84	83.58
江西	535.15	48.81	17.40	5.02	248.12	115.32
山东	1978.43	163.54	307.27	39.22	604.57	263.14
河南	1445.29	146.47	81.13	24.44	711.07	475.47
湖北	717.16	64.68	23.10	5.59	309.35	148.73
湖南	800.08	89.93	15.05	0.44	298.41	135.06
广东	2246.62	86.69	94.67	5.41	914.41	241.66
广西	556.25	83.58	9.56	0.48	308.41	123.50
海南	130.20	16.31	1.39	0.04	38.13	8.78
重庆	655.68	56.10	13.12	1.15	283.95	50.59
四川	1306.81	206.32	17.86	0.43	492.74	141.41
贵州	245.49	32.70	3.00	0.09	142.15	56.70
云南	519.94	75.93	14.83	5.54	268.94	97.23
西藏	66.49	22.00	1.88	0.02	27.71	22.75
陕西	788.63	171.26	78.88	4.96	214.06	79.57
甘肃	179.84	44.60	10.01	1.53	60.39	26.96
青海	50.33	9.30	1.66	1.03	19.17	8.04
宁夏	90.78	16.62	0.58	0.14	53.46	10.45
新疆	285.12	90.24	1.84	0.00	121.76	36.09
不分地区	29.10	29.03	——	——	——	——

各地区全社会住宅建设投资（二）

单位：亿元

地　　区	联营经济	股份制经　济	外商投资经济	港澳台投资经济	其他经济
全国总计	**46.89**	**8579.33**	**1003.00**	**1374.86**	**377.00**
北　京	0.25	699.28	76.24	94.70	4.79
天　津	——	152.65	36.88	14.26	0.32
河　北	2.01	307.82	8.65	11.92	14.76
山　西	0.23	94.81	0.87	3.19	6.93
内蒙古	——	209.91	0.80	2.34	6.00
辽　宁	0.10	480.47	155.17	110.83	14.21
吉　林	——	205.55	8.01	29.30	4.20
黑龙江	0.19	150.68	6.85	0.27	7.85
上　海	20.85	322.82	72.02	70.29	3.02
江　苏	0.52	790.47	123.53	148.38	11.33
浙　江	0.97	613.82	60.83	54.89	14.74
安　徽	2.05	305.62	27.54	43.94	25.95
福　建	0.57	223.68	36.18	107.07	13.52
江　西	0.18	165.78	10.54	34.58	9.74
山　东	1.45	739.97	32.15	71.69	57.79
河　南	0.85	378.94	34.78	20.75	71.29
湖　北	2.61	248.17	27.03	35.94	6.30
湖　南	1.96	314.53	27.24	23.63	29.33
广　东	5.86	685.31	157.30	296.06	6.33
广　西	0.32	108.43	16.23	24.84	4.88
海　南	0.35	60.44	3.35	7.93	2.28
重　庆	3.64	257.71	8.15	27.63	5.37
四　川	0.57	448.17	47.83	85.94	7.38
贵　州	0.00	59.50	0.43	4.11	3.59
云　南	0.87	125.77	5.74	15.67	12.20
西　藏	——	8.81	——	——	6.08
陕　西	0.17	269.97	13.22	24.13	16.95
甘　肃	0.32	54.31	1.90	2.41	5.89
青　海	——	17.80	0.25	0.64	1.52
宁　夏	——	15.68	3.27	——	1.17
新　疆	——	62.40	0.04	7.54	1.29
不分地区	——	0.06	——	——	——

各地区全社会新增固定资产（一）

单位：亿元

地区	合计	国有经济	集体经济		个体经济	
				农村		农村
全国总计	**83474.99**	**23375.20**	**3873.82**	**1384.49**	**23353.19**	**9995.61**
北京	2001.63	514.01	85.29	65.66	114.16	37.65
天津	1301.81	311.84	46.02	21.25	271.84	70.47
河北	4521.49	986.84	360.69	133.87	1511.93	700.98
山西	2008.61	759.38	158.91	52.84	306.63	128.67
内蒙古	3131.66	1390.37	102.52	3.28	450.35	86.11
辽宁	4333.48	1025.83	199.13	65.07	1461.29	541.99
吉林	2419.92	656.17	40.47	8.55	643.23	192.29
黑龙江	2153.07	838.26	30.15	1.38	486.17	227.04
上海	2444.09	811.33	108.82	25.15	512.42	133.83
江苏	8848.95	1750.60	351.23	192.96	3274.31	1641.17
浙江	4949.17	1121.94	135.56	85.28	1618.56	952.32
安徽	2872.79	683.69	111.50	24.45	959.80	408.41
福建	1589.76	340.05	53.68	32.29	527.94	233.71
江西	1935.89	542.02	53.96	12.57	610.79	208.94
山东	7217.62	873.57	706.43	196.22	2568.97	1013.45
河南	6425.82	1286.08	416.91	126.90	2266.19	916.99
湖北	3209.66	1243.73	112.13	36.02	720.64	234.57
湖南	2193.01	585.36	88.02	19.16	602.15	270.80
广东	5472.30	1211.28	332.42	162.90	1322.26	573.70
广西	1501.22	507.38	47.80	14.18	504.45	229.09
海南	270.60	74.57	3.29	0.40	31.92	22.83
重庆	1776.19	721.47	35.54	15.87	426.48	110.38
四川	2632.04	838.06	47.44	12.00	771.69	355.33
贵州	1012.44	535.37	8.73	2.26	214.08	124.73
云南	1339.41	618.92	54.27	25.65	350.12	166.76
西藏	213.51	140.46	4.03	0.54	39.63	24.54
陕西	2172.00	1175.60	138.18	39.99	300.60	173.08
甘肃	723.55	369.21	29.19	3.73	125.41	66.05
青海	277.47	142.67	3.71	0.96	39.20	14.74
宁夏	309.63	122.46	2.16	1.60	92.57	36.09
新疆	1430.39	641.87	5.61	1.50	227.43	98.90
不分地区	785.81	554.83	——	——	——	——

各地区全社会新增固定资产（二）

单位：亿元

地　　区	联营经济	股份制经济	外商投资经济	港澳台投资经济	其他经济
全国总计	**223.74**	**23250.35**	**4324.97**	**3193.07**	**1880.64**
北　　京	9.12	915.60	252.11	104.43	6.91
天　　津	0.56	409.36	216.44	32.41	13.34
河　　北	26.34	1233.24	174.42	75.30	152.74
山　　西	32.98	660.54	23.72	48.43	18.02
内 蒙 古	1.08	1068.49	50.22	29.62	39.01
辽　　宁	6.08	1217.00	218.66	110.99	94.50
吉　　林	0.62	918.95	77.34	54.29	28.87
黑 龙 江	0.95	724.83	37.82	26.01	8.87
上　　海	34.66	565.96	253.82	152.84	4.24
江　　苏	22.69	1799.69	1038.36	517.12	94.94
浙　　江	3.45	1462.30	290.29	244.88	72.19
安　　徽	6.92	909.48	46.12	92.88	62.40
福　　建	3.09	266.52	166.98	205.01	26.51
江　　西	2.04	562.20	52.59	70.18	42.12
山　　东	7.33	2283.26	360.84	137.00	280.21
河　　南	9.78	1870.86	132.98	111.31	331.72
湖　　北	22.53	827.35	92.74	58.85	131.67
湖　　南	6.35	667.65	52.09	72.90	118.49
广　　东	7.49	1226.96	457.55	819.13	95.20
广　　西	1.35	271.75	64.66	53.40	50.42
海　　南	0.39	123.01	20.87	14.12	2.43
重　　庆	6.30	417.77	115.51	39.00	14.12
四　　川	1.75	866.04	37.23	40.67	29.15
贵　　州	0.37	230.37	10.58	5.62	7.32
云　　南	2.36	276.53	5.61	8.12	23.47
西　　藏	——	16.21	0.08	——	13.10
陕　　西	3.98	390.88	33.91	42.49	86.36
甘　　肃	1.88	155.04	14.59	9.42	18.81
青　　海	0.40	76.83	5.92	3.51	5.24
宁　　夏	——	84.02	6.42	0.02	1.98
新　　疆	0.88	520.69	14.49	13.14	6.29
不分地区	——	230.98	——	——	——

各地区全社会投资资金来源

单位：亿元

地　　区	本年资金来源小计	国家预算内资金	国内贷款	利用外资	自筹资金	其他资金
全国总计	**150803.61**	**5857.06**	**23044.20**	**5132.69**	**91373.23**	**25396.44**
北　京	6158.69	76.52	1490.67	82.80	2209.71	2299.00
天　津	2850.86	22.85	703.91	165.30	1442.23	516.57
河　北	7240.57	109.46	914.99	76.67	5455.45	684.01
山　西	2958.99	135.92	453.20	53.99	1986.75	329.13
内蒙古	4272.66	155.20	448.89	30.20	3407.36	231.00
辽　宁	8039.93	396.87	1109.78	242.53	5382.60	908.16
吉　林	3661.82	105.15	280.25	50.25	2898.84	327.32
黑龙江	2854.84	151.62	186.41	37.86	2068.95	410.01
上　海	5479.25	98.03	1280.35	262.41	2343.30	1495.16
江　苏	13872.38	135.20	1561.07	1255.85	8521.18	2399.07
浙　江	9808.47	186.49	1704.97	318.90	5556.10	2042.01
安　徽	5214.32	287.78	724.24	90.06	3438.22	674.02
福　建	4978.00	274.70	1045.90	215.67	2432.74	1009.00
江　西	3508.27	250.33	333.54	108.33	2310.80	505.27
山　东	12823.40	215.81	1311.52	483.00	9312.71	1500.36
河　南	8384.34	133.39	789.98	77.95	6374.13	1008.88
湖　北	4693.95	414.75	776.41	83.51	2737.74	681.55
湖　南	4454.54	206.63	550.20	98.72	2896.86	702.13
广　东	11124.37	142.44	1693.12	983.64	5735.98	2569.19
广　西	3069.31	133.85	471.36	82.38	1722.34	659.38
海　南	608.39	36.74	117.08	26.28	333.31	94.99
重　庆	3634.35	196.61	799.24	94.75	1524.50	1019.25
四　川	6071.88	148.94	1031.97	84.57	3670.01	1136.40
贵　州	1599.25	86.35	391.63	15.56	874.96	230.75
云　南	2866.78	203.93	801.22	16.05	1374.25	471.33
西　藏	346.34	203.90	4.61	0.21	83.98	53.64
陕　西	3404.06	299.67	490.65	29.37	2153.62	430.76
甘　肃	1332.81	120.41	260.51	11.41	751.53	188.95
青　海	474.01	61.93	63.42	7.49	260.36	80.81
宁　夏	554.50	44.43	152.01	10.23	288.48	59.35
新　疆	1907.02	225.88	248.04	11.00	1129.31	292.79
不分地区	2555.25	595.30	853.07	25.75	694.93	386.20

各地区全社会施工房屋面积（一）

单位：万平方米

地区	合计	国有经济	集体经济	农村	个体经济	农村
全国总计	**548542.04**	**83107.27**	**24558.52**	**6855.22**	**227204.77**	**106548.43**
北京	14535.58	2664.25	349.07	244.96	1741.04	488.64
天津	7709.61	1768.46	319.12	215.99	2037.78	449.97
河北	20697.93	2258.85	1622.04	334.52	10311.45	5779.66
山西	9898.54	2145.11	999.17	259.68	4122.58	2024.90
内蒙古	10343.94	2321.73	327.92	27.39	3703.76	864.72
辽宁	25805.89	3251.46	601.00	188.49	10294.16	4148.53
吉林	9555.19	1852.26	121.74	13.11	3176.80	808.41
黑龙江	7915.54	1813.49	120.85	5.55	2863.73	936.11
上海	15005.31	2187.42	885.96	205.48	4635.87	804.32
江苏	49900.07	4822.78	3163.20	1125.65	20584.08	7590.74
浙江	46733.60	5837.56	1430.35	733.25	18113.14	8648.04
安徽	21368.22	3094.76	535.37	131.46	9645.79	4621.12
福建	23658.95	4327.51	584.99	139.55	10448.27	5585.34
江西	13933.34	1935.74	437.74	164.30	6592.51	3318.22
山东	42797.07	3683.30	4410.50	679.21	16289.97	7740.33
河南	40350.30	4825.30	1851.97	581.79	21583.39	14579.87
湖北	13982.46	1855.07	423.40	90.03	6552.48	3529.73
湖南	18578.98	2284.90	548.10	36.76	9216.43	5936.73
广东	42070.13	3986.67	2978.91	1186.97	16663.82	6436.54
广西	13433.05	2632.13	274.60	23.64	7084.94	3497.68
海南	2098.45	467.81	27.80	2.48	554.52	221.07
重庆	16276.84	2145.97	264.40	70.18	7478.07	1761.49
四川	29328.61	5980.90	482.56	35.85	11927.07	5136.54
贵州	8112.23	1621.61	97.02	7.84	4210.24	1849.96
云南	13386.25	3460.61	329.38	109.93	6720.27	4219.29
西藏	1450.45	416.01	35.25	3.99	718.08	615.45
陕西	12285.47	3450.31	1015.92	187.43	3467.34	1800.38
甘肃	5506.35	1725.38	228.97	32.61	1747.36	1055.43
青海	1414.78	346.17	22.50	6.34	472.56	261.01
宁夏	2308.43	636.91	25.73	7.55	1167.63	250.16
新疆	8028.32	3244.74	43.00	3.24	3079.64	1588.01
不分地区	72.15	62.10	——	——	——	——

各地区全社会施工房屋面积（二）

单位：万平方米

地　　区	联营经济	股份制经　　济	外商投资经济	港澳台投资经济	其他经济
全国总计	**977.92**	**153921.61**	**23084.85**	**25103.15**	**10583.96**
北　　京	14.90	7720.33	951.50	1007.48	87.02
天　　津	2.00	2533.67	692.68	289.80	66.11
河　　北	77.17	5382.49	371.56	213.79	460.57
山　　西	2.82	2210.10	43.84	242.28	132.64
内 蒙 古	0.61	3771.43	91.90	65.88	60.71
辽　　宁	2.63	7634.53	2504.56	1217.21	300.35
吉　　林	0.39	3920.16	110.48	202.27	171.08
黑 龙 江	4.50	2716.38	211.90	111.13	73.56
上　　海	183.60	4662.97	1379.51	982.94	87.04
江　　苏	59.13	13607.88	4005.54	3295.69	361.77
浙　　江	36.05	14813.00	3052.09	2677.60	773.81
安　　徽	44.26	5972.98	449.57	690.81	934.68
福　　建	35.81	3777.20	1339.16	2634.84	511.17
江　　西	9.35	3432.83	297.91	868.27	358.99
山　　东	32.60	14018.64	1651.18	1301.31	1409.57
河　　南	42.65	8951.19	688.51	478.88	1928.42
湖　　北	54.86	4017.85	387.12	474.38	217.30
湖　　南	23.39	5181.82	346.31	521.08	456.94
广　　东	148.80	9939.03	2659.05	5227.20	466.64
广　　西	17.59	2397.34	353.12	515.80	157.54
海　　南	0.98	788.28	103.82	123.09	32.15
重　　庆	105.30	5326.39	223.05	588.63	145.04
四　　川	19.95	9374.86	633.57	613.77	295.92
贵　　州	3.32	1888.76	41.39	101.04	148.87
云　　南	19.59	2420.59	43.15	185.12	207.54
西　　藏	——	167.65	0.39	3.19	109.88
陕　　西	15.31	3481.60	250.38	246.24	358.38
甘　　肃	16.94	1526.76	48.03	96.00	116.91
青　　海	2.27	478.55	10.35	17.37	65.00
宁　　夏	——	412.38	43.72	0.23	21.82
新　　疆	1.17	1383.92	99.53	109.78	66.55
不分地区	——	10.05	——	——	——

各地区全社会施工住宅面积（一）

单位：万平方米

地区	合计	国有经济	集体经济		个体经济	
				农村		农村
全国总计	**315629.80**	**36567.72**	**11751.88**	**2410.55**	**156141.43**	**82660.86**
北京	7168.78	1021.28	161.97	120.56	1087.18	380.09
天津	4164.09	612.81	148.46	124.15	1375.92	254.37
河北	11656.11	706.94	815.39	121.37	7018.04	4575.89
山西	7253.37	1351.01	825.03	214.73	3463.19	1960.34
内蒙古	6128.91	845.17	208.34	15.95	2670.52	630.26
辽宁	13503.73	1125.13	219.08	73.77	6385.89	2993.75
吉林	5042.70	805.37	20.83	1.37	2031.57	625.02
黑龙江	4728.99	815.70	89.37	4.36	2124.89	783.32
上海	7789.91	641.22	532.63	5.19	2534.42	33.28
江苏	22606.97	1698.10	959.17	239.24	9934.93	2742.99
浙江	19719.43	2422.67	424.93	221.88	9534.31	4263.92
安徽	13022.55	1386.72	233.59	55.26	6681.02	3902.00
福建	13425.75	1752.68	304.78	34.72	7258.55	4909.81
江西	8657.89	758.92	268.18	105.72	4810.03	3047.72
山东	22276.89	1634.47	2408.86	366.47	9240.15	5462.27
河南	25778.07	2136.92	930.45	300.14	16097.74	12738.60
湖北	9448.08	864.27	231.34	40.11	5176.54	3218.75
湖南	13000.66	1015.56	181.64	4.20	7808.61	5562.28
广东	23213.93	1008.85	1209.45	155.66	11836.97	4707.38
广西	9588.05	1448.51	136.08	12.06	5878.12	3346.58
海南	1430.91	191.62	18.01	0.53	494.67	206.62
重庆	10911.88	1019.95	145.87	21.28	5605.19	1504.54
四川	19449.80	3258.91	318.53	15.07	9345.41	4185.73
贵州	5814.52	701.69	64.18	1.95	3566.30	1785.89
云南	9429.42	1763.98	178.19	50.94	5507.99	3731.82
西藏	956.46	209.75	20.67	0.58	573.93	515.50
陕西	7874.84	1810.83	523.96	71.34	2954.84	1705.75
甘肃	3415.45	730.42	120.02	22.24	1394.75	958.18
青海	927.40	151.58	12.28	5.40	400.23	224.24
宁夏	1323.31	253.47	12.65	4.26	790.83	210.20
新疆	5915.83	2418.39	27.97	0.04	2558.73	1493.78
不分地区	5.12	4.85	——	——	——	——

各地区全社会施工住宅面积（二）

单位：万平方米

地　　区	联营经济	股份制经济	外商投资经济	港澳台投资经济	其他经济
全国总计	**544.61**	**86479.75**	**7880.14**	**11404.97**	**4859.31**
北　京	1.50	3989.03	354.16	484.91	68.75
天　津	——	1608.72	293.53	102.61	22.04
河　北	24.01	2760.64	75.15	101.35	154.61
山　西	1.54	1488.31	5.31	42.61	76.37
内蒙古	——	2313.20	38.76	27.15	25.77
辽　宁	0.35	4073.43	927.37	681.75	90.73
吉　林	——	1945.17	34.45	136.41	68.90
黑龙江	1.85	1509.28	131.24	6.60	50.07
上　海	149.79	2862.08	542.02	490.12	37.62
江　苏	19.26	7580.47	996.67	1305.94	112.42
浙　江	14.85	6038.03	403.02	542.13	339.50
安　徽	21.15	3475.11	188.53	367.21	669.21
福　建	21.11	2089.17	522.02	1250.74	226.70
江　西	3.91	2066.46	110.21	473.32	166.84
山　东	9.16	7647.91	355.47	574.70	406.19
河　南	17.66	5015.33	406.79	243.50	929.69
湖　北	26.93	2543.49	247.12	262.98	95.40
湖　南	14.53	3204.59	223.69	299.05	252.99
广　东	99.35	5686.65	1077.52	2201.21	93.93
广　西	10.99	1523.71	165.69	344.71	80.24
海　南	0.98	555.07	55.01	90.81	24.75
重　庆	78.50	3525.29	64.50	391.72	80.87
四　川	7.32	5514.88	408.21	449.49	147.06
贵　州	0.02	1314.63	27.90	56.22	83.58
云　南	10.14	1626.68	23.73	151.76	166.95
西　藏	——	60.84	——	——	91.28
陕　西	3.26	2131.60	143.78	160.12	146.47
甘　肃	6.44	1008.42	26.67	66.13	62.61
青　海	——	299.63	5.15	10.69	47.84
宁　夏	——	222.06	25.96	——	18.35
新　疆	——	799.61	0.52	89.03	21.57
不分地区	——	0.27	——	——	——

各地区全社会竣工房屋面积（一）

单位：万平方米

地区	合计	国有经济	集体经济		个体经济	
				农村		农村
全国总计	**238425.31**	**30987.33**	**10759.10**	**3547.33**	**131761.28**	**90567.10**
北京	4168.34	640.66	203.54	144.13	630.37	354.73
天津	2600.70	542.02	119.83	53.76	872.52	257.58
河北	10520.07	865.69	750.31	200.99	6729.24	4973.81
山西	4814.83	964.37	536.28	179.99	2311.51	1747.79
内蒙古	4922.51	1143.60	163.36	24.74	2012.06	819.77
辽宁	11279.21	1201.30	371.81	122.11	6331.97	3989.70
吉林	4524.87	919.34	57.50	11.14	1757.56	763.90
黑龙江	4733.07	1105.64	97.52	4.74	2009.31	903.52
上海	5082.71	776.77	344.63	71.23	1615.15	409.67
江苏	20529.71	1871.23	1376.56	668.09	9933.09	5457.33
浙江	16370.64	1477.35	612.00	341.12	8812.69	6220.37
安徽	9358.92	1168.80	243.07	94.24	5687.97	4078.98
福建	7142.35	609.10	143.03	49.24	4691.15	3668.46
江西	6880.40	688.73	251.35	88.06	4156.20	2863.73
山东	18688.14	1262.95	1778.60	389.08	10084.16	6874.50
河南	24367.40	2028.81	992.79	274.60	16829.15	13383.99
湖北	7725.58	828.65	266.65	78.75	4641.10	3373.34
湖南	9343.12	780.42	142.61	19.68	6557.69	5551.37
广东	15696.00	1455.13	1033.95	449.94	8029.21	4527.03
广西	6134.20	884.80	116.37	8.79	4305.58	3347.06
海南	649.04	182.33	12.99	2.38	206.56	162.40
重庆	5521.49	911.60	103.19	31.23	3020.48	1585.95
四川	11017.38	1844.38	166.72	20.13	6247.57	4149.25
贵州	3259.83	609.16	25.06	5.73	2141.24	1691.60
云南	6957.31	1136.51	171.85	66.99	4812.84	3984.96
西藏	1140.25	284.07	20.23	3.79	673.48	592.85
陕西	5255.96	1240.26	523.96	123.21	2261.87	1757.30
甘肃	2544.17	645.02	102.35	12.16	1224.73	1036.47
青海	622.05	151.61	1.90	1.40	311.93	254.76
宁夏	1094.19	293.59	6.37	3.60	626.70	244.83
新疆	5441.23	2440.63	22.71	2.30	2236.21	1540.10
不分地区	39.67	32.85	——	——	——	——

各地区全社会竣工房屋面积（二）

单位：万平方米

地区	联营经济	股份制经济	外商投资经济	港澳台投资经济	其他经济
全国总计	**413.12**	**47405.60**	**6053.86**	**6270.39**	**4774.63**
北京	12.75	2197.16	258.70	215.96	9.20
天津	1.00	785.74	158.13	93.71	27.76
河北	29.35	1718.10	97.45	53.14	276.78
山西	0.06	789.29	31.81	112.67	68.83
内蒙古	——	1501.98	26.13	26.03	49.35
辽宁	1.21	2684.06	371.71	148.85	168.30
吉林	0.39	1556.09	43.65	97.06	93.27
黑龙江	4.46	1321.46	85.73	69.00	39.95
上海	105.28	1488.18	410.91	326.69	15.10
江苏	21.83	4688.20	1418.93	1038.01	181.86
浙江	6.99	3773.78	633.50	761.96	292.38
安徽	22.92	1749.03	114.46	137.02	235.65
福建	9.44	717.77	313.55	531.64	126.67
江西	6.79	1263.67	86.50	219.83	207.33
山东	16.04	4272.06	485.79	264.41	524.12
河南	18.96	3244.78	153.53	98.29	1001.10
湖北	25.76	1553.99	126.79	132.26	150.38
湖南	6.10	1514.28	88.34	93.97	159.71
广东	21.98	2658.90	814.15	1421.43	261.26
广西	5.78	588.70	58.72	95.25	79.00
海南	0.98	149.73	64.01	25.23	7.22
重庆	44.40	1293.81	12.86	71.26	63.89
四川	12.42	2471.89	54.18	76.35	143.87
贵州	3.32	425.61	3.70	17.02	34.71
云南	9.09	657.48	7.97	30.60	130.97
西藏	——	59.50	0.39	——	102.58
陕西	12.57	904.94	84.07	26.51	201.79
甘肃	12.39	450.20	18.94	25.11	65.44
青海	0.35	117.66	5.35	13.52	19.73
宁夏	——	138.72	13.29	0.23	15.29
新疆	0.53	662.02	10.62	47.38	21.13
不分地区	——	6.82	——	——	——

各地区全社会竣工住宅面积（一）

单位：万平方米

地　区	合　计	国有经济	集体经济		个体经济	
				农　村		农　村
全国总计	**146282.71**	**14426.21**	**4929.41**	**1130.19**	**96340.94**	**74130.78**
北　京	2397.48	261.03	108.54	78.37	484.56	298.56
天　津	1648.29	329.81	36.64	25.95	672.11	203.38
河　北	6029.78	233.11	362.95	62.36	4649.56	4005.32
山　西	3709.72	597.96	432.21	142.37	2094.00	1695.01
内蒙古	2900.41	468.19	113.68	15.95	1414.35	597.53
辽　宁	6189.63	458.27	91.41	31.37	4100.19	2991.89
吉　林	2209.50	384.17	17.26	0.08	1115.57	623.99
黑龙江	2940.85	585.58	72.06	4.36	1456.75	722.53
上　海	2843.62	269.71	238.12	——	936.47	32.78
江　苏	8279.54	457.66	357.64	125.28	4588.09	2524.93
浙　江	7760.96	656.35	150.33	73.35	5318.51	4074.64
安　徽	6254.61	559.21	118.04	45.15	4379.19	3601.41
福　建	4857.86	265.22	84.97	12.23	3699.49	3233.89
江　西	4780.78	323.77	146.13	52.41	3348.51	2662.14
山　东	10307.43	537.65	1004.38	194.87	6491.48	5337.07
河　南	16241.88	851.11	477.66	113.23	12792.68	11634.95
湖　北	5557.57	357.45	141.19	37.54	3952.37	3199.70
湖　南	7301.66	389.12	86.41	3.25	5773.39	5171.89
广　东	8554.21	365.62	296.17	29.94	5821.20	3422.00
广　西	4817.97	462.82	49.12	2.34	3841.11	3232.65
海　南	476.47	110.33	9.68	0.53	188.09	153.95
重　庆	3809.60	440.74	52.59	12.58	2366.00	1405.64
四　川	7179.24	941.62	93.56	3.43	4717.29	3327.46
贵　州	2527.68	254.37	12.28	1.89	1959.06	1637.22
云　南	5271.85	592.10	88.81	28.02	4048.48	3522.47
西　藏	780.66	141.32	9.93	0.58	535.15	493.51
陕　西	3469.95	646.99	213.97	25.78	1992.38	1670.54
甘　肃	1524.47	268.45	45.62	5.08	901.80	772.25
青　海	461.71	76.09	1.40	1.40	267.14	219.70
宁　夏	735.83	150.64	1.53	0.45	469.99	206.11
新　疆	4458.77	1987.26	15.15	0.04	1966.01	1455.69
不分地区	2.75	2.48	——	——	96340.94	——

各地区全社会竣工住宅面积（二）

单位：万平方米

地　　区	联营经济	股份制经　济	外商投资经济	港澳台投资经济	其他经济
全国总计	**211.51**	**24081.62**	**1643.68**	**2399.54**	**2249.80**
北　　京	1.50	1336.86	77.86	122.01	5.12
天　　津	——	514.99	68.30	20.27	6.17
河　　北	1.82	649.26	12.98	28.80	91.30
山　　西	——	529.85	5.31	6.64	43.76
内 蒙 古	——	872.41	3.26	4.61	23.91
辽　　宁	0.35	1277.94	139.03	84.07	38.37
吉　　林	——	563.51	3.10	71.56	54.33
黑 龙 江	1.85	759.56	33.34	1.56	30.16
上　　海	94.46	963.64	163.11	169.25	8.87
江　　苏	8.06	2213.57	295.62	312.45	46.46
浙　　江	1.60	1343.32	34.66	123.44	132.74
安　　徽	10.28	931.87	40.52	73.80	141.71
福　　建	6.62	347.10	146.94	243.28	64.23
江　　西	2.04	673.47	33.93	108.37	144.55
山　　东	5.27	1945.92	62.70	80.60	179.44
河　　南	2.57	1485.46	80.48	45.42	506.50
湖　　北	6.91	883.32	58.74	92.97	64.62
湖　　南	1.02	860.99	39.36	50.04	101.33
广　　东	12.92	1336.51	218.23	472.84	30.73
广　　西	5.05	341.09	22.98	56.75	39.04
海　　南	0.98	101.90	34.62	24.55	6.32
重　　庆	37.65	820.79	7.55	38.27	46.01
四　　川	0.02	1288.39	10.71	50.92	76.75
贵　　州	0.02	261.98	0.72	13.67	25.58
云　　南	0.97	413.69	1.05	25.06	101.69
西　　藏	——	3.43	——	——	90.83
陕　　西	3.26	508.18	20.82	9.53	74.83
甘　　肃	6.29	239.14	11.23	17.51	34.44
青　　海	——	91.05	5.15	7.44	13.44
宁　　夏	——	90.45	10.87	——	12.35
新　　疆	——	431.75	0.51	43.88	14.22
不分地区	——	0.27	——	——	——

生产能力施工规模和建成率

生产能力（或效益）名　称	计量单位	代码	本年施工规模	本年新开工	本年新增生产能力	生产能力建成率（%）
原煤开采	万吨/年	101	109746.30	43303.69	26983.86	24.6
洗煤	万吨/年	102	25171.96	16223.96	13630.76	54.2
焦炭	万吨/年	103	13358.60	7453.30	4553.65	34.1
天然原油开采	万吨/年	105	3697.09	2518.30	1956.48	52.9
天然气开采	亿立方米/年	107	288.52	237.40	112.71	39.1
石油加工：蒸馏设备能力	处理万吨/年	121	6007.10	1967.10	913.10	15.2
裂化设备能力	处理万吨/年	122	2092.00	1299.00	684.00	32.7
焦化设备能力	万吨/年	124	1408.25	378.25	568.25	40.4
催化重整设备能力	万吨/年	125	805.20	562.20	111.20	13.8
加氢精制设备能力	处理万吨/年	123	1728.26	653.25	474.76	27.5
润滑油（综合能力）	万吨/年	732	295.28	129.98	23.78	8.1
铁矿开采(原矿)	万吨/年	131	18383.51	11182.33	8521.35	46.4
铁矿选矿处理原矿量	万吨/年	735	9078.80	5405.62	5053.60	55.7
铁矿石成品矿	万吨/年	132	7687.18	5627.18	4381.28	57.0
生铁	万吨/年	141	9791.77	7975.78	3108.71	31.7
粗钢	万吨/年	142	8014.01	3936.91	2862.21	35.7
其中：转炉钢	万吨/年	143	3555.00	780.00	1015.00	28.6
电弧炉钢	万吨/年	144	229.20	25.30	125.30	54.7
感应电炉钢	万吨/年	145	68.20	——	——	——
连铸坯	万吨/年	147	2101.69	665.74	686.29	32.7
铁合金	折标吨/年	149	6435847	4447547	2791788	43.4
钢材	万吨/年	——	27196.20	16406.10	10435.27	38.4
热轧钢材	万吨/年	152	17530.10	10962.63	5835.32	33.3
冷加工钢材	万吨/年	153	5879.12	2667.06	2333.71	39.7
镀层、涂层钢材	万吨/年	749	1214.93	822.93	707.43	58.2
锻压、挤压、旋压钢材	万吨/年	750	1729.54	1326.57	1240.81	71.7
其他加工工艺钢材	万吨/年	851	842.51	626.91	318.00	37.7
按品种分：						
铁道用钢材	万吨/年	852	50.50	50.50	50.50	100.0
大型型材	万吨/年	853	5677.00	5587.00	20.00	0.4

生产能力施工规模和建成率

续表 1

生产能力（或效益）名　称	计量单位	代码	本年施工规模	本年新开工	本年新增生产能力	生产能力建成率（%）
中小型型材	万吨/年	854	1988.82	1579.92	1046.62	52.6
棒材	万吨/年	855	942.52	504.52	389.52	41.3
钢筋	万吨/年	856	690.70	463.70	545.60	79.0
线材（盘条）	万吨/年	857	1758.55	941.65	1148.88	65.3
特厚板	万吨/年	858	124.00	24.00	114.00	91.9
厚钢板	万吨/年	859	1265.65	304.00	285.65	22.6
中板	万吨/年	860	1426.72	692.32	354.50	24.8
热轧薄板	万吨/年	861	2459.59	1246.09	885.59	36.0
冷轧钢板	万吨/年	862	2413.49	903.69	564.39	23.4
中厚宽钢板	万吨/年	863	749.05	54.05	481.75	64.3
热轧薄宽钢带	万吨/年	864	894.86	262.86	666.36	74.5
冷轧薄宽钢带	万吨/年	865	616.17	162.17	153.07	24.8
热轧窄钢带	万吨/年	866	77.39	77.39	77.39	100.0
冷轧窄钢带	万吨/年	867	153.01	54.01	100.26	65.5
镀层板（带）	万吨/年	868	902.30	606.30	422.80	46.9
涂层板（带）	万吨/年	869	263.13	155.13	206.13	78.3
电工钢板（带）	万吨/年	870	97.58	24.58	17.58	18.0
无缝钢管	万吨/年	871	1819.98	791.72	1251.26	68.8
焊接钢管	万吨/年	872	566.49	308.02	234.07	41.3
其他钢材	万吨/年	873	2258.70	1612.48	1419.35	62.8
铜采矿(原矿)	万吨/年	171	4292.29	3820.11	1119.62	26.1
铜选矿:(1)处理原矿	万吨/年	172	2268.55	2063.05	448.03	19.7
(2)铜含量	吨/年	174	275652	240465	211575	76.8
铜冶炼	吨/年	175	2629629	1531429	863080	32.8
其中：电解铜	吨/年	176	981412	416512	277912	28.3
铅锌采矿(原矿)	万吨/年	181	3766.17	3018.35	1921.34	51.0
铅锌选矿:(1)处理原矿	万吨/年	182	4245.29	2503.19	3051.69	71.9
(2)铅含量	吨/年	186	334898	298532	241873	72.2
(3)锌含量	吨/年	187	506192	423596	356817	70.5
铅冶炼	吨/年	188	2534065	1550175	1056521	41.7

生产能力施工规模和建成率

续表 2

生产能力（或效益）名称	计量单位	代码	本年施工规模	本年新开工	本年新增生产能力	生产能力建成率（%）
其中：电解铅	吨/年	189	1070000	328000	380000	35.5
锌冶炼	吨/年	190	8029819	7558219	739835	9.2
其中：电解锌	吨/年	191	685738	235638	322000	47.0
锡冶炼	吨/年	205	16060	5300	2560	15.9
其中：电解锡	吨/年	206	10000	——	——	——
镍冶炼	吨/年	215	1156838	1092828	87923	7.6
其中：电解镍	吨/年	216	56400	17700	15500	27.5
氧化铝	吨/年	232	8202970	1494710	1854430	22.6
电解铝	吨/年	233	2892238	1258238	788030	27.2
粗铅	吨/年	768	151500	134000	135200	89.2
铝加工	吨/年	234	9716139	4870421	2490427	25.6
黄金	公斤/年	265	45046	28508	20142	44.7
银选矿:(1)处理原矿	吨/年	272	770417	690712	537002	69.7
(2)银含量	公斤/年	274	92222	79827	48842	53.0
硫铁矿开采	万吨/年	286	132.03	90.98	87.98	66.6
发电机组容量	万千瓦	291	51390.19	11712.69	9931.90	19.3
水力发电	万千瓦	292	25044.48	2524.36	1674.43	6.7
火力发电	万千瓦	293	23138.80	7953.58	7379.16	31.9
核能发电	万千瓦	294	1078.20	102.20	252.20	23.4
其他发电	万千瓦	295	2128.71	1132.55	626.11	29.4
输电线路长度(11 万伏及以上)	公里	296	108415.98	69334.35	57535.44	53.1
水　泥	万吨/年	301	60364.74	38594.14	24261.11	40.2
平板玻璃	万重量箱/年	302	12522.42	6703.61	5628.97	45.0
石墨及炭素制品	吨/年	305	1983234	1707467	1272038	64.1
木材	万立方米/年	311	136	134	118	87.1
硫　酸	吨/年	321	4702480	2241680	2820320	60.0
浓硝酸	吨/年	322	786400	526400	236350	30.1
烧碱	吨/年	323	6572460	4164960	2920540	44.4
纯碱	吨/年	324	4998310	4137200	515500	10.3

生产能力施工规模和建成率

续表 3

生产能力（或效益）名称	计量单位	代码	本年施工规模	本年新开工	本年新增生产能力	生产能力建成率（%）
电石	吨/年	325	4446131	3287131	1821761	41.0
合成氨	吨/年	327	12323311	6590411	3043776	24.7
农用氮、磷、钾化学肥	吨/年	331	22724958	12725921	6226604	27.4
氮肥	吨/年	332	13017239	7480871	3285902	25.2
磷肥	吨/年	335	7033293	4293123	2389156	34.0
钾肥	吨/年	338	2674426	951927	551546	20.6
化学农药原药	吨/年	341	840341	377480	325333	38.7
乙烯	吨/年	342	6204980	1601980	916950	14.8
丙烯	吨/年	343	429853	241566	5350	1.2
精甲醇	吨/年	783	30044534	15094494	4674854	15.6
塑料树脂及共聚物	吨/年	349	13096544	6607521	5481880	41.9
合成橡胶	吨/年	350	1071890	634540	637553	59.5
轮胎外胎	万条/年	353	14999.65	7633.05	10754.60	71.7
轮胎内胎	万条/年	354	9379.00	5635.00	6910.00	73.7
化学原料药	吨/年	361	413971	255559	212636	51.4
中成药	吨/年	364	345575	230114	198606	57.5
内燃机制造	台/年	378	1786485	21435	577850	32.3
	万千瓦/年	379	450428.44	79063.44	54592.44	12.1
汽车制造	辆/年	417	4962143	1343408	1893779	38.2
载货汽车制造	辆/年	418	493069	140661	199341	40.4
客车制造	辆/年	809	529284	368134	14834	2.8
轿车制造	辆/年	419	3552227	674270	1520269	42.8
其他汽车制造	辆/年	420	387563	160343	159335	41.1
摩托车制造	辆/年	423	6043250	892250	834750	13.8
电视机	万部/年	812	618.2	509.6	344.0	55.6
其中：彩色电视机	万部/年	432	415.2	306.6	203.0	48.9
化学纤维	吨/年	461	6356437	2975542	2704284	42.5
其中:合成纤维	吨/年	462	4453791	1878056	1910138	42.9
粘胶纤维	吨/年	463	568999	394799	260738	45.8
棉纺锭	锭	471	31788070	23807260	20419912	64.2

生产能力施工规模和建成率

续表 4

生产能力（或效益）名称	计量单位	代码	本年施工规模	本年新开工	本年新增生产能力	生产能力建成率（%）
毛纺锭	锭	474	247880	210540	175120	70.6
酒	万吨/年	507	2287.73	1833.93	1421.89	62.2
啤　酒	万吨/年	508	1386.04	1037.20	752.69	54.3
白　酒	万吨/年	509	691.71	609.57	518.20	74.9
其他酒	万吨/年	510	209.98	187.16	151.00	71.9
卷烟	箱/年	513	4088422	890022	1074420	26.3
机制纸浆	万吨/年	521	588.91	447.41	341.19	57.9
机制纸	万吨/年	825	1629.42	1218.29	786.87	48.3
机制纸板	万吨/年	826	1313.81	855.34	986.82	75.1
家用电冰箱	万台/年	551	1384.90	1256.30	640.00	46.2
家用洗衣机	万台/年	552	607.25	273.00	259.00	42.7
房间空气调节器	万台/年	553	2006.29	1470.79	1466.20	73.1
移动通信基站设备	个/年	842	32980	28236	28333	85.9
程控交换机	万线/年	844	4820	4679	4785	99.3
新建铁路投产里程	公里	571	12976.86	2923.25	955.60	7.4
复线投产里程	公里	572	9262.00	1415.20	601.70	6.5
电气化铁路投产里程	公里	573	8942.01	631.50	542.80	6.1
新建公路	公里	576	141541.82	104065.07	89686.97	63.4
其中:高速公路	公里	577	19900.29	4828.70	6846.66	34.4
一级公路	公里	848	6632.57	3236.01	2466.31	37.2
二级公路	公里	849	15882.88	10919.54	9273.97	58.4
改建公路	公里	578	240051.66	186991.69	157341.01	65.5
其中:高速公路	公里	579	2021.72	774.11	574.70	28.4
一级公路	公里	580	5650.27	3173.23	2565.08	45.4
二级公路	公里	850	41442.65	27683.25	23131.19	55.8
新建独立公路桥梁	延长米	581	366563	131347	104474	28.5
	座	582	1176	948	784	66.7
新建独立公路隧道	延长米	900	55536	15619	27105	48.8
	处	901	24	12	11	45.8
新(扩)建港口码头	年吞吐量:万吨	583	84000.35	21042.87	19830.55	23.6

生产能力施工规模和建成率

续表 5

生产能力（或效益）名称	计量单位	代码	本年施工规模	本年新开工	本年新增生产能力	生产能力建成率（%）
	年吞吐量:万集装箱	874	18572959	881107	1140763	6.1
	泊位:个	584	687	256	186	27.1
其中:新(扩)建沿海港口码头	年吞吐量:万吨	585	55000.63	11256.60	12055.60	21.9
	泊位:个	586	279	75	59	21.1
新(扩)建客、货运站	个	595	917	793	714	77.9
	平方米	596	2432794	1375537	1026272	42.2
民航机场跑道	条	597	29	8	11	37.9
	米	598	75490	20000	27100	35.9
飞机购置	架	601	59	52	42	71.2
候机楼	座	602	23	6	9	39.1
	平方米	603	1469557	197096	240119	16.3
耕地面积	万亩	613	230.43	203.31	197.11	85.5
造林面积	万亩	614	4379.40	2581.36	2530.39	57.8
水库容量(总库容)	亿立方米	615	449.94	237.87	107.54	23.9
有效灌溉面积	万亩	616	3805.18	2768.43	2770.02	72.8
除涝面积	万亩	617	1551.76	493.85	548.58	35.4
各类院校:学生席位	个	631	9199982	5808697	5091851	55.3
建筑面积	平方米	632	105762466	55713554	48582674	45.9
医院病床	张	651	376426	202296	159616	42.4
宾馆、旅馆、招待所客房数	间	653	161206	92972	82106	50.9
宾馆、旅馆、招待所客房数	平方米	654	9985996	5462147	4284447	42.9
城市自来水供水能力	万吨/日	661	6135.34	3447.04	2479.98	40.4
城市公共交通车辆购置	辆	671	27107	26354	27085	99.9
城市道路扩建长度	公里	672	17932.47	12704.14	10307.79	57.5
城市道路扩建面积	万平方米	673	478078.22	423856.58	25521.73	5.3
城市排水管道铺设长度	公里	674	10951.07	6012.24	4935.04	45.1
城市污水处理能力	万吨/日	675	5290.80	2525.22	1747.03	33.0
城市永久性桥梁	座	676	780	454	328	42.1
城市防洪堤长度	公里	677	3725.91	1793.94	1603.71	43.0

第二部分
城镇固定资产投资

（一）城镇

城镇投资主要指标

指　　标	2006年	2007年	2007年比2006年增减	
			绝对数	%
一、投资总额（亿元）	**93368.68**	**117464.47**	**24095.79**	**25.8**
其中：住宅	16305.54	21238.29	4932.75	30.3
其中：国有及国有控股	44823.95	52229.39	7405.44	16.5
1.按构成分				
建筑安装工程	57099.41	71595.25	14495.84	25.4
设备、工具、器具投资	20397.57	25694.84	5297.27	26.0
其他费用	15871.70	20174.38	4302.67	27.1
2.按建设性质分				
新　建	41514.17	51963.05	10448.88	25.2
扩　建	16761.29	19705.40	2944.12	17.6
改　建	11075.51	14136.00	3060.49	27.6
单纯购置	2787.41	3961.38	1173.97	42.1
3.按产业分				
第一产业	1118.16	1460.05	341.88	30.6
第二产业	39544.93	50814.26	11269.33	28.5
第三产业	52705.59	65190.17	12484.58	23.7
二、全部建设规模（亿元）				
计划总投资	296350.40	366270.26	69919.85	23.6
自开始建设至本年底累计完成投资	176018.18	224698.58	48680.41	27.7
全部建成尚需投资	120332.22	141571.67	21239.45	17.7
三、新增固定资产（亿元）	**56290.90**	**67367.49**	**11076.59**	**19.7**
四、建设项目（个）				
施工项目	283920	326204	42284.00	14.9
其中：本年新开工	203963	231531	27568.00	13.5
全部建成投产项目	162383	187525	25142.00	15.5
五、房屋建筑面积（万平方米）				
施工面积	345152.04	414941.75	69789.71	20.2
其中：住宅	187898.40	226159.65	38261.25	20.4
竣工面积	120705.26	134247.50	13542.24	11.2
其中：住宅	63046.91	68820.78	5773.87	9.2
六、投资资金来源小计（亿元）	**101759.13**	**130743.45**	**28984.32**	**28.5**
国家预算内资金	4438.74	5464.13	1025.39	23.1
国内贷款	18814.82	22136.08	3321.26	17.7
债　券	419.08	483.31	64.23	15.3
利用外资	3811.05	4549.02	737.97	19.4
自筹资金	56547.51	74520.88	17973.38	31.8
其他资金	17727.93	23590.03	5862.10	33.1

注：城镇投资除按建设性质分组和项目个数外，均含房地产开发投资。以下表同。

各地区城镇固定资产投资建设总规模

单位：万元

地　区	建设总规模	在建总规模	在建净规模
全国总计	**3662702559**	**2969353536**	**1440328243**
北　京	181279954	159468679	71546713
天　津	81527026	69740351	36330173
河　北	134902832	106612066	50821647
山　西	79963959	62648843	31779342
内蒙古	97685003	66582588	31181775
辽　宁	179553075	142891741	78786181
吉　林	64430626	44825757	19361975
黑龙江	55655965	35809244	18481585
上　海	188073924	164935073	62286423
江　苏	256413400	192635898	90341212
浙　江	233817711	197322165	90030679
安　徽	119577734	96056960	44536800
福　建	140013514	125671819	66894035
江　西	73800150	59343590	26293265
山　东	219810148	170256404	71312606
河　南	138877590	85309811	40215532
湖　北	127149663	105640424	48738886
湖　南	108308678	87345420	42114501
广　东	302320362	255227884	119670280
广　西	90407989	75513964	37263593
海　南	21406418	18701144	12127627
重　庆	118960368	101681893	53533675
四　川	167948545	142562689	74167860
贵　州	55782316	46140591	26464372
云　南	95895943	83463303	42682092
西　藏	5825461	4121429	2153037
陕　西	83743891	65611128	32183306
甘　肃	38621207	37030013	17426987
青　海	15068186	13101835	6271292
宁　夏	22103481	20214992	13246229
新　疆	38372773	27845227	13563562
不分地区	125404667	105040611	68521001

国民经济行业小类城镇固定资产投资建设总规模

单位：万元

地区	建设总规模	在建总规模	在建净规模
全国总计	**3662702559**	**2969353536**	**1440328243**
(一) 农、林、牧、渔业	26693247	15806729	6912812
农业	6392879	4218145	1978382
谷物及其他作物的种植	2766642	1789470	861162
谷物的种植	1051137	453440	154232
薯类的种植	293950	274963	216716
油料的种植	28396	17534	10570
豆类的种植	26562	14789	10406
棉花的种植	227977	178489	136696
麻类的种植	19820	11335	4010
糖料的种植	22113	——	——
烟草的种植	194915	137076	53079
其他作物的种植	901772	701844	275453
蔬菜、园艺作物的种植	2037171	1311521	634145
蔬菜的种植	1056373	599398	244830
花卉的种植	601867	404003	219275
其他园艺作物的种植	378931	308120	170040
水果坚果饮料和香料作物的种植	1219965	883504	391973
水果、坚果的种植	1041013	759015	319980
茶及其他饮料作物的种植	147707	98789	50575
香料作物的种植	31245	25700	21418
中药材的种植	369101	233650	91102
林业	6810566	4417467	1836514
林木的培育和种植	6455474	4258373	1794617
育种和育苗	678827	457721	234081
造林	4750363	3368338	1368124
林木的抚育和管理	1026284	432314	192412
木材和竹材的采运	199760	140671	32940
木材的采运	198119	139570	32676
竹材的采运	1641	1101	264
林产品的采集	155332	18423	8957
畜牧业	5472755	3119695	1534278
牲畜的饲养	2574773	1559689	821508
猪的饲养	1286774	699527	374517
家禽的饲养	1029415	572286	236443
狩猎和捕捉动物	9950	9000	2800
其他畜牧业	571843	279193	99010
渔业	1092354	576271	165283
海洋渔业	682444	382063	105933
海水养殖	500802	300024	59092

国民经济行业小类城镇固定资产投资建设总规模

续表 1

地　　区	建设总规模	在建总规模	在建净规模
海洋捕捞	181642	82039	46841
内陆渔业	409910	194208	59350
内陆养殖	408009	192758	58792
内陆捕捞	1901	1450	558
农、林、牧、渔服务业	6924693	3475151	1398355
农业服务业	6013143	2839104	995367
灌溉服务	2048265	912425	383522
农产品初加工服务	872120	394885	143333
其他农业服务	3092758	1531794	468512
林业服务业	94403	50606	20728
畜牧服务业	654883	472768	356490
兽医服务	53523	23579	9230
其他畜牧服务	601360	449189	347260
渔业服务业	162264	112673	25770
（二）采矿业	**108170780**	**70975783**	**28472399**
煤炭开采和洗选业	48733748	38475511	17894995
烟煤和无烟煤的开采洗选	45315178	35671923	16092032
褐煤的开采洗选	3021333	2518022	1622244
其他煤炭采选	397237	285566	180719
石油和天然气开采业	35090461	15865868	2965327
天然原油和天然气开采	32965601	14389890	2202098
与石油和天然气开采有关的服务活动	2124860	1475978	763229
黑色金属矿采选业	9586949	7204317	3213839
铁矿采选	9085166	6846351	3084479
其他黑色金属矿采选	501783	357966	129360
有色金属矿采选业	9579578	6320536	3098061
常用有色金属矿采选	5795254	4023863	2034868
铜矿采选	1621001	1151160	508441
铅锌矿采选	2165983	1393662	743139
镍钴矿采选	353541	247053	170503
锡矿采选	354233	260800	128361
锑矿采选	84244	31316	4940
铝矿采选	374101	227538	130799
镁矿采选	74880	36700	14880
其他常用有色金属矿采选	767271	675634	333805
贵金属矿采选	2077478	1111273	449482
金矿采选	1846296	1012591	386879
银矿采选	163409	48482	19733
其他贵金属矿采选	67773	50200	42870
稀有稀土金属矿采选	1706846	1185400	613711

国民经济行业小类城镇固定资产投资建设总规模

续表 2

地　　区	建设总规模	在建总规模	在建净规模
钨钼矿采选	1312698	869833	449812
稀土金属矿采选	59078	40378	22110
放射性金属矿采选	102546	98766	46164
其他稀有金属矿采选	232524	176423	95625
非金属矿采选业	4882898	2882062	1178756
土砂石开采	2758541	1400997	516999
石灰石、石膏开采	709997	348827	183299
建筑装饰用石开采	765426	338538	107120
耐火土石开采	375898	239294	68948
粘土及其他土砂石开采	907220	474338	157632
化学矿采选	1012572	805790	365687
采盐	421430	295722	105902
石棉及其他非金属矿采选	690355	379553	190168
石棉、云母矿采选	11338	7980	1803
石墨、滑石采选	118647	68465	24527
宝石、玉石开采	14805	11395	8250
其他非金属矿采选	545565	291713	155588
其他采矿业	297146	227489	121421
其他采矿业	297146	227489	121421
（三）制造业	**850170795**	**631691551**	**320770992**
农副食品加工业	31336008	19708480	9321243
谷物磨制	3915261	2273266	1155647
饲料加工	3081323	1680854	714720
植物油加工	3453695	1839158	936075
食用植物油加工	2970807	1482399	722115
非食用植物油加工	482888	356759	213960
制糖	1084743	661402	303347
屠宰及肉类加工	6593722	4591950	2240251
畜禽屠宰	3423041	2323826	1147276
肉制品及副产品加工	3170681	2268124	1092975
水产品加工	2694365	1819331	684882
水产品冷冻加工	1822485	1164662	404503
鱼糜制品及水产品干腌制加工	232877	147728	70497
水产饲料制造	140358	77751	34810
鱼油提取及制品的制造	2100	2100	640
其他水产品加工	496545	427090	174432
蔬菜、水果和坚果加工	4015460	2673734	1050480
其他农副食品加工	6497439	4168785	2235841
淀粉及淀粉制品的制造	3743362	2469922	1395116
豆制品制造	625323	431561	228977

国民经济行业小类城镇固定资产投资建设总规模

续表 3

地　　区	建设总规模	在建总规模	在建净规模
蛋品加工	163494	99795	52158
其他未列明的农副食品加工	1965260	1167507	559590
食品制造业	17750847	11215834	4608301
焙烤食品制造	2023178	1258334	549695
糕点、面包制造	747623	442094	184040
饼干及其他焙烤食品制造	1275555	816240	365655
糖果、巧克力及蜜饯制造	1082640	657529	197855
糖果、巧克力制造	797785	487587	127573
蜜饯制作	284855	169942	70282
方便食品制造	2617953	1572023	636548
米、面制品制造	925230	555313	255096
速冻食品制造	708404	420719	157269
方便面及其他方便食品制造	984319	595991	224183
液体乳及乳制品制造	3016065	1872090	811466
罐头制造	1459526	990159	365780
肉、禽类罐头制造	419540	287999	84262
水产品罐头制造	77099	59308	12011
蔬菜、水果罐头制造	794317	509756	222705
其他罐头食品制造	168570	133096	46802
调味品、发酵制品制造	2426947	1652534	722503
味精制造	548409	389899	67291
酱油、食醋及类似制品的制造	670362	389962	181030
其他调味品、发酵制品制造	1208176	872673	474182
其他食品制造	5124538	3213165	1324454
营养、保健食品制造	1227485	665740	296325
冷冻饮品及食用冰制造	506858	313217	70272
盐加工	298538	264841	53599
食品及饲料添加剂制造	1546622	974404	468485
其他未列明的食品制造	1545035	994963	435773
饮料制造业	14360388	9423929	3989759
酒精制造	2294216	1905506	979082
酒的制造	6165605	3964472	1607575
白酒制造	2440418	1622102	657152
啤酒制造	2614044	1554917	584467
黄酒制造	219905	145659	42641
葡萄酒制造	552434	385603	176526
其他酒制造	338804	256191	146789
软饮料制造	5261332	3118037	1213065
碳酸饮料制造	556136	171485	73202
瓶（罐）装饮用水制造	856980	491498	180985

国民经济行业小类城镇固定资产投资建设总规模

续表 4

地　　区	建设总规模	在建总规模	在建净规模
果菜汁及果菜汁饮料制造	1943979	1330414	575296
含乳饮料和植物蛋白饮料制造	1003591	578539	210814
固体饮料制造	95056	46303	20916
茶饮料及其他软饮料制造	805590	499798	151852
精制茶加工	639235	435914	190037
烟草制品业	3978559	3370072	1514172
烟叶复烤	127621	97003	50652
卷烟制造	3669448	3127264	1411794
其他烟草制品加工	181490	145805	51726
纺织业	31463247	20836771	10485148
棉、化纤纺织及印染精加工	18211622	12080327	6199191
棉、化纤纺织加工	16615015	11067118	5761201
棉、化纤印染精加工	1596607	1013209	437990
毛纺织和染整精加工	1549062	1094322	397155
毛条加工	329700	249645	70380
毛纺织	951661	657317	237784
毛染整精加工	267701	187360	88991
麻纺织	487995	330869	145292
丝绢纺织及精加工	1126836	721762	331426
缫丝加工	460777	312419	131962
绢纺和丝织加工	506056	312893	167329
丝印染精加工	160003	96450	32135
纺织制成品制造	5436440	3708122	1990921
棉及化纤制品制造	2437856	1664331	891515
毛制品制造	229956	173911	73657
麻制品制造	54010	20008	2468
丝制品制造	357305	263874	127656
绳、索、缆的制造	170576	114705	17760
纺织带和帘子布制造	275421	196276	72977
无纺布制造	1032193	737812	542752
其他纺织制成品制造	879123	537205	262136
针织品、编织品及其制品制造	4651292	2901369	1421163
棉、化纤针织品及编织品制造	2742398	1714090	802476
毛针织品及编织品制造	963094	467906	198160
丝针织品及编织品制造	359920	283561	161716
其他针织品及编织品制造	585880	435812	258811
纺织服装、鞋、帽制造业	15240432	10303447	5063853
纺织服装制造	14360393	9763422	4797687
纺织面料鞋的制造	713583	428719	211410
制帽	166456	111306	54756

国民经济行业小类城镇固定资产投资建设总规模

续表 5

地　　区	建设总规模	在建总规模	在建净规模
皮革、毛皮、羽毛(绒)及其制品业	7472885	5329538	2561562
皮革鞣制加工	864911	651672	250499
皮革制品制造	5509642	4074582	1998882
皮鞋制造	3805273	2943109	1460666
皮革服装制造	323874	131576	49435
皮箱、包(袋)制造	812210	642887	323330
皮手套及皮装饰制品制造	173376	109972	48535
其他皮革制品制造	394909	247038	116916
毛皮鞣制及制品加工	403520	159735	65840
毛皮鞣制加工	106462	35530	9666
毛皮服装加工	186570	63410	29304
其他毛皮制品加工	110488	60795	26870
羽毛(绒)加工及制品制造	694812	443549	246341
羽毛(绒)加工	223207	146490	84131
羽毛(绒)制品加工	471605	297059	162210
木材加工及木竹藤棕草制品	10530513	6076597	2759522
锯材、木片加工	1881948	1009914	437231
锯材加工	1034819	546829	233568
木片加工	847129	463085	203663
人造板制造	5458034	3133628	1422662
胶合板制造	1949002	958847	387233
纤维板制造	1330919	891648	412477
刨花板制造	380964	213113	113878
其他人造板、材制造	1797149	1070020	509074
木制品制造	2327308	1396053	636332
建筑用木料及木材组件加工	1485116	935320	409965
木容器制造	130168	45830	12573
软木制品及其他木制品制造	712024	414903	213794
竹、藤、棕、草制品制造	863223	537002	263297
家具制造业	7259638	4518452	2047035
木质家具制造	5411684	3331795	1542741
竹、藤家具制造	192733	123165	66372
金属家具制造	846359	550146	232219
塑料家具制造	93996	66714	27133
其他家具制造	714866	446632	178570
造纸及纸制品业	22814736	17769233	9716054
纸浆制造	7643886	7069738	4536171
造纸	10733005	8180442	4134050
机制纸及纸板制造	9931786	7576925	3961550
手工纸制造	62146	33987	14435

国民经济行业小类城镇固定资产投资建设总规模

续表 6

地　　区	建设总规模	在建总规模	在建净规模
加工纸制造	739073	569530	158065
纸制品制造	4437845	2519053	1045833
纸和纸板容器的制造	2134492	1126012	528413
其他纸制品制造	2303353	1393041	517420
印刷业和记录媒介的复制	6625275	4004872	1747000
印刷	6050808	3656800	1608778
书、报、刊印刷	1694087	1020242	424644
本册印制	279586	125632	64066
包装装潢及其他印刷	4077135	2510926	1120068
装订及其他印刷服务活动	271168	151312	79415
记录媒介的复制	303299	196760	58807
文教体育用品制造业	3427436	2231292	985102
文化用品制造	638482	341285	160320
文具制造	226709	114749	59082
笔的制造	211242	122298	57650
教学用模型及教具制造	110594	47195	16296
墨水、墨汁制造	25416	14250	7650
其他文化用品制造	64521	42793	19642
体育用品制造	1217007	916394	385128
球类制造	155177	117357	47402
体育器材及配件制造	308748	199035	99642
训练健身器材制造	316586	270580	122925
运动防护用具制造	119828	81937	20662
其他体育用品制造	316668	247485	94497
乐器制造	260244	126502	47930
中乐器制造	17732	8500	3383
西乐器制造	136783	76084	31168
电子乐器制造	69948	16518	5911
其他乐器及零件制造	35781	25400	7468
玩具制造	1240431	801793	379762
游艺器材及娱乐用品制造	71272	45318	11962
露天游乐场所游乐设备制造	39078	34318	8491
游艺用品及室内游艺器材制造	32194	11000	3471
石油加工、炼焦及核燃料加工业	47753295	42703545	23062644
精炼石油产品的制造	35363625	32839572	18665653
原油加工及石油制品制造	32373735	29945124	17107425
人造原油生产	2989890	2894448	1558228
炼焦及其他	12389670	9863973	4396991
化学原料及化学制品制造业	98913853	77917686	47357066

国民经济行业小类城镇固定资产投资建设总规模

续表 7

地　　区	建设总规模	在建总规模	在建净规模
基础化学原料制造	51271478	42919559	29802986
无机酸制造	1975181	1421697	757556
无机碱制造	7118963	5822080	3688938
无机盐制造	2961013	2071794	1418165
有机化学原料制造	33612358	28933356	21376324
其他基础化学原料制造	5603963	4670632	2562003
肥料制造	13284927	10572526	5174974
氮肥制造	7879333	6790599	3643877
磷肥制造	1266782	963263	363179
钾肥制造	839664	756455	146450
复混肥料制造	2357449	1550094	781390
有机肥料及微生物肥料制造	517309	314727	146679
其他肥料制造	424390	197388	93399
农药制造	2560151	1677665	746398
化学农药制造	1763540	1231345	549966
生物化学农药及微生物农药制造	796611	446320	196432
涂料、油墨、颜料及类似产品制造	3953793	2600362	1290945
涂料制造	1940163	1171696	559345
油墨及类似产品制造	222459	113703	54697
颜料制造	600707	489939	261766
染料制造	597916	331272	130666
密封用填料及类似品制造	592548	493752	284471
合成材料制造	10973831	8623987	4703222
初级形态的塑料及合成树脂制造	6683090	5035130	2386416
合成橡胶制造	882484	709029	414509
合成纤维单(聚合)体的制造	2761560	2490229	1712211
其他合成材料制造	646697	389599	190086
专用化学产品制造	13923449	9513649	4770437
化学试剂和助剂制造	3349007	1963268	815068
专项化学用品制造	4834924	3536164	1788772
林产化学产品制造	520860	334690	166502
环境污染处理专用药剂材料制造	310648	216946	118454
动物胶制造	169852	103638	41159
其他专用化学产品制造	4738158	3358943	1840482
日用化学产品制造	2946224	2009938	868104
肥皂及合成洗涤剂制造	699137	448711	190170
化妆品制造	788446	631880	172968
口腔清洁用品制造	80474	58936	18573

国民经济行业小类城镇固定资产投资建设总规模

续表 8

地　　区	建设总规模	在建总规模	在建净规模
香料、香精制造	369923	218723	90507
其他日用化学产品制造	1008244	651688	395886
医药制造业	19682950	14314428	6843796
化学药品原药制造	4224068	3259574	1489380
化学药品制剂制造	3466275	2374926	1148548
中药饮片加工	1705313	1216956	562436
中成药制造	3859121	2722269	1282831
兽用药品制造	1052395	688309	260777
生物、生化制品的制造	4063548	3154404	1683500
卫生材料及医药用品制造	1312230	897990	416324
化学纤维制造业	9663896	7760806	4916971
纤维素纤维原料及纤维制造	1869994	1135788	572738
化纤浆粕制造	393972	307388	212333
人造纤维（纤维素纤维）制造	1476022	828400	360405
合成纤维制造	7793902	6625018	4344233
锦纶纤维制造	720001	468340	237793
涤纶纤维制造	2191800	1779343	964233
腈纶纤维制造	39748	5003	1385
维纶纤维制造	741215	681898	461954
其他合成纤维制造	4101138	3690434	2678868
橡胶制品业	9168202	6598851	3000060
轮胎制造	5860136	4738479	2192732
车辆、飞机及工程机械轮胎制造	5577725	4582226	2130192
力车胎制造	132919	57213	16818
轮胎翻新加工	149492	99040	45722
橡胶板、管、带的制造	1239078	703755	313114
橡胶零件制造	628978	312966	118234
再生橡胶制造	264027	161053	81721
日用及医用橡胶制品制造	185021	85514	40054
橡胶靴鞋制造	261962	160641	79231
其他橡胶制品制造	729000	436443	174974
塑料制品业	17883864	11614187	6434863
塑料薄膜制造	1926583	907946	474622
塑料板、管、型材的制造	6894250	5479719	3739002
塑料丝、绳及编织品的制造	1312703	636833	204138
泡沫塑料制造	610970	295890	146887
塑料人造革、合成革制造	687632	476833	221459
塑料包装箱及容器制造	1581374	899120	335112
塑料零件制造	938220	530260	285121
日用塑料制造	1322619	878982	347369

国民经济行业小类城镇固定资产投资建设总规模

续表 9

地　　区	建设总规模	在建总规模	在建净规模
塑料鞋制造	373068	275896	107344
日用塑料杂品制造	949551	603086	240025
其他塑料制品制造	2609513	1508604	681153
非金属矿物制品业	53193094	34557144	16497469
水泥、石灰和石膏的制造	16016128	12177902	6082395
水泥制造	15273079	11701570	5943699
石灰和石膏制造	743049	476332	138696
水泥及石膏制品制造	5624338	3098972	1547153
水泥制品制造	2723982	1473103	715682
砼结构构件制造	1037928	643170	362909
石棉水泥制品制造	96502	32630	20247
轻质建筑材料制造	1165840	689402	347413
其他水泥制品制造	600086	260667	100902
砖瓦、石材及其他建筑材料制造	12748535	6992941	2979880
粘土砖瓦及建筑砌块制造	3659541	1785624	798152
建筑陶瓷制品制造	2920953	1732658	768038
建筑用石加工	1954841	859746	309218
防水建筑材料制造	609910	345976	161964
隔热和隔音材料制造	918272	585898	298927
其他建筑材料制造	2685018	1683039	643581
玻璃及玻璃制品制造	8902815	6232373	2788440
平板玻璃制造	2009397	1554037	737317
技术玻璃制品制造	1671431	1240583	650945
光学玻璃制造	249072	164749	46827
玻璃仪器制造	205857	151039	50237
日用玻璃制品及玻璃包装容器制造	1882269	1110747	568401
玻璃保温容器制造	90262	49696	15516
玻璃纤维及制品制造	1488848	1153123	367524
玻璃纤维增强塑料制品制造	594976	416523	146055
其他玻璃制品制造	710703	391876	205618
陶瓷制品制造	2964378	1867783	1037878
卫生陶瓷制品制造	511525	270550	141417
特种陶瓷制品制造	1113419	682187	380813
日用陶瓷制品制造	1163963	808391	477070
园林、陈设艺术及其他陶瓷制造	175471	106655	38578
耐火材料制品制造	2366303	1078159	439321
石棉制品制造	187595	95062	31373
云母制品制造	37340	13600	5788
耐火陶瓷制品及其他耐火材料制造	2141368	969497	402160
石墨及其他非金属矿物制品制造	4570597	3109014	1622402

国民经济行业小类城镇固定资产投资建设总规模

续表 10

地　　区	建设总规模	在建总规模	在建净规模
石墨及碳素制品制造	1564908	866669	351678
其他非金属矿物制品制造	3005689	2242345	1270724
黑色金属冶炼及压延加工业	79327757	65371226	31513609
炼铁	9038385	7412791	4142922
炼钢	22520453	18948193	10378637
钢压延加工	45710230	37588868	16389362
铁合金冶炼	2058689	1421374	602688
有色金属冶炼及压延加工业	38672809	31234117	15857690
常用有色金属冶炼	21709033	18131905	8352942
铜冶炼	3563213	3201450	1294052
铅锌冶炼	2760437	2034601	976088
镍钴冶炼	2572320	2338354	1396431
锡冶炼	52903	26312	6071
锑冶炼	131355	108282	52567
铝冶炼	10609334	8717206	3630699
镁冶炼	513255	421840	196433
其他常用有色金属冶炼	1506216	1283860	800601
贵金属冶炼	888939	749511	351359
金冶炼	595282	504574	269081
银冶炼	127818	98300	45000
其他贵金属冶炼	165839	146637	37278
稀有稀土金属冶炼	2064039	1642781	1163049
钨钼冶炼	992241	794563	575261
稀土金属冶炼	294972	178129	92533
其他稀有金属冶炼	776826	670089	495255
有色金属合金制造	2117354	1394224	807282
有色金属压延加工	11893444	9315696	5183058
常用有色金属压延加工	11012008	8624205	4802943
贵金属压延加工	319268	278444	184827
稀有稀土金属压延加工	562168	413047	195288
金属制品业	31087174	20494064	10958058
结构性金属制品制造	13080163	8891491	5115872
金属结构制造	11183452	8009060	4778344
金属门窗制造	1896711	882431	337528
金属工具制造	2866075	1674412	756884
切削工具制造	637469	417871	173125
手工具制造	525505	224440	101938
农用及园林用金属工具制造	193403	98540	26758
刀剪及类似日用金属工具制造	287449	178146	125506
其他金属工具制造	1222249	755415	329557

国民经济行业小类城镇固定资产投资建设总规模

续表 11

地　　区	建设总规模	在建总规模	在建净规模
集装箱及金属包装容器制造	1928289	1273608	633246
集装箱制造	344593	247227	122881
金属压力容器制造	650644	372600	174035
金属包装容器制造	933052	653781	336330
金属丝绳及其制品的制造	2212763	1571822	921079
建筑、安全用金属制品制造	3214027	1888536	849283
建筑、家具用金属配件制造	911426	546103	283004
建筑装饰及水暖管道零件制造	1647788	998817	417699
安全、消防用金属制品制造	280792	164835	75190
其他建筑安全用金属制品制造	374021	178781	73390
金属表面处理及热处理加工	1708384	1150313	646199
搪瓷制品制造	365140	267420	127152
工业生产配套用搪瓷制品制造	41380	21500	7397
搪瓷卫生洁具制造	93736	63440	19706
搪瓷日用品及其他搪瓷制品制造	230024	182480	100049
不锈钢及类似日用金属制品制造	2611872	1706495	839764
金属制厨房调理及卫生器具制造	657345	447040	252750
金属制厨用器皿及餐具制造	813672	481419	182601
其他日用金属制品制造	1140855	778036	404413
其他金属制品制造	3100461	2069967	1068579
铸币及贵金属制实验室用品制造	36970	22350	520
其他未列明的金属制品制造	3063491	2047617	1068059
通用设备制造业	46039265	30027236	15309049
锅炉及原动机制造	3948380	2657427	1243295
锅炉及辅助设备制造	1388066	849600	385710
内燃机及配件制造	1912789	1376704	669557
汽轮机及辅机制造	381218	239403	98296
水轮机及辅机制造	114137	73930	59362
其他原动机制造	152170	117790	30370
金属加工机械制造	7828485	5228790	2680478
金属切削机床制造	2109790	1556710	826251
金属成形机床制造	1028346	772571	360399
铸造机械制造	1585404	1017297	516529
金属切割及焊接设备制造	408312	191947	84972
机床附件制造	761094	465918	246469
其他金属加工机械制造	1935539	1224347	645858
起重运输设备制造	4006462	2843245	1346122
泵阀门压缩机及类似机械制造	5579001	3546106	1814858
泵及真空设备制造	1527596	897503	480708
气体压缩机械制造	588019	363470	183909

国民经济行业小类城镇固定资产投资建设总规模

续表 12

地　　区	建设总规模	在建总规模	在建净规模
阀门和旋塞的制造	1866138	1285104	727738
液压和气压动力机械及元件制造	1597248	1000029	422503
轴承齿轮传动和驱动部件制造	4336960	2627990	1381339
轴承制造	2501849	1572868	783489
齿轮、传动和驱动部件制造	1835111	1055122	597850
烘炉、熔炉及电炉制造	201485	135806	80012
风机衡器包装设备等通用设备制造	6834958	4825930	2539240
风机、风扇制造	1166666	857892	607714
气体、液体分离及纯净设备制造	536826	418411	249618
制冷、空调设备制造	1622727	1072662	542543
风动和电动工具制造	551771	284605	89032
喷枪及类似器具制造	160102	91602	53082
包装专用设备制造	223586	152066	78326
衡器制造	121629	67200	26521
其他通用设备制造	2451651	1881492	892404
通用零部件制造及机械修理	6603765	4124223	2050358
金属密封件制造	462177	302638	191334
紧固件、弹簧制造	1156051	752832	296038
机械零部件加工及设备修理	2679689	1445580	648147
其他通用零部件制造	2305848	1623173	914839
金属铸、锻加工	6699769	4037719	2173347
钢铁铸件制造	5455785	3262505	1905566
锻件及粉末冶金制品制造	1243984	775214	267781
专用设备制造业	34682993	24624035	12414338
矿山、冶金、建筑专用设备制造	11754900	8951763	4403280
采矿、采石设备制造	3283649	2292199	1096779
石油钻采专用设备制造	1632389	1043953	328969
建筑工程用机械制造	3020246	2370508	1138683
建筑材料生产专用机械制造	776453	513055	191394
冶金专用设备制造	3042163	2732048	1647455
化工木材非金属加工专用设备制造	5302737	3603747	1942735
炼油、化工生产专用设备制造	943383	682743	340431
橡胶加工专用设备制造	298819	238005	100472
塑料加工专用设备制造	574619	408128	218771
木材加工机械制造	127935	55430	31060
模具制造	2849624	1774886	949312
其他非金属加工专用设备制造	508357	444555	302689
食品饮料烟草及饲料专用设备制造	916791	548941	247960
食品饮料烟草工业专用设务制造	428077	226134	103263
农副食品加工专用设备制造	443491	289400	135729

国民经济行业小类城镇固定资产投资建设总规模

续表 13

地　　区	建设总规模	在建总规模	在建净规模
饲料生产专用设备制造	45223	33407	8968
印刷制药日化生产专用设备制造	1783542	1331242	711906
制浆和造纸专用设备制造	246436	118874	59283
印刷专用设备制造	412952	318544	147462
日用化工专用设备制造	199677	158582	58056
制药专用设备制造	118854	73961	34725
照明器具生产专用设备制造	440886	383649	248530
玻璃、陶瓷和搪瓷制品生产设备制造	154039	103022	50546
其他日用品生产专用设备制造	210698	174610	113304
纺织服装和皮革工业专用设备制造	1722643	1180419	581647
纺织专用设备制造	1054751	668280	335222
皮革毛皮及其制品专用设备制造	62695	50766	18957
缝纫机械制造	488330	390805	189048
其他服装加工专用设备制造	116867	70568	38420
电子和电工机械专用设备制造	4705721	3355498	1695484
农、林、牧、渔专用机械制造	2173064	1305931	577225
拖拉机制造	859868	530931	219565
机械化农业及园艺机具制造	629086	417099	196772
营林及木竹采伐机械制造	14535	600	100
畜牧机械制造	27100	21900	8380
渔业机械制造	19684	9470	6050
农林牧渔机械配件制造	399007	178630	81624
其他农林牧渔业机械制造	223784	147301	64734
医疗仪器设备及器械制造	1990095	1317315	615999
医疗诊断、监护及治疗设备	600979	430768	238349
口腔科用设备及器具制造	9665	1500	700
实验室及医用消毒设备和器具	34644	12600	3353
医疗、外科及兽医用器械制造	642521	429431	153339
机械治疗及病房护理设备制造	266551	121222	84136
假肢、人工器官及植入器械制造	79659	58855	30123
其他医疗设备及器械制造	356076	262939	105999
环保、社会公共安全及其他专用设备制造	4333500	3029179	1638102
环境污染防治专用设备制造	1313229	817099	457203
地质勘查专用设备制造	64987	14379	8440
邮政专用机械及器材制造	4000	4000	1500
商业、饮食、服务业专用设备制造	62090	52820	16722

国民经济行业小类城镇固定资产投资建设总规模

续表 14

地　　区	建设总规模	在建总规模	在建净规模
社会公共安全设备及器材制造	197233	104680	30879
交通安全及管制专用设备制造	61569	32700	18738
水资源专用机械制造	338312	252815	95310
其他专用设备制造	2292080	1750686	1009310
交通运输设备制造业	79110168	63722738	29761422
铁路运输设备制造	2450332	1811575	845111
铁路机车车辆及动车组制造	920643	805717	385054
工矿有轨专用车辆制造	158485	55820	24208
铁路机车车辆配件制造	591513	371296	164645
铁路专用设备及器材、配件制造	581010	446712	235629
其他铁路设备制造及设备修理	198681	132030	35575
汽车制造	55635185	43813922	19441868
汽车整车制造	25323363	21708477	8041729
改装汽车制造	2211299	1842678	958954
电车制造	289799	254413	90526
汽车车身、挂车的制造	915814	635522	364993
汽车零部件及配件制造	25985418	18817637	9713630
汽车修理	909492	555195	272036
摩托车制造	3153543	2392711	1353947
摩托车整车制造	1768977	1535118	1009349
摩托车零部件及配件制造	1384566	857593	344598
自行车制造	1302636	932560	482143
脚踏自行车及残疾人座车制造	335747	233082	100964
助动自行车制造	966889	699478	381179
船舶及浮动装置制造	12436500	11377781	5946458
金属船舶制造	8166884	7497366	3822138
非金属船舶制造	110851	79210	44991
娱乐船和运动船的建造和修理	293965	279235	172785
船用配套设备制造	1768202	1498222	803716
船舶修理及拆船	2020419	1954748	1046696
航标器材及其他浮动装置的制造	76179	69000	56132
交通器材及其他交通运输设备制造	4131972	3394189	1691895
交通管理用金属标志及设施制造	83085	36429	9632
其他交通运输设备制造	4048887	3357760	1682263
电气机械及器材制造业	35000476	25299939	13072347

国民经济行业小类城镇固定资产投资建设总规模

续表 15

地　　　区	建设总规模	在建总规模	在建净规模
电机制造	4595708	3346278	1751975
发电机及发电机组制造	2264125	1900818	1096810
电动机制造	1473149	860859	430118
微电机及其他电机制造	858434	584601	225047
输配电及控制设备制造	9717327	6950183	3546145
变压器、整流器和电感器制造	2807107	2093641	1127894
电容器及其配套设备制造	696989	519788	167034
配电开关控制设备制造	2921388	2086173	1027518
电力电子元器件制造	2249190	1621220	914257
其他输配电及控制设备制造	1042653	629361	309442
电线、电缆、光缆及电工器材制造	6040149	4203514	1821022
电线电缆制造	4718494	3257500	1445970
光纤、光缆制造	436189	355233	122457
绝缘制品制造	327683	239232	123710
其他电工器材制造	557783	351549	128885
电池制造	4801508	3796438	2363086
家用电力器具制造	4579769	3324885	1689034
家用制冷电器具制造	707663	575386	260871
家用空气调节器制造	1076693	891381	367341
家用通风电器具制造	81941	50941	23102
家用厨房电器具制造	884979	458452	262205
家用清洁卫生电器具制造	508876	423597	185765
家用美容、保健电器具制造	114374	76130	38138
家用电力器具专用配件制造	450164	362330	239032
其他家用电力器具制造	755079	486668	312580
非电力家用器具制造	1567102	1055427	528089
燃气、太阳能及类似能源器具	1348889	895889	431561
其他非电力家用器具制造	218213	159538	96528
照明器具制造	2326147	1532400	795292
电光源制造	894249	609760	375559
照明灯具制造	1125537	752449	325726
灯用电器附件及其他照明器具制造	306361	170191	94007
其他电气机械及器材制造	1372766	1090814	577704
车辆专用照明及电气信号设备制造	238967	171963	78644
其他未列明的电气机械制造	1133799	918851	499060
通信设备、计算机及其他电子设备制造	55734842	43973642	21152214
通信设备制造	6738783	5733191	2694568
通信传输设备制造	1041755	780571	566950
通信交换设备制造	730515	677584	288830
通信终端设备制造	697695	540539	231125

国民经济行业小类城镇固定资产投资建设总规模

续表 16

地　　区	建设总规模	在建总规模	在建净规模
移动通信及终端设备制造	3379258	3012459	1162491
其他通信设备制造	889560	722038	445172
广播电视设备制造	394900	284239	162798
广播电视节目制作及发射设备	28563	10018	3250
广播电视接收设备及器材制造	255551	179061	98337
应用电视设备及其他广播电视设备制造	110786	95160	61211
电子计算机制造	5621311	4636785	2163959
电子计算机整机制造	1889726	1524996	798335
计算机网络设备制造	748771	651229	320309
电子计算机外部设备制造	2982814	2460560	1045315
电子器件制造	25656641	21015734	10028672
电子真空器件制造	615556	421879	288658
半导体分立器件制造	3720198	3364623	1650256
集成电路制造	12647227	9745037	3898718
光电子器件及其他电子器件制造	8673660	7484195	4191040
电子元件制造	10570844	7088638	3187326
电子元件及组件制造	8295638	5652666	2633222
印制电路板制造	2275206	1435972	554104
家用视听设备制造	2742246	2303159	1356714
家用影视设备制造	2238720	1915276	1085076
家用音响设备制造	503526	387883	271638
其他电子设备制造	4010117	2911896	1558177
仪器仪表及文化、办公用机械制造	6274052	4474996	2176924
通用仪器仪表制造	2583399	1943802	1042397
工业自动控制系统装置制造	1145401	802466	388715
电工仪器仪表制造	742691	598110	425364
绘图、计算及测量仪器制造	85788	68635	28290
实验分析仪器制造	119902	98811	32746
试验机制造	73636	53740	34635
供应用仪表及其他通用仪器制造	415981	322040	132647
专用仪器仪表制造	1074863	667660	341442
环境监测专用仪器仪表制造	100529	60564	35682
汽车及其他用计数仪表制造	200243	113321	67253
农林牧渔专用仪器仪表制造	12251	1332	185
地质勘探和地震专用仪器制造	59838	57100	26032
教学专用仪器制造	60506	45700	31590
电子测量仪器制造	223258	112215	62298

国民经济行业小类城镇固定资产投资建设总规模

续表 17

地　　区	建设总规模	在建总规模	在建净规模
其他专用仪器制造	418238	277428	118402
钟表与计时仪器制造	228326	165837	92813
光学仪器及眼镜制造	1025656	758572	377318
光学仪器制造	618691	435466	218226
眼镜制造	406965	323106	159092
文化、办公用机械制造	1134371	790847	259466
电影机械制造	6500	——	——
幻灯及投影设备制造	10107	8257	——
照相机及器材制造	347392	225554	77858
复印和胶印设备制造	244583	92712	16552
计算器及货币专用设备制造	369336	349624	114432
其他文化、办公用机械制造	156453	114700	50624
其他仪器仪表的制造及修理	227437	148278	63488
工艺品及其他制造业	13611714	10489306	4647183
工艺美术品制造	3658216	2357421	1027283
雕塑工艺品制造	533881	295996	130589
金属工艺品制造	353840	232293	109248
漆器工艺品制造	84245	25696	6456
花画工艺品制造	121919	82265	33357
天然植物纤维编织工艺品制造	202184	129176	52294
抽纱刺绣工艺品制造	498548	303055	80959
地毯、挂毯制造	392051	266391	117974
珠宝首饰及有关物品的制造	574229	474793	273608
其他工艺美术品制造	897319	547756	222798
日用杂品制造	1007189	695106	295498
制镜及类似品加工	175561	103171	77290
鬃毛加工、制刷及清扫工具的制造	86875	41318	16600
其他日用杂品制造	744753	550617	201608
煤制品制造	102122	34065	13213
其他未列明的制造业	8844187	7402714	3311189
废弃资源和废旧材料回收加工业	2110427	1725088	996538
金属废料和碎屑的加工处理	1198546	1000453	553517
非金属废料和碎屑的加工处理	911881	724635	443021
（四）电力燃气及水的生产和供应业	**388373351**	**328249713**	**162774631**
电力、热力的生产和供应业	349413482	296319405	149496983
电力生产	280442622	241763138	127002209
火力发电	123431402	93835156	43447201
水力发电	125365954	119414068	65991328
核力发电	18226633	18221933	11766796

国民经济行业小类城镇固定资产投资建设总规模

续表 18

地　　区	建设总规模	在建总规模	在建净规模
其他能源发电	13418633	10291981	5796884
电力供应	60917396	48163777	19562502
热力生产和供应	8053464	6392490	2932272
燃气生产和供应业	12613508	10884897	4325723
燃气生产和供应业	12613508	10884897	4325723
水的生产和供应业	26346361	21045411	8951925
自来水的生产和供应	12915565	9903981	4635366
污水处理及其再生利用	12684925	10511392	3947809
其他水的处理、利用与分配	745871	630038	368750
（五）建筑业	**18393408**	**13379890**	**5934088**
房屋和土木工程建筑业	15692605	11691380	5261613
房屋工程建筑	7248840	5426506	1929336
土木工程建筑	8443765	6264874	3332277
铁路、道路、隧道和桥梁工程建筑	6164147	4850919	2659431
水利和港口工程建筑	1276846	798873	422324
工矿工程建筑	246025	178097	107391
架线和管道工程建筑	372477	200265	73998
其他土木工程建筑	384270	236720	69133
建筑安装业	616998	227655	67211
建筑安装业	616998	227655	67211
建筑装饰业	297985	111141	33777
建筑装饰业	297985	111141	33777
其他建筑业	1785820	1349714	571487
工程准备	981270	814912	434542
提供施工设备服务	166907	45633	10884
其他未列明的建筑活动	637643	489169	126061
（六）交通运输、仓储和邮政业	**512091324**	**429911598**	**235727411**
铁路运输业	121291005	109593867	71284858
铁路旅客运输	69874441	69700040	51432985
铁路货物运输	44211731	33323667	17348801
铁路运输辅助活动	7204833	6570160	2503072
客运火车站	1818148	1557673	495739
货运火车站	134869	82351	50530
其他铁路运输辅助活动	5251816	4930136	1956803
道路运输业	239705888	190155415	92954091
公路旅客运输	98802166	80870746	42592592
道路货物运输	47675986	40286965	20067864
道路运输辅助活动	93227736	68997704	30293635
客运汽车站	1318864	864659	271653
公路管理与养护	85523523	62880908	27633482

国民经济行业小类城镇固定资产投资建设总规模

续表 19

地　　区	建设总规模	在建总规模	在建净规模
其他道路运输辅助活动	6385349	5252137	2388500
城市公共交通业	69292517	64973069	43285634
公共电汽车客运	1685161	493047	162859
轨道交通	62345780	59788587	42054116
出租车客运	354757	8464	1589
城市轮渡	97589	93072	40297
其他城市公共交通	4809230	4589899	1026773
水上运输业	42680688	35067382	14476709
水上旅客运输	802145	500362	125262
远洋旅客运输	100932	——	——
沿海旅客运输	351231	239861	49413
内河旅客运输	349982	260501	75849
水上货物运输	5749988	1857683	721361
远洋货物运输	1023651	120889	78028
沿海货物运输	2011933	1091862	354126
内河货物运输	2714404	644932	289207
水上运输辅助活动	36128555	32709337	13630086
客运港口	900966	710032	425701
货运港口	30215355	27893348	11180932
其他水上运输辅助活动	5012234	4105957	2023453
航空运输业	17968407	13195196	5021391
航空客货运输	5840638	2448555	1082600
航空旅客运输	5183564	1819076	949553
航空货物运输	657074	629479	133047
通用航空服务	562023	396142	189613
航空运输辅助活动	11565746	10350499	3749178
机场	10832023	9660499	3243149
空中交通管理	158225	154747	104441
其他航空运输辅助活动	575498	535253	401588
管道运输业	1925152	1621548	225096
管道运输业	1925152	1621548	225096
装卸搬运和其他运输服务业	2127286	1443227	792499
装卸搬运	197795	110745	31127
运输代理服务	1929491	1332482	761372
仓储业	16792353	13672507	7589595
谷物、棉花等农产品仓储	1871713	1298544	566256
其他仓储	14920640	12373963	7023339
邮政业	308028	189387	97538
国家邮政	289634	184887	97538
其他寄递服务	18394	4500	——
（七）信息传输计算机服务和软件业	**31336391**	**20080936**	**5645134**

国民经济行业小类城镇固定资产投资建设总规模

续表 20

地　　　区	建设总规模	在建总规模	在建净规模
电信和其他信息传输服务业	27612932	17094248	4076411
电信	22930623	13216141	2844801
固定电信服务	8292992	3229093	692664
移动电信服务	14022313	9561863	2002804
其他电信服务	615318	425185	149333
互联网信息服务	2563701	2149615	461163
广播电视传输服务	2068031	1686292	736254
有线广播电视传输服务	1705192	1388123	611646
无线广播电视传输服务	362839	298169	124608
卫星传输服务	50577	42200	34193
计算机服务业	887629	575333	371009
计算机系统服务	382743	324779	292945
数据处理	284378	192264	53513
计算机维修	1874	——	——
其他计算机服务	218634	58290	24551
软件业	2835830	2411355	1197714
公共软件服务	2355583	2055615	979691
基础软件服务	868152	819602	456272
应用软件服务	1487431	1236013	523419
其他软件服务	480247	355740	218023
（八）批发和零售业	**49001703**	**32945125**	**15572892**
批发业	22426303	15115844	6953583
农畜产品批发	1733291	1242885	513675
谷物、豆及薯类批发	688651	503071	237311
种子、饲料批发	177182	96577	22573
棉、麻批发	85265	39558	19599
牲畜批发	32281	16124	5008
其他农畜产品批发	749912	587555	229184
食品、饮料及烟草制品批发	3875568	2687029	1252343
米、面制品及食用油批发	323617	201842	84709
糕点、糖果及糖批发	284564	237475	157806
果品、蔬菜批发	1561119	1076401	525093
肉、禽、蛋及水产品批发	733966	600925	297077
盐及调味品批发	96602	66016	27280
饮料及茶叶批发	164224	93033	53749
烟草制品批发	524466	360842	96062
其他食品批发	187010	50495	10567
纺织、服装及日用品批发	3684262	2722359	1258658
纺织品、针织品及原料批发	936526	613557	305647
服装批发	1756417	1424008	586301

国民经济行业小类城镇固定资产投资建设总规模

续表 21

地　　区	建设总规模	在建总规模	在建净规模
鞋帽批发	201798	179221	105325
厨房、卫生间用具及日用杂货批发	155312	70512	24383
化妆品及卫生用品批发	33180	18900	9164
其他日用品批发	601029	416161	227838
文化、体育用品及器材批发	560397	306194	145777
文具用品批发	71154	53730	25923
体育用品批发	62643	50000	36100
图书批发	271431	164753	68210
报刊批发	3860	——	——
音像制品及电子出版物批发	5005	——	——
首饰、工艺品及收藏品批发	60073	22161	11845
其他文化用品批发	86231	15550	3699
医药及医疗器材批发	1037909	741653	506225
西药批发	338883	207144	102889
中药材及中成药批发	577557	494969	387087
医疗用品及器材批发	121469	39540	16249
矿产品、建材及化工产品批发	6219076	3899671	1834687
煤炭及制品批发	437449	198224	58583
石油及制品批发	980636	524891	239569
非金属矿及制品批发	59061	8895	2442
金属及金属矿批发	788697	454913	194209
建材批发	3350839	2334472	1169305
化肥批发	93208	49285	30058
农药批发	14228	400	210
农用薄膜批发	12227	2600	110
其他化工产品批发	482731	325991	140201
机械设备、五金交电及电子产品批发	3637213	2286182	845924
农业机械批发	120066	51888	20416
汽车、摩托车及零配件批发	1151443	800949	280245
五金、交电批发	993566	750339	216030
家用电器批发	256073	117960	59349
计算机、软件及辅助设备批发	242068	149541	104591
通讯及广播电视设备批发	109298	80612	2539
其他机械设备及电子产品批发	764699	334893	162754
贸易经纪与代理	298387	185916	58881
其他批发	1380200	1043955	537413
再生物资回收与批发	247269	119814	35946
其他未列明的批发	1132931	924141	501467
零售业	26575400	17829281	8619309
综合零售	14903178	10031870	4653176

国民经济行业小类城镇固定资产投资建设总规模

续表 22

地　　区	建设总规模	在建总规模	在建净规模
百货零售	7653479	5350950	2711730
超级市场零售	4270837	2749115	1076501
其他综合零售	2978862	1931805	864945
食品、饮料及烟草制品专门零售	993528	515006	211912
粮油零售	74504	24214	5845
糕点、面包零售	13519	3000	1325
果品、蔬菜零售	333136	176071	71844
肉、禽、蛋及水产品零售	157568	95967	46368
饮料及茶叶零售	34902	7161	945
烟草制品零售	126164	120931	62703
其他食品零售	253735	87662	22882
纺织、服装及日用品专门零售	1431061	989350	383898
纺织品及针织品零售	199206	151444	79189
服装零售	857763	567003	226208
鞋帽零售	54660	32775	1665
钟表、眼镜零售	22666	5700	——
化妆品及卫生用品零售	20347	14100	5475
其他日用品零售	276419	218328	71361
文化、体育用品及器材专门零售	583002	392348	180668
文具用品零售	24485	17834	5999
体育用品零售	74674	20250	9634
图书零售	285019	235014	133890
报刊零售	——	——	——
音像制品及电子出版物零售	10315	9000	3500
珠宝首饰零售	113141	78720	22030
工艺美术品及收藏品零售	65062	26830	4758
照相器材零售	4260	3800	850
其他文化用品零售	6046	900	7
医药及医疗器材专门零售	161044	34763	9282
药品零售	128140	33835	9102
医疗用品及器材零售	32904	928	180
汽车、摩托车、燃料及零配件专门零售	3428117	1986672	793074
汽车零售	2469728	1493201	661612
汽车零配件零售	391777	253601	63623
摩托车及零配件零售	64474	30400	11981
机动车燃料零售	502138	209470	55858
家用电器及电子产品专门零售	580457	239356	79203
家用电器零售	272805	52838	17443
计算机、软件及辅助设备零售	102793	59227	11718
通信设备零售	46632	14980	6900

国民经济行业小类城镇固定资产投资建设总规模

续表 23

地　　区	建设总规模	在建总规模	在建净规模
其他电子产品零售	158227	112311	43142
五金家具及室内装修材料专门零售	2530406	1880327	883422
五金零售	249715	160007	73095
家具零售	1486717	1178885	519634
涂料零售	30840	13560	8829
其他室内装修材料零售	763134	527875	281864
无店铺及其他零售	1964607	1759589	1424674
流动货摊零售	8798	7360	4925
邮购及电子销售	3750	3300	——
生活用燃料零售	1211425	1132927	1033518
花卉零售	14018	5520	1637
旧货零售	7738	2900	200
其他未列明的零售	718878	607582	384394
（九）住宿和餐饮业	**31877401**	**23782840**	**11723254**
住宿业	26112062	20879527	10815795
旅游饭店	22273528	18608616	9884166
一般旅馆	2639136	1426692	604671
其他住宿服务	1199398	844219	326958
餐饮业	5765339	2903313	907459
正餐服务	4987730	2489626	770833
快餐服务	147703	57722	16938
饮料及冷饮服务	144437	62236	17320
其他餐饮服务	485469	293729	102368
（十）金融业	**2892091**	**1668165**	**513834**
银行业	1918192	1012772	365908
中央银行	304264	227262	115179
商业银行	1480325	709657	210292
其他银行	133603	75853	40437
证券业	375689	341700	95830
证券市场管理	9794	6100	——
证券经纪与交易	325792	300600	86030
证券投资	5103	——	——
证券分析与咨询	35000	35000	9800
保险业	205167	58292	11172
人寿保险	159845	40377	4708
非人寿保险	44014	17915	6464
保险辅助服务	1308	——	——
其他金融活动	393043	255401	40924
金融信托与管理	48935	32509	18541
金融租赁	27662	6427	3708

国民经济行业小类城镇固定资产投资建设总规模

续表 24

地　　区	建设总规模	在建总规模	在建净规模
财务公司	210	——	——
邮政储蓄	3856	2000	1780
典当	19409	6200	54
其他未列明的金融活动	292971	208265	16841
（十一）房地产业	**1119786645**	**975720481**	**452714136**
房地产业	1119786645	975720481	452714136
房地产开发经营	1073922322	940431419	437487041
物业管理	1027472	604412	158904
房地产中介服务	282015	221534	106960
其他房地产活动	44554836	34463116	14961231
（十二）租赁和商务服务业	**26615096**	**22024859**	**12007283**
租赁业	411386	164758	57473
机械设备租赁	395062	160034	56959
汽车租赁	86079	23504	6692
农业机械租赁	968	260	30
建筑工程机械与设备租赁	131570	14130	5687
计算机及通讯设备租赁	0	——	——
其他机械与设备租赁	176445	122140	44550
文化及日用品出租	16324	4724	514
图书及音像制品出租	2000	——	——
其他文化及日用品出租	14324	4724	514
商务服务业	26203710	21860101	11949810
企业管理服务	12808518	10945210	5588808
企业管理机构	4582617	3724127	2187200
投资与资产管理	6257884	5858798	2794668
其他企业管理服务	1968017	1362285	606940
法律服务	21365	8349	618
律师及相关的法律服务	15118	8349	618
公证服务	984	——	——
其他法律服务	5263	——	——
咨询与调查	347093	239322	147314
会计、审计及税务服务	24655	7095	933
市场调查	4235	——	——
社会经济咨询	177194	139847	92406
其他专业咨询	141009	92380	53975
广告业	203614	80253	34430
知识产权服务	17509	16000	12196
职业中介服务	139227	69111	16381
市场管理	3632646	3009480	1564932
旅行社	216134	156087	64278

国民经济行业小类城镇固定资产投资建设总规模

续表 25

地　　区	建设总规模	在建总规模	在建净规模
其他商务服务	8817604	7336289	4520853
会议及展览服务	5088901	4104243	2301147
包装服务	59124	46250	20189
保安服务	18265	15435	5020
办公服务	614615	422735	93787
其他未列明的商务服务	3036699	2747626	2100710
（十三）科研技术服务和地质勘查业	**13799291**	**10692833**	**4841547**
研究与试验发展	6516433	5223904	2477434
自然科学研究与试验发展	1238759	998136	381914
工程和技术研究与试验发展	3425463	2657949	1331267
农业科学研究与试验发展	900549	712808	363722
医学研究与试验发展	207958	157658	107631
社会人文科学研究与试验发展	743704	697353	292900
专业技术服务业	3524119	2754808	1231423
气象服务	715528	597469	275944
地震服务	22447	10499	2290
海洋服务	9547	4413	1196
测绘服务	84711	58570	12532
技术检测	577839	446491	164948
环境监测	109021	58443	13104
工程技术与规划管理	1377144	1058135	493165
工程管理服务	263412	196096	108098
工程勘察设计	572258	449231	219131
规划管理	541474	412808	165936
其他专业技术服务	627882	520788	268244
科技交流和推广服务业	2605404	1952249	917121
技术推广服务	493191	304496	106360
科技中介服务	1252922	951177	575425
其他科技服务	859291	696576	235336
地质勘查业	1153335	761872	215569
矿产地质勘查	919643	585558	140536
能源矿产地质勘查	521069	366202	51631
固体矿产地质勘查	315326	153767	79227
其他矿产地质勘查	83248	65589	9678
基础地质勘查	93182	61267	33875
地质勘查技术服务	140510	115047	41158
（十四）水利环境和公共设施管理业	**305831429**	**258597121**	**119079907**
水利管理业	55474076	48987396	27295494
防洪管理	20369591	17624868	8901918
水资源管理	30171593	27650773	16745602

国民经济行业小类城镇固定资产投资建设总规模

续表 26

地　　区	建设总规模	在建总规模	在建净规模
水库管理	8363163	7387137	2762967
调水、引水管理	20341761	19218549	13328802
其他水资源管理	1466669	1045087	653833
其他水利管理	4932892	3711755	1647974
环境管理业	17380738	14211249	6708597
自然保护	1315030	1070668	526249
自然保护区管理	557448	448020	247731
野生动植物保护	280014	229375	79514
其他自然保护	477568	393273	199004
环境治理	16065708	13140581	6182348
城市市容管理	1915454	1618322	767144
城市环境卫生管理	3700689	3040664	1460633
水污染治理	5337734	4269008	2169398
危险废物治理	548335	445501	159428
其他环境治理	4563496	3767086	1625745
公共设施管理业	232976615	195398476	85075816
市政公共设施管理	197889936	165658865	68208786
城市绿化管理	7066832	5460464	2519211
游览景区管理	28019847	24279147	14347819
风景名胜区管理	10155871	8841566	5366004
公园管理	6728254	5521262	2652561
其他游览景区管理	11135722	9916319	6329254
（十五）居民服务和其他服务业	**4754928**	**2939035**	**1603462**
居民服务业	3326572	2266253	1249497
家庭服务	78595	39640	21770
托儿所	6560	1000	433
洗染服务	19804	8100	1290
理发及美容保健服务	92763	22811	7816
洗浴服务	832259	500534	150295
婚姻服务	16263	15110	1561
殡葬服务	555345	401291	179243
摄影扩印服务	45917	10490	4760
其他居民服务	1679066	1267277	882329
其他服务业	1428356	672782	353965
修理与维护	532535	176304	63578
汽车、摩托车维护与保养	495523	160020	52878
办公设备维修	611	——	——
家用电器修理	3786	135	——
其他日用品修理	32615	16149	10700
清洁服务	58520	18808	1049

国民经济行业小类城镇固定资产投资建设总规模

续表 27

地　　区	建设总规模	在建总规模	在建净规模
建筑物清洁服务	11187	——	——
其他清洁服务	47333	18808	1049
其他未列明的服务	837301	477670	289338
（十六）教育	**61576398**	**47428927**	**18105187**
教育	61576398	47428927	18105187
学前教育	372121	150837	46293
初等教育	3414875	1757703	589286
中等教育	15047282	9660223	3819251
初中教育	4374240	2484826	954348
高中教育	6556054	4177783	1599437
中等专业教育	1294303	974292	360104
职业中学教育	1454897	988830	483511
技工学校教育	1075784	892429	373982
其他中等教育	292004	142063	47869
高等教育	39133882	33495269	12624219
普通高等教育	37878183	32537876	12272178
成人高等教育	1255699	957393	352041
其他教育	3608238	2364895	1026138
职业技能培训	2432658	1641858	763986
特殊教育	55280	38808	15631
其他未列明的教育	1120300	684229	246521
（十七）卫生社会保障和社会福利业	**20146294**	**14463776**	**6782900**
卫生	18731245	13507187	6350404
医院	16577702	12314265	5894402
综合医院	13333766	9998389	4948994
中医医院	928570	657814	276170
中西医结合医院	392780	213206	90548
民族医院	16962	6845	2501
专科医院	1688842	1249699	471466
疗养院	216782	188312	104723
卫生院及社区医疗活动	798719	324752	115433
门诊部医疗活动	192451	115587	57766
计划生育技术服务活动	98881	34069	13433
妇幼保健活动	231776	159929	59010
专科疾病防治活动	84427	49851	15467
疾病预防控制及防疫活动	503748	354131	121953
其他卫生活动	243541	154603	72940
社会保障业	304297	245633	111664
社会保障业	304297	245633	111664
社会福利业	1110752	710956	320832

国民经济行业小类城镇固定资产投资建设总规模

续表 28

地　　区	建设总规模	在建总规模	在建净规模
提供住宿的社会福利	930529	599754	286307
干部休养所	100889	67959	21294
收养收容服务	829640	531795	265013
不提供住宿的社会福利	180223	111202	34525
（十八）文化、体育和娱乐业	**36427070**	**30210834**	**15043413**
新闻出版业	1422785	1239377	769143
新闻业	567750	536975	397407
出版业	855035	702402	371736
图书出版	345732	308464	162810
报纸出版	482440	381558	196946
期刊出版	5102	——	——
音像制品出版	——	——	——
电子出版物出版	88	——	——
其他出版	21673	12380	11980
广播、电视、电影和音像业	5053395	4314962	2032064
广播	949829	850654	430092
电视	2970051	2498728	942936
电影	978308	835080	544158
电影制作与发行	439482	397089	209569
电影放映	538826	437991	334589
音像制作	155207	130500	114878
文化艺术业	11320730	9507322	4710976
文艺创作与表演	684054	637708	72703
艺术表演场馆	2214285	1880795	1000042
图书馆与档案馆	1017932	722321	414528
图书馆	911733	648489	372650
档案馆	106199	73832	41878
文物及文化保护	1231138	972142	506128
博物馆	3661655	3302591	1752629
烈士陵园、纪念馆	316501	216792	69574
群众文化活动	1746689	1428830	686856
文化艺术经纪代理	9779	2800	——
其他文化艺术	438697	343343	208516
体育	8506634	7165477	3244459
体育组织	703911	621786	178657
体育场馆	7613851	6435821	3037132
其他体育	188872	107870	28670
娱乐业	10123526	7983696	4286771
室内娱乐活动	1702096	1070944	448102
游乐园	2725058	2168515	1073052

国民经济行业小类城镇固定资产投资建设总规模

续表 29

地　　区	建设总规模	在建总规模	在建净规模
休闲健身娱乐活动	4123764	3482464	2126076
其他娱乐活动	1572608	1261773	639541
（十九）公共管理和社会组织	**54764917**	**38783340**	**16102961**
中国共产党机关	536916	427232	137168
中国共产党机关	536916	427232	137168
国家机构	46518384	33085340	14231584
国家权力机构	2105094	1552339	689432
国家行政机构	41225178	29564053	12833199
综合事务管理机构	13901629	9392046	4083042
对外事务管理机构	123700	93707	57577
公共安全管理机构	10411241	8948052	4694592
社会事务管理机构	2475507	1678439	615801
经济事务管理机构	8180966	5494112	2261425
政府事务管理机构	4894570	3076575	873205
行政监督检查机构	1237565	881122	247557
人民法院和人民检察院	1810386	1243631	411370
人民法院	1001769	706717	203890
人民检察院	808617	536914	207480
其他国家机构	1377726	725317	297583
人民政协和民主党派	204010	115193	32659
人民政协	140641	56283	15586
民主党派	63369	58910	17073
群众团体、社会团体和宗教组织	1289209	967042	401157
群众团体	282828	223004	94178
工会	175722	158110	67976
妇联	7363	1861	1175
共青团	13395	7472	3612
其他群众团体	86348	55561	21415
社会团体	285629	244361	85323
专业性团体	64885	54984	26583
行业性团体	93654	75989	30304
其他社会团体	127090	113388	28436
宗教组织	720752	499677	221656
基层群众自治组织	6216398	4188533	1300393
社区自治组织	2121638	1421021	363516
村民自治组织	4094760	2767512	936877
（二十）国际组织	——	——	——
国际组织	——	——	——

各地区城镇计划总投资和累计完成投资

单位：万元

地　　区	计划总投资	自开始建设累计完成投资
全国总计	**3662702559**	**2246985839**
北　　京	181279954	109105039
天　　津	81527026	50387746
河　　北	134902832	85283286
山　　西	79963959	49215745
内 蒙 古	97685003	65973600
辽　　宁	179553075	101121545
吉　　林	64430626	44966471
黑 龙 江	55655965	37101321
上　　海	188073924	126974086
江　　苏	256413400	165125297
浙　　江	233817711	145217253
安　　徽	119577734	78115098
福　　建	140013514	74927882
江　　西	73800150	49676083
山　　东	219810148	153846684
河　　南	138877590	98832679
湖　　北	127149663	79840411
湖　　南	108308678	68033878
广　　东	302320362	182851793
广　　西	90407989	53561043
海　　南	21406418	9014794
重　　庆	118960368	63224828
四　　川	167948545	95495329
贵　　州	55782316	29255124
云　　南	95895943	54694848
西　　藏	5825461	3660821
陕　　西	83743891	52653642
甘　　肃	38621207	21398967
青　　海	15068186	8769221
宁　　夏	22103481	8992543
新　　疆	38372773	24767980
不分地区	125404667	54900802

国民经济行业小类城镇计划总投资和累计完成投资

单位：万元

地　　区	计划总投资	自开始建设累计完成投资
全　国　总　计	**3662702559**	**2246985839**
(一) 农、林、牧、渔业	26693247	19416805
农业	6392879	4436897
谷物及其他作物的种植	2766642	1922362
谷物的种植	1051137	905488
薯类的种植	293950	77340
油料的种植	28396	17826
豆类的种植	26562	16101
棉花的种植	227977	90471
麻类的种植	19820	15434
糖料的种植	22113	22706
烟草的种植	194915	144404
其他作物的种植	901772	632592
蔬菜、园艺作物的种植	2037171	1415480
蔬菜的种植	1056373	805426
花卉的种植	601867	398403
其他园艺作物的种植	378931	211651
水果坚果饮料和香料作物的种植	1219965	830672
水果、坚果的种植	1041013	723142
茶及其他饮料作物的种植	147707	97633
香料作物的种植	31245	9897
中药材的种植	369101	268383
林业	6810566	4631494
林木的培育和种植	6455474	4321958
育种和育苗	678827	434992
造林	4750363	3368194
林木的抚育和管理	1026284	518772
木材和竹材的采运	199760	167759
木材的采运	198119	166382
竹材的采运	1641	1377
林产品的采集	155332	141777
畜牧业	5472755	3943481
牲畜的饲养	2574773	1833190
猪的饲养	1286774	865579
家禽的饲养	1029415	779830
狩猎和捕捉动物	9950	7150
其他畜牧业	571843	457732
渔业	1092354	909406
海洋渔业	682444	570544
海水养殖	500802	446357

国民经济行业小类城镇计划总投资和累计完成投资

续表 1

地　　区	计划总投资	自开始建设累计完成投资
海洋捕捞	181642	124187
内陆渔业	409910	338862
内陆养殖	408009	337449
内陆捕捞	1901	1413
农、林、牧、渔服务业	6924693	5495527
农业服务业	6013143	4986231
灌溉服务	2048265	1606862
农产品初加工服务	872120	720391
其他农业服务	3092758	2658978
林业服务业	94403	73645
畜牧服务业	654883	306002
兽医服务	53523	44210
其他畜牧服务	601360	261792
渔业服务业	162264	129649
（二）采矿业	**108170780**	**79365750**
煤炭开采和洗选业	48733748	31997863
烟煤和无烟煤的开采洗选	45315178	30334567
褐煤的开采洗选	3021333	1456822
其他煤炭采选	397237	206474
石油和天然气开采业	35090461	30206485
天然原油和天然气开采	32965601	28838353
与石油和天然气开采有关的服务活动	2124860	1368132
黑色金属矿采选业	9586949	6674185
铁矿采选	9085166	6298650
其他黑色金属矿采选	501783	375535
有色金属矿采选业	9579578	6586499
常用有色金属矿采选	5795254	3804406
铜矿采选	1621001	1154891
铅锌矿采选	2165983	1451715
镍钴矿采选	353541	165134
锡矿采选	354233	233931
锑矿采选	84244	45640
铝矿采选	374101	239064
镁矿采选	74880	48933
其他常用有色金属矿采选	767271	465098
贵金属矿采选	2077478	1683679
金矿采选	1846296	1491647
银矿采选	163409	167129
其他贵金属矿采选	67773	24903
稀有稀土金属矿采选	1706846	1098414

国民经济行业小类城镇计划总投资和累计完成投资

续表 2

地　　区	计划总投资	自开始建设累计完成投资
钨钼矿采选	1312698	860480
稀土金属矿采选	59078	36968
放射性金属矿采选	102546	57345
其他稀有金属矿采选	232524	143621
非金属矿采选业	4882898	3732162
土砂石开采	2758541	2284638
石灰石、石膏开采	709997	569729
建筑装饰用石开采	765426	656391
耐火土石开采	375898	319097
粘土及其他土砂石开采	907220	739421
化学矿采选	1012572	639951
采盐	421430	305260
石棉及其他非金属矿采选	690355	502313
石棉、云母矿采选	11338	9665
石墨、滑石采选	118647	100950
宝石、玉石开采	14805	6410
其他非金属矿采选	545565	385288
其他采矿业	297146	168556
其他采矿业	297146	168556
（三）制造业	**850170795**	**529778561**
农副食品加工业	31336008	21664135
谷物磨制	3915261	2764626
饲料加工	3081323	2395144
植物油加工	3453695	2480771
食用植物油加工	2970807	2229271
非食用植物油加工	482888	251500
制糖	1084743	792674
屠宰及肉类加工	6593722	4344482
畜禽屠宰	3423041	2267285
肉制品及副产品加工	3170681	2077197
水产品加工	2694365	1997563
水产品冷冻加工	1822485	1418272
鱼糜制品及水产品干腌制加工	232877	162969
水产饲料制造	140358	97098
鱼油提取及制品的制造	2100	1460
其他水产品加工	496545	317764
蔬菜、水果和坚果加工	4015460	3004026
其他农副食品加工	6497439	3884849
淀粉及淀粉制品的制造	3743362	2235691
豆制品制造	625323	393210

国民经济行业小类城镇计划总投资和累计完成投资

续表 3

地　　区	计划总投资	自开始建设 累计完成投资
蛋品加工	163494	111649
其他未列明的农副食品加工	1965260	1144299
食品制造业	17750847	13320839
焙烤食品制造	2023178	1481031
糕点、面包制造	747623	563246
饼干及其他焙烤食品制造	1275555	917785
糖果、巧克力及蜜饯制造	1082640	922073
糖果、巧克力制造	797785	697082
蜜饯制作	284855	224991
方便食品制造	2617953	1949970
米、面制品制造	925230	663678
速冻食品制造	708404	532493
方便面及其他方便食品制造	984319	753799
液体乳及乳制品制造	3016065	2142672
罐头制造	1459526	1073853
肉、禽类罐头制造	419540	302481
水产品罐头制造	77099	63729
蔬菜、水果罐头制造	794317	578203
其他罐头食品制造	168570	129440
调味品、发酵制品制造	2426947	1728685
味精制造	548409	486162
酱油、食醋及类似制品的制造	670362	505928
其他调味品、发酵制品制造	1208176	736595
其他食品制造	5124538	4022555
营养、保健食品制造	1227485	928937
冷冻饮品及食用冰制造	506858	436402
盐加工	298538	367934
食品及饲料添加剂制造	1546622	1191429
其他未列明的食品制造	1545035	1097853
饮料制造业	14360388	10263425
酒精制造	2294216	1324737
酒的制造	6165605	4525037
白酒制造	2440418	1776270
啤酒制造	2614044	1975812
黄酒制造	219905	175440
葡萄酒制造	552434	381079
其他酒制造	338804	216436
软饮料制造	5261332	3958713
碳酸饮料制造	556136	395043
瓶（罐）装饮用水制造	856980	671090

国民经济行业小类城镇计划总投资和累计完成投资

续表 4

地　　区	计划总投资	自开始建设累计完成投资
果菜汁及果菜汁饮料制造	1943979	1341695
含乳饮料和植物蛋白饮料制造	1003591	772623
固体饮料制造	95056	74175
茶饮料及其他软饮料制造	805590	704087
精制茶加工	639235	454938
烟草制品业	3978559	2449263
烟叶复烤	127621	77244
卷烟制造	3669448	2241982
其他烟草制品加工	181490	130037
纺织业	31463247	20798288
棉、化纤纺织及印染精加工	18211622	11861944
棉、化纤纺织加工	16615015	10695917
棉、化纤印染精加工	1596607	1166027
毛纺织和染整精加工	1549062	1118254
毛条加工	329700	273093
毛纺织	951661	667592
毛染整精加工	267701	177569
麻纺织	487995	345676
丝绢纺织及精加工	1126836	788212
缫丝加工	460777	337105
绢纺和丝织加工	506056	326102
丝印染精加工	160003	125005
纺织制成品制造	5436440	3596618
棉及化纤制品制造	2437856	1695142
毛制品制造	229956	154999
麻制品制造	54010	49826
丝制品制造	357305	240139
绳、索、缆的制造	170576	149540
纺织带和帘子布制造	275421	198644
无纺布制造	1032193	500758
其他纺织制成品制造	879123	607570
针织品、编织品及其制品制造	4651292	3087584
棉、化纤针织品及编织品制造	2742398	1835478
毛针织品及编织品制造	963094	756751
丝针织品及编织品制造	359920	197112
其他针织品及编织品制造	585880	298243
纺织服装、鞋、帽制造业	15240432	10044432
纺织服装制造	14360393	9453027
纺织面料鞋的制造	713583	480521
制帽	166456	110884

国民经济行业小类城镇计划总投资和累计完成投资

续表 5

地　　区	计划总投资	自开始建设累计完成投资
皮革、毛皮、羽毛(绒)及其制品业	7472885	5043707
皮革鞣制加工	864911	615952
皮革制品制造	5509642	3638930
皮鞋制造	3805273	2454306
皮革服装制造	323874	271315
皮箱、包(袋)制造	812210	507149
皮手套及皮装饰制品制造	173376	123536
其他皮革制品制造	394909	282624
毛皮鞣制及制品加工	403520	344124
毛皮鞣制加工	106462	95916
毛皮服装加工	186570	160272
其他毛皮制品加工	110488	87936
羽毛(绒)加工及制品制造	694812	444701
羽毛(绒)加工	223207	135728
羽毛(绒)制品加工	471605	308973
木材加工及木竹藤棕草制品	10530513	7783117
锯材、木片加工	1881948	1448032
锯材加工	1034819	810466
木片加工	847129	637566
人造板制造	5458034	4044839
胶合板制造	1949002	1539266
纤维板制造	1330919	943026
刨花板制造	380964	268789
其他人造板、材制造	1797149	1293758
木制品制造	2327308	1688307
建筑用木料及木材组件加工	1485116	1070435
木容器制造	130168	116637
软木制品及其他木制品制造	712024	501235
竹、藤、棕、草制品制造	863223	601939
家具制造业	7259638	5235900
木质家具制造	5411684	3932297
竹、藤家具制造	192733	113494
金属家具制造	846359	606864
塑料家具制造	93996	67557
其他家具制造	714866	515688
造纸及纸制品业	22814736	13077564
纸浆制造	7643886	3112844
造纸	10733005	6573408
机制纸及纸板制造	9931786	5923382
手工纸制造	62146	49351

国民经济行业小类城镇计划总投资和累计完成投资

续表 6

地　　区	计划总投资	自开始建设 累计完成投资
加工纸制造	739073	600675
纸制品制造	4437845	3391312
纸和纸板容器的制造	2134492	1627668
其他纸制品制造	2303353	1763644
印刷业和记录媒介的复制	6625275	4869120
印刷	6050808	4459365
书、报、刊印刷	1694087	1308682
本册印制	279586	202370
包装装潢及其他印刷	4077135	2948313
装订及其他印刷服务活动	271168	189410
记录媒介的复制	303299	220345
文教体育用品制造业	3427436	2437910
文化用品制造	638482	496653
文具制造	226709	197465
笔的制造	211242	151629
教学用模型及教具制造	110594	84701
墨水、墨汁制造	25416	17918
其他文化用品制造	64521	44940
体育用品制造	1217007	906375
球类制造	155177	117055
体育器材及配件制造	308748	191408
训练健身器材制造	316586	226710
运动防护用具制造	119828	112693
其他体育用品制造	316668	258509
乐器制造	260244	211789
中乐器制造	17732	14349
西乐器制造	136783	107046
电子乐器制造	69948	62550
其他乐器及零件制造	35781	27844
玩具制造	1240431	768269
游艺器材及娱乐用品制造	71272	54824
露天游乐场所游乐设备制造	39078	30587
游艺用品及室内游艺器材制造	32194	24237
石油加工、炼焦及核燃料加工业	47753295	24164397
精炼石油产品的制造	35363625	16682288
原油加工及石油制品制造	32373735	15251675
人造原油生产	2989890	1430613
炼焦及其他	12389670	7482109
化学原料及化学制品制造业	98913853	51326565

国民经济行业小类城镇计划总投资和累计完成投资

续表 7

地　　区	计划总投资	自开始建设 累计完成投资
基础化学原料制造	51271478	21370549
无机酸制造	1975181	1223583
无机碱制造	7118963	3345224
无机盐制造	2961013	1244904
有机化学原料制造	33612358	12488079
其他基础化学原料制造	5603963	3068759
肥料制造	13284927	8248589
氮肥制造	7879333	4365009
磷肥制造	1266782	912086
钾肥制造	839664	702118
复混肥料制造	2357449	1587241
有机肥料及微生物肥料制造	517309	358957
其他肥料制造	424390	323178
农药制造	2560151	1790172
化学农药制造	1763540	1239582
生物化学农药及微生物农药制造	796611	550590
涂料、油墨、颜料及类似产品制造	3953793	2662830
涂料制造	1940163	1391917
油墨及类似产品制造	222459	151817
颜料制造	600707	339794
染料制造	597916	467841
密封用填料及类似品制造	592548	311461
合成材料制造	10973831	6124832
初级形态的塑料及合成树脂制造	6683090	4157346
合成橡胶制造	882484	455554
合成纤维单(聚合)体的制造	2761560	1063064
其他合成材料制造	646697	448868
专用化学产品制造	13923449	9102656
化学试剂和助剂制造	3349007	2503890
专项化学用品制造	4834924	3083179
林产化学产品制造	520860	351958
环境污染处理专用药剂材料制造	310648	195467
动物胶制造	169852	123275
其他专用化学产品制造	4738158	2844887
日用化学产品制造	2946224	2026937
肥皂及合成洗涤剂制造	699137	469959
化妆品制造	788446	597794
口腔清洁用品制造	80474	62726

国民经济行业小类城镇计划总投资和累计完成投资

续表 8

地　　区	计划总投资	自开始建设累计完成投资
香料、香精制造	369923	292688
其他日用化学产品制造	1008244	603770
医药制造业	19682950	12920883
化学药品原药制造	4224068	2754368
化学药品制剂制造	3466275	2362477
中药饮片加工	1705313	1119784
中成药制造	3859121	2547824
兽用药品制造	1052395	829858
生物、生化制品的制造	4063548	2390271
卫生材料及医药用品制造	1312230	916301
化学纤维制造业	9663896	4769927
纤维素纤维原料及纤维制造	1869994	1262763
化纤浆粕制造	393972	178171
人造纤维（纤维素纤维）制造	1476022	1084592
合成纤维制造	7793902	3507164
锦纶纤维制造	720001	477140
涤纶纤维制造	2191800	1300218
腈纶纤维制造	39748	40178
维纶纤维制造	741215	276858
其他合成纤维制造	4101138	1412770
橡胶制品业	9168202	6358364
轮胎制造	5860136	3856001
车辆、飞机及工程机械轮胎制造	5577725	3625711
力车胎制造	132919	125338
轮胎翻新加工	149492	104952
橡胶板、管、带的制造	1239078	933205
橡胶零件制造	628978	509768
再生橡胶制造	264027	182205
日用及医用橡胶制品制造	185021	142485
橡胶靴鞋制造	261962	163483
其他橡胶制品制造	729000	571217
塑料制品业	17883864	11340331
塑料薄膜制造	1926583	1466666
塑料板、管、型材的制造	6894250	3193770
塑料丝、绳及编织品的制造	1312703	1125580
泡沫塑料制造	610970	481184
塑料人造革、合成革制造	687632	450652
塑料包装箱及容器制造	1581374	1181800
塑料零件制造	938220	622258
日用塑料制造	1322619	974785

国民经济行业小类城镇计划总投资和累计完成投资

续表 9

地　　区	计划总投资	自开始建设累计完成投资
塑料鞋制造	373068	263601
日用塑料杂品制造	949551	711184
其他塑料制品制造	2609513	1843636
非金属矿物制品业	53193094	37083535
水泥、石灰和石膏的制造	16016128	9911599
水泥制造	15273079	9300494
石灰和石膏制造	743049	611105
水泥及石膏制品制造	5624338	4043257
水泥制品制造	2723982	2015092
砼结构构件制造	1037928	666167
石棉水泥制品制造	96502	74625
轻质建筑材料制造	1165840	805454
其他水泥制品制造	600086	481919
砖瓦、石材及其他建筑材料制造	12748535	9905191
粘土砖瓦及建筑砌块制造	3659541	2910787
建筑陶瓷制品制造	2920953	2196334
建筑用石加工	1954841	1692865
防水建筑材料制造	609910	459985
隔热和隔音材料制造	918272	616038
其他建筑材料制造	2685018	2029182
玻璃及玻璃制品制造	8902815	6448813
平板玻璃制造	2009397	1290090
技术玻璃制品制造	1671431	1255948
光学玻璃制造	249072	204153
玻璃仪器制造	205857	165793
日用玻璃制品及玻璃包装容器制造	1882269	1367586
玻璃保温容器制造	90262	67796
玻璃纤维及制品制造	1488848	1131245
玻璃纤维增强塑料制品制造	594976	452207
其他玻璃制品制造	710703	513995
陶瓷制品制造	2964378	1995184
卫生陶瓷制品制造	511525	401836
特种陶瓷制品制造	1113419	742967
日用陶瓷制品制造	1163963	720782
园林、陈设艺术及其他陶瓷制造	175471	129599
耐火材料制品制造	2366303	1874045
石棉制品制造	187595	150030
云母制品制造	37340	30003
耐火陶瓷制品及其他耐火材料制造	2141368	1694012
石墨及其他非金属矿物制品制造	4570597	2905446

国民经济行业小类城镇计划总投资和累计完成投资

续表 10

地　　区	计划总投资	自开始建设累计完成投资
石墨及碳素制品制造	1564908	1203413
其他非金属矿物制品制造	3005689	1702033
黑色金属冶炼及压延加工业	79327757	48631729
炼铁	9038385	4822593
炼钢	22520453	12838703
钢压延加工	45710230	29423691
铁合金冶炼	2058689	1546742
有色金属冶炼及压延加工业	38672809	22887563
常用有色金属冶炼	21709033	13325011
铜冶炼	3563213	2290602
铅锌冶炼	2760437	1834183
镍钴冶炼	2572320	1151393
锡冶炼	52903	49149
锑冶炼	131355	79819
铝冶炼	10609334	6895640
镁冶炼	513255	316175
其他常用有色金属冶炼	1506216	708050
贵金属冶炼	888939	526491
金冶炼	595282	320623
银冶炼	127818	80231
其他贵金属冶炼	165839	125637
稀有稀土金属冶炼	2064039	902962
钨钼冶炼	992241	418460
稀土金属冶炼	294972	204113
其他稀有金属冶炼	776826	280389
有色金属合金制造	2117354	1367558
有色金属压延加工	11893444	6765541
常用有色金属压延加工	11012008	6267902
贵金属压延加工	319268	134358
稀有稀土金属压延加工	562168	363281
金属制品业	31087174	19916842
结构性金属制品制造	13080163	7941432
金属结构制造	11183452	6469526
金属门窗制造	1896711	1471906
金属工具制造	2866075	2155069
切削工具制造	637469	466802
手工具制造	525505	423259
农用及园林用金属工具制造	193403	165985
刀剪及类似日用金属工具制造	287449	161313
其他金属工具制造	1222249	937710

国民经济行业小类城镇计划总投资和累计完成投资

续表 11

地　　区	计划总投资	自开始建设累计完成投资
集装箱及金属包装容器制造	1928289	1210869
集装箱制造	344593	178986
金属压力容器制造	650644	480792
金属包装容器制造	933052	551091
金属丝绳及其制品的制造	2212763	1273353
建筑、安全用金属制品制造	3214027	2333017
建筑、家具用金属配件制造	911426	594791
建筑装饰及水暖管道零件制造	1647788	1227770
安全、消防用金属制品制造	280792	212399
其他建筑安全用金属制品制造	374021	298057
金属表面处理及热处理加工	1708384	1025196
搪瓷制品制造	365140	241178
工业生产配套用搪瓷制品制造	41380	33553
搪瓷卫生洁具制造	93736	77904
搪瓷日用品及其他搪瓷制品制造	230024	129721
不锈钢及类似日用金属制品制造	2611872	1719834
金属制厨房调理及卫生器具制造	657345	397710
金属制厨用器皿及餐具制造	813672	597022
其他日用金属制品制造	1140855	725102
其他金属制品制造	3100461	2016894
铸币及贵金属制实验室用品制造	36970	34571
其他未列明的金属制品制造	3063491	1982323
通用设备制造业	46039265	30590165
锅炉及原动机制造	3948380	2674001
锅炉及辅助设备制造	1388066	1006523
内燃机及配件制造	1912789	1224135
汽轮机及辅机制造	381218	272147
水轮机及辅机制造	114137	51925
其他原动机制造	152170	119271
金属加工机械制造	7828485	5173539
金属切削机床制造	2109790	1323137
金属成形机床制造	1028346	675632
铸造机械制造	1585404	1073191
金属切割及焊接设备制造	408312	309014
机床附件制造	761094	509708
其他金属加工机械制造	1935539	1282857
起重运输设备制造	4006462	2754823
泵阀门压缩机及类似机械制造	5579001	3724783
泵及真空设备制造	1527596	1020518
气体压缩机械制造	588019	395933

国民经济行业小类城镇计划总投资和累计完成投资

续表 12

地　　区	计划总投资	自开始建设累计完成投资
阀门和旋塞的制造	1866138	1109207
液压和气压动力机械及元件制造	1597248	1199125
轴承齿轮传动和驱动部件制造	4336960	2924664
轴承制造	2501849	1691086
齿轮、传动和驱动部件制造	1835111	1233578
烘炉、熔炉及电炉制造	201485	120120
风机衡器包装设备等通用设备制造	6834958	4177112
风机、风扇制造	1166666	538596
气体、液体分离及纯净设备制造	536826	285409
制冷、空调设备制造	1622727	1040995
风动和电动工具制造	551771	408368
喷枪及类似器具制造	160102	95957
包装专用设备制造	223586	148995
衡器制造	121629	97566
其他通用设备制造	2451651	1561226
通用零部件制造及机械修理	6603765	4523528
金属密封件制造	462177	266444
紧固件、弹簧制造	1156051	852223
机械零部件加工及设备修理	2679689	2047073
其他通用零部件制造	2305848	1357788
金属铸、锻加工	6699769	4517595
钢铁铸件制造	5455785	3512468
锻件及粉末冶金制品制造	1243984	1005127
专用设备制造业	34682993	22283196
矿山、冶金、建筑专用设备制造	11754900	7441306
采矿、采石设备制造	3283649	2206989
石油钻采专用设备制造	1632389	1312341
建筑工程用机械制造	3020246	1907253
建筑材料生产专用机械制造	776453	607648
冶金专用设备制造	3042163	1407075
化工木材非金属加工专用设备制造	5302737	3402700
炼油、化工生产专用设备制造	943383	682330
橡胶加工专用设备制造	298819	202608
塑料加工专用设备制造	574619	355812
木材加工机械制造	127935	88840
模具制造	2849624	1860982
其他非金属加工专用设备制造	508357	212128
食品饮料烟草及饲料专用设备制造	916791	652782
食品饮料烟草工业专用设务制造	428077	326782
农副食品加工专用设备制造	443491	292753

国民经济行业小类城镇计划总投资和累计完成投资

续表 13

地　　区	计划总投资	自开始建设累计完成投资
饲料生产专用设备制造	45223	33247
印刷制药日化生产专用设备制造	1783542	1087646
制浆和造纸专用设备制造	246436	184381
印刷专用设备制造	412952	273522
日用化工专用设备制造	199677	142202
制药专用设备制造	118854	79470
照明器具生产专用设备制造	440886	199260
玻璃、陶瓷和搪瓷制品生产设备制造	154039	110020
其他日用品生产专用设备制造	210698	98791
纺织服装和皮革工业专用设备制造	1722643	1114179
纺织专用设备制造	1054751	691745
皮革毛皮及其制品专用设备制造	62695	43534
缝纫机械制造	488330	296797
其他服装加工专用设备制造	116867	82103
电子和电工机械专用设备制造	4705721	3004595
农、林、牧、渔专用机械制造	2173064	1562161
拖拉机制造	859868	613523
机械化农业及园艺机具制造	629086	433488
营林及木竹采伐机械制造	14535	15071
畜牧机械制造	27100	18720
渔业机械制造	19684	13311
农林牧渔机械配件制造	399007	305872
其他农林牧渔业机械制造	223784	162176
医疗仪器设备及器械制造	1990095	1329707
医疗诊断、监护及治疗设备	600979	360941
口腔科用设备及器具制造	9665	9305
实验室及医用消毒设备和器具	34644	31892
医疗、外科及兽医用器械制造	642521	492271
机械治疗及病房护理设备制造	266551	105780
假肢、人工器官及植入器械制造	79659	46552
其他医疗设备及器械制造	356076	282966
环保、社会公共安全及其他专用设备制造	4333500	2688120
环境污染防治专用设备制造	1313229	852654
地质勘查专用设备制造	64987	45821
邮政专用机械及器材制造	4000	2500
商业、饮食、服务业专用设备制造	62090	45368

国民经济行业小类城镇计划总投资和累计完成投资

续表 14

地　　区	计划总投资	自开始建设累计完成投资
社会公共安全设备及器材制造	197233	164492
交通安全及管制专用设备制造	61569	44424
水资源专用机械制造	338312	244234
其他专用设备制造	2292080	1288627
交通运输设备制造业	79110168	48195372
铁路运输设备制造	2450332	1593784
铁路机车车辆及动车组制造	920643	508272
工矿有轨专用车辆制造	158485	126476
铁路机车车辆配件制造	591513	432128
铁路专用设备及器材、配件制造	581010	338727
其他铁路设备制造及设备修理	198681	188181
汽车制造	55635185	34984299
汽车整车制造	25323363	16300144
改装汽车制造	2211299	1253434
电车制造	289799	199563
汽车车身、挂车的制造	915814	520254
汽车零部件及配件制造	25985418	16088316
汽车修理	909492	622588
摩托车制造	3153543	1774876
摩托车整车制造	1768977	759248
摩托车零部件及配件制造	1384566	1015628
自行车制造	1302636	839469
脚踏自行车及残疾人座车制造	335747	235604
助动自行车制造	966889	603865
船舶及浮动装置制造	12436500	6565853
金属船舶制造	8166884	4403120
非金属船舶制造	110851	63191
娱乐船和运动船的建造和修理	293965	123445
船用配套设备制造	1768202	981162
船舶修理及拆船	2020419	974347
航标器材及其他浮动装置的制造	76179	20588
交通器材及其他交通运输设备制造	4131972	2437091
交通管理用金属标志及设施制造	83085	75623
其他交通运输设备制造	4048887	2361468
电气机械及器材制造业	35000476	21572044

国民经济行业小类城镇计划总投资和累计完成投资

续表 15

地　　区	计划总投资	自开始建设累计完成投资
电机制造	4595708	2804047
发电机及发电机组制造	2264125	1153832
电动机制造	1473149	1038267
微电机及其他电机制造	858434	611948
输配电及控制设备制造	9717327	6136788
变压器、整流器和电感器制造	2807107	1672696
电容器及其配套设备制造	696989	514879
配电开关控制设备制造	2921388	1884233
电力电子元器件制造	2249190	1339881
其他输配电及控制设备制造	1042653	725099
电线、电缆、光缆及电工器材制造	6040149	4237777
电线电缆制造	4718494	3272664
光纤、光缆制造	436189	326090
绝缘制品制造	327683	209480
其他电工器材制造	557783	429543
电池制造	4801508	2351229
家用电力器具制造	4579769	2885933
家用制冷电器具制造	707663	456470
家用空气调节器制造	1076693	695844
家用通风电器具制造	81941	58633
家用厨房电器具制造	884979	639977
家用清洁卫生电器具制造	508876	324348
家用美容、保健电器具制造	114374	71982
家用电力器具专用配件制造	450164	210207
其他家用电力器具制造	755079	428472
非电力家用器具制造	1567102	866898
燃气、太阳能及类似能源器具	1348889	745802
其他非电力家用器具制造	218213	121096
照明器具制造	2326147	1482779
电光源制造	894249	502696
照明灯具制造	1125537	779147
灯用电器附件及其他照明器具制造	306361	200936
其他电气机械及器材制造	1372766	806593
车辆专用照明及电气信号设备制造	238967	153980
其他未列明的电气机械制造	1133799	652613
通信设备、计算机及其他电子设备制造	55734842	36444025
通信设备制造	6738783	3958098
通信传输设备制造	1041755	490710
通信交换设备制造	730515	438991
通信终端设备制造	697695	404596

国民经济行业小类城镇计划总投资和累计完成投资

续表 16

地区	计划总投资	自开始建设累计完成投资
移动通信及终端设备制造	3379258	2187955
其他通信设备制造	889560	435846
广播电视设备制造	394900	232609
广播电视节目制作及发射设备	28563	25913
广播电视接收设备及器材制造	255551	157507
应用电视设备及其他广播电视设备制造	110786	49189
电子计算机制造	5621311	3484801
电子计算机整机制造	1889726	1120876
计算机网络设备制造	748771	429185
电子计算机外部设备制造	2982814	1934740
电子器件制造	25656641	17674669
电子真空器件制造	615556	284854
半导体分立器件制造	3720198	2073723
集成电路制造	12647227	10980687
光电子器件及其他电子器件制造	8673660	4335405
电子元件制造	10570844	7419866
电子元件及组件制造	8295638	5625087
印制电路板制造	2275206	1794779
家用视听设备制造	2742246	1386655
家用影视设备制造	2238720	1153323
家用音响设备制造	503526	233332
其他电子设备制造	4010117	2287327
仪器仪表及文化、办公用机械制造	6274052	4069422
通用仪器仪表制造	2583399	1551792
工业自动控制系统装置制造	1145401	770191
电工仪器仪表制造	742691	316904
绘图、计算及测量仪器制造	85788	56576
实验分析仪器制造	119902	87369
试验机制造	73636	40288
供应用仪表及其他通用仪器制造	415981	280464
专用仪器仪表制造	1074863	734186
环境监测专用仪器仪表制造	100529	67295
汽车及其他用计数仪表制造	200243	134693
农林牧渔专用仪器仪表制造	12251	12066
地质勘探和地震专用仪器制造	59838	34542
教学专用仪器制造	60506	28670
电子测量仪器制造	223258	155381

国民经济行业小类城镇计划总投资和累计完成投资

续表 17

地　　区	计划总投资	自开始建设累计完成投资
其他专用仪器制造	418238	301539
钟表与计时仪器制造	228326	144836
光学仪器及眼镜制造	1025656	669089
光学仪器制造	618691	405980
眼镜制造	406965	263109
文化、办公用机械制造	1134371	814584
电影机械制造	6500	6298
幻灯及投影设备制造	10107	10107
照相机及器材制造	347392	244702
复印和胶印设备制造	244583	198476
计算器及货币专用设备制造	369336	256367
其他文化、办公用机械制造	156453	98634
其他仪器仪表的制造及修理	227437	154935
工艺品及其他制造业	13611714	9147124
工艺美术品制造	3658216	2648816
雕塑工艺品制造	533881	405955
金属工艺品制造	353840	244880
漆器工艺品制造	84245	84398
花画工艺品制造	121919	95466
天然植物纤维编织工艺品制造	202184	152250
抽纱刺绣工艺品制造	498548	423385
地毯、挂毯制造	392051	274912
珠宝首饰及有关物品的制造	574229	300553
其他工艺美术品制造	897319	667017
日用杂品制造	1007189	735047
制镜及类似品加工	175561	107157
鬃毛加工、制刷及清扫工具的制造	86875	68447
其他日用杂品制造	744753	559443
煤制品制造	102122	88182
其他未列明的制造业	8844187	5675079
废弃资源和废旧材料回收加工业	2110427	1089377
金属废料和碎屑的加工处理	1198546	625341
非金属废料和碎屑的加工处理	911881	464036
（四）电力燃气及水的生产和供应业	**388373351**	**226056469**
电力、热力的生产和供应业	349413482	200397218
电力生产	280442622	153664793
火力发电	123431402	77848900
水力发电	125365954	61448741
核力发电	18226633	6955866

国民经济行业小类城镇计划总投资和累计完成投资

续表 18

地　　区	计划总投资	自开始建设累计完成投资
其他能源发电	13418633	7411286
电力供应	60917396	41595214
热力生产和供应	8053464	5137211
燃气生产和供应业	12613508	8265302
燃气生产和供应业	12613508	8265302
水的生产和供应业	26346361	17393949
自来水的生产和供应	12915565	8325136
污水处理及其再生利用	12684925	8628291
其他水的处理、利用与分配	745871	440522
（五）建筑业	**18393408**	**12747874**
房屋和土木工程建筑业	15692605	10738090
房屋工程建筑	7248840	5583467
土木工程建筑	8443765	5154623
铁路、道路、隧道和桥梁工程建筑	6164147	3448918
水利和港口工程建筑	1276846	868507
工矿工程建筑	246025	233006
架线和管道工程建筑	372477	297942
其他土木工程建筑	384270	306250
建筑安装业	616998	545724
建筑安装业	616998	545724
建筑装饰业	297985	274845
建筑装饰业	297985	274845
其他建筑业	1785820	1189215
工程准备	981270	536835
提供施工设备服务	166907	156982
其他未列明的建筑活动	637643	495398
（六）交通运输、仓储和邮政业	**512091324**	**273831954**
铁路运输业	121291005	50193552
铁路旅客运输	69874441	18936743
铁路货物运输	44211731	26519942
铁路运输辅助活动	7204833	4736867
客运火车站	1818148	1318250
货运火车站	134869	80691
其他铁路运输辅助活动	5251816	3337926
道路运输业	239705888	146677691
公路旅客运输	98802166	56945134
道路货物运输	47675986	27632129
道路运输辅助活动	93227736	62100428
客运汽车站	1318864	1054084
公路管理与养护	85523523	56984727

国民经济行业小类城镇计划总投资和累计完成投资

续表 19

地　　区	计划总投资	自开始建设累计完成投资
其他道路运输辅助活动	6385349	4061617
城市公共交通业	69292517	25799859
公共电汽车客运	1685161	1565642
轨道交通	62345780	20013337
出租车客运	354757	361219
城市轮渡	97589	57290
其他城市公共交通	4809230	3802371
水上运输业	42680688	26906548
水上旅客运输	802145	560434
远洋旅客运输	100932	52245
沿海旅客运输	351231	237444
内河旅客运输	349982	270745
水上货物运输	5749988	3710628
远洋货物运输	1023651	402053
沿海货物运输	2011933	1682694
内河货物运输	2714404	1625881
水上运输辅助活动	36128555	22635486
客运港口	900966	472058
货运港口	30215355	19203223
其他水上运输辅助活动	5012234	2960205
航空运输业	17968407	12175585
航空客货运输	5840638	3936684
航空旅客运输	5183564	3412657
航空货物运输	657074	524027
通用航空服务	562023	367541
航空运输辅助活动	11565746	7871360
机场	10832023	7643892
空中交通管理	158225	54254
其他航空运输辅助活动	575498	173214
管道运输业	1925152	1686320
管道运输业	1925152	1686320
装卸搬运和其他运输服务业	2127286	1199326
装卸搬运	197795	166425
运输代理服务	1929491	1032901
仓储业	16792353	8987846
谷物、棉花等农产品仓储	1871713	1281035
其他仓储	14920640	7706811
邮政业	308028	205227
国家邮政	289634	188530
其他寄递服务	18394	16697
（七）信息传输计算机服务和软件业	**31336391**	**24977745**

国民经济行业小类城镇计划总投资和累计完成投资

续表 20

地　　区	计划总投资	自开始建设累计完成投资
电信和其他信息传输服务业	27612932	22837226
电信	22930623	19238679
固定电信服务	8292992	6448991
移动电信服务	14022313	12318880
其他电信服务	615318	470808
互联网信息服务	2563701	2204992
广播电视传输服务	2068031	1377081
有线广播电视传输服务	1705192	1139676
无线广播电视传输服务	362839	237405
卫星传输服务	50577	16474
计算机服务业	887629	520272
计算机系统服务	382743	97421
数据处理	284378	228860
计算机维修	1874	1874
其他计算机服务	218634	192117
软件业	2835830	1620247
公共软件服务	2355583	1373430
基础软件服务	868152	417473
应用软件服务	1487431	955957
其他软件服务	480247	246817
（八）批发和零售业	**49001703**	**33722560**
批发业	22426303	15623455
农畜产品批发	1733291	1210246
谷物、豆及薯类批发	688651	448474
种子、饲料批发	177182	155628
棉、麻批发	85265	56453
牲畜批发	32281	27240
其他农畜产品批发	749912	522451
食品、饮料及烟草制品批发	3875568	2616794
米、面制品及食用油批发	323617	240134
糕点、糖果及糖批发	284564	128174
果品、蔬菜批发	1561119	1035613
肉、禽、蛋及水产品批发	733966	435233
盐及调味品批发	96602	59857
饮料及茶叶批发	164224	110652
烟草制品批发	524466	437757
其他食品批发	187010	169374
纺织、服装及日用品批发	3684262	2429721
纺织品、针织品及原料批发	936526	655862
服装批发	1756417	1150746

国民经济行业小类城镇计划总投资和累计完成投资

续表 21

地　　区	计划总投资	自开始建设累计完成投资
鞋帽批发	201798	96601
厨房、卫生间用具及日用杂货批发	155312	131550
化妆品及卫生用品批发	33180	24008
其他日用品批发	601029	370954
文化、体育用品及器材批发	560397	396610
文具用品批发	71154	44247
体育用品批发	62643	26515
图书批发	271431	199469
报刊批发	3860	3860
音像制品及电子出版物批发	5005	5005
首饰、工艺品及收藏品批发	60073	48054
其他文化用品批发	86231	69460
医药及医疗器材批发	1037909	551310
西药批发	338883	230992
中药材及中成药批发	577557	224310
医疗用品及器材批发	121469	96008
矿产品、建材及化工产品批发	6219076	4551147
煤炭及制品批发	437449	383317
石油及制品批发	980636	766163
非金属矿及制品批发	59061	56610
金属及金属矿批发	788697	592746
建材批发	3350839	2318272
化肥批发	93208	63164
农药批发	14228	13816
农用薄膜批发	12227	11737
其他化工产品批发	482731	345322
机械设备、五金交电及电子产品批发	3637213	2787594
农业机械批发	120066	99898
汽车、摩托车及零配件批发	1151443	879364
五金、交电批发	993566	790998
家用电器批发	256073	191692
计算机、软件及辅助设备批发	242068	142731
通讯及广播电视设备批发	109298	106739
其他机械设备及电子产品批发	764699	576172
贸易经纪与代理	298387	238286
其他批发	1380200	841747
再生物资回收与批发	247269	211101
其他未列明的批发	1132931	630646
零售业	26575400	18099105
综合零售	14903178	10375856

国民经济行业小类城镇计划总投资和累计完成投资

续表 22

地　　区	计划总投资	自开始建设累计完成投资
百货零售	7653479	5002421
超级市场零售	4270837	3244170
其他综合零售	2978862	2129265
食品、饮料及烟草制品专门零售	993528	790628
粮油零售	74504	62822
糕点、面包零售	13519	12195
果品、蔬菜零售	333136	262459
肉、禽、蛋及水产品零售	157568	111143
饮料及茶叶零售	34902	34333
烟草制品零售	126164	63155
其他食品零售	253735	244521
纺织、服装及日用品专门零售	1431061	1045889
纺织品及针织品零售	199206	120579
服装零售	857763	631013
鞋帽零售	54660	52995
钟表、眼镜零售	22666	20228
化妆品及卫生用品零售	20347	14930
其他日用品零售	276419	206144
文化、体育用品及器材专门零售	583002	401317
文具用品零售	24485	18368
体育用品零售	74674	64275
图书零售	285019	151723
报刊零售	——	——
音像制品及电子出版物零售	10315	6815
珠宝首饰零售	113141	90205
工艺美术品及收藏品零售	65062	59891
照相器材零售	4260	3810
其他文化用品零售	6046	6230
医药及医疗器材专门零售	161044	151326
药品零售	128140	118567
医疗用品及器材零售	32904	32759
汽车、摩托车、燃料及零配件专门零售	3428117	2612466
汽车零售	2469728	1796939
汽车零配件零售	391777	320618
摩托车及零配件零售	64474	51988
机动车燃料零售	502138	442921
家用电器及电子产品专门零售	580457	495116
家用电器零售	272805	244882
计算机、软件及辅助设备零售	102793	98502
通信设备零售	46632	38807

国民经济行业小类城镇计划总投资和累计完成投资

续表 23

地　　区	计划总投资	自开始建设累计完成投资
其他电子产品零售	158227	112925
五金家具及室内装修材料专门零售	2530406	1690209
五金零售	249715	185404
家具零售	1486717	1004116
涂料零售	30840	20465
其他室内装修材料零售	763134	480224
无店铺及其他零售	1964607	536298
流动货摊零售	8798	4239
邮购及电子销售	3750	3750
生活用燃料零售	1211425	179829
花卉零售	14018	12367
旧货零售	7738	6785
其他未列明的零售	718878	329328
（九）住宿和餐饮业	**31877401**	**20213048**
住宿业	26112062	15322608
旅游饭店	22273528	12417191
一般旅馆	2639136	2027323
其他住宿服务	1199398	878094
餐饮业	5765339	4890440
正餐服务	4987730	4251003
快餐服务	147703	131059
饮料及冷饮服务	144437	129720
其他餐饮服务	485469	378658
（十）金融业	**2892091**	**2361738**
银行业	1918192	1550003
中央银行	304264	198456
商业银行	1480325	1258326
其他银行	133603	93221
证券业	375689	279690
证券市场管理	9794	9638
证券经纪与交易	325792	239749
证券投资	5103	5103
证券分析与咨询	35000	25200
保险业	205167	191634
人寿保险	159845	153047
非人寿保险	44014	37279
保险辅助服务	1308	1308
其他金融活动	393043	340411
金融信托与管理	48935	30764
金融租赁	27662	24654

国民经济行业小类城镇计划总投资和累计完成投资

续表 24

地　　区	计划总投资	自开始建设累计完成投资
财务公司	210	210
邮政储蓄	3856	2251
典当	19409	19617
其他未列明的金融活动	292971	262915
（十一）房地产业	**1119786645**	**690149116**
房地产业	1119786645	690149116
房地产开发经营	1073922322	659180314
物业管理	1027472	863511
房地产中介服务	282015	174781
其他房地产活动	44554836	29930510
（十二）租赁和商务服务业	**26615096**	**14667738**
租赁业	411386	365337
机械设备租赁	395062	349527
汽车租赁	86079	80165
农业机械租赁	968	938
建筑工程机械与设备租赁	131570	128644
计算机及通讯设备租赁	——	——
其他机械与设备租赁	176445	139780
文化及日用品出租	16324	15810
图书及音像制品出租	2000	2000
其他文化及日用品出租	14324	13810
商务服务业	26203710	14302401
企业管理服务	12808518	7194813
企业管理机构	4582617	2298744
投资与资产管理	6257884	3538551
其他企业管理服务	1968017	1357518
法律服务	21365	20747
律师及相关的法律服务	15118	14500
公证服务	984	984
其他法律服务	5263	5263
咨询与调查	347093	199991
会计、审计及税务服务	24655	22868
市场调查	4235	4060
社会经济咨询	177194	86519
其他专业咨询	141009	86544
广告业	203614	167801
知识产权服务	17509	5313
职业中介服务	139227	134714
市场管理	3632646	2102942
旅行社	216134	149828

国民经济行业小类城镇计划总投资和累计完成投资

续表 25

地　　区	计划总投资	自开始建设累计完成投资
其他商务服务	8817604	4326252
会议及展览服务	5088901	2824224
包装服务	59124	39090
保安服务	18265	13224
办公服务	614615	524077
其他未列明的商务服务	3036699	925637
（十三）科研技术服务和地质勘查业	**13799291**	**9104136**
研究与试验发展	6516433	4038730
自然科学研究与试验发展	1238759	850410
工程和技术研究与试验发展	3425463	2107857
农业科学研究与试验发展	900549	533340
医学研究与试验发展	207958	100796
社会人文科学研究与试验发展	743704	446327
专业技术服务业	3524119	2376522
气象服务	715528	427534
地震服务	22447	20157
海洋服务	9547	8351
测绘服务	84711	81223
技术检测	577839	414567
环境监测	109021	93678
工程技术与规划管理	1377144	974614
工程管理服务	263412	158498
工程勘察设计	572258	394006
规划管理	541474	422110
其他专业技术服务	627882	356398
科技交流和推广服务业	2605404	1698584
技术推广服务	493191	383404
科技中介服务	1252922	695817
其他科技服务	859291	619363
地质勘查业	1153335	990300
矿产地质勘查	919643	816040
能源矿产地质勘查	521069	490459
固体矿产地质勘查	315326	240337
其他矿产地质勘查	83248	85244
基础地质勘查	93182	76725
地质勘查技术服务	140510	97535
（十四）水利环境和公共设施管理业	**305831429**	**189195809**
水利管理业	55474076	28005294
防洪管理	20369591	11159817
水资源管理	30171593	13454582

国民经济行业小类城镇计划总投资和累计完成投资

续表 26

地　　区	计划总投资	自开始建设累计完成投资
水库管理	8363163	5619360
调水、引水管理	20341761	7009911
其他水资源管理	1466669	825311
其他水利管理	4932892	3390895
环境管理业	17380738	10435885
自然保护	1315030	814571
自然保护区管理	557448	332807
野生动植物保护	280014	205449
其他自然保护	477568	276315
环境治理	16065708	9621314
城市市容管理	1915454	1130166
城市环境卫生管理	3700689	2208323
水污染治理	5337734	2989849
危险废物治理	548335	380748
其他环境治理	4563496	2912228
公共设施管理业	232976615	150754630
市政公共设施管理	197889936	132008431
城市绿化管理	7066832	4677886
游览景区管理	28019847	14068313
风景名胜区管理	10155871	4774338
公园管理	6728254	4105827
其他游览景区管理	11135722	5188148
（十五）居民服务和其他服务业	**4754928**	**3084935**
居民服务业	3326572	2053205
家庭服务	78595	57593
托儿所	6560	6113
洗染服务	19804	18464
理发及美容保健服务	92763	86317
洗浴服务	832259	668469
婚姻服务	16263	14702
殡葬服务	555345	378645
摄影扩印服务	45917	40991
其他居民服务	1679066	781911
其他服务业	1428356	1031730
修理与维护	532535	444884
汽车、摩托车维护与保养	495523	419800
办公设备维修	611	611
家用电器修理	3786	3783
其他日用品修理	32615	20690
清洁服务	58520	55977

国民经济行业小类城镇计划总投资和累计完成投资

续表 27

地　　区	计划总投资	自开始建设累计完成投资
建筑物清洁服务	11187	8977
其他清洁服务	47333	47000
其他未列明的服务	837301	530869
（十六）教育	**61576398**	**44137782**
教育	61576398	44137782
学前教育	372121	328709
初等教育	3414875	2863527
中等教育	15047282	11226222
初中教育	4374240	3409616
高中教育	6556054	4965402
中等专业教育	1294303	946959
职业中学教育	1454897	972546
技工学校教育	1075784	700580
其他中等教育	292004	231119
高等教育	39133882	27146149
普通高等教育	37878183	26219609
成人高等教育	1255699	926540
其他教育	3608238	2573175
职业技能培训	2432658	1648568
特殊教育	55280	40022
其他未列明的教育	1120300	884585
（十七）卫生社会保障和社会福利业	**20146294**	**13640724**
卫生	18731245	12654198
医院	16577702	10939234
综合医院	13333766	8594699
中医医院	928570	660000
中西医结合医院	392780	305484
民族医院	16962	15559
专科医院	1688842	1250251
疗养院	216782	113241
卫生院及社区医疗活动	798719	687185
门诊部医疗活动	192451	131604
计划生育技术服务活动	98881	85828
妇幼保健活动	231776	175822
专科疾病防治活动	84427	68068
疾病预防控制及防疫活动	503748	393879
其他卫生活动	243541	172578
社会保障业	304297	191756
社会保障业	304297	191756
社会福利业	1110752	794770

国民经济行业小类城镇计划总投资和累计完成投资

续表 28

地　　区	计划总投资	自开始建设累计完成投资
提供住宿的社会福利	930529	647915
干部休养所	100889	79352
收养收容服务	829640	568563
不提供住宿的社会福利	180223	146855
（十八）文化、体育和娱乐业	**36427070**	**21084600**
新闻出版业	1422785	670640
新闻业	567750	172443
出版业	855035	498197
图书出版	345732	187852
报纸出版	482440	295197
期刊出版	5102	5102
音像制品出版	——	——
电子出版物出版	88	88
其他出版	21673	9958
广播、电视、电影和音像业	5053395	3015620
广播	949829	517330
电视	2970051	2027705
电影	978308	430511
电影制作与发行	439482	230718
电影放映	538826	199793
音像制作	155207	40074
文化艺术业	11320730	6723551
文艺创作与表演	684054	610391
艺术表演场馆	2214285	1315146
图书馆与档案馆	1017932	574339
图书馆	911733	511988
档案馆	106199	62351
文物及文化保护	1231138	717539
博物馆	3661655	1913454
烈士陵园、纪念馆	316501	260810
群众文化活动	1746689	1083725
文化艺术经纪代理	9779	9304
其他文化艺术	438697	238843
体育	8506634	5261695
体育组织	703911	525398
体育场馆	7613851	4569926
其他体育	188872	166371
娱乐业	10123526	5413094
室内娱乐活动	1702096	1235445
游乐园	2725058	1312490

国民经济行业小类城镇计划总投资和累计完成投资

续表 29

地　　区	计划总投资	自开始建设累计完成投资
休闲健身娱乐活动	4123764	1955767
其他娱乐活动	1572608	909392
（十九）公共管理和社会组织	**54764917**	**39448495**
中国共产党机关	536916	398044
中国共产党机关	536916	398044
国家机构	46518384	32798136
国家权力机构	2105094	1410442
国家行政机构	41225178	28896061
综合事务管理机构	13901629	10071265
对外事务管理机构	123700	66023
公共安全管理机构	10411241	5736254
社会事务管理机构	2475507	1885236
经济事务管理机构	8180966	6031687
政府事务管理机构	4894570	4117062
行政监督检查机构	1237565	988534
人民法院和人民检察院	1810386	1430551
人民法院	1001769	809765
人民检察院	808617	620786
其他国家机构	1377726	1061082
人民政协和民主党派	204010	173647
人民政协	140641	126683
民主党派	63369	46964
群众团体、社会团体和宗教组织	1289209	902651
群众团体	282828	190869
工会	175722	110359
妇联	7363	6198
共青团	13395	9783
其他群众团体	86348	64529
社会团体	285629	212515
专业性团体	64885	41987
行业性团体	93654	71876
其他社会团体	127090	98652
宗教组织	720752	499267
基层群众自治组织	6216398	5176017
社区自治组织	2121638	1781671
村民自治组织	4094760	3394346
（二十）国际组织	—	—
国际组织	—	—

各地区城镇投资和新增固定资产

单位：万元

地　　区	投资额	新增固定资产	固定资产交付使用率（%）
全国总计	**1174644688**	**673674895**	**57.4**
北　　京	35972896	17534471	48.7
天　　津	21921691	11671964	53.2
河　　北	56903132	35124575	61.7
山　　西	26002159	17791631	68.4
内 蒙 古	42550024	30157388	70.9
辽　　宁	65760474	35642055	54.2
吉　　林	33401891	21298923	63.8
黑 龙 江	25916921	19169726	74.0
上　　海	40450984	21622312	53.5
江　　苏	91613730	63218104	69.0
浙　　江	59969318	32507024	54.2
安　　徽	44445832	23279860	52.4
福　　建	38290172	12391344	32.4
江　　西	29548723	16305215	55.2
山　　东	101535618	54679439	53.9
河　　南	66091612	51370845	77.7
湖　　北	39273552	28540947	72.7
湖　　南	36095398	17621916	48.8
广　　东	73686867	40939789	55.6
广　　西	25967374	12134865	46.7
海　　南	4727670	2443465	51.7
重　　庆	29370695	16125511	54.9
四　　川	50434159	21293912	42.2
贵　　州	12891302	8486605	65.8
云　　南	24437911	10963876	44.9
西　　藏	2308271	1796266	77.8
陕　　西	31688196	19252784	60.8
甘　　肃	11774632	6226014	52.9
青　　海	4436907	2468309	55.6
宁　　夏	5276947	2454487	46.5
新　　疆	16591894	11303169	68.1
不分地区	25307736	7858104	31.1

国民经济行业大类城镇投资和新增固定资产

单位：万元

行　　业	投资额	新增固定资产	固定资产交付使用率（%）
全国总计	**1174644688**	**673674895**	**57.4**
（一）农、林、牧、渔业	**14600466**	**10948211**	**75.0**
农业	3272360	2298134	70.2
林业	2976346	2000201	67.2
畜牧业	3158401	2439549	77.2
渔业	684350	522920	76.4
农、林、牧、渔服务业	4509009	3687407	81.8
（二）采矿业	**52561415**	**34384571**	**65.4**
煤炭开采和洗选业	18045849	9930955	55.0
石油和天然气开采业	22254951	16153910	72.6
黑色金属矿采选业	4280314	2790243	65.2
有色金属矿采选业	4915315	3388272	68.9
非金属矿采选业	2952419	2066838	70.0
其他采矿业	112567	54353	48.3
（三）制造业	**354767247**	**216545859**	**61.0**
农副食品加工业	16380998	11618921	70.9
食品制造业	9651661	6704055	69.5
饮料制造业	7148488	4795518	67.1
烟草制品业	1173743	573864	48.9
纺织业	15145750	10419535	68.8
纺织服装、鞋、帽制造业	7532373	4823891	64.0
皮革、毛皮、羽毛(绒)及其制品业	3479195	2120070	60.9
木材加工及木、竹、藤、棕、草制品业	6352981	4648128	73.2
家具制造业	3869969	2763765	71.4
造纸及纸制品业	8164391	4605118	56.4
印刷业和记录媒介的复制	3677054	2598502	70.7
文教体育用品制造业	1719229	999524	58.1
石油加工、炼焦及核燃料加工业	14153806	4041673	28.6
化学原料及化学制品制造业	35340376	20083965	56.8
医药制造业	8434935	5288761	62.7
化学纤维制造业	2792486	1866240	66.8
橡胶制品业	4360464	2776258	63.7
塑料制品业	8623447	5940281	68.9
非金属矿物制品业	28056932	18637298	66.4
黑色金属冶炼及压延加工业	26167104	15409487	58.9
有色金属冶炼及压延加工业	12955875	7771101	60.0
金属制品业	15800549	10088704	63.9
通用设备制造业	23314581	15327055	65.7
专用设备制造业	16889796	10240217	60.6

国民经济行业大类城镇投资和新增固定资产

续表 1 单位：万元

行业	投资额	新增固定资产	固定资产交付使用率（%）
交通运输设备制造业	27232572	14900231	54.7
电气机械及器材制造业	16084596	9310470	57.9
通信设备、计算机及其他电子设备制造业	20938464	12817822	61.2
仪器仪表文化办公用机械制造业	2812898	1675059	59.6
工艺品及其他制造业	5656555	3302730	58.4
废弃资源和废旧材料回收加工业	855979	397616	46.5
（四）电力燃气水的生产供应业	**90889097**	**61514819**	**67.7**
电力、热力的生产和供应业	79065188	55011822	69.6
燃气生产和供应业	3466418	1878745	54.2
水的生产和供应业	8357491	4624252	55.3
（五）建筑业	**9924803**	**5842013**	**58.9**
房屋和土木工程建筑业	8382977	4901942	58.5
建筑安装业	469969	351010	74.7
建筑装饰业	247652	186469	75.3
其他建筑业	824205	402592	48.9
（六）交通运输、仓储和邮政业	**129970571**	**65278940**	**50.2**
铁路运输业	24927450	6397571	25.7
道路运输业	69265966	44138249	63.7
城市公共交通业	10729537	2321623	21.6
水上运输业	11095406	4898000	44.1
航空运输业	6075575	3542665	58.3
管道运输业	690758	308953	44.7
装卸搬运和其他运输服务业	933614	615913	66.0
仓储业	6110674	2936302	48.1
邮政业	141591	119664	84.5
（七）信息传输、计算机服务和软件业	**18193560**	**10776722**	**59.2**
电信和其他信息传输服务业	17020094	10135497	59.6
计算机服务业	316629	280079	88.5
软件业	856837	361146	42.2
（八）批发和零售业	**24505913**	**16048379**	**65.5**
批发业	11410230	7263697	63.7
零售业	13095683	8784682	67.1
（九）住宿和餐饮业	**13298896**	**8137855**	**61.2**
住宿业	9250718	5209429	56.3
餐饮业	4048178	2928426	72.3
（十）金融业	**1519289**	**1145881**	**75.4**
银行业	1137240	834243	73.4
证券业	122675	42501	34.7
保险业	103993	155822	149.8

国民经济行业大类城镇投资和新增固定资产

续表 2　　　　单位：万元

行　　业	投资额	新增固定资产	固定资产交付使用率（%）
其他金融活动	155381	113315	72.9
（十一）房地产业	**286192443**	**144832278**	**50.6**
房地产业	286192443	144832278	50.6
（十二）租赁和商务服务业	**8606822**	**3833001**	**44.5**
租赁业	338452	249117	73.6
商务服务业	8268370	3583884	43.3
（十三）科学研究、技术服务和地质勘查业	**5211779**	**3278434**	**62.9**
研究与试验发展	2138959	1383651	64.7
专业技术服务业	1377519	784728	57.0
科技交流和推广服务业	909668	539600	59.3
地质勘查业	785633	570455	72.6
（十四）水利、环境和公共设施管理业	**92760312**	**43906931**	**47.3**
水利管理业	11055749	5452250	49.3
环境管理业	5910107	3294274	55.7
公共设施管理业	75794456	35160407	46.4
（十五）居民服务和其他服务业	**2357566**	**1756317**	**74.5**
居民服务业	1510024	1021221	67.6
其他服务业	847542	735096	86.7
（十六）教育	**22208619**	**15738672**	**70.9**
教育	22208619	15738672	70.9
（十七）卫生、社会保障和社会福利业	**8093604**	**5667672**	**70.0**
卫生	7329196	5173548	70.6
社会保障业	126447	61100	48.3
社会福利业	637961	433024	67.9
（十八）文化、体育和娱乐业	**11298196**	**5409554**	**47.9**
新闻出版业	363594	149555	41.1
广播、电视、电影和音像业	1498444	738375	49.3
文化艺术业	3612368	1764328	48.8
体育	2477250	978157	39.5
娱乐业	3346540	1779139	53.2
（十九）公共管理和社会组织	**27684090**	**18628786**	**67.3**
中国共产党机关	242522	124183	51.2
国家机构	22366369	15646061	70.0
人民政协和民主党派	112395	81636	72.6
群众团体、社会团体和宗教组织	669828	350327	52.3
基层群众自治组织	4292976	2426579	56.5
（二十）国际组织	——	——	——
国际组织	——	——	——

各地区按登记注册类型分的城镇投资（一）

单位：万元

地　　区	合　计	内　资					
			国　有	集　体	股份合作	国有联营	集体联营
全国总计	**11746446**	**10527173**	**37138507**	**29504212**	**7730968**	**2684600**	**482114**
北　京	35972896	29915345	8816483	143443	34139	30715	644
天　津	21921691	18573021	7685085	165590	66189	87511	100
河　北	56903132	53479703	14965343	3015129	387500	98334	63322
山　西	26002159	24960182	9829829	1360307	82800	93464	900
内蒙古	42550024	41413920	16935102	454601	319590	67568	7350
辽　宁	65760474	57695052	17776496	1532120	520589	29986	11817
吉　林	33401891	31414728	9602001	292707	100589	45190	11130
黑龙江	25916921	25164445	11475354	192067	94538	4224	——
上　海	40450984	33870190	15316222	706092	83030	205906	28317
江　苏	91613730	71510141	18911617	2034673	291206	76788	18531
浙　江	59969318	51385759	17480376	643277	179272	375810	3281
安　徽	44445832	41529878	13910122	593624	560210	122092	10081
福　建	38290172	31184136	12997658	487622	117612	379554	64908
江　西	29548723	26885580	9953579	206313	333550	17165	17380
山　东	10153561	92411300	16312060	8384768	792040	108302	64835
河　南	66091612	63003572	15347166	2511259	1036433	69674	6220
湖　北	39273552	36196875	15392732	712718	389581	17246	13380
湖　南	36095398	34216264	12200984	602452	758346	35124	50397
广　东	73686867	54641253	18770174	2342611	327952	178092	2630
广　西	25967374	23551659	8511781	345343	200851	115726	21499
海　南	4727670	4105032	1362388	5404	23093	2550	620
重　庆	29370695	27085533	8525398	175812	144474	54274	13536
四　川	50434159	46729252	16607647	291911	304045	30160	5504
贵　州	12891302	12566771	5945114	60716	66728	122488	17497
云　南	24437911	23982175	11983459	316349	79343	42763	1490
西　藏	2308271	2302681	1660361	39836	15238	7924	1230
陕　西	31688196	30335507	15516983	1492855	285985	255444	17340
甘　肃	11774632	11545336	6515754	340613	56542	700	22957
青　海	4436907	4333397	1838630	12944	44641	1356	——
宁　夏	5276947	5168438	1575617	6917	10883	——	1412
新　疆	16591894	16252497	6246911	34139	23979	8470	3806
不分地区	25307736	25307736	21416644	——	——	——	——

各地区按登记注册类型分的城镇投资（二）

单位：万元

地　区	内资						
	国有与集体联营	其他联营	国有独资公司	其他有限责任公司	股份有限公司	私　营	个体户
全国总计	**1095995**	**1293090**	**32399296**	**278114448**	**91186373**	**208367531**	**4953334**
北　京	1331	24231	2556988	14665870	1773744	1790956	——
天　津	2237	400	1440139	4844099	2518943	1650288	11765
河　北	25440	260771	639344	15162951	4559800	12545635	150076
山　西	326401	7139	1603590	6539922	1677775	3050983	72557
内蒙古	50	2590	1938691	11568031	4016568	5558067	85259
辽　宁	4295	54560	2284611	15107308	4686414	14491282	411141
吉　林	——	5410	282439	10823498	3215307	6510751	145123
黑龙江	3340	6025	414646	5010584	4044977	3216421	490140
上　海	221779	8110	1491587	9839796	1297452	4609862	——
江　苏	102555	125660	1226320	20245626	3103698	24131279	147439
浙　江	25748	13917	1645356	16764699	2032533	11644425	58457
安　徽	33952	51673	1680930	9365582	4538781	9631332	108429
福　建	41330	49101	1002366	6425658	973706	7671656	49810
江　西	14607	16907	460880	6269878	2052563	6712530	277805
山　东	85065	47400	881028	29575370	7321268	23928036	222762
河　南	24738	183679	518975	16103816	7086036	16596376	237026
湖　北	102038	136472	608807	8075587	3306646	6248269	127903
湖　南	7465	64422	723245	8352654	3464786	5610634	121221
广　东	7198	82192	2085003	12274659	5402929	11137547	1371808
广　西	5730	17944	859058	4207581	2996646	5430476	183393
海　南	970	3900	119998	1417042	761054	370125	9166
重　庆	7360	44576	3604174	7012482	1390942	5685442	41759
四　川	5038	13462	1121747	15294029	4558119	7665703	140527
贵　州	13347	1520	670626	2727824	870775	1850957	79796
云　南	6200	20617	129145	6012576	1519265	3368036	161267
西　藏	——	——	77	219482	82377	132609	38830
陕　西	5203	34387	569119	6876479	1853219	2582006	34947
甘　肃	4055	6390	99834	2279988	679641	1282064	15546
青　海	11196	5515	16014	1435690	543079	346902	6455
宁　夏	——	990	1241350	913521	148962	1255302	410
新　疆	7327	3130	186112	2702166	5114373	1661580	152517
不分地区	——	——	297097	——	3593995	——	——

各地区按登记注册类型分的城镇投资（三）

单位：万元

地区	内资		港澳台投资			
	个体合伙	其他内资企业		合资经营	合作经营	独资
全国总计	**1440779**	**22079548**	**54570400**	**22053846**	**4912379**	**24993012**
北京	——	76801	2316986	748001	536159	766539
天津	——	100675	585838	430519	23044	127033
河北	66972	1539086	1261215	759195	73127	391299
山西	53118	261397	766023	170765	32837	555084
内蒙古	32737	427716	268273	110716	16695	138862
辽宁	41759	742674	2748882	991235	428266	1194653
吉林	25839	354744	644238	306991	34303	269738
黑龙江	12747	199382	285266	98727	38256	136798
上海	——	62037	1982589	793959	28354	982003
江苏	960	1093789	6766337	2630826	305304	3581628
浙江	8649	509959	4040911	2222393	385725	1386068
安徽	70665	852405	1666778	694355	77191	826750
福建	15334	907821	4144831	1165736	172767	2700157
江西	62756	489667	1559798	279471	176185	1023597
山东	100651	4587715	3069697	1817124	163990	950764
河南	204432	3077742	1697305	658770	326197	613339
湖北	88544	976952	1438683	507664	153528	738560
湖南	137682	2086852	1067307	440370	61111	433849
广东	33395	625063	12261571	4578062	1684886	5448446
广西	98669	556962	1149010	391988	43991	504693
海南	1228	27494	200710	46003	5392	111487
重庆	91133	294171	1249292	746523	24730	462564
四川	200450	490910	1761119	538412	30873	1117768
贵州	17947	121436	144625	33329	7144	58672
云南	9192	332473	285910	233066	11602	25709
西藏	30399	74318	3800	——	——	3800
陕西	14182	797358	881877	420300	70722	368681
甘肃	12160	229092	99390	97090	——	2300
青海	754	70221	18398	10604	——	7794
宁夏	2084	10990	30359	30359	——	——
新疆	6341	101646	173382	101293	——	64377
不分地区	——	——	——	——	——	——

各地区按登记注册类型分的城镇投资（四）

单位：万元

地区	港澳台股份有限	外商投资	合资经营	合作经营	独资	股份有限
全国总计	**2611163**	**67356930**	**25373571**	**2873459**	**36360645**	**2749255**
北京	266287	3740565	1308758	746401	1572980	112426
天津	5242	2762832	952431	173861	1629109	7431
河北	37594	2162214	921022	32726	921049	287417
山西	7337	275954	171433	10763	69156	24602
内蒙古	2000	867831	538072	17610	241611	70538
辽宁	134728	5316540	2913703	67124	2151604	184109
吉林	33206	1342925	639199	175925	467508	60293
黑龙江	11485	467210	246899	30199	139929	50183
上海	178273	4598205	1504319	96374	2904335	93177
江苏	248579	13337252	3430510	324445	9344710	237587
浙江	46725	4542648	2105627	35987	2353201	47833
安徽	68482	1249176	482780	43614	667320	55462
福建	106171	2961205	909964	33686	1926109	91446
江西	80545	1103345	370848	4115	597270	131112
山东	137819	6054621	2381471	65179	3046744	561227
河南	98999	1390735	693806	12242	532769	151918
湖北	38931	1637994	1036487	42549	434363	124595
湖南	131977	811827	422295	9894	289388	90250
广东	550177	6784043	1658006	685648	4355296	85093
广西	208338	1266705	653615	35390	430374	147326
海南	37828	421928	68273	274	346203	7178
重庆	15475	1035870	581839	10145	406701	37185
四川	74066	1943788	788154	143353	940728	71553
贵州	45480	179906	51227	22937	98082	7660
云南	15533	169826	92212	3811	68009	5794
西藏	——	1790	——	——	1790	——
陕西	22174	470812	225628	10991	233256	937
甘肃	——	129906	69655	11210	46241	2800
青海	——	85112	53883	26906	2260	2063
宁夏	——	78150	16027	——	62123	——
新疆	7712	166015	85428	100	80427	60
不分地区	——	——	——	——	——	——

国民经济行业大类按登记注册类型分的城镇投资（一）

单位：万元

行　业	合　计	内　资	国　有	集　体	股份合作
全 国 总 计	**117464468**	**105271735**	**371385070**	**29504212**	**7730968**
（一）农、林、牧、渔业	**14600466**	**14342266**	**7952840**	**763456**	**90602**
农业	3272360	3175645	1728206	206573	17916
林业	2976346	2918204	2297493	139793	3918
畜牧业	3158401	3098354	715755	73016	37906
渔业	684350	661083	78272	79454	18361
农、林、牧、渔服务业	4509009	4488980	3133114	264620	12501
（二）采矿业	**52561415**	**51604354**	**11872203**	**1249421**	**535308**
煤炭开采和洗选业	18045849	17967156	4783474	920328	298268
石油和天然气开采业	22254951	21678207	5516274	8975	——
黑色金属矿采选业	4280314	4237853	726181	65271	33416
有色金属矿采选业	4915315	4736655	578554	191916	147662
非金属矿采选业	2952419	2875716	250274	62931	52332
其他采矿业	112567	108767	17446	——	3630
（三）制造业	**354767247**	**290192730**	**35167026**	**4817198**	**3005732**
农副食品加工业	16380998	14769852	489417	310494	173082
食品制造业	9651661	8118967	293502	173100	98559
饮料制造业	7148488	5541278	297973	42772	53828
烟草制品业	1173743	1171596	1027976	3450	9422
纺织业	15145750	12906220	502301	197345	122176
纺织服装、鞋、帽制造业	7532373	5753269	144587	89668	55027
皮革毛皮羽毛(绒)及其制品业	3479195	2574776	134226	67832	28105
木材加工及木竹藤棕草制品业	6352981	5927577	163546	55147	70437
家具制造业	3869969	3213150	33268	46308	18650
造纸及纸制品业	8164391	5623244	206119	148251	67718
印刷业和记录媒介的复制	3677054	3273311	271694	96325	49073
文教体育用品制造业	1719229	1149676	22654	16848	4852
石油加工、炼焦及核燃料加工业	14153806	13680321	5194590	42673	125930
化学原料及化学制品制造业	35340376	29529409	4601756	314008	492800
医药制造业	8434935	7269801	372800	69369	85073
化学纤维制造业	2792486	1712082	166152	4044	6236
橡胶制品业	4360464	3378456	210520	99637	19187
塑料制品业	8623447	7355914	134703	122078	64872
非金属矿物制品业	28056932	25145198	1175341	452593	280874
黑色金属冶炼及压延加工业	26167104	24215095	8143672	164410	75570
有色金属冶炼及压延加工业	12955875	11527285	2263458	217700	68680
金属制品业	15800549	13420689	338183	361314	86623
通用设备制造业	23314581	20540106	1104071	328091	230390
专用设备制造业	16889796	14604201	1392125	252957	213471

国民经济行业大类按登记注册类型分的城镇投资（一）

续表 1　　单位：万元

行　　业	合　计	内　资	国　有	集　体	股份合作
交通运输设备制造业	27232572	20077329	3654712	198760	190036
电气机械及器材制造业	16084596	12608233	483510	230280	140844
通信设备计算机及其他电子设备制造业	20938464	7417804	1258770	74047	59978
仪器仪表文化办公用机械制造业	2812898	2118792	186735	21158	36984
工艺品及其他制造业	5656555	4807209	814877	590984	68397
废弃资源和废旧材料回收加工业	855979	761890	83788	25555	8858
（四）电力燃气水的生产供应业	**90889097**	**86419244**	**48553397**	**670392**	**634298**
电力、热力的生产和供应业	79065188	75535802	41919703	269147	565265
燃气生产和供应业	3466418	2890944	1271008	33859	36240
水的生产和供应业	8357491	7992498	5362686	367386	32793
（五）建筑业	**9924803**	**9853752**	**3996328**	**1240921**	**59841**
房屋和土木工程建筑业	8382977	8328986	3547414	1124302	53811
建筑安装业	469969	464041	77642	41781	2640
建筑装饰业	247652	239952	7916	2185	180
其他建筑业	824205	820773	363356	72653	3210
（六）交通运输、仓储和邮政业	**129970571**	**126307840**	**95794378**	**1091842**	**407077**
铁路运输业	24927450	24914012	23269291	4919	127477
道路运输业	69265966	68464208	56190447	802751	124808
城市公共交通业	10729537	10653220	5428818	34277	21113
水上运输业	11095406	9656607	4904010	44462	56925
航空运输业	6075575	5786403	3829966	1159	7200
管道运输业	690758	685598	414271	4800	820
装卸搬运和其他运输服务业	933614	861871	114330	23383	33070
仓储业	6110674	5144600	1519656	173608	35664
邮政业	141591	141321	123589	2483	——
（七）信息传输计算机服务和软件业	**18193560**	**11754525**	**8670044**	**36730**	**15782**
电信和其他信息传输服务业	17020094	10800953	8434453	26513	15512
计算机服务业	316629	282031	69214	4362	270
软件业	856837	671541	166377	5855	——
（八）批发和零售业	**24505913**	**23184968**	**2776584**	**1908327**	**361671**
批发业	11410230	10988531	1637147	875278	195082
零售业	13095683	12196437	1139437	1033049	166589
（九）住宿和餐饮业	**13298896**	**11810038**	**1694802**	**369628**	**150947**
住宿业	9250718	7987743	1362648	241372	124813
餐饮业	4048178	3822295	332154	128256	26134
（十）金融业	**1519289**	**1462810**	**578359**	**116821**	**78315**
银行业	1137240	1084351	475926	107181	64845
证券业	122675	122675	71864	——	13100
保险业	103993	101905	13661	80	370

国民经济行业大类按登记注册类型分的城镇投资（一）

续表 2　　　　单位：万元

行　　业	合　　计	内　　资	国　　有	集　　体	股份合作
其他金融活动	155381	153879	16908	9560	——
（十一）房地产业	**286192443**	**250323519**	**22559664**	**8759390**	**1722069**
房地产业	286192443	250323519	22559664	8759390	1722069
（十二）租赁和商务服务业	**8606822**	**8057749**	**2802181**	**492302**	**118034**
租赁业	338452	335279	58951	12095	9238
商务服务业	8268370	7722470	2743230	480207	108796
（十三）科研技术服务和地质勘查业	**5211779**	**5010342**	**3424042**	**93069**	**22106**
研究与试验发展	2138959	2049341	1515488	28536	8361
专业技术服务业	1377519	1324083	837236	43245	2950
科技交流和推广服务业	909668	854413	462002	18029	9125
地质勘查业	785633	782505	609316	3259	1670
（十四）水利环境和公共设施管理业	**92760312**	**91858082**	**71681091**	**3075252**	**150910**
水利管理业	11055749	11021209	9884408	252070	12605
环境管理业	5910107	5754842	4225199	335205	40838
公共设施管理业	75794456	75082031	57571484	2487977	97467
（十五）居民服务和其他服务业	**2357566**	**2297723**	**595363**	**218799**	**30613**
居民服务业	1510024	1485501	398109	165302	26700
其他服务业	847542	812222	197254	53497	3913
（十六）教育	**22208619**	**22070423**	**18257120**	**513196**	**206302**
教育	22208619	22070423	18257120	513196	206302
（十七）卫生社会保障和社会福利业	**8093604**	**7947688**	**6527620**	**340317**	**42379**
卫生	7329196	7193243	6011695	260204	38969
社会保障业	126447	125084	112742	3380	——
社会福利业	637961	629361	403183	76733	3410
（十八）文化、体育和娱乐业	**11298196**	**10590501**	**6556887**	**349765**	**67090**
新闻出版业	363594	363594	265302	9160	——
广播、电视、电影和音像业	1498444	1488444	1269461	28335	300
文化艺术业	3612368	3573855	2777864	101529	21500
体育	2477250	2087428	1648316	10646	3946
娱乐业	3346540	3077180	595944	200095	41344
（十九）公共管理和社会组织	**27684090**	**27628804**	**21925141**	**3397386**	**31892**
中国共产党机关	242522	242522	225342	200	——
国家机构	22366369	22322153	20849790	448198	17270
人民政协和民主党派	112395	112395	105889	——	——
群众团体、社会团体和宗教组织	669828	659308	290527	43678	7160
基层群众自治组织	4292976	4292426	453593	2905310	7462
（二十）国际组织	——	——	——	——	——
国际组织	——	——	——	——	——

国民经济行业大类按登记注册类型分的城镇投资（二）

单位：万元

行业	内资				
	国有联营	集体联营	国有集体联营	其他联营	国有独资公司
全国总计	**2684600**	**482114**	**1095995**	**1293090**	**32399296**
（一）农、林、牧、渔业	**8941**	**12208**	**11089**	**27731**	**24541**
农业	3000	4448	3435	15391	19416
林业	1241	2300	2760	3100	——
畜牧业	600	2300	4410	5600	709
渔业	——	340	——	760	——
农、林、牧、渔服务业	4100	2820	484	2880	4416
（二）采矿业	**279048**	**28445**	**20839**	**72963**	**3846370**
煤炭开采和洗选业	188693	26295	4055	16563	3388966
石油和天然气开采业	56660	——	1003	——	285570
黑色金属矿采选业	23000	——	2650	15670	62361
有色金属矿采选业	7765	850	12281	12110	54788
非金属矿采选业	2930	1300	850	25960	54685
其他采矿业	——	——	——	2660	——
（三）制造业	**491254**	**72042**	**452409**	**454233**	**6947058**
农副食品加工业	19173	1110	4320	19201	54627
食品制造业	48972	3460	——	9530	15480
饮料制造业	3130	——	400	3005	17701
烟草制品业	——	——	——	——	12428
纺织业	——	——	1227	67620	48746
纺织服装、鞋、帽制造业	614	1519	——	7201	16970
皮革毛皮羽毛(绒)及其制品业	——	——	1070	4480	11870
木材加工及木竹藤棕草制品业	600	2650	4025	12801	2385
家具制造业	——	——	——	8436	——
造纸及纸制品业	——	550	——	900	21701
印刷业和记录媒介的复制	170	1200	——	970	1285
文教体育用品制造业	——	410	——	——	——
石油加工、炼焦及核燃料加工业	118022	——	——	——	180992
化学原料及化学制品制造业	79474	8166	2100	49185	971738
医药制造业	110	6200	——	8655	82590
化学纤维制造业	——	2800	——	340	77053
橡胶制品业	1006	——	——	400	8917
塑料制品业	——	2150	907	5148	2588
非金属矿物制品业	6969	9300	29238	27790	185829
黑色金属冶炼及压延加工业	103588	750	386751	3600	2988744
有色金属冶炼及压延加工业	39277	450	400	125130	306393
金属制品业	——	10881	3251	5377	42066
通用设备制造业	4700	8980	3000	8000	330374
专用设备制造业	14537	862	4800	7812	435689

国民经济行业大类按登记注册类型分的城镇投资（二）

续表 1　　　　单位：万元

行　　业	内资				
	国有联营	集体联营	国有与集体联营	其他联营	国有独资公司
交通运输设备制造业	——	2531	——	29859	757363
电气机械及器材制造业	5887	1280	485	34051	79861
通信设备计算机及其他电子设备制造业	7419	1000	——	2100	98653
仪器仪表文化办公用机械制造业	1753	——	115	——	86749
工艺品及其他制造业	35853	5793	10320	10992	108266
废弃资源和废旧材料回收加工业	——	——	——	1650	——
（四）电力燃气水的生产供应业	**783720**	**25600**	**21903**	**47099**	**4028726**
电力、热力的生产和供应业	740442	10550	16049	34207	3451525
燃气生产和供应业	283	1400	3069	1400	54240
水的生产和供应业	42995	13650	2785	11492	522961
（五）建筑业	——	**3785**	**68476**	**7213**	**334951**
房屋和土木工程建筑业	——	1385	67521	6713	281382
建筑安装业	——	2300	——	500	701
建筑装饰业	——	100	——	——	170
其他建筑业	——	——	955	——	52698
（六）交通运输、仓储和邮政业	**303534**	**52209**	**81813**	**30372**	**6706353**
铁路运输业	235696	——	——	——	127032
道路运输业	30957	6039	79833	12607	3357810
城市公共交通业	1026	420	180	600	1877593
水上运输业	30380	44500	——	6600	942260
航空运输业	——	——	——	——	68935
管道运输业	——	——	——	——	55729
装卸搬运和其他运输服务业	3780	——	——	——	4088
仓储业	1695	1250	1800	10565	272906
邮政业	——	——	——	——	——
（七）信息传输计算机服务和软件业	**13920**	——	——	**37381**	**377605**
电信和其他信息传输服务业	13920	——	——	17898	373826
计算机服务业	——	——	——	——	211
软件业	——	——	——	19483	3568
（八）批发和零售业	**16943**	**61210**	**23090**	**86896**	**78080**
批发业	11088	50780	7740	55673	44751
零售业	5855	10430	15350	31223	33329
（九）住宿和餐饮业	**10899**	**22032**	**7507**	**38900**	**27975**
住宿业	10899	21672	7507	21870	7498
餐饮业	——	360	——	17030	20477
（十）金融业	**2080**	**90**	——	——	**14191**
银行业	——	90	——	——	11188
证券业	——	——	——	——	——
保险业	——	——	——	——	703

国民经济行业大类按登记注册类型分的城镇投资（二）

续表 2　　单位：万元

行　　业	内		资		
	国有联营	集体联营	国有与集体联营	其他联营	国有独资公司
其他金融活动	2080	——	——	——	2300
（十一）房地产业	**349198**	**127186**	**307645**	**199500**	**3146816**
房地产业	349198	127186	307645	199500	3146816
（十二）租赁和商务服务业	**40800**	**4074**	——	**65580**	**614602**
租赁业	——	544	——	——	1406
商务服务业	40800	3530	——	65580	613196
（十三）科研技术服务和地质勘查业	**22597**	**4000**	——	**8080**	**68997**
研究与试验发展	600	4000	——	6300	29739
专业技术服务业	1692	——	——	1780	13790
科技交流和推广服务业	14255	——	——	——	25468
地质勘查业	6050	——	——	——	——
（十四）水利环境和公共设施管理业	**191225**	**22093**	**72810**	**35429**	**5698425**
水利管理业	——	——	42962	74	244947
环境管理业	6589	12927	——	1888	218104
公共设施管理业	184636	9166	29848	33467	5235374
（十五）居民服务和其他服务业	**2510**	**450**	**1980**	**3130**	**27093**
居民服务业	2510	450	——	3130	25641
其他服务业	——	——	1980	——	1452
（十六）教育	**18368**	**11515**	**23900**	**84101**	**125520**
教育	18368	11515	23900	84101	125520
（十七）卫生社会保障和社会福利业	**13629**	**3331**	**270**	**15060**	**23946**
卫生	350	431	120	13060	23623
社会保障业	——	——	——	——	——
社会福利业	13279	2900	150	2000	323
（十八）文化、体育和娱乐业	**112072**	**1678**	**730**	**69900**	**221662**
新闻出版业	——	——	——	——	——
广播、电视、电影和音像业	——	1678	——	——	4065
文化艺术业	108074	——	730	65700	82367
体育	——	——	——	300	130250
娱乐业	3998	——	——	3900	4980
（十九）公共管理和社会组织	**23862**	**30166**	**1534**	**9522**	**86385**
中国共产党机关	——	——	——	——	——
国家机构	22029	5535	1116	6222	80499
人民政协和民主党派	——	——	——	——	——
群众团体、社会团体和宗教组织	1833	2943	——	——	1900
基层群众自治组织	——	21688	418	3300	3986
（二十）国际组织	——	——	——	——	——
国际组织	——	——	——	——	——

国民经济行业大类按登记注册类型分的城镇投资（三）

单位：万元

行业	内资					
	其他有限责任公司	股份有限公司	私营	个体户	个人合伙	其他内资企业
全国总计	**278114448**	**91186373**	**208367531**	**4953334**	**1440779**	**22079548**
（一）农、林、牧、渔业	**1548434**	**642840**	**2344110**	**266859**	**78429**	**570186**
农业	320237	156416	484497	49179	22142	144789
林业	149421	61234	182528	7092	3878	63446
畜牧业	619588	261921	1096831	64319	29613	185786
渔业	146977	74065	197861	10483	12540	41970
农、林、牧、渔服务业	312211	89204	382393	135786	10256	134195
（二）采矿业	**8961981**	**16926576**	**6989650**	**126609**	**93406**	**601535**
煤炭开采和洗选业	3410187	1851586	2813431	6636	20270	238404
石油和天然气开采业	1823280	13901531	72504	260	——	12150
黑色金属矿采选业	1353764	249791	1543927	19400	19135	123287
有色金属矿采选业	1566244	658876	1365001	6925	10039	123644
非金属矿采选业	794316	224792	1167054	93388	43782	101122
其他采矿业	14190	40000	27733	——	180	2928
（三）制造业	**100668954**	**39021563**	**89665618**	**1246386**	**361410**	**7821847**
农副食品加工业	5136749	1883849	6097864	107502	30228	442236
食品制造业	2835330	1091994	3172912	65192	7527	303409
饮料制造业	2109798	1006415	1766443	14536	9908	215369
烟草制品业	96943	15231	6146	——	——	——
纺织业	4877853	1495013	5196441	52774	19876	324848
纺织服装、鞋、帽制造业	1627856	644438	2863742	53474	18159	230014
皮革毛皮羽毛(绒)及其制品业	806136	243485	1163765	14932	800	98075
木材加工及木竹藤棕草制品业	1672289	593979	2957789	211754	30178	149997
家具制造业	931688	196129	1791002	45058	7214	135397
造纸及纸制品业	1892547	1249218	1899845	12595	6331	117469
印刷业和记录媒介的复制	1223362	243717	1282462	15718	1775	85560
文教体育用品制造业	387889	57646	603870	5989	3177	46341
石油加工、炼焦及核燃料加工业	3203730	3657579	1033866	3380	4700	114859
化学原料及化学制品制造业	11079311	4458485	6418108	24967	43292	986019
医药制造业	3324619	1354372	1724324	14324	1400	225965
化学纤维制造业	379811	335356	736715	——	——	3575
橡胶制品业	1422234	489818	1001535	4329	2630	118243
塑料制品业	2492790	767535	3423214	58993	17080	263856
非金属矿物制品业	9059364	3538200	9444710	155962	68685	710343
黑色金属冶炼及压延加工业	5845862	3684134	2674329	9145	6820	127720
有色金属冶炼及压延加工业	4138164	2078317	2056961	6965	6810	218580
金属制品业	4858745	1228725	5983235	67089	12962	422238
通用设备制造业	7327003	2041320	8380289	65703	13287	694898
专用设备制造业	5884809	1226199	4644826	34437	2905	488772

国民经济行业大类按登记注册类型分的城镇投资（三）

续表 1　　　　单位：万元

行　　业	内			资		
	其他有限责任公司	股份有限公司	私　营	个体户	个人合伙	其他内资企业
交通运输设备制造业	7445138	2464513	484164	45070	16955	430747
电气机械及器材制造业	5570886	1260157	431031	56997	15540	418139
通信设备计算机及其他电子设备制造	2914781	1142093	165567	10097	330	192859
仪器仪表文化办公用机械制造业	918738	210669	590389	2836	750	61916
工艺品及其他制造业	940697	288086	168563	83854	11396	152064
废弃资源和废旧材料回收加工业	263832	74891	257568	2714	695	42339
（四）电力燃气水的生产供应业	**20718359**	**7723207**	**236168**	**24495**	**68980**	**757380**
电力、热力的生产和供应业	18875506	7315535	168076	15120	64160	577828
燃气生产和供应业	851281	226256	367358	710	3709	40131
水的生产和供应业	991572	181416	313565	8665	1111	139421
（五）建筑业	**2037787**	**344076**	**114912**	**24997**	**20774**	**565483**
房屋和土木工程建筑业	1597015	248218	860431	22986	17061	500747
建筑安装业	168782	61149	88077	——	——	20469
建筑装饰业	130242	8389	85224	610	235	4701
其他建筑业	141748	26320	115388	1401	3478	39566
（六）交通运输、仓储和邮政业	**13360323**	**4511060**	**298607**	**51304**	**36979**	**894525**
铁路运输业	666263	432401	31416	490	——	19027
道路运输业	5230349	1188393	996530	22913	15236	405535
城市公共交通业	2697741	412724	104321	10384		64023
水上运输业	2513409	477820	580184	10933	1980	43144
航空运输业	426145	1258912	26977	——	——	167109
管道运输业	114921	75241	2900	——	——	16916
装卸搬运和其他运输服务业	245285	270736	149421	560	760	16458
仓储业	1460160	392333	109210	6024	16750	160081
邮政业	6050	2500	2214	——	2253	2232
（七）信息传输计算机服务和软件业	**1128039**	**1223610**	**158084**	**31489**	**9700**	**52141**
电信和其他信息传输服务业	712702	1140937	37553	2672	530	24437
计算机服务业	82111	15180	63555	28717	9170	9241
软件业	333226	67493	56976	100	——	18463
（八）批发和零售业	**7647100**	**2593798**	**617578**	**253487**	**79273**	**1122723**
批发业	3745601	1195816	257150	71806	32577	493691
零售业	3901499	1397982	360428	181681	46696	629032
（九）住宿和餐饮业	**3633946**	**972634**	**381281**	**493676**	**77256**	**497023**
住宿业	2741396	802630	218838	155206	28434	273413
餐饮业	892550	170004	162442	338470	48822	223610
（十）金融业	**117453**	**488653**	**29369**	**915**	**856**	**35708**
银行业	16626	388527	3600	——	——	16368
证券业	15482	15411	450	615	——	5753
保险业	11677	70739	4000	——	——	675

国民经济行业大类按登记注册类型分的城镇投资（三）

续表 2　　　　单位：万元

行　　业	内资					
	其他有限责任公司	股份有限公司	私　营	个体户	个人合伙	其他内资企业
其他金融活动	73668	13976	21319	300	856	12912
（十一）房地产业	**105755684**	**13728365**	**86733814**	**2101520**	**485712**	**4346956**
房地产业	105755684	13728365	86733814	2101520	485712	4346956
（十二）租赁和商务服务业	**2141707**	**560811**	**764550**	**23623**	**7917**	**421568**
租赁业	127645	4265	92844	3021	50	25220
商务服务业	2014062	556546	671706	20602	7867	396348
（十三）科研技术服务和地质勘查业	**694544**	**230210**	**304338**	**8611**	**550**	**129198**
研究与试验发展	281572	93658	51984	94	——	29009
专业技术服务业	211807	73447	82459	2210	550	52917
科技交流和推广服务业	156952	22297	103627	2300	——	40358
地质勘查业	44213	40808	66268	4007	——	6914
（十四）水利环境和公共设施管理业	**6161249**	**1260319**	**1670653**	**22073**	**34648**	**1781905**
水利管理业	370180	83207	48801	1060	1874	79021
环境管理业	533529	111583	187246	2894	850	77990
公共设施管理业	5257540	1065529	1434606	18119	31924	1624894
（十五）居民服务和其他服务业	**430445**	**115000**	**584735**	**97714**	**19507**	**170384**
居民服务业	277674	57153	338167	65599	17850	107216
其他服务业	152771	57847	246568	32115	1657	63168
（十六）教育	**730848**	**197018**	**1240315**	**14786**	**5010**	**642424**
教育	730848	197018	1240315	14786	5010	642424
（十七）卫生社会保障和社会福利业	**253775**	**123379**	**425898**	**15159**	**5800**	**157125**
卫生	218963	112898	366203	11661	4180	130886
社会保障业	201	198	7565	——	——	998
社会福利业	34611	10283	52130	3498	1620	25241
（十八）文化、体育和娱乐业	**1728032**	**413310**	**694818**	**99621**	**34804**	**240132**
新闻出版业	79026	5971	50	——	180	3905
广播、电视、电影和音像业	94367	56034	25753	——	——	8451
文化艺术业	230138	44123	78247	3584	6930	53069
体育	247271	15504	25423	——	240	5532
娱乐业	1077230	291678	565345	96037	27454	169175
（十九）公共管理和社会组织	**395788**	**109944**	**276101**	**50010**	**19768**	**1271305**
中国共产党机关	4400	8000	——	——	——	4580
国家机构	233835	59144	157051	39450	15408	386606
人民政协和民主党派	1840	——	80	——	——	4586
群众团体、社会团体和宗教组织	42837	7950	33706	600	1960	224214
基层群众自治组织	112876	34850	85264	9960	2400	651319
（二十）国际组织	——	——	——	——	——	——
国际组织	——	——	——	——	——	——

国民经济行业大类按登记注册类型分的城镇投资（四）

单位：万元

行　　业	港澳台投　资	合资经营	合作经营	独　资	股份有限
全　国　总　计	**54570400**	**22053846**	**4912379**	**24993012**	**2611163**
（一）农、林、牧、渔业	114109	37532	3006	64496	9075
农业	50247	15535	3006	31306	400
林业	24597	300	——	17047	7250
畜牧业	12764	1208	——	10331	1225
渔业	22837	19025	——	3812	——
农、林、牧、渔服务业	3664	1464	——	2000	200
（二）采矿业	**536143**	**48374**	**43848**	**414144**	**29777**
煤炭开采和洗选业	18316	13361	——	4955	——
石油和天然气开采业	426331	11691	22840	391800	——
黑色金属矿采选业	20551	——	——	11499	9052
有色金属矿采选业	30209	7320	11739	1550	9600
非金属矿采选业	37086	16002	9269	4340	7475
其他采矿业	3650	——	——	——	3650
（三）制造业	**23493636**	**7638550**	**1203673**	**13166309**	**1485104**
农副食品加工业	579839	250511	55343	203748	70237
食品制造业	359619	159652	13781	146864	39322
饮料制造业	426441	241073	——	158217	27151
烟草制品业	2147	1667	——	480	——
纺织业	1143848	340714	25400	742220	35514
纺织服装、鞋、帽制造业	994884	173727	36232	738892	46033
皮革毛皮羽毛(绒)及其制品业	530940	100260	1680	386458	42542
木材加工及木竹藤棕草制品业	210823	105648	12780	91394	1001
家具制造业	340650	103786	5381	226644	4839
造纸及纸制品业	1136775	235002	5113	569201	327459
印刷业和记录媒介的复制	252176	97300	10982	126051	17843
文教体育用品制造业	310070	138508	2742	158734	10086
石油加工、炼焦及核燃料加工业	240752	116009	42503	37930	44310
化学原料及化学制品制造业	1708382	836075	122282	693225	56800
医药制造业	497477	240836	33668	176399	46574
化学纤维制造业	510419	143426	——	363894	3099
橡胶制品业	208318	77106	7100	116638	7474
塑料制品业	553632	125349	31480	372980	23823
非金属矿物制品业	1365742	385466	156460	725339	98477
黑色金属冶炼及压延加工业	803807	617064	61274	124304	1165
有色金属冶炼及压延加工业	625416	181073	96839	336309	11195
金属制品业	787220	256520	41370	463539	25791
通用设备制造业	805512	291353	53188	289970	171001
专用设备制造业	691670	244177	21733	397996	27764

国民经济行业大类按登记注册类型分的城镇投资（四）

续表 1　　　　单位：万元

行　　业	港澳台投　资	合资经营	合作经营	独　资	股份有限
交通运输设备制造业	1150627	542644	167837	374109	66037
电气机械及器材制造业	1133106	333541	96640	645131	57794
通信设备计算机及其他电子设备制造业	5576727	1172220	92608	4167148	144751
仪器仪表文化办公用机械制造业	195147	33809	1801	131564	27973
工艺品及其他制造业	307699	83266	7456	169428	47549
废弃资源和废旧材料回收加工业	43771	10768	——	31503	1500
（四）电力燃气水的生产供应业	**2453679**	**1221289**	**271715**	**792319**	**168356**
电力、热力的生产和供应业	2120487	1034001	244470	688976	153040
燃气生产和供应业	177801	123008	18800	30469	5524
水的生产和供应业	155391	64280	8445	72874	9792
（五）建筑业	**35077**	**15208**	**1758**	**17433**	**678**
房屋和土木工程建筑业	26725	10012	1258	14955	500
建筑安装业	4555	4377	——	——	178
建筑装饰业	2226	676	——	1550	——
其他建筑业	1571	143	500	928	——
（六）交通运输、仓储和邮政业	**2087364**	**1084520**	**541829**	**388349**	**72666**
铁路运输业	——	——	——	——	——
道路运输业	647107	128641	401971	113497	2998
城市公共交通业	45296	5818	130	32453	6895
水上运输业	843449	657495	117098	62218	6638
航空运输业	17912	16757	——	——	1155
管道运输业	700	——	——	700	——
装卸搬运和其他运输服务业	32250	15022	3130	14098	——
仓储业	500380	260517	19500	165383	54980
邮政业	270	270	——	——	——
（七）信息传输计算机服务和软件业	**2816389**	**1914779**	**19242**	**731560**	**150808**
电信和其他信息传输服务业	2740266	1884952	1120	703436	150758
计算机服务业	10716	233	——	10433	50
软件业	65407	29594	18122	17691	——
（八）批发和零售业	**567110**	**225186**	**20303**	**301645**	**19976**
批发业	187639	111848	452	73415	1924
零售业	379471	113338	19851	228230	18052
（九）住宿和餐饮业	**685925**	**274114**	**68995**	**308871**	**33945**
住宿业	586513	234128	51313	270999	30073
餐饮业	99412	39986	17682	37872	3872
（十）金融业	**44646**	**1652**	**33083**	**4104**	**5807**
银行业	42134	——	33083	3524	5527
证券业	——	——	——	——	——
保险业	1010	150	——	580	280

国民经济行业大类按登记注册类型分的城镇投资（四）

续表 2　　　　单位：万元

行　业	港澳台投　资	合资经营	合作经营	独　资	股份有限
其他金融活动	1502	1502	——	——	——
（十一）房地产业	**20291300**	**8836204**	**2542950**	**8380873**	**531273**
房地产业	20291300	8836204	2542950	8380873	531273
（十二）租赁和商务服务业	**198842**	**102746**	**11612**	**40532**	**43952**
租赁业	2155	655	——	1500	——
商务服务业	196687	102091	11612	39032	43952
（十三）科研技术服务和地质勘查业	**90794**	**47664**	**5500**	**37630**	——
研究与试验发展	42224	33034	5500	3690	——
专业技术服务业	34149	6878	——	27271	——
科技交流和推广服务业	13541	6872	——	6669	——
地质勘查业	880	880	——	——	——
（十四）水利环境和公共设施管理业	**520880**	**264812**	**51840**	**175694**	**28534**
水利管理业	2760	——	——	100	2660
环境管理业	74666	24853	9397	39966	450
公共设施管理业	443454	239959	42443	135628	25424
（十五）居民服务和其他服务业	**38494**	**17476**	——	**20868**	**150**
居民服务业	16162	2570	——	13442	150
其他服务业	22332	14906	——	7426	——
（十六）教育	**60319**	**15028**	**24147**	**21144**	——
教育	60319	15028	24147	21144	——
（十七）卫生社会保障和社会福利业	**76487**	**12340**	**57329**	**6818**	——
卫生	75887	12340	57329	6218	——
社会保障业	——	——	——	——	——
社会福利业	600	——	——	600	——
（十八）文化、体育和娱乐业	**420414**	**279362**	**11549**	**99945**	**29558**
新闻出版业	——	——	——	——	——
广播、电视、电影和音像业	——	——	——	——	——
文化艺术业	26913	8197	3500	14716	500
体育	219528	203276	——	9552	6700
娱乐业	173973	67889	8049	75677	22358
（十九）公共管理和社会组织	**38792**	**17010**	——	**20278**	**1504**
中国共产党机关	——	——	——	——	——
国家机构	38432	16850	——	20078	1504
人民政协和民主党派	——	——	——	——	——
群众团体、社会团体和宗教组织	360	160	——	200	——
基层群众自治组织	——	——	——	——	——
（二十）国际组织	——	——	——	——	——
国际组织	——	——	——	——	——

国民经济行业大类按登记注册类型分的城镇投资（五）

单位：万元

行业	外商投资	合资经营	合作经营	独资	股份有限
全国总计	**67356930**	**25373571**	**2873459**	**36360645**	**2749255**
（一）农、林、牧、渔业	**144091**	**35747**	**16008**	**65145**	**27191**
农业	46468	6355	12885	23128	4100
林业	33545	9974	1858	14873	6840
畜牧业	47283	18323	950	14940	13070
渔业	430	——	——	430	——
农、林、牧、渔服务业	16365	1095	315	11774	3181
（二）采矿业	**420918**	**90910**	**220418**	**64433**	**45157**
煤炭开采和洗选业	60377	4320	——	22400	33657
石油和天然气开采业	150413	3000	146352	1061	——
黑色金属矿采选业	21910	15601	——	5109	1200
有色金属矿采选业	148451	41835	73216	26100	7300
非金属矿采选业	39617	26004	850	9763	3000
其他采矿业	150	150	——	——	——
（三）制造业	**41080881**	**15918001**	**588766**	**23372222**	**1201892**
农副食品加工业	1031307	427332	16817	552647	34511
食品制造业	1173075	321068	61443	726681	63883
饮料制造业	1180769	461336	191	624536	94706
烟草制品业	——	——	——	——	——
纺织业	1095682	290451	15290	714525	75416
纺织服装、鞋、帽制造业	784220	267220	5601	496944	14455
皮革毛皮羽毛(绒)及其制品业	373479	90694	1560	278769	2456
木材加工及木竹藤棕草制品业	214581	90210	2608	117113	4650
家具制造业	316169	129839	——	172168	14162
造纸及纸制品业	1404372	413980	4200	871931	114261
印刷业和记录媒介的复制	151567	50551	18477	79099	3440
文教体育用品制造业	259483	59151	3031	194081	3220
石油加工、炼焦及核燃料加工业	232733	94957	1200	127494	9082
化学原料及化学制品制造业	4102585	1869712	58400	2124803	49670
医药制造业	667657	272679	36058	311770	47150
化学纤维制造业	569985	402466	14106	153413	——
橡胶制品业	773690	207407	5316	560634	333
塑料制品业	713901	179779	10782	479767	43573
非金属矿物制品业	1545992	650515	64856	775095	55526
黑色金属冶炼及压延加工业	1148202	747163	——	398139	2900
有色金属冶炼及压延加工业	803174	570160	5251	205999	21764
金属制品业	1592640	640513	9977	903342	38808
通用设备制造业	1968963	731340	15877	1179316	42430
专用设备制造业	1593925	443633	15127	1113824	21341

国民经济行业大类按登记注册类型分的城镇投资（五）

续表 1　　单位：万元

行　　业	外商投资	合资经营	合作经营	独　资	股份有限
交通运输设备制造业	6004616	3945430	26945	1797457	234784
电气机械及器材制造业	2343257	870265	142923	1189513	140556
通信设备计算机及其他电子设备制造业	7943933	1354654	27059	6501645	60575
仪器仪表文化办公用机械制造业	498959	134305	9903	352561	2190
工艺品及其他制造业	541647	176760	15018	343819	6050
废弃资源和废旧材料回收加工业	50318	24431	750	25137	——
（四）电力燃气水的生产供应业	**2016174**	**1085076**	**75702**	**331820**	**523576**
电力、热力的生产和供应业	1408899	741843	52465	100963	513628
燃气生产和供应业	397673	221959	18177	147672	9865
水的生产和供应业	209602	121274	5060	83185	83
（五）建筑业	**35974**	**12970**	**4472**	**6127**	**12405**
房屋和土木工程建筑业	27266	12970	2611	1240	10445
建筑安装业	1373	——	——	1373	——
建筑装饰业	5474	——	——	3514	1960
其他建筑业	1861	——	1861	——	——
（六）交通运输、仓储和邮政业	**1575367**	**873976**	**244017**	**310864**	**146510**
铁路运输业	13438	6150	——	——	7288
道路运输业	154651	45238	1	34001	75411
城市公共交通业	31021	15341	341	——	15339
水上运输业	595350	483317	——	68799	43234
航空运输业	271260	27925	225286	17361	688
管道运输业	4460	——	——	4460	——
装卸搬运和其他运输服务业	39493	23815	——	15678	——
仓储业	465694	272190	18389	170565	4550
邮政业	——	——	——	——	——
（七）信息传输计算机服务和软件业	**3622646**	**283787**	**——**	**3124350**	**214509**
电信和其他信息传输服务业	3478875	219842	——	3048501	210532
计算机服务业	23882	428	——	23454	——
软件业	119889	63517	——	52395	3977
（八）批发和零售业	**753835**	**204840**	**60189**	**449011**	**39795**
批发业	234060	31404	272	177559	24825
零售业	519775	173436	59917	271452	14970
（九）住宿和餐饮业	**802933**	**232876**	**38253**	**445057**	**86747**
住宿业	676462	195632	35776	365168	79886
餐饮业	126471	37244	2477	79889	6861
（十）金融业	**11833**	**644**	**——**	**8662**	**2527**
银行业	10755	561	——	8157	2037
证券业	——	——	——	——	——
保险业	1078	83	——	505	490

国民经济行业大类按登记注册类型分的城镇投资（五）

续表 2　　　　单位：万元

行　　业	外商投资	合资经营	合作经营	独　资	股份有限
其他金融活动	——	——	——	——	——
（十一）房地产业	**15577624**	**6151417**	**1411592**	**7642266**	**372349**
房地产业	15577624	6151417	1411592	7642266	372349
（十二）租赁和商务服务业	**350231**	**140681**	**533**	**200317**	**8700**
租赁业	1018	1018	——	——	——
商务服务业	349213	139663	533	200317	8700
（十三）科研技术服务和地质勘查业	**110643**	**37986**	——	**53616**	**19041**
研究与试验发展	47394	2396	——	33042	11956
专业技术服务业	19287	7766	——	5936	5585
科技交流和推广服务业	41714	27824	——	12390	1500
地质勘查业	2248	——	——	2248	——
（十四）水利环境和公共设施管理业	**381350**	**189296**	**23591**	**144740**	**23723**
水利管理业	31780	29460	——	320	2000
环境管理业	80599	26625	——	53974	——
公共设施管理业	268971	133211	23591	90446	21723
（十五）居民服务和其他服务业	**21349**	**9793**	**8560**	**2996**	——
居民服务业	8361	5665	——	2696	——
其他服务业	12988	4128	8560	300	——
（十六）教育	**77877**	**31708**	**5728**	**30247**	**10194**
教育	77877	31708	5728	30247	10194
（十七）卫生社会保障和社会福利业	**69429**	**16492**	**43548**	**8026**	**1363**
卫生	60066	8492	43548	8026	——
社会保障业	1363	——	——	——	1363
社会福利业	8000	8000	——	——	——
（十八）文化、体育和娱乐业	**287281**	**57371**	**131242**	**88682**	**9986**
新闻出版业	——	——	——	——	——
广播、电视、电影和音像业	10000	10000	——	——	——
文化艺术业	11600	——	——	11600	——
体育	170294	22946	127176	19992	180
娱乐业	95387	24425	4066	57090	9806
（十九）公共管理和社会组织	**16494**	——	**840**	**12064**	**3590**
中国共产党机关	——	——	——	——	——
国家机构	5784	——	260	1934	3590
人民政协和民主党派	——	——	——	——	——
群众团体、社会团体和宗教组织	10160	——	580	9580	——
基层群众自治组织	550	——	——	550	——
（二十）国际组织	——	——	——	——	——
国际组织	——	——	——	——	——

各地区国有控股、内资、外商及港澳台城镇投资

单位：万元

地区	投资中：国有及国有控股投资	投资中：内资投资	外商投资	港澳台商投资
全国总计	**522293892**	**1052717358**	**67356930**	**54570400**
北京	20558608	29915345	3740565	2316986
天津	13858829	18573021	2762832	585838
河北	20583786	53479703	2162214	1261215
山西	14422437	24960182	275954	766023
内蒙古	21790926	41413920	867831	268273
辽宁	24800590	57695052	5316540	2748882
吉林	12989529	31414728	1342925	644238
黑龙江	15675887	25164445	467210	285266
上海	25788843	33870190	4598205	1982589
江苏	24177279	71510141	13337252	6766337
浙江	25753893	51385759	4542648	4040911
安徽	20548389	41529878	1249176	1666778
福建	17142921	31184136	2961205	4144831
江西	11389103	26885580	1103345	1559798
山东	23976559	92411300	6054621	3069697
河南	20308258	63003572	1390735	1697305
湖北	20477557	36196875	1637994	1438683
湖南	15639414	34216264	811827	1067307
广东	28081974	54641253	6784043	12261571
广西	11290952	23551659	1266705	1149010
海南	1891925	4105032	421928	200710
重庆	14211428	27085533	1035870	1249292
四川	21343284	46729252	1943788	1761119
贵州	8019916	12566771	179906	144625
云南	15444066	23982175	169826	285910
西藏	1759506	2302681	1790	3800
陕西	18913105	30335507	470812	881877
甘肃	7505009	11545336	129906	99390
青海	2863486	4333397	85112	18398
宁夏	3238515	5168438	78150	30359
新疆	12540182	16252497	166015	173382
不分地区	25307736	25307736	——	——

国民经济行业小类国有控股、内资、外商及港澳台城镇投资

单位：万元

行业	投资中：国有及国有控股投资	投资中：内资投资	外商投资	港澳台商投资
全国总计	**522293892**	**1052717358**	**67356930**	**54570400**
(一) 农、林、牧、渔业	**8254675**	**14342266**	**144091**	**114109**
农业	1820931	3175645	46468	50247
谷物及其他作物的种植	1100610	1399319	2950	1450
谷物的种植	627007	731273	——	——
薯类的种植	17785	68375	2950	——
油料的种植	7638	13486	——	——
豆类的种植	11205	14515	——	——
棉花的种植	75798	83873	——	——
麻类的种植	11059	11410	——	——
糖料的种植	14576	22706	——	——
烟草的种植	87368	98916	——	——
其他作物的种植	248174	354765	——	1450
蔬菜、园艺作物的种植	414068	1052616	28293	30491
蔬菜的种植	312802	677886	10380	13133
花卉的种植	81636	241972	12913	5851
其他园艺作物的种植	19630	132758	5000	11507
水果、坚果、饮料和香料作物的种植	269542	528370	15225	18306
水果、坚果的种植	230502	450813	15225	17706
茶及其他饮料作物的种植	32355	69762	——	600
香料作物的种植	6685	7795	——	——
中药材的种植	36711	195340	——	——
林业	2320781	2918204	33545	24597
林木的培育和种植	2073150	2652120	33545	13297
育种和育苗	135393	324425	11505	1734
造林	1743003	2001551	20600	11563
林木的抚育和管理	194754	326144	1440	——
木材和竹材的采运	131230	135312	——	11300
木材的采运	130494	133935	——	11300
竹材的采运	736	1377	——	——
林产品的采集	116401	130772	——	——
畜牧业	783089	3098354	47283	12764
牲畜的饲养	494182	1364054	14610	——
猪的饲养	120583	655011	12091	7456
家禽的饲养	75785	719497	4512	4600
狩猎和捕捉动物	——	1650	4000	——
其他畜牧业	92539	358142	12070	708
渔业	121460	661083	430	22837
海洋渔业	61778	396595	430	15800
海水养殖	53202	303865	430	800

国民经济行业小类国有控股、内资、外商及港澳台城镇投资

续表1 单位：万元

行业	投资中：国有及国有控股投资	投资中：内资投资	外商投资	港澳台商投资
海洋捕捞	8576	92730	——	15000
内陆渔业	59682	264488	——	7037
内陆养殖	59682	263095	——	7037
内陆捕捞	——	1393	——	——
农、林、牧、渔服务业	3208414	4488980	16365	3664
农业服务业	2925328	4101843	15955	3664
灌溉服务	1175476	1299348	——	——
农产品初加工服务	112760	600553	13911	3484
其他农业服务	1637092	2201942	2044	180
林业服务业	62176	65631	95	——
畜牧服务业	149722	223521	315	——
兽医服务	31485	38096	——	——
其他畜牧服务	118237	185425	315	——
渔业服务业	71188	97985	——	——
（二）采矿业	**34568970**	**51604354**	**420918**	**536143**
煤炭开采和洗选业	10441469	17967156	60377	18316
烟煤和无烟煤的开采洗选	9875438	16832259	19577	18316
褐煤的开采洗选	491499	976271	40800	——
其他煤炭采选	74532	158626	——	——
石油和天然气开采业	21328943	21678207	150413	426331
天然原油和天然气开采	20145220	20439245	147262	420331
与石油和天然气开采有关的服务活	1183723	1238962	3151	6000
黑色金属矿采选业	1150196	4237853	21910	20551
铁矿采选	1119690	3968046	20710	16051
其他黑色金属矿采选	30506	269807	1200	4500
有色金属矿采选业	1081118	4736655	148451	30209
常用有色金属矿采选	602842	2838575	46123	16092
铜矿采选	257344	856274	9600	——
铅锌矿采选	167259	1145317	15155	6800
镍钴矿采选	30412	116300	8514	3292
锡矿采选	86490	177307	——	——
锑矿采选	6785	38703	——	——
铝矿采选	28934	131914	——	——
镁矿采选	7813	43133	——	1000
其他常用有色金属矿采选	17805	329627	12854	5000
贵金属矿采选	276548	1064018	82421	9420
金矿采选	258695	967949	74921	9420
银矿采选	17622	77466	7500	——
其他贵金属矿采选	231	18603	——	——
稀有稀土金属矿采选	201728	834062	19907	4697

国民经济行业小类国有控股、内资、外商及港澳台城镇投资

续表 2　　　　单位：万元

行业	投资中：国有及国有控股投资	投资中：内资投资	外商投资	港澳台商投资
钨钼矿采选	146774	679861	3960	4447
稀土金属矿采	——	20418	12000	——
放射性金属矿	24837	24837	——	——
其他稀有金属	30117	108946	3947	250
非金属矿采选业	544384	2875716	39617	37086
土砂石开采	154384	1824336	22337	29096
石灰石、石膏开	50334	462885	4094	19427
建筑装饰用石	20467	537211	1563	8167
耐火土石开采	11320	215856	10400	——
粘土及其他土	72263	608384	6280	1502
化学矿采选	269071	438343	——	200
采盐	97935	209235	——	——
石棉及其他非金	22994	403802	17280	7790
石棉、云母矿采	7590	8735	——	——
石墨、滑石采选	3402	70135	9950	1690
宝石、玉石开采	——	5050	——	600
其他非金属矿	12002	319882	7330	5500
其他采矿业	22860	108767	150	3650
其他采矿业	22860	108767	150	3650
（三）制造业	**72641446**	**290192730**	**41080881**	**23493636**
农副食品加工业	1085076	14769852	1031307	579839
谷物磨制	134515	2143600	33129	12046
饲料加工	77276	1772720	74473	76427
植物油加工	84837	1576194	188457	59629
食用植物油加	84631	1427983	162968	55529
非食用植物油	206	148211	25489	4100
制糖	158588	531782	65318	51157
屠宰及肉类加工	156305	2859943	88594	128507
畜禽屠宰	74676	1521050	30856	52621
肉制品及副产	81629	1338893	57738	75886
水产品加工	84921	1210079	192053	87093
水产品冷冻加	13731	827869	139786	62682
鱼糜制品及水	10252	103882	31987	4678
水产饲料制造	3000	78184	1200	1500
鱼油提取及制	——	460	——	——
其他水产品加	57938	199684	19080	18233
蔬菜、水果和坚果	74087	2068092	234410	113396
其他农副食品加	314547	2607442	154873	51584
淀粉及淀粉制	216830	1456153	96932	24777
豆制品制造	36906	269122	17757	1783

国民经济行业小类国有控股、内资、外商及港澳台城镇投资

续表 3　　单位：万元

行　　业	投资中：国有及国有控股投资	投资中：内资投资	外商投资	港澳台商投资
蛋品加工	11955	90984	2100	——
其他未列明的农副食品加工	48856	791183	38084	25024
食品制造业	683723	8118967	1173075	359619
焙烤食品制造	31959	1030605	103499	81627
糕点、面包制造	15732	390769	46288	36344
饼干及其他焙烤食品制造	16227	639836	57211	45283
糖果、巧克力及蜜饯制造	16314	445288	164294	19347
糖果、巧克力制造	15290	300936	162884	15535
蜜饯制作	1024	144352	1410	3812
方便食品制造	54033	1269956	130554	46154
米、面制品制造	26881	504351	10237	5771
速冻食品制造	11476	325538	63814	10657
方便面及其他方便食品制造	15676	440067	56503	29726
液体乳及乳制品制造	176937	1108026	226293	19947
罐头制造	67716	706185	47448	44008
肉、禽类罐头制造	13546	195752	3148	6110
水产品罐头制造	——	34754	3556	2344
蔬菜、水果罐头制造	54170	407406	29110	14697
其他罐头食品制造	——	68273	11634	20857
调味品、发酵制品制造	152215	951981	213126	60445
味精制造	21634	167232	99680	7981
酱油、食醋及类似制品的制造	27128	313728	41750	9461
其他调味品、发酵制品制造	103453	471021	71696	43003
其他食品制造	184549	2606926	287861	88091
营养、保健食品制造	8558	611721	27227	35155
冷冻饮品及食用冰制造	815	297161	33807	22801
盐加工	24483	201525	6840	5550
食品及饲料添加剂制造	78439	804974	144882	10980
其他未列明的食品制造	72254	691545	75105	13605
饮料制造业	778704	5541278	1180769	426441
酒精制造	135746	594443	84010	33000
酒的制造	558704	2649563	471760	148293
白酒制造	275960	1308962	3067	2328
啤酒制造	232550	821621	445301	140338
黄酒制造	14493	106118	——	230
葡萄酒制造	32826	259715	18312	3145
其他酒制造	2875	153147	5080	2252
软饮料制造	71923	1989144	613169	232697
碳酸饮料制造	12287	166957	129476	12535
瓶（罐）装饮用水制造	7075	399790	44008	33832

国民经济行业小类国有控股、内资、外商及港澳台城镇投资

续表 4 单位：万元

行　　业	投资中：国有及国有控股投资	投资中：内资投资	外商投资	港澳台商投资
果菜汁及果菜汁饮料制造	18681	742753	190763	52053
含乳饮料和植物蛋白饮料制造	26812	384823	139521	18501
固体饮料制造	990	39876	16537	5426
茶饮料及其他软饮料制造	6078	254945	92864	110350
精制茶加工	12331	308128	11830	12451
烟草制品业	1113664	1171596	——	2147
烟叶复烤	59712	74819	——	625
卷烟制造	1023557	1031778	——	1522
其他烟草制品加工	30395	64999	——	——
纺织业	1034068	12906220	1095682	1143848
棉、化纤纺织及印染精加工	783768	7508219	483132	542309
棉、化纤纺织加工	681366	6873695	428585	401816
棉、化纤印染精加工	102402	634524	54547	140493
毛纺织和染整精加工	61128	635958	40253	53008
毛条加工	10400	163301	6456	11742
毛纺织	30765	371659	11752	24432
毛染整精加工	19963	100998	22045	16834
麻纺织	20494	235360	13494	13302
丝绢纺织及精加工	13926	509112	20278	36623
缫丝加工	11276	242654	8260	1020
绢纺和丝织加工	2500	192279	10638	26497
丝印染精加工	150	74179	1380	9106
纺织制成品制造	110062	2130696	304667	250212
棉及化纤制品制造	29447	1117682	122894	79075
毛制品制造	410	75345	11537	4688
麻制品制造	800	39634	——	——
丝制品制造	1500	93723	11218	49128
绳、索、缆的制造	19000	65831	18905	2744
纺织带和帘子布制造	5400	123088	23366	10812
无纺布制造	17890	329497	76295	30483
其他纺织制成品制造	35615	285896	40452	73282
针织品、编织品及其制品制造	44690	1886875	233858	248394
棉、化纤针织品及编织品制造	10391	1044982	175745	147743
毛针织品及编织品制造	12481	543668	47512	44798
丝针织品及编织品制造	760	129537	600	24561
其他针织品及编织品制造	21058	168688	10001	31292
纺织服装、鞋、帽制造业	197829	5753269	784220	994884
纺织服装制造	176732	5467694	718275	909607
纺织面料鞋的制造	21097	239350	48153	66139
制帽	——	46225	17792	19138

国民经济行业小类国有控股、内资、外商及港澳台城镇投资

续表 5　　单位：万元

行　　业	投资中：国有及国有控股投资	投资中：内资投资	外商投资	港澳台商投资
皮革、毛皮、羽毛(绒)及其制品业	176103	2574776	373479	530940
皮革鞣制加工	7561	290058	36828	40743
皮革制品制造	122131	1720356	311304	444893
皮鞋制造	96081	1076840	210787	327594
皮革服装制造	8300	177822	21753	19907
皮箱、包(袋)制造	15900	271460	41793	54221
皮手套及皮装饰制品制造	50	63614	10070	15788
其他皮革制品制造	1800	130620	26901	27383
毛皮鞣制及制品加工	35516	280473	4112	12476
毛皮鞣制加工	10832	88909	——	3360
毛皮服装加工	24684	121774	3252	1500
其他毛皮制品加工	——	69790	860	7616
羽毛(绒)加工及制品制造	10895	283889	21235	32828
羽毛(绒)加工	3025	93800	4000	10423
羽毛(绒)制品加工	7870	190089	17235	22405
木材加工及木、竹、藤、棕、草制造	240465	5927577	214581	210823
锯材、木片加工	90241	1145338	37152	32840
锯材加工	76283	610809	31250	22540
木片加工	13958	534529	5902	10300
人造板制造	93512	3131292	33711	110355
胶合板制造	10886	1307411	8355	19223
纤维板制造	37698	672737	1088	55741
刨花板制造	1972	168330	4060	21999
其他人造板、材制造	42956	982814	20208	13392
木制品制造	48573	1222868	111858	54797
建筑用木料及木材组件加工	26663	786508	59247	24285
木容器制造	——	101503	106	297
软木制品及其他木制品制造	21910	334857	52505	30215
竹、藤、棕、草制品制造	8139	428079	31860	12831
家具制造业	68815	3213150	316169	340650
木质家具制造	51857	2378207	215595	267423
竹、藤家具制造	2998	63699	800	7708
金属家具制造	1757	428414	29641	32662
塑料家具制造	6603	47732	6915	——
其他家具制造	5600	295098	63218	32857
造纸及纸制品业	1133070	5623244	1404372	1136775
纸浆制造	325806	753813	360496	304126
造纸	711551	2657710	748446	592606
机制纸及纸板制造	700742	2353254	708409	559982
手工纸制造	1368	41577	1010	——

国民经济行业小类国有控股、内资、外商及港澳台城镇投资

续表 6　　单位：万元

行　　业	投资中：	投资中：		
	国有及国有控股投资	内资投资	外商投资	港澳台商投资
加工纸制造	9441	262879	39027	32624
纸制品制造	95713	2211721	295430	240043
纸和纸板容器的制造	20824	1114947	75061	139345
其他纸制品制造	74889	1096774	220369	100698
印刷业和记录媒介的复制	354917	3273311	151567	252176
印刷	349467	3040180	123197	237337
书、报、刊印刷	205556	895027	19138	70069
本册印制	7296	144843	19371	10283
包装装潢及其他印刷	136615	2000310	84688	156985
装订及其他印刷服务活动	5397	161407	4592	6549
记录媒介的复制	53	71724	23778	8290
文教体育用品制造业	46590	1149676	259483	310070
文化用品制造	12047	324084	29917	27588
文具制造	127	112682	13767	8862
笔的制造	2115	109234	8289	4688
教学用模型及教具制造	4999	58408	——	13838
墨水、墨汁制造	3600	17776	——	——
其他文化用品制造	1206	25984	7861	200
体育用品制造	20000	418216	131794	67507
球类制造	——	65764	9841	3302
体育器材及配件制造	3000	89807	34234	9592
训练健身器材制造	——	100413	15805	35063
运动防护用具制造	——	12575	29739	7620
其他体育用品制造	17000	149657	42175	11930
乐器制造	10828	70238	43190	16076
中乐器制造	——	12593	131	——
西乐器制造	1478	29538	6916	15012
电子乐器制造	9350	12101	25136	1064
其他乐器及零件制造	——	16006	11007	——
玩具制造	2000	299492	54582	198042
游艺器材及娱乐用品制造	1715	37646	——	857
露天游乐场所游乐设备制造	1715	18291	——	——
游艺用品及室内游艺器材制造	——	19355	——	857
石油加工、炼焦及核燃料加工业	9568989	13680321	232733	240752
精炼石油产品的制造	8551255	10080524	169569	103305
原油加工及石油制品制造	7988491	9365437	141314	101895
人造原油生产	562764	715087	28255	1410
炼焦及其他	1017734	3599797	63164	137447
化学原料及化学制品制造业	9596163	29529409	4102585	1708382

国民经济行业小类国有控股、内资、外商及港澳台城镇投资

续表 7　　　　单位：万元

行　　　　业	投资中：国有及国有控股投资	投资中：内资投资	外商投资	港澳台商投资
基础化学原料制造	4851488	11866059	1442596	776147
无机酸制造	185553	860104	46764	23540
无机碱制造	814399	2075207	49928	117210
无机盐制造	292076	948608	12348	8447
有机化学原料制造	2776596	6216270	1005939	593479
其他基础化学原料制造	782864	1765870	327617	33471
肥料制造	2297483	5367217	102948	62522
氮肥制造	1554430	2925304	24107	32288
磷肥制造	291195	543781	3280	——
钾肥制造	219170	309047	25905	5054
复混肥料制造	191408	1093967	21450	17950
有机肥料及微生物肥料制造	6640	278098	6946	6430
其他肥料制造	34640	217020	21260	800
农药制造	227724	1172203	72473	49467
化学农药制造	197096	853193	30335	30897
生物化学农药及微生物农药制造	30628	319010	42138	18570
涂料、油墨、颜料及类似产品制造	97845	1666317	304908	83430
涂料制造	38332	935385	94764	57380
油墨及类似产品制造	21698	97479	13153	2939
颜料制造	20568	207703	42735	13300
染料制造	12647	300142	21691	8409
密封用填料及类似品制造	4600	125608	132565	1402
合成材料制造	1300853	2657313	891169	284508
初级形态的塑料及合成树脂制造	962464	1715741	409168	193183
合成橡胶制造	41915	184028	127034	20862
合成纤维单(聚合)体的制造	280676	430430	328183	53051
其他合成材料制造	15798	327114	26784	17412
专用化学产品制造	708189	5772830	1095808	331256
化学试剂和助剂制造	110135	1739101	218873	21908
专项化学用品制造	190755	1675110	664842	163470
林产化学产品制造	27547	228165	25823	11247
环境污染处理专用药剂材料制造	1550	152355	12900	1117
动物胶制造	18592	96223	——	5717
其他专用化学产品制造	359610	1881876	173370	127797
日用化学产品制造	112581	1027470	192683	121052
肥皂及合成洗涤剂制造	56751	279362	41880	50234
化妆品制造	1092	149892	53469	44024
口腔清洁用品制造	9361	21170	13665	3500

国民经济行业小类国有控股、内资、外商及港澳台城镇投资

续表 8　　单位：万元

行　　业	投资中：国有及国有控股投资	投资中：内资投资	外商投资	港澳台商投资
香料、香精制造	9629	174884	24211	9613
其他日用化学产品制造	35748	402162	59458	13681
医药制造业	852598	7269801	667657	497477
化学药品原药制造	181645	1501956	175220	113124
化学药品制剂制造	165666	1236212	133163	106067
中药饮片加工	41873	699528	51884	8713
中成药制造	142049	1432966	67420	108480
兽用药品制造	121468	534358	16426	17470
生物、生化制品的制造	172457	1318784	97375	116373
卫生材料及医药用品制造	27440	545997	126169	27250
化学纤维制造业	482602	1712082	569985	510419
纤维素纤维原料及纤维制造	184094	456203	139165	38098
化纤浆粕制造	28894	141496	—	760
人造纤维（纤维素纤维）制造	155200	314707	139165	37338
合成纤维制造	298508	1255879	430820	472321
锦纶纤维制造	14257	166936	115573	69412
涤纶纤维制造	90691	392557	95722	266289
腈纶纤维制造	4953	26322	—	—
维纶纤维制造	126743	166342	9550	8561
其他合成纤维制造	61864	503722	209975	128059
橡胶制品业	379018	3378456	773690	208318
轮胎制造	227530	1614199	573101	134380
车辆、飞机及工程机械轮胎制造	220487	1451285	552946	132935
力车胎制造	6213	85013	11375	1445
轮胎翻新加工	830	77901	8780	—
橡胶板、管、带的制造	48698	646664	97332	18327
橡胶零件制造	65954	389170	27852	14751
再生橡胶制造	1600	129960	579	7347
日用及医用橡胶制品制造	8679	81146	22518	8812
橡胶靴鞋制造	3809	95135	7468	11264
其他橡胶制品制造	22748	422182	44840	13437
塑料制品业	309209	7355914	713901	553632
塑料薄膜制造	40526	747058	135499	47828
塑料板、管、型材的制造	123526	2147971	92270	85942
塑料丝、绳及编织品的制造	59741	869498	34834	6878
泡沫塑料制造	2110	387373	21546	3756
塑料人造革、合成革制造	1600	293824	3902	48127
塑料包装箱及容器制造	21823	816986	98239	42874
塑料零件制造	5901	352651	79210	96611
日用塑料制造	8413	619988	73583	63712

国民经济行业小类国有控股、内资、外商及港澳台城镇投资

续表 9　　　　单位：万元

行业	投资中：国有及国有控股投资	投资中：内资投资	外商投资	港澳台商投资
塑料鞋制造	1520	165455	28145	20049
日用塑料杂品制造	6893	454533	45438	43663
其他塑料制品制造	45569	1120565	174818	157904
非金属矿物制品业	2856719	25145198	1545992	1365742
水泥、石灰和石膏的制造	1543343	5864427	132812	386150
水泥制造	1517168	5398961	118012	384150
石灰和石膏制造	26175	465466	14800	2000
水泥及石膏制品制造	230047	3250937	78656	107405
水泥制品制造	106545	1624113	49310	59675
砼结构构件制造	41258	564560	9468	11129
石棉水泥制品制造	21050	66675	5500	——
轻质建筑材料制造	37450	608391	7150	22953
其他水泥制品制造	23744	387198	7228	13648
砖瓦、石材及其他建筑材料制造	347985	7513116	299967	303860
粘土砖瓦及建筑砌块制造	101116	2522193	28861	2871
建筑陶瓷制品制造	30952	1519264	59479	98694
建筑用石加工	163012	1289063	67467	44766
防水建筑材料制造	4266	364731	10318	300
隔热和隔音材料制造	3300	517272	20385	12018
其他建筑材料制造	45339	1300593	113457	145211
玻璃及玻璃制品制造	426742	3748045	634779	308345
平板玻璃制造	34961	749226	110459	76313
技术玻璃制品制造	91056	574085	99044	66052
光学玻璃制造	15746	77840	8425	48855
玻璃仪器制造	1224	92911	——	1430
日用玻璃制品及玻璃包装容器制	30472	873435	74919	75336
玻璃保温容器制造	3675	43527	——	——
玻璃纤维及制品制造	195129	621943	260003	20023
玻璃纤维增强塑料制品制造	11580	329773	19149	7170
其他玻璃制品制造	42899	385305	62780	13166
陶瓷制品制造	72063	1245164	174431	81969
卫生陶瓷制品制造	8520	215315	72844	13739
特种陶瓷制品制造	20226	457343	37602	23247
日用陶瓷制品制造	43317	508295	44780	36886
园林、陈设艺术及其他陶瓷制造	——	64211	19205	8097
耐火材料制品制造	46066	1510313	129612	13109
石棉制品制造	1440	138526	2500	4380
云母制品制造	788	22422	3200	——
耐火陶瓷制品及其他耐火材料制	43838	1349365	123912	8729
石墨及其他非金属矿物制品制造	190473	2013196	95735	164904

国民经济行业小类国有控股、内资、外商及港澳台城镇投资

续表 10　　　　单位：万元

行业	投资中：国有及国有控股投资	投资中：内资投资	外商投资	港澳台商投资
石墨及碳素制品制造	90663	886377	27251	59373
其他非金属矿物制品制造	99810	1126819	68484	105531
黑色金属冶炼及压延加工业	16327130	24215095	1148202	803807
炼铁	1737597	2848525	33717	12354
炼钢	4672170	6030386	87786	127002
钢压延加工	9749507	14339865	1020422	653444
铁合金冶炼	167856	996319	6277	11007
有色金属冶炼及压延加工业	4229800	11527285	803174	625416
常用有色金属冶炼	2983179	6660954	204818	63237
铜冶炼	632427	1166788	9494	27678
铅锌冶炼	441663	1221067	48416	5200
镍钴冶炼	345662	686279	26941	——
锡冶炼	5723	33466	——	3983
锑冶炼	16039	66966	1051	1500
铝冶炼	1408832	2808166	90548	11700
镁冶炼	2590	206235	18706	8861
其他常用有色金属冶炼	130243	471987	9662	4315
贵金属冶炼	56292	319886	——	8958
金冶炼	40682	210873	——	3500
银冶炼	——	50227	——	——
其他贵金属冶炼	15610	58786	——	5458
稀有稀土金属冶炼	186657	639009	79651	11831
钨钼冶炼	118745	316149	4630	10931
稀土金属冶炼	46323	174434	2325	900
其他稀有金属冶炼	21589	148426	72696	——
有色金属合金制造	199040	504902	212333	56871
有色金属压延加工	804632	3402534	306372	484519
常用有色金属压延加工	734357	3070912	281121	481704
贵金属压延加工	18453	105546	1853	2315
稀有稀土金属压延加工	51822	226076	23398	500
金属制品业	959983	13420689	1592640	787220
结构性金属制品制造	542467	5879231	413681	180237
金属结构制造	524538	4728796	378952	155452
金属门窗制造	17929	1150435	34729	24785
金属工具制造	119621	1647929	120263	54590
切削工具制造	75614	307332	57965	10257
手工具制造	4700	346422	7773	10119
农用及园林用金属工具制造	418	143662	804	5477
刀剪及类似日用金属工具制造	2490	128586	8693	1215
其他金属工具制造	36399	721927	45028	27522

国民经济行业小类国有控股、内资、外商及港澳台城镇投资

续表 11　　单位：万元

行业	投资中：国有及国有控股投资	投资中：内资投资	外商投资	港澳台商投资
集装箱及金属包装容器制造	72218	682374	110527	138250
集装箱制造	9125	30061	38067	33402
金属压力容器制造	35795	325514	33485	2983
金属包装容器制造	27298	326799	38975	101865
金属丝绳及其制品的制造	41577	651057	236694	68981
建筑、安全用金属制品制造	54476	1523135	180851	95029
建筑、家具用金属配件制造	10110	332215	68619	39298
建筑装饰及水暖管道零件制造	32043	852885	72251	44214
安全、消防用金属制品制造	89	147738	22065	3233
其他建筑、安全用金属制品制造	12234	190297	17916	8284
金属表面处理及热处理加工	15437	706446	64641	61243
搪瓷制品制造	10351	173639	10225	——
工业生产配套用搪瓷制品制造	——	24726	——	——
搪瓷卫生洁具制造	7500	43346	5889	——
搪瓷日用品及其他搪瓷制品制造	2851	105567	4336	——
不锈钢及类似日用金属制品制造	11621	961540	197234	110355
金属制厨房调理及卫生器具制造	7500	217099	37588	14476
金属制厨用器皿及餐具制造	3471	283288	107245	26142
其他日用金属制品制造	650	461153	52401	69737
其他金属制品制造	92215	1195338	258524	78535
铸币及贵金属制实验室用品制造	20041	26271	——	——
其他未列明的金属制品制造	72174	1169067	258524	78535
通用设备制造业	2448664	20540106	1968963	805512
锅炉及原动机制造	457758	1461497	219138	38765
锅炉及辅助设备制造	77787	690782	18087	19180
内燃机及配件制造	270811	597637	117530	13966
汽轮机及辅机制造	105491	97701	20972	5619
水轮机及辅机制造	1469	26621	2115	——
其他原动机制造	2200	48756	60434	——
金属加工机械制造	521058	3474720	305637	114105
金属切削机床制造	270746	834491	26176	13012
金属成形机床制造	50916	402868	61027	18209
铸造机械制造	43524	814770	72916	36559
金属切割及焊接设备制造	4585	198807	57340	12879
机床附件制造	33949	366833	19677	13754
其他金属加工机械制造	117338	856951	68501	19692
起重运输设备制造	170363	1513459	206718	167147
泵、阀门、压缩机及类似机械的制造	154923	2548202	284838	37009
泵及真空设备制造	44960	716292	70484	1982
气体压缩机械制造	28704	268333	33615	5065

国民经济行业小类国有控股、内资、外商及港澳台城镇投资

续表 12　　单位：万元

行业	投资中：国有及国有控股投资	投资中：内资投资	外商投资	港澳台商投资
阀门和旋塞的制造	10008	713462	74130	22965
液压和气压动力机械及元件制造	71251	850115	106609	6997
轴承、齿轮、传动和驱动部件的制造	214410	1997532	221441	71503
轴承制造	128839	1177561	182991	35789
齿轮、传动和驱动部件制造	85571	819971	38450	35714
烘炉、熔炉及电炉制造	980	74758	16999	2950
风机、衡器、包装设备等通用设备制造	466009	2663633	365594	128011
风机、风扇制造	129921	441344	12815	4970
气体、液体分离及纯净设备制造	10513	194056	5771	30182
制冷、空调设备制造	65682	553639	141962	39224
风动和电动工具制造	2846	231054	48308	24575
喷枪及类似器具制造	2160	55141	11603	12
包装专用设备制造	3326	111087	7390	1705
衡器制造	8032	63765	21279	——
其他通用设备制造	243529	1013547	116466	27343
通用零部件制造及机械修理	158236	3456370	208203	103016
金属密封件制造	5702	187264	23937	17672
紧固件、弹簧制造	10442	576665	53236	30136
机械零部件加工及设备修理	109262	1700967	50645	22403
其他通用零部件制造	32830	991474	80385	32805
金属铸、锻加工	304927	3349935	140395	143006
钢铁铸件制造	277796	2639265	109574	64603
锻件及粉末冶金制品制造	27131	710670	30821	78403
专用设备制造业	3042218	14604201	1593925	691670
矿山、冶金、建筑专用设备制造	1502505	5453480	312545	141155
采矿、采石设备制造	421689	1683474	67949	19944
石油钻采专用设备制造	110373	903590	129532	25942
建筑工程用机械制造	266620	1408691	73920	46144
建筑材料生产专用机械制造	31087	480912	11900	11400
冶金专用设备制造	672736	976813	29244	37725
化工、木材、非金属加工专用设备制造	209439	2122196	342836	168265
炼油、化工生产专用设备制造	51227	488195	26734	6600
橡胶加工专用设备制造	83057	149424	11130	15369
塑料加工专用设备制造	17245	185938	42448	18788
木材加工机械制造	1093	74738	2685	1646
模具制造	39139	1073509	247948	125862
其他非金属加工专用设备制造	17678	150392	11891	——
食品、饮料、烟草及饲料生产专用设备制造	20486	451678	77959	15529
食品、饮料、烟草工业专用设设备制造	11997	210326	39157	15529
农副食品加工专用设备制造	8489	221809	33937	——

国民经济行业小类国有控股、内资、外商及港澳台城镇投资

续表 13　　　　单位：万元

行　　业	投资中：国有及国有控股投资	投资中：内资投资	外商投资	港澳台商投资
饲料生产专用设备制造	——	19543	4865	——
印刷、制药、日化生产专用设备制造	41914	777181	94599	36169
制浆和造纸专用设备制造	12793	137873	26380	2200
印刷专用设备制造	15836	177149	39572	13667
日用化工专用设备制造	——	97133	10538	4160
制药专用设备制造	1386	54305	2343	1090
照明器具生产专用设备制造	4795	143819	11160	11422
玻璃陶瓷和搪瓷制品专用设备制造	2900	84827	500	862
其他日用品生产专用设备制造	4204	82075	4106	2768
纺织、服装和皮革工业专用设备制造	79889	617353	76056	74690
纺织专用设备制造	76555	409699	56367	50554
皮革、毛皮及其制品加工专用设备制造	——	24811	3920	385
缝纫机械制造	——	135764	11219	15777
其他服装加工专用设备制造	3334	47079	4550	7974
电子和电工机械专用设备制造	667558	1662113	221028	132373
农、林、牧、渔专用机械制造	213113	1016452	52487	11326
拖拉机制造	127273	276398	35868	——
机械化农业及园艺机具制造	71327	329431	7763	1100
营林及木竹采伐机械制造	6185	8071	——	1500
畜牧机械制造	——	18320	——	——
渔业机械制造	——	6131	2129	——
农林牧渔机械配件制造	2347	261452	6483	2726
其他农林牧渔业机械制造	5981	116649	244	6000
医疗仪器设备及器械制造	66388	696826	187802	55089
医疗诊断、监护及治疗设备制造	34277	209976	79418	10835
口腔科用设备及器具制造	——	8205	——	——
实验室及医用消毒设备和器具的制造	——	23602	6584	——
医疗、外科及兽医用器械制造	8338	245192	44752	31642
机械治疗及病房护理设备制造	2800	38599	20088	4222
假肢、人工器官及植入器械制造	630	17115	18236	4039
其他医疗设备及器械制造	20343	154137	18724	4351
环保、社会公共安全及其他专用设备制造	240926	1806922	228613	57074
环境污染防治专用设备制造	67244	555501	99374	17530
地质勘查专用设备制造	7358	33900	3921	——
邮政专用机械及器材制造	——	2500	——	——
商业、饮食、服务业专用设备制造	——	30772	4360	670

国民经济行业小类国有控股、内资、外商及港澳台城镇投资

续表 14

单位：万元

行业	投资中：国有及国有控股投资	投资中：内资投资	外商投资	港澳台商投资
社会公共安全设备及器材制造	3198	108863	29783	2047
交通安全及管制专用设备制造	4562	39024	810	——
水资源专用机械制造	18951	166256	——	3300
其他专用设备制造	139613	870106	90365	33527
交通运输设备制造业	8768464	20077329	6004616	1150627
铁路运输设备制造	598184	1101716	73409	——
铁路机车车辆及动车组制造	306149	352370	3500	——
工矿有轨专用车辆制造	2806	57143	23744	——
铁路机车车辆配件制造	60653	299662	22703	——
铁路专用设备及器材、配件制造	128808	267720	18462	——
其他铁路设备制造及设备修理	99768	124821	5000	——
汽车制造	5331020	12826848	4964108	780751
汽车整车制造	3583010	2968193	2527666	120269
改装汽车制造	185465	762681	32353	5850
电车制造	121117	76624	111363	446
汽车车身、挂车的制造	35951	367583	57697	644
汽车零部件及配件制造	1363972	8185387	2213809	649882
汽车修理	41505	466380	21220	3660
摩托车制造	152157	941522	112303	82035
摩托车整车制造	143254	313322	70059	59619
摩托车零部件及配件制造	8903	628200	42244	22416
自行车制造	8135	602423	40204	22305
脚踏自行车及残疾人座车制造	969	134496	24192	19365
助动自行车制造	7166	467927	16012	2940
船舶及浮动装置制造	1765734	3162805	725958	231083
金属船舶制造	1229347	2154769	413331	47349
非金属船舶制造	——	51076	2502	1270
娱乐船和运动船的建造和修理	——	31987	46196	15796
船用配套设备制造	271192	487219	121962	88911
船舶修理及拆船	264976	424855	141967	73738
航标器材及其他浮动装置的制造	219	12899	——	4019
交通器材及其他交通运输设备制造	913234	1442015	88634	34453
交通管理用金属标志及设施制造	——	54267	——	3400
其他交通运输设备制造	913234	1387748	88634	31053
电气机械及器材制造业	1337395	12608233	2343257	1133106

国民经济行业小类国有控股、内资、外商及港澳台城镇投资

续表 15　　　　单位：万元

行　　　业	投资中：国有及国有控股投资	投资中：内资投资	外商投资	港澳台商投资
电机制造	404680	1626630	281981	100759
发电机及发电机组制造	230926	689434	102095	51170
电动机制造	148520	638255	114962	22371
微电机及其他电机制造	25234	298941	64924	27218
输配电及控制设备制造	364712	3765331	557039	277528
变压器、整流器和电感器制造	89455	1124581	114489	48232
电容器及其配套设备制造	16549	268055	31024	18734
配电开关控制设备制造	176701	1163367	104610	73762
电力电子元器件制造	50709	745636	239894	108261
其他输配电及控制设备制造	31298	463692	67022	28539
电线、电缆、光缆及电工器材制造	124818	2777397	255053	118528
电线电缆制造	82887	2155934	185509	81216
光纤、光缆制造	2707	155464	11177	5605
绝缘制品制造	26826	150815	17495	4336
其他电工器材制造	12398	315184	40872	27371
电池制造	99253	1242223	428851	112524
家用电力器具制造	264192	1291057	398415	210062
家用制冷电器具制造	58004	217661	62898	49117
家用空气调节器制造	155375	249872	103638	11537
家用通风电器具制造	——	32720	4210	12603
家用厨房电器具制造	1100	262003	51875	63061
家用清洁卫生电器具制造	44663	82473	105195	18001
家用美容、保健电器具制造	——	29422	12299	13859
家用电力器具专用配件制造	——	163262	21796	2428
其他家用电力器具制造	5050	253644	36504	39456
非电力家用器具制造	24418	484797	200824	75235
燃气、太阳能及类似能源的器具制造	24418	390797	195148	69065
其他非电力家用器具制造	——	94000	5676	6170
照明器具制造	28017	950994	141365	110603
电光源制造	7021	322935	66455	30769
照明灯具制造	20524	512234	62729	44477
灯用电器附件及其他照明器具制造	472	115825	12181	35357
其他电气机械及器材制造	27305	469804	79729	127867
车辆专用照明及电气信号设备制造	6956	117396	3969	1897
其他未列明的电气机械制造	20349	352408	75760	125970
通信设备、计算机及其他电子设备制造	2910623	7417804	7943933	5576727
通信设备制造	350018	1028771	624065	732194
通信传输设备制造	130059	256749	33910	3362
通信交换设备制造	13374	115919	103035	1955
通信终端设备制造	38716	145445	133570	25640

国民经济行业小类国有控股、内资、外商及港澳台城镇投资

续表 16　　　　单位：万元

行业	投资中：国有及国有控股投资	投资中：内资投资	外商投资	港澳台商投资
移动通信及终端设备制造	120184	300343	301984	650701
其他通信设备制造	47685	210315	51566	50536
广播电视设备制造	34475	123447	32889	20692
广播电视节目制作及发射设备制造	768	15509	10404	——
广播电视接收设备及器材制造	31522	78187	16785	17161
应用电视设备及其他广播电视设备制造	2185	29751	5700	3531
电子计算机制造	158655	521975	904268	707138
电子计算机整机制造	19586	159462	296311	310786
计算机网络设备制造	108009	199708	43159	10478
电子计算机外部设备制造	31060	162805	564798	385874
电子器件制造	1458506	2375263	3886884	2454072
电子真空器件制造	31182	138029	44216	39864
半导体分立器件制造	121213	221164	468352	71531
集成电路制造	468275	808226	2848522	1090778
光电子器件及其他电子器件制造	837836	1207844	525794	1251899
电子元件制造	436957	2004262	1847852	1407987
电子元件及组件制造	368308	1796674	1447399	773357
印制电路板制造	68649	207588	400453	634630
家用视听设备制造	254799	380466	278596	124819
家用影视设备制造	230850	290427	239767	107884
家用音响设备制造	23949	90039	38829	16935
其他电子设备制造	217213	983620	369379	129825
仪器仪表及文化、办公用机械制造	382276	2118792	498959	195147
通用仪器仪表制造	154429	968061	164633	20970
工业自动控制系统装置制造	96899	438817	120050	9867
电工仪器仪表制造	14993	231375	18517	4211
绘图、计算及测量仪器制造	1074	42653	2053	5179
实验分析仪器制造	24030	64733	5602	——
试验机制造	2960	29856	1276	——
供应用仪表及其他通用仪器制造	14473	160627	17135	1713
专用仪器仪表制造	67808	472915	37334	35658
环境监测专用仪器仪表制造	——	46434	402	476
汽车及其他用计数仪表制造	12286	95187	7954	13400
农林牧渔专用仪器仪表制造	8703	11673	393	——
地质勘探和地震专用仪器制造	——	24076	1238	——
教学专用仪器制造	——	21978	——	——
电子测量仪器制造	5817	97646	8226	5627

国民经济行业小类国有控股、内资、外商及港澳台城镇投资

续表 17 单位：万元

行 业	投资中：国有及国有控股投资	投资中：内资投资	外商投资	港澳台商投资
其他专用仪器制造	41002	175921	19121	16155
钟表与计时仪器制造	3999	80939	11247	18656
光学仪器及眼镜制造	109182	289036	113621	59427
光学仪器制造	108613	185244	58239	22876
眼镜制造	569	103792	55382	36551
文化、办公用机械制造	36392	213539	161259	57827
电影机械制造	——	6298	——	——
幻灯及投影设备制造	——	4157	——	150
照相机及器材制造	——	24649	82777	45231
复印和胶印设备制造	28679	132977	40903	5744
计算器及货币专用设备制造	7573	23948	25805	1702
其他文化、办公用机械制造	140	21510	11774	5000
其他仪器仪表的制造及修理	10466	94302	10865	2609
工艺品及其他制造业	1151548	4807209	541647	307699
工艺美术品制造	89732	1631334	285064	144598
雕塑工艺品制造	6391	233234	24155	21658
金属工艺品制造	13222	150936	16860	15599
漆器工艺品制造	3555	32890	14633	4405
花画工艺品制造	——	49942	16705	15590
天然植物纤维编织工艺品制造	2367	97991	21884	14125
抽纱刺绣工艺品制造	129	318406	34972	1677
地毯、挂毯制造	34965	195618	34093	3190
珠宝首饰及有关物品的制造	18988	115904	70385	37782
其他工艺美术品制造	10115	436413	51377	30572
日用杂品制造	19255	322013	100435	83081
制镜及类似品加工	——	32015	7539	37332
鬃毛加工、制刷及清扫工具的制造	1980	44463	10561	2779
其他日用杂品制造	17275	245535	82335	42970
煤制品制造	3060	68582	950	——
其他未列明的制造业	1039501	2785280	155198	80020
废弃资源和废旧材料回收加工业	125023	761890	50318	43771
金属废料和碎屑的加工处理	60305	423773	50318	31468
非金属废料和碎屑的加工处理	64718	338117	——	12303
（四）电力燃气及水的生产和供应业	**70911679**	**86419244**	**2016174**	**2453679**
电力、热力的生产和供应业	62692038	75535802	1408899	2120487
电力生产	37800159	49075743	1322229	2073088
火力发电	23859087	27243862	908064	1614724
水力发电	9944674	15843187	85297	66906
核力发电	1249437	1624970	——	——

国民经济行业小类国有控股、内资、外商及港澳台城镇投资

续表 18　　　　　　　　　　　　　　　　　　　　　　　单位：万元

行　　业	投资中：国有及国有控股投资	投资中：内资投资	外商投资	港澳台商投资
其他能源发电	2746961	4363724	328868	391458
电力供应	22982843	23548247	1361	1850
热力生产和供应	1909036	2911812	85309	45549
燃气生产和供应业	1721106	2890944	397673	177801
燃气生产和供应业	1721106	2890944	397673	177801
水的生产和供应业	6498535	7992498	209602	155391
自来水的生产和供应	3515350	4173513	56962	101719
污水处理及其再生利用	2809340	3616506	123169	49032
其他水的处理、利用与分配	173845	202479	29471	4640
（五）建筑业	**4965233**	**9853752**	**35974**	**35077**
房屋和土木工程建筑业	4417072	8328986	27266	26725
房屋工程建筑	1402707	4511326	5671	21060
土木工程建筑	3014365	3817660	21595	5665
铁路、道路、隧道和桥梁工程建筑	2015953	2438430	1240	2150
水利和港口工程建筑	621712	745759	—	1967
工矿工程建筑	91617	113444	9910	—
架线和管道工程建筑	149240	258497	10445	—
其他土木工程建筑	135843	261530	—	1548
建筑安装业	119115	464041	1373	4555
建筑安装业	119115	464041	1373	4555
建筑装饰业	8236	239952	5474	2226
建筑装饰业	8236	239952	5474	2226
其他建筑业	420810	820773	1861	1571
工程准备	266646	368088	—	—
提供施工设备服务	15739	144433	—	—
其他未列明的建筑活动	138425	308252	1861	1571
（六）交通运输、仓储和邮政业	**115401833**	**126307840**	**1575367**	**2087364**
铁路运输业	24501127	24914012	13438	—
铁路旅客运输	9692793	9801732	—	—
铁路货物运输	12117665	12370229	6000	—
铁路运输辅助活动	2690669	2742051	7438	—
客运火车站	825660	839746	—	—
货运火车站	26148	62601	—	—
其他铁路运输辅助活动	1838861	1839704	7438	—
道路运输业	63574479	68464208	154651	647107
公路旅客运输	24725558	26006760	62296	72083
道路货物运输	10585896	12473767	71089	193843
道路运输辅助活动	28263025	29983681	21266	381181
客运汽车站	403276	621273	6866	4091
公路管理与养护	25510179	26818259	14400	374092

国民经济行业小类国有控股、内资、外商及港澳台城镇投资

续表 19　　　　单位：万元

行　　业	投资中：国有及国有控股投资	投资中：内资投资	外商投资	港澳台商投资
其他道路运输辅助活动	2349570	2544149	——	2998
城市公共交通业	10170971	10653220	31021	45296
公共电汽车客运	1089772	1320400	341	11403
轨道交通	7484347	7486681	66	32453
出租车客运	139607	319767	30614	1440
城市轮渡	4221	24324	——	——
其他城市公共交通	1453024	1502048	——	——
水上运输业	8432633	9656607	595350	843449
水上旅客运输	176086	167488	52245	4800
远洋旅客运输	52245	——	52245	——
沿海旅客运输	71370	79099	——	4800
内河旅客运输	52471	88389	——	——
水上货物运输	1086861	1819668	52037	107603
远洋货物运输	104086	190053	3500	93869
沿海货物运输	448498	783807	44191	12646
内河货物运输	534277	845808	4346	1088
水上运输辅助活动	7169686	7669451	491068	731046
客运港口	111000	156058	11431	7550
货运港口	6149689	6589172	464065	723496
其他水上运输辅助活动	908997	924221	15572	——
航空运输业	5218028	5786403	271260	17912
航空客货运输	1850513	2329898	265697	5095
航空旅客运输	1839718	2294218	——	5095
航空货物运输	10795	35680	265697	——
通用航空服务	275817	324034	——	2350
航空运输辅助活动	3091698	3132471	5563	10467
机场	2962800	2991848	——	——
空中交通管理	22030	22030	——	——
其他航空运输辅助活动	106868	118593	5563	10467
管道运输业	517648	685598	4460	700
管道运输业	517648	685598	4460	700
装卸搬运和其他运输服务业	367705	861871	39493	32250
装卸搬运	52671	126776	23767	151
运输代理服务	315034	735095	15726	32099
仓储业	2494353	5144600	465694	500380
谷物、棉花等农产品仓储	637838	981234	4000	14173
其他仓储	1856515	4163366	461694	486207
邮政业	124889	141321	——	270
国家邮政	122519	125394	——	——
其他寄递服务	2370	15927	——	270
（七）信息传输、计算机服务和软件业	**11887744**	**11754525**	**3622646**	**2816389**

国民经济行业小类国有控股、内资、外商及港澳台城镇投资

续表 20　　单位：万元

行　　业	投资中：国有及国有控股投资	投资中：内资投资	外商投资	港澳台商投资
电信和其他信息传输服务业	11482206	10800953	3478875	2740266
电信	9095093	9024397	3426618	2000055
固定电信服务	3899434	3926738	413240	128008
移动电信服务	4939830	4802081	3006268	1869877
其他电信服务	255829	295578	7110	2170
互联网信息服务	1639608	980213	52257	740132
广播电视传输服务	736795	781069	——	79
有线广播电视传输服务	633704	668218	——	79
无线广播电视传输服务	103091	112851	——	——
卫星传输服务	10710	15274	——	——
计算机服务业	85337	282031	23882	10716
计算机系统服务	29083	74393	4236	83
数据处理	41840	81191	5605	7935
计算机维修	——	1874	——	——
其他计算机服务	14414	124573	14041	2698
软件业	320201	671541	119889	65407
公共软件服务	271253	512348	117083	64474
基础软件服务	122539	177354	12680	5719
应用软件服务	148714	334994	104403	58755
其他软件服务	48948	159193	2806	933
（八）批发和零售业	**3893431**	**23184968**	**753835**	**567110**
批发业	2121817	10988531	234060	187639
农畜产品批发	158748	853969	——	48
谷物、豆及薯类批发	97901	306001	——	——
种子、饲料批发	23823	127290	——	——
棉、麻批发	1169	45390	——	——
牲畜批发	7518	20847	——	——
其他农畜产品批发	28337	354441	——	48
食品、饮料及烟草制品批发	622723	1788857	18922	16087
米、面制品及食用油批发	89926	202556	——	530
糕点、糖果及糖批发	8736	111558	——	266
果品、蔬菜批发	139057	715008	——	6360
肉、禽、蛋及水产品批发	53043	212917	11964	7200
盐及调味品批发	31558	46997	——	——
饮料及茶叶批发	12411	95128	——	——
烟草制品批发	263263	266747	——	——
其他食品批发	24729	137946	6958	1731
纺织、服装及日用品批发	347372	1726676	15199	28162
纺织品、针织品及原料批发	83606	424560	——	8128
服装批发	231416	790420	10053	13562

国民经济行业小类国有控股、内资、外商及港澳台城镇投资

续表 21　　单位：万元

行　　业	投资中：国有及国有控股投资	投资中：内资投资	外商投资	港澳台商投资
鞋帽批发	2100	82959	4874	117
厨房、卫生间用具及日用杂货批发	4218	102614	——	2420
化妆品及卫生用品批发	2409	23636	272	——
其他日用品批发	23623	302487	——	3935
文化、体育用品及器材批发	103703	285201	11628	1301
文具用品批发	3270	21493	——	1301
体育用品批发	——	19565	4800	——
图书批发	77593	141277	——	——
报刊批发	——	3860	——	——
音像制品及电子出版物批发	4165	5005	——	——
首饰、工艺品及收藏品批发	14965	37651	6828	——
其他文化用品批发	3710	56350	——	——
医药及医疗器材批发	34230	429861	1777	1180
西药批发	21056	171451	——	——
中药材及中成药批发	12116	172641	——	1180
医疗用品及器材批发	1058	85769	1777	——
矿产品、建材及化工产品批发	559630	3265102	51955	89277
煤炭及制品批发	63478	348146	400	——
石油及制品批发	280661	538818	11983	697
非金属矿及制品批发	——	36210	——	——
金属及金属矿批发	41011	473613	4604	——
建材批发	159187	1505090	30258	88412
化肥批发	6623	56020	810	——
农药批发	1356	10689	——	——
农用薄膜批发	——	11737	——	——
其他化工产品批发	7314	284779	3900	168
机械设备、五金交电及电子产品批发	226789	1952916	130160	26584
农业机械批发	19917	89979	——	——
汽车、摩托车及零配件批发	70686	610091	21238	——
五金、交电批发	89748	522253	——	478
家用电器批发	12872	164350	983	3170
计算机、软件及辅助设备批发	——	36261	30326	18000
通讯及广播电视设备批发	556	29133	74320	——
其他机械设备及电子产品批发	33010	500849	3293	4936
贸易经纪与代理	29822	166415	910	——
其他批发	38800	519534	3509	25000
再生物资回收与批发	10646	168626	3509	——
其他未列明的批发	28154	350908	——	25000
零售业	1771614	12196437	519775	379471
综合零售	1101038	6696154	358648	257116

国民经济行业小类国有控股、内资、外商及港澳台城镇投资

续表 22　　　　　　　　　　　　　　　　　　　　　　　　　　单位：万元

行业	投资中：国有及国有控股投资	投资中：内资投资	外商投资	港澳台商投资
百货零售	631256	3399136	103052	173304
超级市场零售	251285	1849124	236244	40722
其他综合零售	218497	1447894	19352	43090
食品、饮料及烟草制品专门零售	137016	571412	6070	2184
粮油零售	14618	54463	——	——
糕点、面包零售	2980	12125	——	——
果品、蔬菜零售	53101	196469	6070	782
肉、禽、蛋及水产品零售	21485	88014	——	——
饮料及茶叶零售	1254	29859	——	——
烟草制品零售	8622	14395	——	——
其他食品零售	34956	176087	——	1402
纺织、服装及日用品专门零售	109704	719776	18647	23016
纺织品及针织品零售	8700	86215	15284	
服装零售	79151	466119	1863	16180
鞋帽零售	10500	33360	——	——
钟表、眼镜零售	1805	20108	——	——
化妆品及卫生用品零售	490	14694	——	236
其他日用品零售	9058	99280	1500	6600
文化、体育用品及器材专门零售	124635	246980	7329	17850
文具用品零售	1599	15342	47	
体育用品零售	20740	31454	6781	4150
图书零售	87494	108084	——	——
报刊零售	——	——	——	——
音像制品及电子出版物零售	——	6655	——	——
珠宝首饰零售	3600	34754	501	4000
工艺美术品及收藏品零售	9452	40943	——	9700
照相器材零售	——	3810	——	——
其他文化用品零售	1750	5938	——	——
医药及医疗器材专门零售	8033	114520	2650	256
药品零售	7153	87644	——	256
医疗用品及器材零售	880	26876	2650	——
汽车、摩托车、燃料及零配件专门零售	198294	1884832	49834	38943
汽车零售	76815	1290389	31162	18993
汽车零配件零售	9000	179470	17592	18420
摩托车及零配件零售	2600	42520	——	——
机动车燃料零售	109879	372453	1080	1530
家用电器及电子产品专门零售	14990	377472	22240	2590
家用电器零售	13184	217028	1732	——
计算机、软件及辅助设备零售	——	55435	19093	546
通信设备零售	156	36045	1415	——

国民经济行业小类国有控股、内资、外商及港澳台城镇投资

续表 23　　　　单位：万元

行　　业	投资中：国有及国有控股投资	投资中：内资投资	外商投资	港澳台商投资
其他电子产品零售	1650	68964		2044
五金、家具及室内装修材料专门零售	29164	1236771	51675	2704
五金零售	17150	134471	750	——
家具零售	4530	732141	33120	2704
涂料零售	5000	20465	——	——
其他室内装修材料零售	2484	349694	17805	——
无店铺及其他零售	48740	348520	2682	34812
流动货摊零售	338	4239	——	——
邮购及电子销售	250	3550	——	——
生活用燃料零售	33751	140648	1861	7798
花卉零售	3500	11217	——	——
旧货零售	——	6479	——	——
其他未列明的零售	10901	182387	821	27014
（九）住宿和餐饮业	**2449908**	**11810038**	**802933**	**685925**
住宿业	2046496	7987743	676462	586513
旅游饭店	1725779	6029432	604048	513366
一般旅馆	158139	1485595	21633	48448
其他住宿服务	162578	472716	50781	24699
餐饮业	403412	3822295	126471	99412
正餐服务	346756	3334143	95077	92299
快餐服务	8465	99676	27289	603
饮料及冷饮服务	11946	107696	3176	5120
其他餐饮服务	36245	280780	929	1390
（十）金融业	**1018781**	**1462810**	**11833**	**44646**
银行业	815611	1084351	10755	42134
中央银行	88966	92446	——	——
商业银行	684874	915774	10565	41668
其他银行	41771	76131	190	466
证券业	100081	122675	——	——
证券市场管理	7629	9638	——	——
证券经纪与交易	87829	94834	——	——
证券投资	4623	5103	——	——
证券分析与咨询	——	13100	——	——
保险业	52298	101905	1078	1010
人寿保险	42271	70636	83	730
非人寿保险	9597	29961	995	280
保险辅助服务	430	1308	——	——
其他金融活动	50791	153879	——	1502
金融信托与管理	9910	28704	——	——
金融租赁	496	19252	——	902

国民经济行业小类国有控股、内资、外商及港澳台城镇投资

续表 24　　　　单位：万元

行　　业	投资中：国有及国有控股投资	投资中：内资投资	外商投资	港澳台商投资
财务公司	——	210	——	——
邮政储蓄	1476	1476	——	600
典当	197	17417	——	——
其他未列明的金融活动	38712	86820	——	——
（十一）房地产业	**50030929**	**250323519**	**15577624**	**20291300**
房地产业	50030929	250323519	15577624	20291300
房地产开发经营	41594878	229543105	15394172	20162651
物业管理	233092	618298	6377	52040
房地产中介服务	35502	104279	14117	2689
其他房地产活动	8167457	20057837	162958	73920
（十二）租赁和商务服务业	**4414133**	**8057749**	**350231**	**198842**
租赁业	63688	335279	1018	2155
机械设备租赁	52088	319469	1018	2155
汽车租赁	5511	75044	1018	1605
农业机械租赁	151	751	——	——
建筑工程机械与设备租赁	21420	124469	——	——
计算机及通讯设备租赁	——	——	——	——
其他机械与设备租赁	25006	119205	——	550
文化及日用品出租	11600	15810	——	——
图书及音像制品出租	2000	2000	——	——
其他文化及日用品出租	9600	13810	——	——
商务服务业	4350445	7722470	349213	196687
企业管理服务	2334397	3787574	193634	126206
企业管理机构	739219	1366035	69773	41020
投资与资产管理	1298173	1677463	82872	49670
其他企业管理服务	297005	744076	40989	35516
法律服务	9653	15776	——	——
律师及相关的法律服务	3928	9529	——	——
公证服务	462	984	——	——
其他法律服务	5263	5263	——	——
咨询与调查	17805	108067	15782	14595
会计、审计及税务服务	6028	17310	1312	3000
市场调查	——	3110	365	585
社会经济咨询	6212	32806	9010	——
其他专业咨询	5565	54841	5095	11010
广告业	22728	111891	——	222
知识产权服务	——	1509	3148	——
职业中介服务	52216	68767	——	——
市场管理	453004	1341001	41510	33322
旅行社	34416	103700	1620	——

国民经济行业小类国有控股、内资、外商及港澳台城镇投资

续表 25　　单位：万元

行　　业	投资中：国有及国有控股投资	投资中：内资投资	外商投资	港澳台商投资
其他商务服务	1426226	2184185	93519	22342
会议及展览服务	1047710	1210773	23315	2850
包装服务	——	29327	1424	——
保安服务	5704	9254	——	——
办公服务	52308	287443	36513	8500
其他未列明的商务服务	320504	647388	32267	10992
（十三）科研技术服务和地质勘查业	**3813392**	**5010342**	**110643**	**90794**
研究与试验发展	1707432	2049341	47394	42224
自然科学研究与试验发展	414676	468768	2500	——
工程和技术研究与试验发展	842826	1042288	43993	36187
农业科学研究与试验发展	302163	356427	300	——
医学研究与试验发展	29361	50126	201	6037
社会人文科学研究与试验发展	118406	131732	400	——
专业技术服务业	929243	1324083	19287	34149
气象服务	113133	115895	——	——
地震服务	11376	12426	——	——
海洋服务	5906	5906	——	——
测绘服务	57050	60061	——	——
技术检测	179506	251627	4000	6338
环境监测	60135	75885	——	——
工程技术与规划管理	409366	590336	650	540
工程管理服务	45464	95327	650	——
工程勘察设计	176192	213952	——	540
规划管理	187710	281057	——	——
其他专业技术服务	92771	211947	14637	27271
科技交流和推广服务业	544071	854413	41714	13541
技术推广服务	100092	224755	13890	230
科技中介服务	206888	283973	25583	522
其他科技服务	237091	345685	2241	12789
地质勘查业	632646	782505	2248	880
矿产地质勘查	531426	668339	2160	880
能源矿产地质勘查	362666	421415	——	880
固体矿产地质勘查	145055	194273	2160	——
其他矿产地质勘查	23705	52651	——	——
基础地质勘查	37370	40079	——	——
地质勘查技术服务	63850	74087	88	——
（十四）水利环境和公共设施管理业	**81576665**	**91858082**	**381350**	**520880**
水利管理业	10510163	11021209	31780	2760
防洪管理	3698943	3877287	2320	100
水资源管理	4902173	5119528	20030	2660

国民经济行业小类国有控股、内资、外商及港澳台城镇投资

续表 26　　单位：万元

行业	投资中：国有及国有控股投资	投资中：内资投资	外商投资	港澳台商投资
水库管理	1700180	1769004	20030	2660
调水、引水管理	2563936	2679789	——	——
其他水资源管理	638057	670735	——	——
其他水利管理	1909047	2024394	9430	——
环境管理业	4676202	5754842	80599	74666
自然保护	337783	415278	30000	14287
自然保护区管理	177605	213494	——	1835
野生动植物保护	55430	84309	30000	12452
其他自然保护	104748	117475	——	——
环境治理	4338419	5339564	50599	60379
城市市容管理	642613	695640	——	——
城市环境卫生管理	913713	1002304	36973	4242
水污染治理	1247473	1479823	11426	350
危险废物治理	113503	197757	2000	4857
其他环境治理	1421117	1964040	200	50930
公共设施管理业	66390300	75082031	268971	443454
市政公共设施管理	59489444	65001707	104980	274877
城市绿化管理	2543444	2751528	34195	7950
游览景区管理	4357412	7328796	129796	160627
风景名胜区管理	1574666	2334746	47933	64267
公园管理	1691811	2122159	15449	17541
其他游览景区管理	1090935	2871891	66414	78819
（十五）居民服务和其他服务业	**673038**	**2297723**	**21349**	**38494**
居民服务业	438557	1485501	8361	16162
家庭服务	14417	38323	——	——
托儿所	650	5763	——	——
洗染服务	12	13211	600	——
理发及美容保健服务	1066	78818	——	2500
洗浴服务	14307	360344	6177	11485
婚姻服务	21	3674	——	——
殡葬服务	139021	266145	446	——
摄影扩印服务	544	39797	——	1027
其他居民服务	268519	679426	1138	1150
其他服务业	234481	812222	12988	22332
修理与维护	23015	392864	3512	3562
汽车、摩托车维护与保养	18463	374788	3512	3562
办公设备维修	83	611	——	——
家用电器修理	60	3705	——	——
其他日用品修理	4409	13760	——	——
清洁服务	4430	48909	——	2080

国民经济行业小类国有控股、内资、外商及港澳台城镇投资

续表 27　　单位：万元

行　　业	投资中：国有及国有控股投资	投资中：内资投资	外商投资	港澳台商投资
建筑物清洁服务	1400	8977	——	——
其他清洁服务	3030	39932	——	2080
其他未列明的服务	207036	370449	9476	16690
（十六）教育	**18654028**	**22070423**	**77877**	**60319**
教育	18654028	22070423	77877	60319
学前教育	105006	271791	——	607
初等教育	2012607	2301117	5665	6763
中等教育	6213751	7274516	20730	13775
初中教育	2108063	2529959	6736	45
高中教育	2589847	2880789	8814	500
中等专业教育	468794	539989	——	646
职业中学教育	585404	720740	——	5964
技工学校教育	384689	478076	5180	——
其他中等教育	76954	124963	——	6620
高等教育	9382962	10624487	41813	7782
普通高等教育	8990913	10106616	41813	7782
成人高等教育	392049	517871	——	——
其他教育	939702	1598512	9669	31392
职业技能培训	527522	1084664	9669	29900
特殊教育	19628	25234	——	——
其他未列明的教育	392552	488614	——	1492
（十七）卫生社会保障和社会福利业	**6644048**	**7947688**	**69429**	**76487**
卫生	6103323	7193243	60066	75887
医院	5088208	5940450	59715	75887
综合医院	4069502	4549177	42007	68669
中医医院	346589	398249	1000	——
中西医结合医院	104852	146493	——	——
民族医院	12228	12854	——	60
专科医院	484763	741492	16708	7158
疗养院	70274	92185	——	——
卫生院及社区医疗活动	437144	566872	97	——
门诊部医疗活动	63195	106438	——	——
计划生育技术服务活动	72469	74930	——	——
妇幼保健活动	85062	105622	——	——
专科疾病防治活动	46746	57031	——	——
疾病预防控制及防疫活动	204193	208579	——	——
其他卫生活动	106306	133321	254	——
社会保障业	112742	125084	1363	——
社会保障业	112742	125084	1363	——
社会福利业	427983	629361	8000	600

国民经济行业小类国有控股、内资、外商及港澳台城镇投资

续表 28

单位：万元

行业	投资中：国有及国有控股投资	投资中：内资投资	外商投资	港澳台商投资
提供住宿的社会福利	340362	515303	8000	600
干部休养所	68922	74816	——	——
收养收容服务	271440	440487	8000	600
不提供住宿的社会福利	87621	114058	——	——
（十八）文化、体育和娱乐业	**7965225**	**10590501**	**287281**	**420414**
新闻出版业	305214	363594	——	——
新闻业	99356	129191	——	——
出版业	205858	234403	——	——
图书出版	65798	67848	——	——
报纸出版	138574	155554	——	——
期刊出版	575	1500	——	——
音像制品出版	——	——	——	——
电子出版物出版	88	88	——	——
其他出版	823	9413	——	——
广播、电视、电影和音像业	1330513	1488444	10000	
广播	208605	219745	——	——
电视	948189	983152	——	——
电影	169291	255431	10000	——
电影制作与发行	80963	103624	10000	——
电影放映	88328	151807	——	——
音像制作	4428	30116	——	——
文化艺术业	3135215	3573855	11600	26913
文艺创作与表演	124467	133124	——	10609
艺术表演场馆	649612	709305	——	——
图书馆与档案馆	237622	243359	——	——
图书馆	195795	201432	——	——
档案馆	41827	41927	——	——
文物及文化保护	402796	479535	——	3500
博物馆	995646	1104150	——	7050
烈士陵园、纪念馆	136799	154279	——	——
群众文化活动	460064	562371	11600	1054
文化艺术经纪代理	2200	9304	——	——
其他文化艺术	126009	178428	——	4700
体育	2205629	2087428	170294	219528
体育组织	249584	100788	——	171398
体育场馆	1873324	1883762	170293	41430
其他体育	82721	102878	1	6700
娱乐业	988654	3077180	95387	173973
室内娱乐活动	220834	887865	7768	25156
游乐园	351828	703951	20896	633

国民经济行业小类国有控股、内资、外商及港澳台城镇投资

续表 29　　单位：万元

行　　业	投资中：国有及国有控股投资	投资中：内资投资	外商投资	港澳台商投资
休闲健身娱乐活动	320402	1066561	53643	114008
其他娱乐活动	95590	418803	13080	34176
（十九）公共管理和社会组织	**22528734**	**27628804**	**16494**	**38792**
中国共产党机关	229542	242522	——	——
中国共产党机关	229542	242522	——	——
国家机构	21267175	22322153	5784	38432
国家权力机构	970589	998920	——	3544
国家行政机构	18757625	19756377	5554	34888
综合事务管理机构	5971402	6398703	2350	4912
对外事务管理机构	43911	43912	——	——
公共安全管理机构	3705285	3779526	204	4250
社会事务管理机构	1351805	1426029	——	——
经济事务管理机构	4133949	4352172	——	9600
政府事务管理机构	2962201	3148302	3000	16126
行政监督检查机构	589072	607733	——	——
人民法院和人民检察院	772476	789310	——	——
人民法院	414078	425739	——	——
人民检察院	358398	363571	——	——
其他国家机构	766485	777546	230	——
人民政协和民主党派	110475	112395	——	——
人民政协	85541	87461	——	——
民主党派	24934	24934	——	——
群众团体、社会团体和宗教组织	336067	659308	10160	360
群众团体	125031	142065	——	——
工会	77782	80824	——	——
妇联	5868	5868	——	——
共青团	7290	7290	——	——
其他群众团体	34091	48083	——	——
社会团体	75314	134959	10150	360
专业性团体	30561	33083	——	——
行业性团体	31583	45472	10150	——
其他社会团体	13170	56404	——	360
宗教组织	135722	382284	10	——
基层群众自治组织	585475	4292426	550	——
社区自治组织	257171	1548917	——	——
村民自治组织	328304	2743509	550	——
（二十）国际组织	——	——	——	——
国际组织	——	——	——	——

各地区按三次产业分的城镇投资

单位：万元

地　　区	合　　计	第一产业	第二产业	第三产业
全国总计	**1174644688**	**14600466**	**508142562**	**651901660**
北　　京	35972896	10678	4020507	31941711
天　　津	21921691	65409	9622747	12233535
河　　北	56903132	1162574	29854439	25886119
山　　西	26002159	394264	15443603	10164292
内 蒙 古	42550024	1327825	22214869	19007330
辽　　宁	65760474	548289	31002470	34209715
吉　　林	33401891	498174	17492612	15411105
黑 龙 江	25916921	732534	11294096	13890291
上　　海	40450984	36455	11248637	29165892
江　　苏	91613730	196058	43048968	48368704
浙　　江	59969318	174603	21191270	38603445
安　　徽	44445832	372815	20551299	23521718
福　　建	38290172	170753	13577690	24541729
江　　西	29548723	251613	14160094	15137016
山　　东	101535618	1251338	57480532	42803748
河　　南	66091612	1343908	36723723	28023981
湖　　北	39273552	604776	16023327	22645449
湖　　南	36095398	486703	14670131	20938564
广　　东	73686867	211496	22965912	50509459
广　　西	25967374	612186	11054939	14300249
海　　南	4727670	172603	812349	3742718
重　　庆	29370695	491609	9848786	19030300
四　　川	50434159	801913	21489456	28142790
贵　　州	12891302	112071	5591921	7187310
云　　南	24437911	463418	9328829	14645664
西　　藏	2308271	155415	390542	1762314
陕　　西	31688196	576149	11939631	19172416
甘　　肃	11774632	364554	5971709	5438369
青　　海	4436907	126690	2456779	1853438
宁　　夏	5276947	37500	2936575	2302872
新　　疆	16591894	846093	9102832	6642969
不分地区	25307736	——	4631288	20676448

各地区按投资规模分的城镇投资（一）

单位：万元

地　　区	500万元以下	500～1000万元	1000～3000万元	3000～5000万元
全国总计	**19522127**	**29982577**	**126334911**	**75051286**
北　京	81119	106727	452015	468063
天　津	110727	168133	689665	605170
河　北	1116991	2480924	14324085	2175460
山　西	212369	372935	1707687	1473995
内蒙古	453974	746689	3616722	2849833
辽　宁	1462246	1326086	6300001	3788943
吉　林	361628	930150	4707802	3148467
黑龙江	441171	764318	2547018	1773813
上　海	212743	217423	848964	787903
江　苏	——	1066635	7418884	6387771
浙　江	839584	1201780	4514602	2997010
安　徽	1391869	1692280	5563275	3291104
福　建	345306	618021	2195507	2357703
江　西	274021	613136	3336940	3032555
山　东	1144210	3875672	13318759	12769268
河　南	1080017	2605352	19830142	3487185
湖　北	840245	1263406	4319501	2895518
湖　南	778723	1699081	4603633	3274432
广　东	1990566	1289510	4706403	2930633
广　西	1320823	1179500	3079324	2002628
海　南	102862	132901	349612	251280
重　庆	305604	466732	1895122	1432523
四　川	992316	1656202	6192663	3789513
贵　州	898899	452970	1039578	623286
云　南	689721	664560	1832117	1243581
西　藏	240889	171809	324120	202514
陕　西	400519	655889	2397966	2544348
甘　肃	499592	623838	1645440	959468
青　海	182075	152163	403879	297718
宁　夏	99314	128898	455422	259181
新　疆	652004	658857	1717591	950348
不分地区	——	——	472	72

注：本表不含房地产开发投资。

各地区按投资规模分的城镇投资（二）

单位：万元

地　　区	5000 万元～1 亿元	1～5 亿元	5～10 亿元	10 亿元及以上
全国总计	**128014689**	**205129821**	**79182616**	**258538288**
北　　京	795925	3734646	1888341	8487854
天　　津	1258292	3679340	1210696	9146712
河　　北	5594797	9386025	3849463	10882581
山　　西	2586644	7604421	2773962	6680895
内 蒙 古	4412571	9752404	4445441	11263528
辽　　宁	7196101	12177483	4510923	14022898
吉　　林	5998577	6337370	3019030	3998023
黑 龙 江	2654906	5517787	1847703	6546554
上　　海	1467820	4247799	2124696	17468380
江　　苏	12659440	19337360	8123260	11461322
浙　　江	4963189	10771846	4504634	11959983
安　　徽	5319475	6890443	2528871	8847837
福　　建	3642543	6796700	2804855	8204639
江　　西	4754726	6101604	1843120	5238048
山　　东	19030692	20124649	6547155	9514990
河　　南	8082484	10922770	3523887	8188711
湖　　北	4842594	6541055	1910090	9423888
湖　　南	4689566	7289253	1885127	4329770
广　　东	5487311	10273110	4231237	17605815
广　　西	2825137	4635340	1457774	4104013
海　　南	299850	654935	490767	1169722
重　　庆	2443642	5374485	1909141	7044480
四　　川	5839748	7760303	3353432	7581638
贵　　州	949897	1898464	698160	3833374
云　　南	1969583	4028364	1624280	8157112
西　　藏	314699	566527	121363	249583
陕　　西	4433989	6426709	2583252	6892275
甘　　肃	1414340	2343061	926586	2021608
青　　海	330553	767466	472181	1488815
宁　　夏	490199	986281	507447	1419076
新　　疆	1265399	2167401	1294599	6202535
不分地区	——	34420	171143	25101629

各地区按构成分的城镇投资

单位：万元

地　　区	投资额	建筑安装工程	设备工器具购置	其他费用
全国总计	**1174644688**	**715952519**	**256948395**	**201743774**
北　　京	35972896	18502550	4190545	13279801
天　　津	21921691	12907030	4416209	4598452
河　　北	56903132	34094012	15037800	7771320
山　　西	26002159	16027036	7117152	2857971
内 蒙 古	42550024	30043965	8724004	3782055
辽　　宁	65760474	41760344	14591773	9408357
吉　　林	33401891	20377386	8464797	4559708
黑 龙 江	25916921	16905488	6001133	3010300
上　　海	40450984	21842732	8114248	10494004
江　　苏	91613730	52485407	22741788	16386535
浙　　江	59969318	33760454	10673493	15535371
安　　徽	44445832	27499959	9450379	7495494
福　　建	38290172	21111286	6928265	10250621
江　　西	29548723	18789056	6977879	3781788
山　　东	101535618	60631940	28508533	12395145
河　　南	66091612	43073193	16933937	6084482
湖　　北	39273552	23607200	8450798	7215554
湖　　南	36095398	22758603	6733566	6603229
广　　东	73686867	46029348	14607653	13049866
广　　西	25967374	15501664	5344180	5121530
海　　南	4727670	3089069	1007485	631116
重　　庆	29370695	18461891	4170924	6737880
四　　川	50434159	29660612	9230081	11543466
贵　　州	12891302	7511081	2683655	2696566
云　　南	24437911	15986826	3588819	4862266
西　　藏	2308271	2120848	164128	23295
陕　　西	31688196	21591553	5628880	4467763
甘　　肃	11774632	8017178	2123885	1633569
青　　海	4436907	3346680	675079	415148
宁　　夏	5276947	3208738	1398931	669278
新　　疆	16591894	10967401	3767687	1856806
不分地区	25307736	14281989	8500709	2525038

各地区按隶属关系分的城镇投资

单位：万元

地区	合计	中央项目	地方项目				
				省属	地市属	县属	其他
全国总计	**1174644688**	**131653038**	**1042991650**	**131689455**	**178470670**	**186723738**	**546107787**
北京	35972896	5904461	30068435	9815475	3536302	——	16716658
天津	21921691	4418024	17503667	7756686	3187502	1216179	5343300
河北	56903132	4430239	52472893	5024938	6622740	12414169	28411046
山西	26002159	2334284	23667875	5884675	3231456	5672582	8879162
内蒙古	42550024	4794567	37755457	3968010	6681939	11219712	15885796
辽宁	65760474	8612884	57147590	2827068	11251523	8267362	34801637
吉林	33401891	3167142	30234749	1887434	4648492	6112575	17586248
黑龙江	25916921	6425945	19490976	3833520	4287135	4382474	6987847
上海	40450984	6806475	33644509	14761390	9928609	105340	8849170
江苏	91613730	2407385	89206345	2141965	15463239	13331118	58270023
浙江	59969318	4438441	55530877	2860173	8724802	12222904	31722998
安徽	44445832	2830928	41614904	5559538	9863778	5500597	20690991
福建	38290172	2037544	36252628	5482950	7848197	5677828	17243653
江西	29548723	502617	29046106	3630207	3719563	5860578	15835758
山东	101535618	4093723	97441895	4179760	10834200	14833191	67594744
河南	66091612	2336798	63754814	5026538	6360104	13865613	38502559
湖北	39273552	4441030	34832522	3991191	8413431	5748353	16679547
湖南	36095398	2150275	33945123	4371120	4573227	7170091	17830685
广东	73686867	5112505	68574362	5008767	15586970	8801763	39176862
广西	25967374	1698934	24268440	2768560	4916701	5073726	11509453
海南	4727670	302246	4425424	1349909	1238538	581982	1254995
重庆	29370695	2251138	27119557	5214176	5655658	3806552	12443171
四川	50434159	3340758	47093401	4423915	7104982	13524667	22039837
贵州	12891302	2447026	10444276	2350310	1418062	1796521	4879383
云南	24437911	3633051	20804860	4406207	3415778	5331994	7650881
西藏	2308271	1345471	962800	88056	130458	153485	590801
陕西	31688196	2545847	29142349	7227261	6168273	6621946	9124869
甘肃	11774632	1617460	10157172	2538506	1373995	3091132	3153539
青海	4436907	811212	3625695	949215	852622	1088945	734913
宁夏	5276947	1483156	3793791	1043908	580857	408901	1760125
新疆	16591894	7623736	8968158	1318027	851537	2841458	3957136
不分地区	25307736	25307736	——	——	——	——	——

各地区按建设性质分的城镇投资

单位：万元

地　　区	新　建	扩　建	改　建	单纯建造生活设施	迁　建	恢　复	单纯购置
全国总计	**519630502**	**197054045**	**141360028**	**11312460**	**11952702**	**832813**	**39613765**
北　　京	7054404	5949119	1327013	722803	273384	1996	685971
天　　津	8548300	3383490	3105425	33015	622639	994	1174872
河　　北	30132389	11899118	5548321	149295	964514	21330	1095359
山　　西	9885289	5177600	6513111	1497356	110854	5968	222730
内 蒙 古	25487404	6515460	4284138	618439	78433	116485	440803
辽　　宁	30735768	8208706	8363231	196875	542853	27272	2709976
吉　　林	12096537	6484664	7464379	89221	796092	6390	1563764
黑 龙 江	7246289	4130071	8011251	1105117	55228	22253	1523061
上　　海	17292733	4495831	2876637	9659	963385	——	1737483
江　　苏	37321499	17905174	8567556	46450	569619	9100	2035274
浙　　江	21789010	11692235	5056874	194877	1158894	51466	1809272
安　　徽	20859438	6608487	6163509	191628	413746	29252	1259094
福　　建	18548611	4681908	2093249	57620	378039	13815	1192032
江　　西	15073073	4387252	4295829	48095	289992	10276	1089633
山　　东	39713479	29210361	10918403	2041620	912272	18554	3510706
河　　南	39461616	11332823	5235225	527094	282264	124431	757095
湖　　北	14914976	7606064	7910683	96507	455407	31612	1021048
湖　　南	12192491	4483734	11085588	118615	129224	97996	441937
广　　东	30569645	8657495	5626767	134803	362113	20474	3143288
广　　西	12384507	3603074	3336821	451261	204981	27848	596047
海　　南	2191358	468827	269522	17318	1836	406	502662
重　　庆	14432465	2650224	2216652	53741	981467	36178	501002
四　　川	24048726	5622911	5811848	85029	860346	40989	695966
贵　　州	5473317	1628680	2633999	203728	54659	8959	391286
云　　南	13449808	3357592	2369322	176850	132236	26051	697459
西　　藏	1326492	280192	318605	202346	3995	5214	54660
陕　　西	15522838	4385947	3888638	1376423	225314	50668	885119
甘　　肃	7587005	1438116	1187072	82763	31652	1820	105505
青　　海	2551005	746634	717137	21111	730	12531	45702
宁　　夏	2774299	717923	775688	2860	60081	1865	13102
新　　疆	3759028	7439715	2386806	759941	36453	10620	516171
不分地区	15206703	1904618	1000729	——	——	——	7195686

注：本表不含房地产开发投资。

各地区城镇旧设备、旧建筑物及土地购置情况

单位：万元

地　　区	购　置 旧设备	购置用于 更新的设备	旧建筑物 购 置 费	土　地 购置费
全国总计	**1607937**	**20631728**	**4349433**	**77135258**
北　　京	——	472904	——	3576856
天　　津	8912	860858	232885	1631631
河　　北	34179	955930	271693	1906466
山　　西	9217	587566	52724	530946
内 蒙 古	7623	209842	104576	1327496
辽　　宁	84035	1011635	260252	3058226
吉　　林	10926	524794	261214	1280396
黑 龙 江	40595	426623	123338	703922
上　　海	18007	553417	32709	2821929
江　　苏	135568	1505437	289996	8918482
浙　　江	14507	1246780	52583	9697799
安　　徽	33655	717961	172307	2807996
福　　建	17983	1005758	124517	5307268
江　　西	4553	909923	168964	1122703
山　　东	95801	1856442	390565	4029824
河　　南	15620	622486	103225	1832018
湖　　北	46616	524077	181175	1723944
湖　　南	90612	1530470	542496	3245365
广　　东	646829	1559034	131229	5966538
广　　西	69031	610208	94248	2301527
海　　南	——	7507	4033	260378
重　　庆	50038	425107	218700	2490637
四　　川	53977	1077576	147666	5205812
贵　　州	9335	255813	28016	803545
云　　南	21127	156739	80714	2164479
西　　藏	——	2800	5	2455
陕　　西	65874	532355	131233	980102
甘　　肃	5141	134855	106457	609754
青　　海	1726	13334	6425	66198
宁　　夏	4732	156332	7209	157357
新　　疆	11718	177062	28279	322668
不分地区	——	103	——	280541

各地区按行业大类分的城镇投资（一）

单位：万元

地　　区	合　　计	（一）农、林、牧、渔业	农　业	林　业	畜牧业
全国总计	**1174644688**	**14600466**	**3272360**	**2976346**	**3158401**
北　京	35972896	10678	4991	5687	——
天　津	21921691	65409	24995	7810	8015
河　北	56903132	1162574	213695	225807	387163
山　西	26002159	394264	31668	205603	76240
内蒙古	42550024	1327825	176705	426255	348685
辽　宁	65760474	548289	122023	76983	121082
吉　林	33401891	498174	62669	87592	169367
黑龙江	25916921	732534	270431	78564	167209
上　海	40450984	36455	29038	——	5723
江　苏	91613730	196058	35359	4998	57274
浙　江	59969318	174603	55079	4638	4815
安　徽	44445832	372815	85099	94452	73163
福　建	38290172	170753	37627	27226	36842
江　西	29548723	251613	46554	20096	57417
山　东	101535618	1251338	185225	126485	283256
河　南	66091612	1343908	254222	143852	524579
湖　北	39273552	604776	160706	123860	79893
湖　南	36095398	486703	141419	156753	54226
广　东	73686867	211496	88426	54658	18008
广　西	25967374	612186	83837	223711	90669
海　南	4727670	172603	16447	123725	910
重　庆	29370695	491609	132065	183438	75852
四　川	50434159	801913	314041	87952	203152
贵　州	12891302	112071	24086	1924	18386
云　南	24437911	463418	183526	92653	31873
西　藏	2308271	155415	25804	30330	28076
陕　西	31688196	576149	99691	164074	96593
甘　肃	11774632	364554	106760	86197	72608
青　海	4436907	126690	11861	18428	28373
宁　夏	5276947	37500	14203	2094	1460
新　疆	16591894	846093	234108	90501	37492
不分地区	25307736	——	——	——	——

各地区按行业大类分的城镇投资（二）

单位：万元

地区	渔业	农、林、牧、渔服务业	（二）采矿业	煤炭开采和洗选业	石油和天然气开采业	黑色金属矿采选业
全国总计	**684350**	**4509009**	**52561415**	**18045849**	**22254951**	**4280314**
北京	——	——	102457	6565	46199	49394
天津	2000	22589	1811534	——	1790641	——
河北	50605	285304	2337121	521986	741906	726972
山西	——	80753	3790760	3639235	4411	38410
内蒙古	17500	358680	5873909	3284199	1101848	663082
辽宁	112518	115683	2815200	238269	1449259	838761
吉林	7694	170852	2242615	289315	1538156	146065
黑龙江	2649	213681	3572035	554551	2874466	47981
上海	833	861	172036	——	147969	17587
江苏	8832	89595	222039	36701	118512	14131
浙江	4361	105710	17470	——	——	1011
安徽	12804	107297	2416271	1850918	2000	227889
福建	24090	44968	188813	56455	1061	30634
江西	21793	105753	545626	152333	——	42940
山东	204508	451864	2728963	706996	1208056	235588
河南	38260	382995	4049533	2032490	683974	182476
湖北	29948	210369	612806	38418	299418	124779
湖南	6075	128230	1104078	408675	——	116659
广东	23419	26985	516040	——	394294	27700
广西	59195	154774	800197	45084	13804	183289
海南	17912	13609	34999	——	7299	11536
重庆	414	99840	525541	347847	34377	15973
四川	24041	172727	1340064	581956	228437	173065
贵州	75	67600	652866	513458	——	3387
云南	5755	149611	1041948	362349	——	119218
西藏	2290	68915	96423	——	——	27214
陕西	4849	210942	2849635	683235	1907271	43442
甘肃	750	98239	574442	228959	151875	47820
青海	108	67920	480448	65120	293771	8886
宁夏	——	19743	710353	693153	16400	——
新疆	1072	482920	4444101	410485	3605552	114425
不分地区	——	——	3891092	297097	3593995	——

各地区按行业大类分的城镇投资（三）

单位：万元

地　　区	有色金属矿采选业	非金属矿采选业	其他采矿业	（三）制造业	农副食品加工业	食品制造业
全国总计	**4915315**	**2952419**	**112567**	**354767247**	**16380998**	**9651661**
北　　京	——	299	——	2120685	22777	57255
天　　津	——	20893	——	5975471	66360	116694
河　　北	125323	219934	1000	22895272	967947	567245
山　　西	76307	32397	——	7369006	310707	146111
内 蒙 古	600601	222979	1200	9402423	750690	504340
辽　　宁	186893	97518	4500	24434207	1091501	442951
吉　　林	103044	161535	4500	13149721	1128345	606334
黑 龙 江	59358	35189	490	5403726	699651	313397
上　　海	——	6480	——	8843153	15764	97663
江　　苏	——	20695	32000	38841094	702150	551756
浙　　江	6149	10310	——	15717847	124891	189818
安　　徽	142743	190471	2250	13648687	675520	297561
福　　建	56532	43101	1030	10541767	308578	233373
江　　西	220346	130007	——	12146158	384064	337424
山　　东	346269	228744	3310	48098644	3679702	1765229
河　　南	825708	309659	15226	28486992	1751191	1034243
湖　　北	28048	111833	10310	11938850	423937	381485
湖　　南	368159	206885	3700	10137639	494251	341956
广　　东	35085	57271	1690	17085034	195054	200124
广　　西	322989	227951	7080	7210722	694122	205434
海　　南	10364	5800	——	491704	64601	1641
重　　庆	101880	25354	110	6973691	233266	169542
四　　川	205781	144789	6036	14044206	749393	592981
贵　　州	59355	76666	——	2295257	53753	50536
云　　南	463027	84365	12989	2976966	169186	71084
西　　藏	66253	2956	——	93678	3900	524
陕　　西	143782	70726	1179	5939481	189610	125099
甘　　肃	108060	36539	1189	2489440	177801	108189
青　　海	95755	14616	2300	1171422	35093	19231
宁　　夏	——	800	——	1463614	34488	11614
新　　疆	157504	155657	478	3380690	182705	110827
不分地区	——	——	——	——	——	——

各地区按行业大类分的城镇投资（四）

单位：万元

地　　区	饮　料制造业	烟　草制品业	纺织业	纺织服装鞋帽制造业	皮革、毛皮羽绒及其制品业	木材加工及木竹藤棕、草制品业
全国总计	**7148488**	**1173743**	**15145750**	**7532373**	**3479195**	**6352981**
北　　京	32730	14574	1843	57196	3482	——
天　　津	114469	15718	146499	25285	6339	6773
河　　北	409309	63206	1361068	330285	291137	345291
山　　西	167020	6927	40609	9150	3720	24025
内 蒙 古	208044	19285	121971	26778	53579	117190
辽　　宁	412222	15622	222346	250226	53641	394950
吉　　林	494075	66398	112593	111644	21294	614404
黑 龙 江	317228	3037	112260	12463	2178	498318
上　　海	16192	34492	41048	29301	7770	2744
江　　苏	279784	46678	2698957	1048698	217916	538091
浙　　江	212444	6919	1637082	797741	347326	172585
安　　徽	255051	22575	396019	494996	147499	237032
福　　建	176263	16843	586180	493846	385971	334518
江　　西	185425	12081	572911	678784	241854	305527
山　　东	724781	83138	2841887	1373374	438765	873766
河　　南	779308	34367	1681067	517028	373890	534778
湖　　北	238585	88036	738876	297777	37199	168236
湖　　南	167201	126513	288245	144409	86321	280074
广　　东	227862	32662	405404	399571	268997	145409
广　　西	233669	22609	158596	86923	77324	284061
海　　南	4378	——	328	355	970	2287
重　　庆	134936	19804	169352	86734	98194	22244
四　　川	678939	13958	421985	184519	276618	315831
贵　　州	94096	47737	1838	5246	902	25227
云　　南	102996	143813	21961	4750	——	31706
西　　藏	22970	——	4387	1100	5000	1350
陕　　西	247139	190691	116363	41606	23914	47926
甘　　肃	107954	8964	31761	987	3000	10660
青　　海	8640	60	18480	4857	——	3585
宁　　夏	29048	——	29845	2020	1150	650
新　　疆	65730	17036	163989	14724	3245	13743
不分地区	——	——	——	——	——	——

各地区按行业大类分的城镇投资（五）

单位：万元

地　区	家具制造业	造纸及纸制品业	印刷业和记录媒介的复制	文教体育用品制造业	石油加工炼焦及核燃料加工	化学原料及化学制品制造业
全国总计	**3869969**	**8164391**	**3677054**	**1719229**	**14153806**	**35340376**
北　京	686	2722	47427	468	68486	58892
天　津	57583	82873	59602	38953	454722	467581
河　北	420804	405463	272696	57163	741231	1674839
山　西	3320	21530	36679	39600	923172	1058665
内蒙古	14678	141626	41020	3250	1156782	1983525
辽　宁	340124	236107	207640	53058	1322748	1837686
吉　林	209483	226448	133951	49801	51981	1399595
黑龙江	91939	45367	16567	21082	316050	588996
上　海	9027	14159	35733	14317	298477	906636
江　苏	335673	602766	208463	135342	224988	4274938
浙　江	262591	367254	236443	188957	139195	1275943
安　徽	124005	256042	230523	68729	203937	806794
福　建	219172	291349	64793	110387	1240406	517277
江　西	162033	149671	168609	127547	93522	912906
山　东	610689	1339594	513298	427171	2131611	5015328
河　南	270238	823356	233947	61294	375602	2994114
湖　北	88261	184545	136609	25868	213958	966558
湖　南	74533	376613	171082	42124	92143	1047166
广　东	225892	755264	305109	206861	1085110	939118
广　西	29463	422206	89181	18050	254112	426972
海　南	——	233048	77	——	32912	28173
重　庆	40664	434413	59367	10160	16431	867469
四　川	188132	339525	208298	12520	105046	1405086
贵　州	4638	105824	44579	1627	130560	525800
云　南	7200	76440	15759	——	223882	647480
西　藏	——	5000	700	——	——	590
陕　西	42556	73892	114584	4400	428099	712278
甘　肃	24161	26782	6729	50	235040	322846
青　海	3442	1580	790	——	41589	459955
宁　夏	3250	92541	10571	——	154600	635765
新　疆	5732	30391	6228	450	1397414	581405
不分地区	——	——	——	——	——	——

各地区按行业大类分的城镇投资（六）

单位：万元

地　　区	医　药 制造业	化学纤维 制 造 业	橡　胶 制品业	塑　料 制品业	非金属矿 物制品业	黑色金属冶炼 及压延加工业
全国总计	**8434935**	**2792486**	**4360464**	**8623447**	**28056932**	**26167104**
北　　京	53408	3633	——	5571	50817	449769
天　　津	125910	23764	67523	90338	116013	1311495
河　　北	415203	100210	306157	700045	1840350	3665757
山　　西	82769	10996	51426	58005	542796	1876299
内 蒙 古	180853	——	37184	72534	873738	904321
辽　　宁	354890	121099	445475	612767	2055111	3396329
吉　　林	697314	86174	120082	305352	1048607	403688
黑 龙 江	187460	18443	32731	90269	422920	153487
上　　海	22494	11789	30351	84579	32864	2628156
江　　苏	729303	772588	507473	828522	1536180	1306412
浙　　江	387002	458529	174580	553394	558560	592744
安　　徽	254846	31607	116922	449268	1284207	1394444
福　　建	125118	376163	154983	310296	746844	201733
江　　西	620863	63360	121127	405791	1301382	641672
山　　东	1108048	195241	1434357	1633157	3499159	626399
河　　南	695142	91853	218347	666242	4357878	1317235
湖　　北	417336	26921	46473	232662	951496	1645930
湖　　南	292858	68300	44849	149934	999507	820263
广　　东	326756	39381	158466	547069	1075460	383668
广　　西	167075	7889	46453	86796	878838	391135
海　　南	10060	——	488	1100	66083	13282
重　　庆	185662	186844	61590	86582	490556	90045
四　　川	508409	61655	80922	382512	1420028	686324
贵　　州	98982	1132	41576	24929	240974	132501
云　　南	33313	——	8253	8060	553694	241390
西　　藏	700	——	——	——	7243	——
陕　　西	179545	8000	34969	88353	560289	114511
甘　　肃	64836	236	8626	62521	106248	346954
青　　海	16227	——	——	4600	118490	116760
宁　　夏	74474	——	4761	7568	121654	25188
新　　疆	18079	26679	4320	74631	198946	289213
不分地区	——	——	——	——	——	——

各地区按行业大类分的城镇投资（七）

单位：万元

地　　区	有色金属冶炼及压延加工业	金　属制品业	通用设备制 造 业	专用设备制 造 业	交通运输设备制造业	电气机械及器材制造业
全国总计	**12955875**	**15800549**	**23314581**	**16889796**	**27232572**	**16084596**
北　　京	1235	14595	40615	33466	787333	23279
天　　津	39893	203435	292956	288362	898184	286044
河　　北	567613	1562550	1679810	1325910	1233752	879080
山　　西	392544	115502	301096	300249	137406	160176
内 蒙 古	883927	186704	333722	202586	290985	207796
辽　　宁	456753	1318227	2747312	1608479	1750441	1339018
吉　　林	178058	519734	543410	749077	2468895	480830
黑 龙 江	74473	121669	349201	196567	324162	242174
上　　海	14810	126404	676858	198441	1247818	202613
江　　苏	352765	2188504	3146038	2195038	2986954	2571322
浙　　江	136051	759316	1367449	808926	1387320	1059967
安　　徽	239139	653305	1160085	524540	1438953	1251620
福　　建	368468	315096	395869	243836	538419	362813
江　　西	1018004	463284	358622	311719	620941	826569
山　　东	545680	3195013	4054437	2917563	2822283	1783363
河　　南	2010890	986557	1849606	1647367	1357865	942927
湖　　北	266083	336073	701708	506032	1572490	445881
湖　　南	1016474	386376	590669	481558	670315	467118
广　　东	366423	873180	335630	503563	1371418	1122571
广　　西	1202370	196627	190733	220416	449312	143328
海　　南	5471	2296	——	5263	15309	848
重　　庆	244704	281183	397545	211964	1540163	274382
四　　川	460257	603226	1193169	800814	584515	587233
贵　　州	411967	35367	44551	36837	72885	31091
云　　南	341338	38506	73148	23648	26591	25472
西　　藏	38000	——	320	——	——	——
陕　　西	355934	204091	375665	450288	556776	296591
甘　　肃	589529	44527	33473	49929	46446	32726
青　　海	233609	7787	18211	2260	10631	1000
宁　　夏	100831	29270	43301	13831	11383	12988
新　　疆	42582	32145	19372	31267	12627	23776
不分地区	——	——	——	——	——	——

各地区按行业大类分的城镇投资（八）

单位：万元

地区					(四)
	通信设备计算机及其他电子设备制造	仪器仪表及文化办公用机械制造业	工艺品及其他制造业	废弃资源废旧材料回收加工业	电力燃气及水的生产与供应
全国总计	**20938464**	**2812898**	**5656555**	**855979**	**90889097**
北京	252266	28867	5086	2207	1767998
天津	478550	37479	32903	23171	1597424
河北	454820	109402	88057	58872	4332080
山西	433774	85773	28960	——	4188752
内蒙古	26942	10420	13425	34528	6710588
辽宁	884461	187511	166958	108554	3363528
吉林	119083	121389	63576	18106	1947340
黑龙江	102486	20271	23680	5200	2031085
上海	1653186	11665	376781	1021	2211774
江苏	6042973	684280	1071981	54561	3480999
浙江	848520	237732	382830	45738	5340822
安徽	336770	88397	166991	41310	3431622
福建	769932	74640	564392	14209	2714631
江西	689306	54230	304276	12654	1388604
山东	1108190	258791	995044	103586	3248536
河南	332381	127737	279066	141476	4019375
湖北	651947	63885	59027	24976	3335181
湖南	256848	80470	67694	11775	3127829
广东	3687636	251839	622867	26670	5201813
广西	163058	13087	44376	6507	2914006
海南	1997	——	737	——	264535
重庆	366717	92471	96457	4250	2124471
四川	1013507	72840	50565	45399	5917576
贵州	24667	802	513	4120	2621540
云南	3997	4019	74305	4975	5281985
西藏	——	——	600	1294	190911
陕西	212357	78434	24844	40677	2888826
甘肃	12215	2706	12944	10600	1857564
青海	——	210	35587	8748	735043
宁夏	1500	10700	623	——	754220
新疆	8378	2851	1410	795	1158243
不分地区	——	——	——	——	740196

各地区按行业大类分的城镇投资（九）

单位：万元

地　　区	电力、热力的生产与供应业	燃气的生产与供应业	水的生产与供应业	（五）建筑业	房屋和土木工程建筑业	建筑安装业	建筑装饰业
全国总计	**79065188**	**3466418**	**8357491**	**9924803**	**8382977**	**469969**	**247652**
北　　京	1492080	106402	169516	29367	28146	265	387
天　　津	1447735	59225	90464	238318	195157	18282	——
河　　北	3787703	228126	316251	289966	191227	14275	14043
山　　西	3850709	210112	127931	95085	87822	3050	903
内 蒙 古	6342365	81527	286696	227949	178151	28760	20038
辽　　宁	2877419	105125	380984	389535	225931	72050	41360
吉　　林	1545915	99480	301945	152936	95193	36166	8720
黑 龙 江	1746311	58928	225846	287250	254345	6826	2355
上　　海	1632978	107833	470963	21674	12963	——	——
江　　苏	2566014	212675	702310	504836	454960	11141	4126
浙　　江	4352672	90085	898065	115131	107519	2573	1163
安　　徽	2985081	115551	330990	1054719	885733	21141	26516
福　　建	2200591	289361	224679	132479	104600	6132	750
江　　西	1165907	135103	87594	79706	47862	19062	8469
山　　东	2453652	234874	560010	3404389	3029793	67978	71432
河　　南	3292370	178682	548323	167823	129779	7900	8010
湖　　北	2966473	124683	244025	136490	102366	18792	7460
湖　　南	2684228	107890	335711	300585	257092	9012	14035
广　　东	4218023	244491	739299	163025	98046	24784	2862
广　　西	2687643	45681	180682	130014	108811	14385	1488
海　　南	210790	22483	31262	21111	21016	——	——
重　　庆	1737902	99153	287416	225083	198365	9320	1378
四　　川	5490774	139034	287768	187610	179551	3794	350
贵　　州	2515550	26987	79003	22258	11898	5659	2977
云　　南	5088470	66182	127333	27930	19997	909	1504
西　　藏	177405	1140	12366	9530	9404	126	——
陕　　西	2645160	104748	138918	261689	180549	50625	6325
甘　　肃	1727997	81503	48064	1050263	979018	13068	249
青　　海	712712	5433	16898	69866	66079	1578	180
宁　　夏	718820	9784	25616	8388	7672	——	336
新　　疆	1003543	74137	80563	119798	113932	2316	236
不分地区	740196	——	——	——	——	——	——

各地区按行业大类分的城镇投资（十）

单位：万元

地区	其他建筑业	（六）交通运输仓储和邮政业	铁路运输业	道路运输业	城市公共交通业	水上运输业
全国总计	**824205**	**129970571**	**24927450**	**69265966**	**10729537**	**11095406**
北京	569	4719681	657096	1281821	1687958	——
天津	24879	3089012	168842	714176	622675	1028534
河北	70421	6194553	142363	4779887	55474	804403
山西	3310	2342977	257594	1950834	16342	——
内蒙古	1000	4964959	1143149	3348202	35239	5000
辽宁	50194	5477799	646148	2245752	561033	1201610
吉林	12857	2144175	140459	1479097	187926	1388
黑龙江	23724	2931064	343952	2200295	102270	119044
上海	8711	8229186	35182	946266	3776016	1562735
江苏	34609	5876597	13500	3386249	377586	1158132
浙江	3876	6951999	701729	4049849	356013	1303953
安徽	121329	3096535	409959	2299839	63049	136893
福建	20997	4898606	650136	3088028	171492	590719
江西	4313	2541515	220936	2139594	20561	24494
山东	235186	4904674	238317	2540806	54928	932367
河南	22134	4275110	65674	3464066	25907	20710
湖北	7872	4730152	447022	3517808	125720	201224
湖南	20446	2754169	73491	2310313	76374	32696
广东	37333	7732805	305544	3183292	1709591	1236093
广西	5330	2800964	107726	2125223	46073	355195
海南	95	880991	120475	146811	5891	131031
重庆	16020	3341306	48734	2771489	176209	194597
四川	3915	3528355	382946	2542213	268978	36042
贵州	1724	1768191	82877	1610074	15137	6364
云南	5520	3967241	331594	3476580	45777	6931
西藏	——	683192	12000	608789	908	416
陕西	24190	3667800	112457	3150055	111824	645
甘肃	57928	883472	249905	500650	13108	4190
青海	2029	778239	203692	555820	1750	——
宁夏	380	389723	24100	315272	12343	——
新疆	3314	1473549	319248	855439	5385	——
不分地区	——	17951980	16270603	1681377	——	——

各地区按行业大类分的城镇投资（十一）

单位：万元

地　区	航　空运输业	管　道运输业	装卸搬运和其他运输服务业	仓储业	邮政业	（七）信息传输计算机服务和软件业
全国总计	**6075575**	**690758**	**933614**	**6110674**	**141591**	**18193560**
北　京	872200	23375	——	197003	228	978363
天　津	120586	55776	233965	143708	750	355860
河　北	45560	68573	41384	248889	8020	587713
山　西	72678	——	5000	38478	2051	476112
内蒙古	135626	98420	19948	174575	4800	563925
辽　宁	111564	84094	24543	598452	4603	706018
吉　林	34832	15100	9300	265309	10764	411185
黑龙江	25907	——	32020	106401	1175	1343205
上　海	1689734	——	9808	185568	23877	1112009
江　苏	100274	——	79662	761194	——	527419
浙　江	63319	650	8535	462831	5120	1255081
安　徽	4107	13300	22552	142710	4126	459652
福　建	209460	——	13630	173467	1674	726772
江　西	32500	35590	11570	41905	14365	624026
山　东	98311	65988	101609	869484	2864	388078
河　南	61616	16993	130882	480888	8374	582961
湖　北	298721	2940	11874	124189	654	545152
湖　南	64397	4900	22418	168377	1203	637160
广　东	930246	3000	59821	299089	6129	2112476
广　西	34451	——	43344	81483	7469	317532
海　南	458908	5475	——	6955	5445	132733
重　庆	65150	——	9858	65825	9444	423298
四　川	141867	750	17975	134514	3070	564601
贵　州	18754	1194	833	31818	1140	372661
云　南	79885	——	3315	23037	122	544160
西　藏	51782	——	——	410	8887	129653
陕　西	47380	75589	11817	154193	3840	651586
甘　肃	3672	67300	6889	37065	693	169033
青　海	15060	——	——	1917	——	29976
宁　夏	33648	——	——	4360	——	57879
新　疆	153380	51751	1062	86580	704	407281
不分地区	——	——	——	——	——	——

各地区按行业大类分的城镇投资（十二）

单位：万元

地　　区	电信和其他信息传输服务业	计算机服务业	软件业	（八）批发和零售业	批发业	零售业
全国总计	**17020094**	**316629**	**856837**	**24505913**	**11410230**	**13095683**
北　　京	919045	19861	39457	204099	111476	92623
天　　津	354110	——	1750	170637	109269	61368
河　　北	564480	10594	12639	1978301	919352	1058949
山　　西	476112	——	——	443859	142678	301181
内 蒙 古	558135	——	5790	709531	431135	278396
辽　　宁	530949	24914	150155	1876047	1013406	862641
吉　　林	339296	3420	68469	1027167	470318	556849
黑 龙 江	1323373	7100	12732	617406	263199	354207
上　　海	988089	49690	74230	209572	52873	156699
江　　苏	425974	11880	89565	2141304	770125	1371179
浙　　江	1188546	790	65745	1207663	695370	512293
安　　徽	425785	23443	10424	1006500	591020	415480
福　　建	701462	8372	16938	333526	198668	134858
江　　西	509757	31955	82314	562782	252374	310408
山　　东	289573	13189	85316	3429778	1509419	1920359
河　　南	566951	2145	13865	2003235	770846	1232389
湖　　北	494974	28992	21186	1258130	371243	886887
湖　　南	622055	13148	1957	1128823	750925	377898
广　　东	2029342	21812	61322	758572	363982	394590
广　　西	307972	5363	4197	464827	191132	273695
海　　南	131773	960	——	27938	17429	10509
重　　庆	421670	190	1438	163064	73410	89654
四　　川	541480	3611	19510	427293	172072	255221
贵　　州	341500	24881	6280	152581	59013	93568
云　　南	540734	——	3426	371266	209478	161788
西　　藏	129653	——	——	40458	9659	30799
陕　　西	640294	4112	7180	1134606	544925	589681
甘　　肃	167061	1020	952	327234	167736	159498
青　　海	29326	650	——	68640	31791	36849
宁　　夏	57879	——	——	40868	13131	27737
新　　疆	402744	4537	——	220206	132776	87430
不分地区	——	——	——	——	——	——

各地区按行业大类分的城镇投资（十三）

单位：万元

地　　区	（九）住宿和餐饮业	住宿业	餐饮业	（十）金融业	银行业	证券业
全国总计	**13298896**	**9250718**	**4048178**	**1519289**	**1137240**	**122675**
北　　京	318462	317819	643	59539	54945	——
天　　津	142364	91301	51063	7603	——	——
河　　北	581731	354227	227504	70717	52088	13100
山　　西	194081	172367	21714	3255	3255	——
内 蒙 古	474244	292478	181766	29360	20465	——
辽　　宁	850319	513837	336482	208014	122619	71496
吉　　林	235080	150153	84927	61495	56335	——
黑 龙 江	192066	123082	68984	25134	22221	——
上　　海	239502	228172	11330	52057	4235	——
江　　苏	1091740	678589	413151	15761	11561	——
浙　　江	835167	555635	279532	95036	94432	304
安　　徽	610350	372809	237541	56475	38410	9967
福　　建	394029	335610	58419	113616	98459	6375
江　　西	621350	388887	232463	50780	37416	944
山　　东	1157844	717174	440670	69731	50802	688
河　　南	723055	475892	247163	66464	42107	257
湖　　北	691169	465079	226090	79624	60913	6300
湖　　南	497083	323192	173891	74496	58406	——
广　　东	921319	714022	207297	95678	63357	12339
广　　西	362960	251470	111490	25102	23269	——
海　　南	404939	401969	2970	8460	8200	——
重　　庆	176711	114341	62370	37206	21409	905
四　　川	404447	286651	117796	35597	32427	——
贵　　州	147187	98641	48546	26978	25241	——
云　　南	213587	172272	41315	41589	39396	——
西　　藏	98461	90691	7770	2372	2372	——
陕　　西	450521	361905	88616	47522	44174	——
甘　　肃	106506	71462	35044	12994	12994	——
青　　海	38671	22410	16261	5593	593	——
宁　　夏	29978	24458	5520	3106	1153	——
新　　疆	93973	84123	9850	37935	33986	——
不分地区	——	——	——	——	——	——

各地区按行业大类分的城镇投资（十四）

单位：万元

地　　区	保险业	其他金融活动	（十一）房地产业	（十二）租赁和商务服务业	租赁业	商务服务业
全国总计	**103993**	**155381**	**286192443**	**8606822**	**338452**	**8268370**
北　京	——	4594	20604554	429361	3079	426282
天　津	603	7000	5183803	121657	730	120927
河　北	1834	3695	9599697	459599	7523	452076
山　西	——	——	3737308	16181	2973	13208
内蒙古	4850	4045	5432440	31700	560	31140
辽　宁	2748	11151	15938297	861383	57600	803783
吉　林	3360	1800	6194818	457361	13060	444301
黑龙江	948	1965	4278591	73437	2800	70637
上　海	23445	24377	14484925	135620	——	135620
江　苏	3600	600	26884278	995378	26932	968446
浙　江	300	——	19268946	718796	1422	717374
安　徽	5427	2671	10813671	332080	17385	314695
福　建	8782	——	11924639	282522	18770	263752
江　西	3316	9104	5001697	320326	6837	313489
山　东	1369	16872	20139610	482311	51558	430753
河　南	6900	17200	12657449	198043	11798	186245
湖　北	1123	11288	7549195	512162	19850	492312
湖　南	3120	12970	9107161	337472	15885	321587
广　东	18156	1826	27768593	632095	6556	625539
广　西	1833	——	5622982	166232	8337	157895
海　南	——	260	1344431	20701	——	20701
重　庆	2538	12354	9344808	138985	19792	119193
四　川	120	3050	14266852	158380	3388	154992
贵　州	430	1307	2765381	35698	3791	31907
云　南	1464	729	5233824	122336	1410	120926
西　藏	——	——	278908	2246	855	1391
陕　西	2650	698	5568720	422609	28471	394138
甘　肃	——	——	1614546	52406	98	52308
青　海	——	5000	367347	24399	——	24399
宁　夏	1628	325	993817	7100	——	7100
新　疆	3449	500	2221155	58246	6992	51254
不分地区	——	——	——	——	——	——

各地区按行业大类分的城镇投资（十五）

单位：万元

地　　区	（十三）科研技术服务和地质勘查业	研究与试验发展	专业技术服务业	科技交流和推广服务业	地质勘查业	（十四）水利环境和公共设施管理业
全国总计	**5211779**	**2138959**	**1377519**	**909668**	**785633**	**92760312**
北　　京	252393	221697	29998	698	——	2244573
天　　津	52424	28816	9718	13890	——	2119309
河　　北	552081	152370	119227	33203	247281	2968462
山　　西	23064	9534	4799	2033	6698	1833276
内 蒙 古	217350	18924	42892	2477	153057	3438594
辽　　宁	458820	167772	211953	52128	26967	5009658
吉　　林	193531	108728	29738	13040	42025	2841000
黑 龙 江	177632	79139	69774	21309	7410	1791696
上　　海	231877	125107	52522	54248	——	3106985
江　　苏	364808	72186	50431	241283	908	6847564
浙　　江	112198	43684	47031	20783	700	5909902
安　　徽	184474	71876	45282	43859	23457	4499728
福　　建	129713	19850	71713	5504	32646	3496472
江　　西	94165	37478	21748	26837	8102	2926171
山　　东	293827	131064	78371	78440	5952	4063062
河　　南	174160	56673	63792	30347	23348	3946003
湖　　北	195413	80313	48738	44859	21503	3803611
湖　　南	138723	56894	25936	53524	2369	3295275
广　　东	249680	67979	96203	83992	1506	6061619
广　　西	130601	49843	41068	5447	34243	2543704
海　　南	14888	7355	6687	381	465	449302
重　　庆	47036	16208	16676	13988	164	3870144
四　　川	136690	62845	45036	15026	13783	6326951
贵　　州	42290	19115	14658	532	7985	1037467
云　　南	76645	12915	33411	15680	14639	1924959
西　　藏	4044	100	1561	100	2283	71791
陕　　西	459236	354812	54418	12782	37224	3012458
甘　　肃	55684	24777	5735	15008	10164	742173
青　　海	25797	7264	2996	2184	13353	246959
宁　　夏	24084	21238	160	2686	——	368698
新　　疆	71860	12403	8656	3400	47401	1040220
不分地区	26591	——	26591	——	——	922526

各地区按行业大类分的城镇投资（十六）

单位：万元

地区	水利管理业	环境管理业	公共设施管理业	（十五）居民服务和其他服务业	居民服务业	其他服务业
全国总计	**11055749**	**5910107**	**75794456**	**2357566**	**1510024**	**847542**
北京	90993	602932	1550648	17540	1643	15897
天津	150269	15728	1953312	17395	2190	15205
河北	550083	275468	2142911	107238	74689	32549
山西	156216	105017	1572043	28316	28116	200
内蒙古	321777	176126	2940691	52509	40068	12441
辽宁	376687	861161	3771810	354511	271604	82907
吉林	328283	120151	2392566	116972	87097	29875
黑龙江	426063	60387	1305246	177003	42134	134869
上海	337871	110583	2658531	23447	23437	10
江苏	378062	284958	6184544	190254	139556	50698
浙江	1176501	225277	4508124	26153	17095	9058
安徽	318508	137082	4044138	117113	72629	44484
福建	150961	117961	3227550	15963	10836	5127
江西	277504	102749	2545918	55020	40676	14344
山东	405184	442503	3215375	250549	131515	119034
河南	674396	542509	2729098	168250	122288	45962
湖北	252044	262960	3288607	127663	81893	45770
湖南	437315	141962	2715998	69429	39629	29800
广东	720797	276949	5063873	87309	52827	34482
广西	333441	113339	2096924	35402	13407	21995
海南	91925	10881	346496	996	996	——
重庆	368501	308968	3192675	17895	10484	7411
四川	444120	149832	5732999	51284	46435	4849
贵州	65575	109134	862758	23517	18807	4710
云南	306577	133898	1484484	31813	28014	3799
西藏	33053	2989	35749	5524	4139	1385
陕西	370398	107061	2534999	117467	65879	51588
甘肃	94173	33344	614656	36468	22929	13539
青海	62802	25344	158813	17635	9344	8291
宁夏	80507	28666	259525	2947	1200	1747
新疆	352637	24188	663395	13984	8468	5516
不分地区	922526	——	——	——	——	——

各地区按行业大类分的城镇投资（十七）

单位：万元

地　区	(十六) 教　育	(十七) 卫生社会保障和社会福利业	卫　生	社　会 保障业	社　会 福利业	(十八) 文化体育和娱乐业
全国总计	**22208619**	**8093604**	**7329196**	**126447**	**637961**	**11298196**
北　京	409258	196336	182741	——	13595	1239797
天　津	364072	182764	176743	300	5721	134417
河　北	1182997	458910	424194	——	34716	476109
山　西	445428	94977	86124	949	7904	157430
内蒙古	573729	258875	228211	2390	28274	592960
辽　宁	986795	390367	351241	10100	29026	516781
吉　林	462150	267604	214793	2565	50246	312046
黑龙江	764051	292736	263553	3250	25933	320508
上　海	657109	205849	171371	29944	4534	276956
江　苏	1350302	533849	515870	6681	11298	697209
浙　江	928914	486730	433296	1333	52101	293615
安　徽	774924	306385	287725	7394	11266	540229
福　建	737317	244782	226403	9229	9150	380318
江　西	809412	224835	205546	200	19089	271257
山　东	2011794	600351	489925	7100	103326	832493
河　南	1336747	531370	464506	5217	61647	591298
湖　北	1025018	346680	330709	2166	13805	576046
湖　南	780505	293915	268797	4508	20610	337489
广　东	1485571	500915	477010	2265	21640	833705
广　西	590642	212004	191488	3430	17086	180261
海　南	129310	67793	67589	——	204	75996
重　庆	731662	184362	178542	1331	4489	247040
四　川	1081942	390340	358673	3525	28142	273447
贵　州	251580	93127	89153	62	3912	110348
云　南	567936	163508	153377	4245	5886	277439
西　藏	67880	15125	14218	350	557	28271
陕　西	1039302	213794	186863	8832	18099	375362
甘　肃	204120	122774	98310	2820	21644	103848
青　海	46590	9469	7635	——	1834	36986
宁　夏	142498	60663	55922	3310	1431	82863
新　疆	269064	142415	128668	2951	10796	125672
不分地区	——	——	——	——	——	——

各地区按行业大类分的城镇投资（十八）

单位：万元

地　　区	新闻出版业	广播电视电影和音像业	文化艺术业	体　育	娱乐业	（十九）公共管理和社会组织
全国总计	**363594**	**1498444**	**3612368**	**2477250**	**3346540**	**27684090**
北　京	12499	359201	189125	642001	36971	267755
天　津	1347	34186	21090	48599	29195	292218
河　北	18895	78947	192897	33844	151526	668011
山　西	300	20738	58806	50596	26990	368028
内蒙古	25213	13753	319278	105324	129392	1667154
辽　宁	60416	45190	99202	145972	166001	574906
吉　林	7070	85976	113958	11478	93564	686521
黑龙江	2188	61186	71175	114214	71745	905762
上　海	2983	29903	182962	45258	15850	200798
江　苏	25141	82309	355817	23743	210199	852241
浙　江	5248	29927	146636	57486	54318	513245
安　徽	55288	54592	88834	86784	254731	723602
福　建	2935	19702	190877	70435	96369	863454
江　西	13362	20545	62650	34646	140054	1033680
山　东	3000	70777	99219	322972	336525	4179646
河　南	14808	89659	212487	47567	226777	769836
湖　北	17917	37472	163064	149143	208450	1205434
湖　南	31006	36760	78029	51938	139756	1486864
广　东	32825	69637	346551	135187	249505	1269122
广　西	4086	32905	44591	39767	58912	847036
海　南	——	4885	14210	1800	55101	184240
重　庆	177	31273	70625	48966	95999	306783
四　川	5875	20279	100344	27570	119379	496611
贵　州	468	9070	52830	21060	26920	360304
云　南	258	22659	103177	95280	56065	1109361
西　藏	3483	5358	1283	2306	15841	334389
陕　西	2820	78016	78200	20550	195776	2011433
甘　肃	4706	22877	19450	8918	47897	1007111
青　海	5600	1414	20113	4699	5160	157137
宁　夏	——	13305	57780	5738	6040	98648
新　疆	3680	15943	57108	23409	25532	467409
不分地区	——	——	——	——	——	1775351

各地区按行业大类分的城镇投资（十九）

地　　区	中国共产党机关	国家机构	人民政协和民主党派	群众团体、社会团体、宗教组织	基层群众自治组织	(二十) 国际组织
全国总计	**242522**	**22366369**	**112395**	**669828**	**4292976**	——
北　　京	32366	225579	8129	811	870	——
天　　津	104	291552	——	197	365	——
河　　北	15143	483638	600	12106	156524	——
山　　西	1287	261516	3200	1099	100926	——
内 蒙 古	16082	1300316	——	86587	264169	——
辽　　宁	——	467428	5240	25467	76771	——
吉　　林	4500	637884	700	19747	23690	——
黑 龙 江	18973	847749	1230	20498	17312	——
上　　海	2434	187790	8346	1598	630	——
江　　苏	3985	765943	15500	48983	17830	——
浙　　江	5988	426418	7680	28416	44743	——
安　　徽	5818	631015	7329	42767	36673	——
福　　建	3887	674709	——	69825	115033	——
江　　西	520	987713	——	42497	2950	——
山　　东	4056	2440730	16092	20451	1698317	——
河　　南	780	642063	——	73152	53841	——
湖　　北	466	1030721	7770	11625	154852	——
湖　　南	2954	1296772	5937	17668	163533	——
广　　东	879	1206121	6268	18192	37662	——
广　　西	20473	753462	5684	24456	42961	——
海　　南	5427	178668	——	145	——	——
重　　庆	4658	290307	80	7908	3830	——
四　　川	9915	443038	520	32093	11045	——
贵　　州	8894	332001	6624	5700	7085	——
云　　南	24186	943858	2965	4800	133552	——
西　　藏	689	323854	105	6674	3067	——
陕　　西	4780	953745	565	2993	1049350	——
甘　　肃	25871	906747	267	22019	52207	——
青　　海	1301	142116	10	9188	4522	——
宁　　夏	7268	85945	——	——	5435	——
新　　疆	8838	431620	1554	12166	13231	——
不分地区	——	1775351	——	——	——	——

各地区按行业门类分的城镇住宅投资（一）

单位：万元

地　　区	合　　计	农、林、牧、渔业	采 矿 业	制 造 业	电力、燃气及水的生产和供应业
全国总计	**212382926**	**417040**	**351599**	**2069683**	**306268**
北　　京	10535125	——	——	1800	——
天　　津	3482534	192	——	5014	——
河　　北	7605336	2706	15221	119981	7929
山　　西	3525849	18911	74849	151581	16898
内 蒙 古	4952904	50820	14324	80771	23373
辽　　宁	12565004	60	6357	106548	19181
吉　　林	4836434	465	2150	14922	5080
黑 龙 江	4073138	71100	2077	106671	20904
上　　海	8486205	——	——	15663	——
江　　苏	19468614	——	——	54829	110
浙　　江	14075932	917	20	51487	7642
安　　徽	7646707	408	23458	57900	4581
福　　建	7783872	——	——	——	——
江　　西	4066405	3087	14738	87990	4670
山　　东	16649825	7455	21479	183827	15292
河　　南	9298142	5215	10591	107230	1087
湖　　北	5590416	5041	1159	62233	3604
湖　　南	6538885	5969	3653	35094	2599
广　　东	19796845	2067	511	115059	24305
广　　西	4309494	24711	9722	84649	19867
海　　南	1210941	31554	1386	2519	1690
重　　庆	5978779	2065	8254	59562	7918
四　　川	11327598	19908	13004	87697	10279
贵　　州	1860880	985	3845	17119	15423
云　　南	4142590	5204	15430	38481	11846
西　　藏	368513	——	——	88	410
陕　　西	7004675	32605	54867	362791	43852
甘　　肃	1488239	12526	16664	25109	8394
青　　海	405745	3633	13662	11065	1942
宁　　夏	758328	480	246	1056	329
新　　疆	2258008	108956	23297	20947	27063
不分地区	290964	——	635	——	——

各地区按行业门类分的城镇住宅投资（二）

单位：万元

地　　区	建筑业	交通运输、仓储和邮政业	信息传输、计算机服务和软件业	批发和零售业	住宿和餐饮业
全国总计	**1449584**	**296836**	**35835**	**913331**	**376079**
北　京	4348	——	——	355	——
天　津	2700	——	——	3500	——
河　北	53996	15402	2500	33201	12050
山　西	25948	13743	——	24460	4100
内蒙古	111218	45534	3260	25086	14939
辽　宁	24398	14039	5	16278	535
吉　林	1316	880	——	9552	1885
黑龙江	91965	5961	11345	59134	5200
上　海	——	——	——	——	1714
江　苏	16527	230	——	1908	500
浙　江	272	24950	——	14788	27396
安　徽	101165	5009	109	25521	15995
福　建	——	——	——	——	——
江　西	15229	8380	3678	3282	31147
山　东	556565	11974	30	129405	35195
河　南	369	2991	840	32483	17643
湖　北	4736	6017	505	75717	30703
湖　南	32575	10466	323	23707	9858
广　东	4946	9237	——	8338	26363
广　西	49828	12623	5358	28711	8564
海　南	2058	1139	——	5043	44919
重　庆	24000	22875	1	7742	4727
四　川	5155	3571	2487	20332	11954
贵　州	840	6988	145	16083	3788
云　南	6109	16771	387	39956	16557
西　藏	5031	10427	976	2030	3088
陕　西	97382	21439	346	275688	37238
甘　肃	166828	11370	——	8815	2760
青　海	7166	1376	——	9758	476
宁　夏	804	——	——	950	3340
新　疆	36110	13415	3540	11508	3445
不分地区	——	29	——	——	——

各地区按行业门类分的城镇住宅投资（三）

单位：万元

地　区	金融业	房地产业	租赁和商务服务业	科学研究、技术服务和地质勘察业	水利、环境和公共设施管理业
全国总计	**76664**	**195710722**	**363147**	**319309**	**2638438**
北　京	——	10430574	10333	——	24208
天　津	——	3452017	——	——	——
河　北	8835	6927326	6374	61557	47417
山　西	80	2861154	5745	12157	74445
内蒙古	3480	4096628	3350	17650	47878
辽　宁	——	12087731	13576	14921	80634
吉　林	——	4588968	99707	——	9654
黑龙江	4214	3170253	20	23892	65415
上　海	——	8379768	——	——	——
江　苏	——	19273084	——	5100	——
浙　江	——	13608089	16946	——	213917
安　徽	20	7172052	71009	1700	62786
福　建	——	7783872	——	——	——
江　西	368	3795767	549	4974	39489
山　东	12525	14412712	30	6750	105392
河　南	8700	8937785	3070	18672	56636
湖　北	2429	5180481	3629	1295	26915
湖　南	3490	6192157	2629	4200	85935
广　东	720	19355588	947	148	85281
广　西	3737	3636707	6050	34048	56953
海　南	——	1082347	465	485	2926
重　庆	10901	5505989	2590	3100	98807
四　川	4021	9835749	3010	12923	1006796
贵　州	784	1711681	3695	1661	19262
云　南	5933	3644892	4704	1276	143007
西　藏	——	212736	——	——	860
陕　西	1499	4415319	94111	77371	267053
甘　肃	3256	1099897	1250	9901	5408
青　海	277	289333	4403	1088	5522
宁　夏	——	730905	——	210	3346
新　疆	1395	1839161	4955	4230	2496
不分地区	——	——	——	——	——

各地区按行业门类分的城镇住宅投资（四）

单位：万元

地　　区	居民服务和其他服务业	教　　育	卫　　生、社会保障和社会福利业	文化、体育和娱乐业	公共管理和社会组织	国际组织
全国总计	**173317**	**1620768**	**261972**	**193613**	**4808721**	——
北　　京	2749	45357	——	8315	7086	——
天　　津	——	15651	——	——	3460	——
河　　北	11500	100996	14940	12829	150576	——
山　　西	2000	63888	6026	2961	166903	——
内 蒙 古	1404	24332	6343	14000	368514	——
辽　　宁	19200	13263	13550	1000	133728	——
吉　　林	29897	5036	7691	2873	56358	——
黑 龙 江	1783	112321	7360	11230	302293	——
上　　海	——	89060	——	——	——	——
江　　苏	23958	67731	1750	8381	14506	——
浙　　江	130	67458	13103	523	28294	——
安　　徽	1278	42017	5767	11802	44130	——
福　　建	——	——	——	——	——	——
江　　西	20	17771	3044	684	31538	——
山　　东	7573	133902	34876	13474	961369	——
河　　南	630	47244	9542	1925	35489	——
湖　　北	15816	49324	8008	885	111919	——
湖　　南	2115	35161	8580	4635	75739	——
广　　东	329	68552	3197	21221	70036	——
广　　西	4016	84936	19963	6978	212073	——
海　　南	360	20033	1811	1074	11132	——
重　　庆	1	134793	5786	13473	66195	——
四　　川	12565	106659	20651	16897	133940	——
贵　　州	900	26966	4140	630	25945	——
云　　南	12	34895	6244	10729	140157	——
西　　藏	——	9187	4328	194	119158	——
陕　　西	34635	118836	29863	20232	1019548	——
甘　　肃	62	8713	7639	1031	98616	——
青　　海	43	6479	341	2618	46563	——
宁　　夏	——	4038	6410	——	6214	——
新　　疆	341	66169	11019	3019	76942	——
不分地区	——	——	——	——	290300	——

国民经济行业小类按构成分的城镇投资

单位：万元

行　　业	投资额	建筑安装工程	设备工器具购置	其他费用
全　国　总　计	**1174644688**	**715952519**	**256948395**	**201743774**
(一) 农、林、牧、渔业	14600466	8821596	1996974	3781896
农业	3272360	2183589	319223	769548
谷物及其他作物的种植	1403719	1003752	143811	256156
谷物的种植	731273	568077	82848	80348
薯类的种植	71325	43958	13059	14308
油料的种植	13486	7653	1718	4115
豆类的种植	14515	8714	3222	2579
棉花的种植	83873	61883	8248	13742
麻类的种植	11410	9983	783	644
糖料的种植	22706	3012	——	19694
烟草的种植	98916	83729	5886	9301
其他作物的种植	356215	216743	28047	111425
蔬菜、园艺作物的种植	1111400	763365	119124	228911
蔬菜的种植	701399	495845	84843	120711
花卉的种植	260736	167592	20662	72482
其他园艺作物的种植	149265	99928	13619	35718
水果、坚果、饮料和香料作物的种植	561901	325290	35690	200921
水果、坚果的种植	483744	278268	32085	173391
茶及其他饮料作物的种植	70362	42045	2872	25445
香料作物的种植	7795	4977	733	2085
中药材的种植	195340	91182	20598	83560
林业	2976346	1224373	107580	1644393
林木的培育和种植	2698962	1095665	68867	1534430
育种和育苗	337664	183316	36231	118117
造林	2033714	750681	23258	1259775
林木的抚育和管理	327584	161668	9378	156538
木材和竹材的采运	146612	54722	29650	62240
木材的采运	145235	54281	29410	61544
竹材的采运	1377	441	240	696
林产品的采集	130772	73986	9063	47723
畜牧业	3158401	1929407	553470	675524
牲畜的饲养	1378664	813868	200423	364373
猪的饲养	674558	465468	105580	103510
家禽的饲养	728609	441434	167490	119685
狩猎和捕捉动物	5650	3370	2000	280
其他畜牧业	370920	205267	77977	87676
渔业	684350	356153	215423	112774
海洋渔业	412825	173706	174692	64427
海水养殖	305095	157396	87952	59747

国民经济行业小类按构成分的城镇投资

续表 1　　　　单位：万元

行　业	投资额	建筑安装工程	设备工器具购置	其他费用
海洋捕捞	107730	16310	86740	4680
内陆渔业	271525	182447	40731	48347
内陆养殖	270132	181814	40049	48269
内陆捕捞	1393	633	682	78
农、林、牧、渔服务业	4509009	3128074	801278	579657
农业服务业	4121462	2878779	744802	497881
灌溉服务	1299348	1015509	143173	140666
农产品初加工服务	617948	327316	230987	59645
其他农业服务	2204166	1535954	370642	297570
林业服务业	65726	47773	4935	13018
畜牧服务业	223836	150023	39957	33856
兽医服务	38096	27789	4981	5326
其他畜牧服务	185740	122234	34976	28530
渔业服务业	97985	51499	11584	34902
（二）采矿业	**52561415**	**34678908**	**12925869**	**4956638**
煤炭开采和洗选业	18045849	9916313	6265958	1863578
烟煤和无烟煤的开采洗选	16870152	9343073	5789065	1738014
褐煤的开采洗选	1017071	472884	432500	111687
其他煤炭采选	158626	100356	44393	13877
石油和天然气开采业	22254951	18016229	2586090	1652632
天然原油和天然气开采	21006838	17313536	2105018	1588284
与石油和天然气开采有关的服务活动	1248113	702693	481072	64348
黑色金属矿采选业	4280314	2300120	1471311	508883
铁矿采选	4004807	2154741	1368712	481354
其他黑色金属矿采选	275507	145379	102599	27529
有色金属矿采选业	4915315	2952897	1373403	589015
常用有色金属矿采选	2900790	1707583	836996	356211
铜矿采选	865874	526018	240674	99182
铅锌矿采选	1167272	700393	348856	118023
镍钴矿采选	128106	60095	32845	35166
锡矿采选	177307	79082	49769	48456
锑矿采选	38703	19995	14749	3959
铝矿采选	131914	71749	42683	17482
镁矿采选	44133	27827	14430	1876
其他常用有色金属矿采选	347481	222424	92990	32067
贵金属矿采选	1155859	736627	287347	131885
金矿采选	1052290	669096	269007	114187
银矿采选	84966	53929	16419	14618
其他贵金属矿采选	18603	13602	1921	3080
稀有稀土金属矿采选	858666	508687	249060	100919

国民经济行业小类按构成分的城镇投资

续表 2

单位：万元

行业	投资额	建筑安装工程	设备工器具购置	其他费用
钨钼矿采选	688268	426684	182630	78954
稀土金属矿采选	32418	15153	11983	5282
放射性金属矿采选	24837	19411	182	5244
其他稀有金属矿采选	113143	47439	54265	11439
非金属矿采选业	2952419	1425059	1202865	324495
土砂石开采	1875769	868465	816664	190640
石灰石、石膏开采	486406	234036	204061	48309
建筑装饰用石开采	546941	256361	227322	63258
耐火土石开采	226256	122713	80796	22747
粘土及其他土砂石开采	616166	255355	304485	56326
化学矿采选	438543	227630	153088	57825
采盐	209235	120039	74287	14909
石棉及其他非金属矿采选	428872	208925	158826	61121
石棉、云母矿采选	8735	4426	2599	1710
石墨、滑石采选	81775	44162	29400	8213
宝石、玉石开采	5650	3821	1036	793
其他非金属矿采选	332712	156516	125791	50405
其他采矿业	112567	68290	26242	18035
其他采矿业	112567	68290	26242	18035
（三）制造业	**354767247**	**164903331**	**155407851**	**34456065**
农副食品加工业	16380998	8457222	6372276	1551500
谷物磨制	2188775	1140409	862048	186318
饲料加工	1923620	973293	748790	201537
植物油加工	1824280	883632	759472	181176
食用植物油加工	1646480	805723	694258	146499
非食用植物油加工	177800	77909	65214	34677
制糖	648257	262942	330228	55087
屠宰及肉类加工	3077044	1720446	1055443	301155
畜禽屠宰	1604527	885531	555433	163563
肉制品及副产品加工	1472517	834915	500010	137592
水产品加工	1489225	823073	554820	111332
水产品冷冻加工	1030337	559305	403573	67459
鱼糜制品及水产品干腌制加工	140547	61197	69419	9931
水产饲料制造	80884	39529	34055	7300
鱼油提取及制品的制造	460	60	400	——
其他水产品加工	236997	162982	47373	26642
蔬菜、水果和坚果加工	2415898	1322319	881342	212237
其他农副食品加工	2813899	1331108	1180133	302658
淀粉及淀粉制品的制造	1577862	686352	758728	132782
豆制品制造	288662	151814	100913	35935

国民经济行业小类按构成分的城镇投资

续表 3　　单位：万元

行业	投资额	建筑安装工程	设备工器具购置	其他费用
蛋品加工	93084	44752	37469	10863
其他未列明的农副食品加工	854291	448190	283023	123078
食品制造业	9651661	4778240	3961394	912027
焙烤食品制造	1215731	583808	505936	125987
糕点、面包制造	473401	216864	198355	58182
饼干及其他焙烤食品制造	742330	366944	307581	67805
糖果、巧克力及蜜饯制造	628929	301537	281816	45576
糖果、巧克力制造	479355	213695	232580	33080
蜜饯制作	149574	87842	49236	12496
方便食品制造	1446664	727049	581520	138095
米、面制品制造	520359	261054	211850	47455
速冻食品制造	400009	212487	140137	47385
方便面及其他方便食品制造	526296	253508	229533	43255
液体乳及乳制品制造	1354266	626527	621998	105741
罐头制造	797641	398880	316939	81822
肉、禽类罐头制造	205010	110322	81164	13524
水产品罐头制造	40654	24759	12850	3045
蔬菜、水果罐头制造	451213	216423	179645	55145
其他罐头食品制造	100764	47376	43280	10108
调味品、发酵制品制造	1225552	594841	507885	122826
味精制造	274893	114485	142537	17871
酱油、食醋及类似制品的制造	364939	212907	95510	56522
其他调味品、发酵制品制造	585720	267449	269838	48433
其他食品制造	2982878	1545598	1145300	291980
营养、保健食品制造	674103	361133	243367	69603
冷冻饮品及食用冰制造	353769	180110	145952	27707
盐加工	213915	162024	22543	29348
食品及饲料添加剂制造	960836	392707	501414	66715
其他未列明的食品制造	780255	449624	232024	98607
饮料制造业	7148488	3283190	3170749	694549
酒精制造	711453	278085	366825	66543
酒的制造	3269616	1630056	1286334	353226
白酒制造	1314357	698030	475590	140737
啤酒制造	1407260	638476	621991	146793
黄酒制造	106348	62775	31881	11692
葡萄酒制造	281172	144997	102418	33757
其他酒制造	160479	85778	54454	20247
软饮料制造	2835010	1194278	1427943	212789
碳酸饮料制造	308968	117275	162973	28720
瓶（罐）装饮用水制造	477630	235573	207008	35049

国民经济行业小类按构成分的城镇投资

续表 4　　　　单位：万元

行　　业	投资额	建筑安装工程	设备工器具购置	其他费用
果菜汁及果菜汁饮料制造	985569	402127	504563	78879
含乳饮料和植物蛋白饮料制造	542845	248338	250581	43926
固体饮料制造	61839	37638	21223	2978
茶饮料及其他软饮料制造	458159	153327	281595	23237
精制茶加工	332409	180771	89647	61991
烟草制品业	1173743	476241	531934	165568
烟叶复烤	75444	43876	26630	4938
卷烟制造	1033300	388609	489337	155354
其他烟草制品加工	64999	43756	15967	5276
纺织业	15145750	6410138	7568111	1167501
棉、化纤纺织及印染精加工	8533660	3374611	4551464	607585
棉、化纤纺织加工	7704096	2988753	4168309	547034
棉、化纤印染精加工	829564	385858	383155	60551
毛纺织和染整精加工	729219	313264	353924	62031
毛条加工	181499	87024	79027	15448
毛纺织	407843	174950	197157	35736
毛染整精加工	139877	51290	77740	10847
麻纺织	262156	111241	119310	31605
丝绢纺织及精加工	566013	251742	268736	45535
缫丝加工	251934	116701	110172	25061
绢纺和丝织加工	229414	105647	105832	17935
丝印染精加工	84665	29394	52732	2539
纺织制成品制造	2685575	1205378	1265807	214390
棉及化纤制品制造	1319651	558172	659119	102360
毛制品制造	91570	44311	40625	6634
麻制品制造	39634	19553	16664	3417
丝制品制造	154069	71332	60591	22146
绳、索、缆的制造	87480	50196	30780	6504
纺织带和帘子布制造	157266	84980	60639	11647
无纺布制造	436275	187011	209661	39603
其他纺织制成品制造	399630	189823	187728	22079
针织品、编织品及其制品制造	2369127	1153902	1008870	206355
棉、化纤针织品及编织品制造	1368470	662488	596146	109836
毛针织品及编织品制造	635978	299156	282679	54143
丝针织品及编织品制造	154698	70368	66464	17866
其他针织品及编织品制造	209981	121890	63581	24510
纺织服装、鞋、帽制造业	7532373	4069170	2618131	845072
纺织服装制造	7095576	3843940	2450371	801265
纺织面料鞋的制造	353642	185638	129451	38553
制帽	83155	39592	38309	5254

国民经济行业小类按构成分的城镇投资

续表 5　　单位：万元

行　　业	投资额	建筑安装工程	设备工器具购置	其他费用
皮革、毛皮、羽毛(绒)及其制品业	3479195	1915185	1158114	405896
皮革鞣制加工	367629	172805	165694	29130
皮革制品制造	2476553	1398373	770625	307555
皮鞋制造	1615221	919913	474306	221002
皮革服装制造	219482	122690	80796	15996
皮箱、包(袋)制造	367474	217314	106512	43648
皮手套及皮装饰制品制造	89472	39829	39938	9705
其他皮革制品制造	184904	98627	69073	17204
毛皮鞣制及制品加工	297061	177468	99514	20079
毛皮鞣制加工	92269	53645	31667	6957
毛皮服装加工	126526	68711	48284	9531
其他毛皮制品加工	78266	55112	19563	3591
羽毛(绒)加工及制品制造	337952	166539	122281	49132
羽毛(绒)加工	108223	41896	46536	19791
羽毛(绒)制品加工	229729	124643	75745	29341
木材加工及木竹藤棕草制品制造	6352981	3096919	2667108	588954
锯材、木片加工	1215330	622048	462249	131033
锯材加工	664599	337077	254814	72708
木片加工	550731	284971	207435	58325
人造板制造	3275358	1509978	1487269	278111
胶合板制造	1334989	656476	584411	94102
纤维板制造	729566	289982	366826	72758
刨花板制造	194389	92920	87248	14221
其他人造板、材制造	1016414	470600	448784	97030
木制品制造	1389523	706695	548860	133968
建筑用木料及木材组件加工	870040	429145	361977	78918
木容器制造	101906	56400	36471	9035
软木制品及其他木制品制造	417577	221150	150412	46015
竹、藤、棕、草制品制造	472770	258198	168730	45842
家具制造业	3869969	2235808	1185602	448559
木质家具制造	2861225	1627111	875850	358264
竹、藤家具制造	72207	35864	25978	10365
金属家具制造	490717	329743	118856	42118
塑料家具制造	54647	24753	24365	5529
其他家具制造	391173	218337	140553	32283
造纸及纸制品业	8164391	3308941	4160384	695066
纸浆制造	1418435	524861	744810	148764
造纸	3998762	1565982	2114758	318022
机制纸及纸板制造	3621645	1394547	1942339	284759
手工纸制造	42587	19443	20839	2305

国民经济行业小类按构成分的城镇投资

续表 6　　　　　　　　　　　　　　　　　　　　　　　　　　　单位：万元

行　　　业	投资额	建筑安装工程	设备工器具购置	其他费用
加工纸制造	334530	151992	151580	30958
纸制品制造	2747194	1218098	1300816	228280
纸和纸板容器的制造	1329353	572623	647474	109256
其他纸制品制造	1417841	645475	653342	119024
印刷业和记录媒介的复制	3677054	1648059	1663073	365922
印刷	3400714	1554842	1510086	335786
书、报、刊印刷	984234	452561	441150	90523
本册印制	174497	63972	94005	16520
包装装潢及其他印刷	2241983	1038309	974931	228743
装订及其他印刷服务活动	172548	59860	103320	9368
记录媒介的复制	103792	33357	49667	20768
文教体育用品制造业	1719229	977267	574648	167314
文化用品制造	381589	208275	128028	45286
文具制造	135311	73827	45638	15846
笔的制造	122211	75943	31717	14551
教学用模型及教具制造	72246	30185	31863	10198
墨水、墨汁制造	17776	6736	8940	2100
其他文化用品制造	34045	21584	9870	2591
体育用品制造	617517	365538	195178	56801
球类制造	78907	42624	29627	6656
体育器材及配件制造	133633	71598	43798	18237
训练健身器材制造	151281	71770	60337	19174
运动防护用具制造	49934	38569	9036	2329
其他体育用品制造	203762	140977	52380	10405
乐器制造	129504	48969	58396	22139
中乐器制造	12724	6030	4976	1718
西乐器制造	51466	16585	19300	15581
电子乐器制造	38301	12317	22926	3058
其他乐器及零件制造	27013	14037	11194	1782
玩具制造	552116	334570	182188	35358
游艺器材及娱乐用品制造	38503	19915	10858	7730
露天游乐场所游乐设备制造	18291	7880	4867	5544
游艺用品及室内游艺器材制造	20212	12035	5991	2186
石油加工、炼焦及核燃料加工业	14153806	6651020	6161844	1340942
精炼石油产品的制造	10353398	4563728	4764676	1024994
原油加工及石油制品制造	9608646	4029392	4582778	996476
人造原油生产	744752	534336	181898	28518
炼焦及其他	3800408	2087292	1397168	315948
化学原料及化学制品制造业	35340376	15090711	16448093	3801572

国民经济行业小类按构成分的城镇投资

续表 7　　单位：万元

行业	投资额	建筑安装工程	设备工器具购置	其他费用
基础化学原料制造	14084802	5663562	6713321	1707919
无机酸制造	930408	398582	427657	104169
无机碱制造	2242345	795128	1203908	243309
无机盐制造	969403	468448	405595	95360
有机化学原料制造	7815688	3032227	3710553	1072908
其他基础化学原料制造	2126958	969177	965608	192173
肥料制造	5532687	2434149	2608802	489736
氮肥制造	2981699	1233542	1510395	237762
磷肥制造	547061	241353	248270	57438
钾肥制造	340006	171274	110377	58355
复混肥料制造	1133367	503440	533886	96041
有机肥料及微生物肥料制造	291474	157354	111584	22536
其他肥料制造	239080	127186	94290	17604
农药制造	1294143	626257	534264	133622
化学农药制造	914425	428592	386606	99227
生物化学农药及微生物农药制造	379718	197665	147658	34395
涂料、油墨、颜料及类似产品制造	2054655	924999	883989	245667
涂料制造	1087529	520651	448991	117887
油墨及类似产品制造	113571	47474	58483	7614
颜料制造	263738	129683	105461	28594
染料制造	330242	137433	165000	27809
密封用填料及类似品制造	259575	89758	106054	63763
合成材料制造	3832990	1536774	1904583	391633
初级形态的塑料及合成树脂制造	2318092	982092	1102304	233696
合成橡胶制造	331924	127060	150404	54460
合成纤维单(聚合)体的制造	811664	235573	510812	65279
其他合成材料制造	371310	192049	141063	38198
专用化学产品制造	7199894	3261884	3239612	698398
化学试剂和助剂制造	1979882	846952	955160	177770
专项化学用品制造	2503422	1057324	1242306	203792
林产化学产品制造	265235	139073	86419	39743
环境污染处理专用药剂材料制造	166372	92902	53117	20353
动物胶制造	101940	41747	56342	3851
其他专用化学产品制造	2183043	1083886	846268	252889
日用化学产品制造	1341205	643086	563522	134597
肥皂及合成洗涤剂制造	371476	147065	179691	44720
化妆品制造	247385	128939	94250	24196
口腔清洁用品制造	38335	17090	16803	4442

国民经济行业小类按构成分的城镇投资

续表 8 单位：万元

行业	投资额	建筑安装工程	设备工器具购置	其他费用
香料、香精制造	208708	87056	101930	19722
其他日用化学产品制造	475301	262936	170848	41517
医药制造业	8434935	4229866	3343367	861702
化学药品原药制造	1790300	803228	798430	188642
化学药品制剂制造	1475442	743882	604741	126819
中药饮片加工	760125	435031	226330	98764
中成药制造	1608866	761541	669270	178055
兽用药品制造	568254	292453	233187	42614
生物、生化制品的制造	1532532	797266	569497	165769
卫生材料及医药用品制造	699416	396465	241912	61039
化学纤维制造业	2792486	955159	1646804	190523
纤维素纤维原料及纤维制造	633466	258643	308945	65878
化纤浆粕制造	142256	43807	88513	9936
人造纤维（纤维素纤维）制造	491210	214836	220432	55942
合成纤维制造	2159020	696516	1337859	124645
锦纶纤维制造	351921	152696	176933	22292
涤纶纤维制造	754568	232958	486201	35409
腈纶纤维制造	26322	12216	10157	3949
维纶纤维制造	184453	57951	105266	21236
其他合成纤维制造	841756	240695	559302	41759
橡胶制品业	4360464	1747586	2302371	310507
轮胎制造	2321680	743200	1440472	138008
车辆、飞机及工程机械轮胎制造	2137166	652016	1361967	123183
力车胎制造	97833	45273	48485	4075
轮胎翻新加工	86681	45911	30020	10750
橡胶板、管、带的制造	762323	336261	354726	71336
橡胶零件制造	431773	262178	144826	24769
再生橡胶制造	137886	60511	64247	13128
日用及医用橡胶制品制造	112476	58090	46655	7731
橡胶靴鞋制造	113867	56731	46630	10506
其他橡胶制品制造	480459	230615	204815	45029
塑料制品业	8623447	4236905	3588482	798060
塑料薄膜制造	930385	401931	458139	70315
塑料板、管、型材的制造	2326183	1164745	928192	233246
塑料丝、绳及编织品的制造	911210	457126	384141	69943
泡沫塑料制造	412675	220057	159254	33364
塑料人造革、合成革制造	345853	172742	140678	32433
塑料包装箱及容器制造	958099	450325	413263	94511
塑料零件制造	528472	244065	238094	46313
日用塑料制造	757283	403892	275370	78021

国民经济行业小类按构成分的城镇投资

续表 9　　　　单位：万元

行　业	投资额	建筑安装工程	设备工器具购置	其他费用
塑料鞋制造	213649	123505	65573	24571
日用塑料杂品制造	543634	280387	209797	53450
其他塑料制品制造	1453287	722022	591351	139914
非金属矿物制品业	28056932	13377299	12093778	2585855
水泥、石灰和石膏的制造	6383389	3046943	2755064	581382
水泥制造	5901123	2818113	2535047	547963
石灰和石膏制造	482266	228830	220017	33419
水泥及石膏制品制造	3436998	1591824	1514672	330502
水泥制品制造	1733098	761144	807730	164224
砼结构构件制造	585157	289315	236997	58845
石棉水泥制品制造	72175	40918	24573	6684
轻质建筑材料制造	638494	310862	259066	68566
其他水泥制品制造	408074	189585	186306	32183
砖瓦、石材及其他建筑材料制造	8116943	4053560	3272021	791362
粘土砖瓦及建筑砌块制造	2553925	1346771	983959	223195
建筑陶瓷制品制造	1677437	678447	886102	112888
建筑用石加工	1401296	794116	462436	144744
防水建筑材料制造	375349	201693	141915	31741
隔热和隔音材料制造	549675	268108	221121	60446
其他建筑材料制造	1559261	764425	576488	218348
玻璃及玻璃制品制造	4691169	1911739	2360701	418729
平板玻璃制造	935998	391178	445841	98979
技术玻璃制品制造	739181	311052	346016	82113
光学玻璃制造	135120	35836	95880	3404
玻璃仪器制造	94341	42800	44436	7105
日用玻璃制品及玻璃包装容制造	1023690	463476	474731	85483
玻璃保温容器制造	43527	22246	17458	3823
玻璃纤维及制品制造	901969	279284	570064	52621
玻璃纤维增强塑料制品制造	356092	165644	151929	38519
其他玻璃制品制造	461251	200223	214346	46682
陶瓷制品制造	1501564	779134	608128	114302
卫生陶瓷制品制造	301898	128529	152658	20711
特种陶瓷制品制造	518192	265042	201165	51985
日用陶瓷制品制造	589961	328737	226309	34915
园林、陈设艺术及其他陶瓷制造	91513	56826	27996	6691
耐火材料制品制造	1653034	893390	634825	124819
石棉制品制造	145406	80284	55812	9310
云母制品制造	25622	14176	8288	3158
耐火陶瓷制品及其他耐火材料制造	1482006	798930	570725	112351
石墨及其他非金属矿物制品制造	2273835	1100709	948367	224759

国民经济行业小类按构成分的城镇投资

续表 10　　　　单位：万元

行　　业	投资额	建筑安装工程	设备工器具购置	其他费用
石墨及碳素制品制造	973001	496577	392071	84353
其他非金属矿物制品制造	1300834	604132	556296	140406
黑色金属冶炼及压延加工业	26167104	11607884	12781668	1777552
炼铁	2894596	1620524	1085964	188108
炼钢	6245174	3051332	2772835	421007
钢压延加工	16013731	6437177	8477553	1099001
铁合金冶炼	1013603	498851	445316	69436
有色金属冶炼及压延加工业	12955875	6276502	5558121	1121252
常用有色金属冶炼	6929009	3491745	2863219	574045
铜冶炼	1203960	639548	485495	78917
铅锌冶炼	1274683	599202	549923	125558
镍钴冶炼	713220	406630	268844	37746
锡冶炼	37449	21687	11977	3785
锑冶炼	69517	29540	33726	6251
铝冶炼	2910414	1388674	1253773	267967
镁冶炼	233802	139234	81373	13195
其他常用有色金属冶炼	485964	267230	178108	40626
贵金属冶炼	328844	186229	111537	31078
金冶炼	214373	124839	70816	18718
银冶炼	50227	30005	15270	4952
其他贵金属冶炼	64244	31385	25451	7408
稀有稀土金属冶炼	730491	404416	254154	71921
钨钼冶炼	331710	216103	87460	28147
稀土金属冶炼	177659	83095	79601	14963
其他稀有金属冶炼	221122	105218	87093	28811
有色金属合金制造	774106	413735	298004	62367
有色金属压延加工	4193425	1780377	2031207	381841
常用有色金属压延加工	3833737	1615934	1862231	355572
贵金属压延加工	109714	58335	45180	6199
稀有稀土金属压延加工	249974	106108	123796	20070
金属制品业	15800549	7780886	6502554	1517109
结构性金属制品制造	6473149	3326351	2493684	653114
金属结构制造	5263200	2712195	2010195	540810
金属门窗制造	1209949	614156	483489	112304
金属工具制造	1822782	875969	779497	167316
切削工具制造	375554	127079	219140	29335
手工具制造	364314	175549	152166	36599
农用及园林用金属工具制造	149943	80930	57257	11756
刀剪及类似日用金属工具制造	138494	69094	58796	10604
其他金属工具制造	794477	423317	292138	79022

国民经济行业小类按构成分的城镇投资

续表 11　　　　单位：万元

行　业	投资额	建筑安装工程	设备工器具购置	其他费用
集装箱及金属包装容器制造	931151	427884	405951	97316
集装箱制造	101530	50036	38914	12580
金属压力容器制造	361982	186022	140528	35432
金属包装容器制造	467639	191826	226509	49304
金属丝绳及其制品的制造	956732	381426	498536	76770
建筑、安全用金属制品制造	1799015	894507	737419	167089
建筑、家具用金属配件制造	440132	221415	169791	48926
建筑装饰及水暖管道零件制造	969350	456021	433689	79640
安全、消防用金属制品制造	173036	94068	57455	21513
其他建筑、安全用金属制品制造	216497	123003	76484	17010
金属表面处理及热处理加工	832330	411993	352367	67970
搪瓷制品制造	183864	106092	62828	14944
工业生产配套用搪瓷制品制造	24726	11122	12142	1462
搪瓷卫生洁具制造	49235	27880	16510	4845
搪瓷日用品及其他搪瓷制品制造	109903	67090	34176	8637
不锈钢及类似日用金属制品制造	1269129	637285	511649	120195
金属制厨房调理及卫生器具制造	269163	134525	100381	34257
金属制厨用器皿及餐具制造	416675	205528	177559	33588
其他日用金属制品制造	583291	297232	233709	52350
其他金属制品制造	1532397	719379	660623	152395
铸币及贵金属制实验室用品制造	26271	9743	14514	2014
其他未列明的金属制品制造	1506126	709636	646109	150381
通用设备制造业	23314581	11047674	9954224	2312683
锅炉及原动机制造	1719400	747753	775143	196504
锅炉及辅助设备制造	728049	385607	248733	93709
内燃机及配件制造	729133	259675	384630	84828
汽轮机及辅机制造	124292	24485	93453	6354
水轮机及辅机制造	28736	8875	13632	6229
其他原动机制造	109190	69111	34695	5384
金属加工机械制造	3894462	1947401	1565785	381276
金属切削机床制造	873679	427966	307834	137879
金属成形机床制造	482104	247767	195482	38855
铸造机械制造	924245	485942	373591	64712
金属切割及焊接设备制造	269026	123015	123555	22456
机床附件制造	400264	204351	161363	34550
其他金属加工机械制造	945144	458360	403960	82824
起重运输设备制造	1887324	1037618	672508	177198
泵、阀门、压缩机及类似机械的制造	2870049	1299795	1278210	292044
泵及真空设备制造	788758	356959	345074	86725
气体压缩机械制造	307013	129551	160603	16859

国民经济行业小类按构成分的城镇投资

续表 12　　单位：万元

行　　业	投资额	建筑安装工程	设备工器具购置	其他费用
阀门和旋塞的制造	810557	362890	353157	94510
液压和气压动力机械及元件制造	963721	450395	419376	93950
轴承、齿轮、传动和驱动部件制造	2290476	954835	1134719	200922
轴承制造	1396341	594289	671522	130530
齿轮、传动和驱动部件制造	894135	360546	463197	70392
烘炉、熔炉及电炉制造	94707	55180	31320	8207
风机、衡器、包装设备等通用设备制造	3157238	1460531	1337362	359345
风机、风扇制造	459129	215746	190697	52686
气体、液体分离及纯净设备制造	230009	97463	82272	50274
制冷、空调设备制造	734825	334570	323694	76561
风动和电动工具制造	303937	152822	132160	18955
喷枪及类似器具制造	66756	13919	44113	8724
包装专用设备制造	120182	59810	46996	13376
衡器制造	85044	32672	46177	6195
其他通用设备制造	1157356	553529	471253	132574
通用零部件制造及机械修理	3767589	1908597	1505808	353184
金属密封件制造	228873	124049	83330	21494
紧固件、弹簧制造	660037	341962	245281	72794
机械零部件加工及设备修理	1774015	876504	737888	159623
其他通用零部件制造	1104664	566082	439309	99273
金属铸、锻加工	3633336	1635964	1653369	344003
钢铁铸件制造	2813442	1274054	1268594	270794
锻件及粉末冶金制品制造	819894	361910	384775	73209
专用设备制造业	16889796	8603784	6566425	1719587
矿山、冶金、建筑专用设备制造	5907180	2988839	2351476	566865
采矿、采石设备制造	1771367	905908	682494	182965
石油钻采专用设备制造	1059064	447230	537776	74058
建筑工程用机械制造	1528755	837766	503547	187442
建筑材料生产专用机械制造	504212	232702	205062	66448
冶金专用设备制造	1043782	565233	422597	55952
化工、木材、非金属加工专用设	2633297	1307240	1092355	233702
炼油、化工生产专用设备制造	521529	317442	156578	47509
橡胶加工专用设备制造	175923	110432	51385	14106
塑料加工专用设备制造	247174	114108	106917	26149
木材加工机械制造	79069	45106	26861	7102
模具制造	1447319	628252	702337	116730
其他非金属加工专用设备制造	162283	91900	48277	22106
食品、饮料、烟草及饲料专用设备制造	545166	289304	186825	69037
食品、饮料、烟草工业专用设备制造	265012	145230	93213	26569
农副食品加工专用设备制造	255746	130986	86281	38479

国民经济行业小类按构成分的城镇投资

续表 13　　　　单位：万元

行　　业	投资额	建筑安装工程	设备工器具购置	其他费用
饲料生产专用设备制造	24408	13088	7331	3989
印刷、制药、日化生产专用设备制造	907949	481976	330023	95950
制浆和造纸专用设备制造	166453	68963	87003	10487
印刷专用设备制造	230388	127968	74837	27583
日用化工专用设备制造	111831	58323	43400	10108
制药专用设备制造	57738	31872	18230	7636
照明器具生产专用设备制造	166401	102014	46145	18242
玻璃、陶瓷和搪瓷制品专用设备制造	86189	46229	31932	8028
其他日用品生产专用设备制造	88949	46607	28476	13866
纺织、服装和皮革工业专用设备制造	768099	372862	305555	89682
纺织专用设备制造	516620	248776	206776	61068
皮革、毛皮及其制品加工设备制造	29116	18361	8244	2511
缝纫机械制造	162760	74359	72723	15678
其他服装加工专用设备制造	59603	31366	17812	10425
电子和电工机械专用设备制造	2015514	1012913	771967	230634
农、林、牧、渔专用机械制造	1080265	568361	408132	103772
拖拉机制造	312266	183348	95324	33594
机械化农业及园艺机具制造	338294	161617	143233	33444
营林及木竹采伐机械制造	9571	2864	6320	387
畜牧机械制造	18320	9682	8536	102
渔业机械制造	8260	5900	1679	681
农林牧渔机械配件制造	270661	140864	106903	22894
其他农林牧渔业机械制造	122893	64086	46137	12670
医疗仪器设备及器械制造	939717	502935	347824	88958
医疗诊断、监护及治疗设备制造	300229	148745	115272	36212
口腔科用设备及器具制造	8205	875	7325	5
实验室及医用消毒设备和器具制造	30186	17387	11899	900
医疗、外科及兽医用器械制造	321586	179255	116652	25679
机械治疗及病房护理设备制造	62909	32332	20411	10166
假肢、人工器官及植（介）入	39390	21653	15915	1822
其他医疗设备及器械制造	177212	102688	60350	14174
环保、社会公共安全及其他专用制造	2092609	1079354	772268	240987
环境污染防治专用设备制造	672405	352599	241625	78181
地质勘查专用设备制造	37821	15570	19152	3099
邮政专用机械及器材制造	2500	1450	1050	——
商业、饮食、服务业专用设备制造	35802	21267	12475	2060

国民经济行业小类按构成分的城镇投资

续表 14 单位：万元

行业	投资额	建筑安装工程	设备工器具购置	其他费用
社会公共安全设备及器材制造	140693	70628	55237	14828
交通安全及管制专用设备制造	39834	25841	9247	4746
水资源专用机械制造	169556	77531	79603	12422
其他专用设备制造	993998	514468	353879	125651
交通运输设备制造业	27232572	11865172	12003601	3363799
铁路运输设备制造	1175125	497475	492313	185337
铁路机车车辆及动车组制造	355870	133755	152208	69907
工矿有轨专用车辆制造	80887	33987	37715	9185
铁路机车车辆配件制造	322365	129624	147158	45583
铁路专用设备及器材、配件制造	286182	139405	102526	44251
其他铁路设备制造及设备修理	129821	60704	52706	16411
汽车制造	18571707	7414639	8945819	2211249
汽车整车制造	5616128	1542986	3258435	814707
改装汽车制造	800884	383950	314509	102425
电车制造	188433	46413	109578	32442
汽车车身、挂车的制造	425924	224458	167050	34416
汽车零部件及配件制造	11049078	4939747	4935854	1173477
汽车修理	491260	277085	160393	53782
摩托车制造	1135860	507802	482141	145917
摩托车整车制造	443000	184008	176081	82911
摩托车零部件及配件制造	692860	323794	306060	63006
自行车制造	664932	320324	275573	69035
脚踏自行车及残疾人座车制造	178053	78008	84637	15408
助动自行车制造	486879	242316	190936	53627
船舶及浮动装置制造	4119846	2392818	1333481	393547
金属船舶制造	2615449	1473327	890201	251921
非金属船舶制造	54848	32994	9578	12276
娱乐船和运动船的建造和修理	93979	57822	26984	9173
船用配套设备制造	698092	398792	229103	70197
船舶修理及拆船	640560	421968	171835	46757
航标器材及其他浮动装置的制造	16918	7915	5780	3223
交通器材及其他交通运输设备制造	1565102	732114	474274	358714
交通管理用金属标志及设施制造	57667	28238	25106	4323
其他交通运输设备制造	1507435	703876	449168	354391
电气机械及器材制造业	16084596	7752774	6557606	1774216

国民经济行业小类按构成分的城镇投资

续表 15　　单位：万元

行　　业	投资额	建筑安装工程	设备工器具购置	其他费用
电机制造	2009370	956937	790341	262092
发电机及发电机组制造	842699	421292	283809	137598
电动机制造	775588	379463	308551	87574
微电机及其他电机制造	391083	156182	197981	36920
输配电及控制设备制造	4599898	2335973	1772778	491147
变压器、整流器和电感器制造	1287302	647283	535851	104168
电容器及其配套设备制造	317813	156172	122083	39558
配电开关控制设备制造	1341739	660748	491634	189357
电力电子元器件制造	1093791	573763	421896	98132
其他输配电及控制设备制造	559253	298007	201314	59932
电线、电缆、光缆及电工器材制造	3150978	1462857	1313266	374855
电线电缆制造	2422659	1121461	991756	309442
光纤、光缆制造	172246	86532	72059	13655
绝缘制品制造	172646	74622	75141	22883
其他电工器材制造	383427	180242	174310	28875
电池制造	1783598	744409	869809	169380
家用电力器具制造	1899534	925780	776149	197605
家用制冷电器具制造	329676	182098	118595	28983
家用空气调节器制造	365047	178563	146203	40281
家用通风电器具制造	49533	25942	18575	5016
家用厨房电器具制造	376939	188495	140728	47716
家用清洁卫生电器具制造	205669	115377	74274	16018
家用美容、保健电器具制造	55580	25613	26251	3716
家用电力器具专用配件制造	187486	77319	86784	23383
其他家用电力器具制造	329604	132373	164739	32492
非电力家用器具制造	760856	372479	337928	50449
燃气、太阳能及类似能源器具制造	655010	299036	311980	43994
其他非电力家用器具制造	105846	73443	25948	6455
照明器具制造	1202962	591604	473234	138124
电光源制造	420159	165950	210388	43821
照明灯具制造	619440	328327	217729	73384
灯用电器附件及其他照明器具制造	163363	97327	45117	20919
其他电气机械及器材制造	677400	362735	224101	90564
车辆专用照明及电气信号设备制造	123262	60012	51357	11893
其他未列明的电气机械制造	554138	302723	172744	78671
通信设备、计算机及其他电子设备制造	20938464	7658645	11520748	1759071
通信设备制造	2385030	1172795	963488	248747
通信传输设备制造	294021	129454	107661	56906
通信交换设备制造	220909	132447	82561	5901
通信终端设备制造	304655	196318	67170	41167

国民经济行业小类按构成分的城镇投资

续表 16　　　　单位：万元

行业	投资额	建筑安装工程	设备工器具购置	其他费用
移动通信及终端设备制造	1253028	549507	596439	107082
其他通信设备制造	312417	165069	109657	37691
广播电视设备制造	177028	80514	82056	14458
广播电视节目制作及发射设备制造	25913	15256	9632	1025
广播电视接收设备及器材制造	112133	53725	52063	6345
应用电视设备及其他广播设备制造	38982	11533	20361	7088
电子计算机制造	2133381	810411	1080047	242923
电子计算机整机制造	766559	288917	318654	158988
计算机网络设备制造	253345	165198	61101	27046
电子计算机外部设备制造	1113477	356296	700292	56889
电子器件制造	8716219	2381167	5798010	537042
电子真空器件制造	222109	90407	98098	33604
半导体分立器件制造	761047	185395	512726	62926
集成电路制造	4747526	1157331	3473652	116543
光电子器件及其他电子器件制造	2985537	948034	1713534	323969
电子元件制造	5260101	2178288	2732609	349204
电子元件及组件制造	4017430	1840827	1871836	304767
印制电路板制造	1242671	337461	860773	44437
家用视听设备制造	783881	329267	310535	144079
家用影视设备制造	638078	251349	258855	127874
家用音响设备制造	145803	77918	51680	16205
其他电子设备制造	1482824	706203	554003	222618
仪器仪表及文化、办公用机械制造	2812898	1385236	1130074	297588
通用仪器仪表制造	1153664	574457	420182	159025
工业自动控制系统装置制造	568734	292289	219467	56978
电工仪器仪表制造	254103	107501	84774	61828
绘图、计算及测量仪器制造	49885	25521	14904	9460
实验分析仪器制造	70335	48611	14236	7488
试验机制造	31132	14120	14160	2852
供应用仪表及其他通用仪器制造	179475	86415	72641	20419
专用仪器仪表制造	545907	293752	208111	44044
环境监测专用仪器仪表制造	47312	17284	24213	5815
汽车及其他用计数仪表制造	116541	76542	33492	6507
农林牧渔专用仪器仪表制造	12066	7259	2977	1830
地质勘探和地震专用仪器制造	25314	11279	11718	2317
教学专用仪器制造	21978	13571	7882	525
电子测量仪器制造	111499	50020	50011	11468

国民经济行业小类按构成分的城镇投资

续表 17　　　　单位：万元

行　业	投资额	建筑安装工程	设备工器具购置	其他费用
其他专用仪器制造	211197	117797	77818	15582
钟表与计时仪器制造	110842	64897	36339	9606
光学仪器及眼镜制造	462084	223845	187432	50807
光学仪器制造	266359	122561	130655	13143
眼镜制造	195725	101284	56777	37664
文化、办公用机械制造	432625	162084	246923	23618
电影机械制造	6298	2558	2959	781
幻灯及投影设备制造	4307	3697	540	70
照相机及器材制造	152657	39057	105046	8554
复印和胶印设备制造	179624	78029	96163	5432
计算器及货币专用设备制造	51455	20780	26676	3999
其他文化、办公用机械制造	38284	17963	15539	4782
其他仪器仪表的制造及修理	107776	66201	31087	10488
工艺品及其他制造业	5656555	3514569	1326141	815845
工艺美术品制造	2060996	1128965	728184	203847
雕塑工艺品制造	279047	171221	81479	26347
金属工艺品制造	183395	109877	59797	13721
漆器工艺品制造	51928	24884	21064	5980
花画工艺品制造	82237	52662	22547	7028
天然植物纤维编织工艺品制造	134000	67694	56901	9405
抽纱刺绣工艺品制造	355055	179406	146796	28853
地毯、挂毯制造	232901	117505	96677	18719
珠宝首饰及有关物品的制造	224071	102585	77947	43539
其他工艺美术品制造	518362	303131	164976	50255
日用杂品制造	505529	296209	171053	38267
制镜及类似品加工	76886	32389	37227	7270
鬃毛加工、制刷及清扫工具的制造	57803	32349	20538	4916
其他日用杂品制造	370840	231471	113288	26081
煤制品制造	69532	30548	33858	5126
其他未列明的制造业	3020498	2058847	393046	568605
废弃资源和废旧材料回收加工业	855979	465279	290426	100274
金属废料和碎屑的加工处理	505559	276693	169344	59522
非金属废料和碎屑的加工处理	350420	188586	121082	40752
（四）电力燃气及水的生产和供应业	**90889097**	**45375106**	**32239236**	**13274755**
电力、热力的生产和供应业	79065188	37123321	29942462	11999405
电力生产	52471060	23448013	20436186	8586861
火力发电	29766650	11911298	14047744	3807608
水力发电	15995390	9424036	2780982	3790372
核力发电	1624970	502246	414224	708500

国民经济行业小类按构成分的城镇投资

续表 18

单位：万元

行　　业	投资额	建筑安装工程	设备工器具购置	其他费用
其他能源发电	5084050	1610433	3193236	280381
电力供应	23551458	11723475	8626305	3201678
热力生产和供应	3042670	1951833	879971	210866
燃气生产和供应业	3466418	2373225	736035	357158
燃气生产和供应业	3466418	2373225	736035	357158
水的生产和供应业	8357491	5878560	1560739	918192
自来水的生产和供应	4332194	3147077	819609	365508
污水处理及其再生利用	3788707	2554600	695888	538219
其他水的处理、利用与分配	236590	176883	45242	14465
（五）建筑业	**9924803**	**7047589**	**1820090**	**1057124**
房屋和土木工程建筑业	8382977	6197483	1367677	817817
房屋工程建筑	4538057	3628263	491127	418667
土木工程建筑	3844920	2569220	876550	399150
铁路、道路、隧道和桥梁工程建筑	2441820	1721144	471490	249186
水利和港口工程建筑	747726	406550	243103	98073
工矿工程建筑	123354	60919	39445	22990
架线和管道工程建筑	268942	176199	77951	14792
其他土木工程建筑	263078	204408	44561	14109
建筑安装业	469969	238045	196816	35108
建筑安装业	469969	238045	196816	35108
建筑装饰业	247652	130944	95016	21692
建筑装饰业	247652	130944	95016	21692
其他建筑业	824205	481117	160581	182507
工程准备	368088	200539	23940	143609
提供施工设备服务	144433	55254	79570	9609
其他未列明的建筑活动	311684	225324	57071	29289
（六）交通运输、仓储和邮政业	**129970571**	**91935652**	**19508146**	**18526773**
铁路运输业	24927450	15179413	6731436	3016601
铁路旅客运输	9801732	7773078	293267	1735387
铁路货物运输	12376229	5325792	6171374	879063
铁路运输辅助活动	2749489	2080543	266795	402151
客运火车站	839746	565077	62025	212644
货运火车站	62601	52517	5654	4430
其他铁路运输辅助活动	1847142	1462949	199116	185077
道路运输业	69265966	57296505	3240558	8728903
公路旅客运输	26141139	20166033	2001814	3973292
道路货物运输	12738699	10268849	959237	1510613
道路运输辅助活动	30386128	26861623	279507	3244998
客运汽车站	632230	478900	75400	77930
公路管理与养护	27206751	24123283	158091	2925377

国民经济行业小类按构成分的城镇投资

续表 19　　单位：万元

行　　业	投资额	建筑安装工程	设备工器具购置	其他费用
其他道路运输辅助活动	2547147	2259440	46016	241691
城市公共交通业	10729537	4493717	2468410	3767410
公共电汽车客运	1332144	346200	941784	44160
轨道交通	7519200	3560651	1144787	2813762
出租车客运	351821	18274	332411	1136
城市轮渡	24324	23057	1192	75
其他城市公共交通	1502048	545535	48236	908277
水上运输业	11095406	7087931	3043468	964007
水上旅客运输	224533	78940	137908	7685
远洋旅客运输	52245	——	52245	——
沿海旅客运输	83899	31631	50316	1952
内河旅客运输	88389	47309	35347	5733
水上货物运输	1979308	549381	1389823	40104
远洋货物运输	287422	64912	216503	6007
沿海货物运输	840644	314675	511376	14593
内河货物运输	851242	169794	661944	19504
水上运输辅助活动	8891565	6459610	1515737	916218
客运港口	175039	118271	32251	24517
货运港口	7776733	5755746	1260866	760121
其他水上运输辅助活动	939793	585593	222620	131580
航空运输业	6075575	2691000	2609991	774584
航空客货运输	2600690	331679	2105832	163179
航空旅客运输	2299313	267446	1877392	154475
航空货物运输	301377	64233	228440	8704
通用航空服务	326384	146124	166854	13406
航空运输辅助活动	3148501	2213197	337305	597999
机场	2991848	2101981	319653	570214
空中交通管理	22030	17940	3404	686
其他航空运输辅助活动	134623	93276	14248	27099
管道运输业	690758	458464	174730	57564
管道运输业	690758	458464	174730	57564
装卸搬运和其他运输服务业	933614	422129	419861	91624
装卸搬运	150694	59044	72301	19349
运输代理服务	782920	363085	347560	72275
仓储业	6110674	4232076	762344	1116254
谷物、棉花等农产品仓储	999407	730194	128989	140224
其他仓储	5111267	3501882	633355	976030
邮政业	141591	74417	57348	9826
国家邮政	125394	65412	53065	6917
其他寄递服务	16197	9005	4283	2909
（七）信息传输、计算机服务和软件业	**18193560**	**7260102**	**10042274**	**891184**

国民经济行业小类按构成分的城镇投资

续表 20 单位：万元

行　　业	投资额	建筑安装工程	设备工器具购置	其他费用
电信和其他信息传输服务业	17020094	6602959	9740990	676145
电信	14451070	5877603	8001561	571906
固定电信服务	4467986	2203335	2108563	156088
移动电信服务	9678226	3561437	5758966	357823
其他电信服务	304858	112831	134032	57995
互联网信息服务	1772602	384169	1340058	48375
广播电视传输服务	781148	337946	392226	50976
有线广播电视传输服务	668297	267596	361665	39036
无线广播电视传输服务	112851	70350	30561	11940
卫星传输服务	15274	3241	7145	4888
计算机服务业	316629	160152	123249	33228
计算机系统服务	78712	30633	33965	14114
数据处理	94731	69571	15009	10151
计算机维修	1874	15	1859	——
其他计算机服务	141312	59933	72416	8963
软件业	856837	496991	178035	181811
公共软件服务	693905	399885	122383	171637
基础软件服务	195753	119069	29655	47029
应用软件服务	498152	280816	92728	124608
其他软件服务	162932	97106	55652	10174
（八）批发和零售业	**24505913**	**17462434**	**3102492**	**3940987**
批发业	11410230	7816140	1618078	1976012
农畜产品批发	854017	547592	99191	207234
谷物、豆及薯类批发	306001	229761	37122	39118
种子、饲料批发	127290	91565	21501	14224
棉、麻批发	45390	28100	15116	2174
牲畜批发	20847	16365	1638	2844
其他农畜产品批发	354489	181801	23814	148874
食品、饮料及烟草制品批发	1823866	1345895	162771	315200
米、面制品及食用油批发	203086	110712	17853	74521
糕点、糖果及糖批发	111824	61246	6018	44560
果品、蔬菜批发	721368	565393	50311	105664
肉、禽、蛋及水产品批发	232081	183678	18522	29881
盐及调味品批发	46997	29465	15497	2035
饮料及茶叶批发	95128	71068	11783	12277
烟草制品批发	266747	217022	17569	32156
其他食品批发	146635	107311	25218	14106
纺织、服装及日用品批发	1770037	1252015	115763	402259
纺织品、针织品及原料批发	432688	337596	35424	59668
服装批发	814035	517129	39994	256912

国民经济行业小类按构成分的城镇投资

续表 21　　单位：万元

行业	投资额	建筑安装工程	设备工器具购置	其他费用
鞋帽批发	87950	61681	4227	22042
厨房、卫生间用具及日用杂货批发	105034	83828	7475	13731
化妆品及卫生用品批发	23908	16321	2238	5349
其他日用品批发	306422	235460	26405	44557
文化、体育用品及器材批发	298130	219831	50295	28004
文具用品批发	22794	12001	9810	983
体育用品批发	24365	15776	5716	2873
图书批发	141277	120789	4598	15890
报刊批发	3860	1090	2770	——
音像制品及电子出版物批发	5005	722	3560	723
首饰、工艺品及收藏品批发	44479	27410	13059	4010
其他文化用品批发	56350	42043	10782	3525
医药及医疗器材批发	432818	247356	94260	91202
西药批发	171451	96817	57178	17456
中药材及中成药批发	173821	103615	7634	62572
医疗用品及器材批发	87546	46924	29448	11174
矿产品、建材及化工产品批发	3406334	2271246	571862	563226
煤炭及制品批发	348546	194764	90335	63447
石油及制品批发	551498	269813	153039	128646
非金属矿及制品批发	36210	22228	8069	5913
金属及金属矿批发	478217	308979	87319	81919
建材批发	1623760	1252444	158249	213067
化肥批发	56830	43930	7786	5114
农药批发	10689	8579	1938	172
农用薄膜批发	11737	6425	4537	775
其他化工产品批发	288847	164084	60590	64173
机械设备、五金交电及电子产品批发	2109660	1438331	399793	271536
农业机械批发	89979	66972	16319	6688
汽车、摩托车及零配件批发	631329	421168	110696	99465
五金、交电批发	522731	376806	73191	72734
家用电器批发	168503	114096	23841	30566
计算机、软件及辅助设备批发	84587	64058	17185	3344
通讯及广播电视设备批发	103453	94212	8345	896
其他机械设备及电子产品批发	509078	301019	150216	57843
贸易经纪与代理	167325	107629	41307	18389
其他批发	548043	386245	82836	78962
再生物资回收与批发	172135	115086	43492	13557
其他未列明的批发	375908	271159	39344	65405
零售业	13095683	9646294	1484414	1964975
综合零售	7311918	5568735	590608	1152575

国民经济行业小类按构成分的城镇投资

续表 22　　单位：万元

行　　业	投资额	建筑安装工程	设备工器具购置	其他费用
百货零售	3675492	2776165	241022	658305
超级市场零售	2126090	1552176	261934	311980
其他综合零售	1510336	1240394	87652	182290
食品、饮料及烟草制品专门零售	579666	468555	62039	49072
粮油零售	54463	41323	10239	2901
糕点、面包零售	12125	8256	3536	333
果品、蔬菜零售	203321	170901	11896	20524
肉、禽、蛋及水产品零售	88014	71764	9800	6450
饮料及茶叶零售	29859	17410	10635	1814
烟草制品零售	14395	11830	1038	1527
其他食品零售	177489	147071	14895	15523
纺织、服装及日用品专门零售	761439	552096	71193	138150
纺织品及针织品零售	101499	70621	7299	23579
服装零售	484162	346054	41368	96740
鞋帽零售	33360	23709	3625	6026
钟表、眼镜零售	20108	15035	3790	1283
化妆品及卫生用品零售	14930	11047	2298	1585
其他日用品零售	107380	85630	12813	8937
文化、体育用品及器材专门零售	272159	181455	27086	63618
文具用品零售	15389	8524	2541	4324
体育用品零售	42385	30837	5388	6160
图书零售	108084	58173	6609	43302
报刊零售	——	——	——	——
音像制品及电子出版物零售	6655	6234	356	65
珠宝首饰零售	39255	28543	7358	3354
工艺美术品及收藏品零售	50643	41132	3186	6325
照相器材零售	3810	3410	400	——
其他文化用品零售	5938	4602	1248	88
医药及医疗器材专门零售	117426	73861	28707	14858
药品零售	87900	58634	16803	12463
医疗用品及器材零售	29526	15227	11904	2395
汽车、摩托车、燃料及零配件专门零售	1973609	1326972	369236	277401
汽车零售	1340544	914767	217130	208647
汽车零配件零售	215482	167786	24624	23072
摩托车及零配件零售	42520	29244	8164	5112
机动车燃料零售	375063	215175	119318	40570
家用电器及电子产品专门零售	402302	232978	114647	54677
家用电器零售	218760	115150	63514	40096
计算机、软件及辅助设备零售	75074	47013	24797	3264
通信设备零售	37460	28408	6543	2509

国民经济行业小类按构成分的城镇投资

续表 23　　单位：万元

行　　业	投资额	建筑安装工程	设备工器具购置	其他费用
其他电子产品零售	71008	42407	19793	8808
五金、家具及室内装修材料专门零售	1291150	982936	131520	176694
五金零售	135221	94822	21504	18895
家具零售	767965	585365	71828	110772
涂料零售	20465	14456	2359	3650
其他室内装修材料零售	367499	288293	35829	43377
无店铺及其他零售	386014	258706	89378	37930
流动货摊零售	4239	4198	39	2
邮购及电子销售	3550	3550	——	——
生活用燃料零售	150307	84436	49926	15945
花卉零售	11217	10843	102	272
旧货零售	6479	5199	670	610
其他未列明的零售	210222	150480	38641	21101
（九）住宿和餐饮业	**13298896**	**9738571**	**1583659**	**1976666**
住宿业	9250718	6908233	912111	1430374
旅游饭店	7146846	5331828	639686	1175332
一般旅馆	1555676	1144740	224595	186341
其他住宿服务	548196	431665	47830	68701
餐饮业	4048178	2830338	671548	546292
正餐服务	3521519	2450753	570569	500197
快餐服务	127568	87884	30555	9129
饮料及冷饮服务	115992	71593	28664	15735
其他餐饮服务	283099	220108	41760	21231
（十）金融业	**1519289**	**763202**	**604330**	**151757**
银行业	1137240	519773	517863	99604
中央银行	92446	67152	15135	10159
商业银行	968007	398155	486441	83411
其他银行	76787	54466	16287	6034
证券业	122675	91167	28562	2946
证券市场管理	9638	4269	4443	926
证券经纪与交易	94834	73363	19451	2020
证券投资	5103	435	4668	——
证券分析与咨询	13100	13100	——	——
保险业	103993	47731	44337	11925
人寿保险	71449	27700	33647	10102
非人寿保险	31236	19356	10172	1708
保险辅助服务	1308	675	518	115
其他金融活动	155381	104531	13568	37282
金融信托与管理	28704	23236	314	5154
金融租赁	20154	15459	335	4360

国民经济行业小类按构成分的城镇投资

续表 24　　　　　　单位：万元

行　　业	投资额	建筑安装工程	设备工器具购置	其他费用
财务公司	210	——	210	——
邮政储蓄	2076	936	940	200
典当	17417	10584	5409	1424
其他未列明的金融活动	86820	54316	6360	26144
（十一）房地产业	**286192443**	**198988216**	**4057555**	**83146672**
房地产业	286192443	198988216	4057555	83146672
房地产开发经营	265099928	181590626	3627353	79881949
物业管理	676715	533710	89911	53094
房地产中介服务	121085	100648	8051	12386
其他房地产活动	20294715	16763232	332240	3199243
（十二）租赁和商务服务业	**8606822**	**5937747**	**809916**	**1859159**
租赁业	338452	145394	175121	17937
机械设备租赁	322642	134884	170121	17637
汽车租赁	77667	29621	44818	3228
农业机械租赁	751	533	218	——
建筑工程机械与设备租赁	124469	30405	89055	5009
计算机及通讯设备租赁	——	——	——	——
其他机械与设备租赁	119755	74325	36030	9400
文化及日用品出租	15810	10510	5000	300
图书及音像制品出租	2000	——	2000	——
其他文化及日用品出租	13810	10510	3000	300
商务服务业	8268370	5792353	634795	1841222
企业管理服务	4107414	2844014	315933	947467
企业管理机构	1476828	1007678	152980	316170
投资与资产管理	1810005	1187388	105962	516655
其他企业管理服务	820581	648948	56991	114642
法律服务	15776	11678	2272	1826
律师及相关的法律服务	9529	6531	1372	1626
公证服务	984	784	——	200
其他法律服务	5263	4363	900	——
咨询与调查	138444	99930	17481	21033
会计、审计及税务服务	21622	15851	3944	1827
市场调查	4060	1380	1210	1470
社会经济咨询	41816	27515	3292	11009
其他专业咨询	70946	55184	9035	6727
广告业	112113	77940	28776	5397
知识产权服务	4657	2398	1509	750
职业中介服务	68767	55308	8654	4805
市场管理	1415833	1016499	94984	304350
旅行社	105320	70326	17152	17842

国民经济行业小类按构成分的城镇投资

续表 25　　　　单位：万元

行　　业	投资额	建筑安装工程	设备工器具购置	其他费用
其他商务服务	2300046	1614260	148034	537752
会议及展览服务	1236938	990504	68407	178027
包装服务	30751	16725	7655	6371
保安服务	9254	7117	1489	648
办公服务	332456	260478	29782	42196
其他未列明的商务服务	690647	339436	40701	310510
（十三）科研技术服务和地质勘查业	**5211779**	**3232648**	**1217274**	**761857**
研究与试验发展	2138959	1253859	600223	284877
自然科学研究与试验发展	471268	235964	171701	63603
工程和技术研究与试验发展	1122468	605150	363240	154078
农业科学研究与试验发展	356727	260676	46425	49626
医学研究与试验发展	56364	32908	13381	10075
社会人文科学研究与试验发展	132132	119161	5476	7495
专业技术服务业	1377519	933435	276337	167747
气象服务	115895	57249	45801	12845
地震服务	12426	5874	5917	635
海洋服务	5906	2825	3080	1
测绘服务	60061	51707	7252	1102
技术检测	261965	166601	72789	22575
环境监测	75885	48879	23074	3932
工程技术与规划管理	591526	429359	62248	99919
工程管理服务	95977	67263	11979	16735
工程勘察设计	214492	140402	44354	29736
规划管理	281057	221694	5915	53448
其他专业技术服务	253855	170941	56176	26738
科技交流和推广服务业	909668	683675	67802	158191
技术推广服务	238875	169550	31638	37687
科技中介服务	310078	257365	17979	34734
其他科技服务	360715	256760	18185	85770
地质勘查业	785633	361679	272912	151042
矿产地质勘查	671379	285330	243366	142683
能源矿产地质勘查	422295	156291	217743	48261
固体矿产地质勘查	196433	92776	23597	80060
其他矿产地质勘查	52651	36263	2026	14362
基础地质勘查	40079	31126	5404	3549
地质勘查技术服务	74175	45223	24142	4810
（十四）水利环境和公共设施管理业	**92760312**	**65832869**	**2774129**	**24153314**
水利管理业	11055749	8850988	396077	1808684
防洪管理	3879707	3004153	104817	770737
水资源管理	5142218	4157388	221972	762858

国民经济行业小类按构成分的城镇投资

续表 26 单位：万元

行　　业	投资额	建筑安装工程	设备工器具购置	其他费用
水库管理	1791694	1402456	36493	352745
调水、引水管理	2679789	2186423	134524	358842
其他水资源管理	670735	568509	50955	51271
其他水利管理	2033824	1689447	69288	275089
环境管理业	5910107	3695791	715872	1498444
自然保护	459565	299695	35479	124391
自然保护区管理	215329	145507	18699	51123
野生动植物保护	126761	76820	14104	35837
其他自然保护	117475	77368	2676	37431
环境治理	5450542	3396096	680393	1374053
城市市容管理	695640	333534	24265	337841
城市环境卫生管理	1043519	734725	152636	156158
水污染治理	1491599	1075941	142290	273368
危险废物治理	204614	102456	73633	28525
其他环境治理	2015170	1149440	287569	578161
公共设施管理业	75794456	53286090	1662180	20846186
市政公共设施管理	65381564	46139076	1267413	17975075
城市绿化管理	2793673	1545760	74863	1173050
游览景区管理	7619219	5601254	319904	1698061
风景名胜区管理	2446946	1704886	112610	629450
公园管理	2155149	1557359	42874	554916
其他游览景区管理	3017124	2339009	164420	513695
（十五）居民服务和其他服务业	**2357566**	**1686291**	**407413**	**263862**
居民服务业	1510024	1131812	204590	173622
家庭服务	38323	34549	2475	1299
托儿所	5763	3955	1599	209
洗染服务	13811	3589	8995	1227
理发及美容保健服务	81318	49543	26606	5169
洗浴服务	378006	271900	81995	24111
婚姻服务	3674	2543	560	571
殡葬服务	266591	200319	20767	45505
摄影扩印服务	40824	22778	15251	2795
其他居民服务	681714	542636	46342	92736
其他服务业	847542	554479	202823	90240
修理与维护	399938	231743	124882	43313
汽车、摩托车维护与保养	381862	218271	121112	42479
办公设备维修	611	87	521	3
家用电器修理	3705	2295	1378	32
其他日用品修理	13760	11090	1871	799
清洁服务	50989	23941	24018	3030

国民经济行业小类按构成分的城镇投资

续表 27　　　　单位：万元

行　业	投资额	建筑安装工程	设备工器具购置	其他费用
建筑物清洁服务	8977	3906	5040	31
其他清洁服务	42012	20035	18978	2999
其他未列明的服务	396615	298795	53923	43897
（十六）教育	**22208619**	**17716127**	**1824985**	**2667507**
教育	22208619	17716127	1824985	2667507
学前教育	272398	225025	25864	21509
初等教育	2313545	1916825	167681	229039
中等教育	7309021	6008660	450046	850315
初中教育	2536740	2107577	172231	256932
高中教育	2890103	2358246	154692	377165
中等专业教育	540635	446735	38757	55143
职业中学教育	726704	601447	43511	81746
技工学校教育	483256	386502	33489	63265
其他中等教育	131583	108153	7366	16064
高等教育	10674082	8342494	976971	1354617
普通高等教育	10156211	7910585	936931	1308695
成人高等教育	517871	431909	40040	45922
其他教育	1639573	1223123	204423	212027
职业技能培训	1124233	806282	156969	160982
特殊教育	25234	21792	390	3052
其他未列明的教育	490106	395049	47064	47993
（十七）卫生社会保障和社会福利业	**8093604**	**5555393**	**1832157**	**706054**
卫生	7329196	4944445	1786742	598009
医院	6076052	4049274	1527678	499100
综合医院	4659853	3127912	1163153	368788
中医医院	399249	293931	69845	35473
中西医结合医院	146493	93192	38859	14442
民族医院	12914	11409	974	531
专科医院	765358	458712	233041	73605
疗养院	92185	64118	21806	6261
卫生院及社区医疗活动	566969	415955	118692	32322
门诊部医疗活动	106438	71979	28028	6431
计划生育技术服务活动	74930	56616	11015	7299
妇幼保健活动	105622	81581	21059	2982
专科疾病防治活动	57031	39674	14382	2975
疾病预防控制及防疫活动	208579	145259	33891	29429
其他卫生活动	133575	84107	31997	17471
社会保障业	126447	102429	8818	15200
社会保障业	126447	102429	8818	15200
社会福利业	637961	508519	36597	92845

国民经济行业小类按构成分的城镇投资

续表 28 单位：万元

行　　　业	投资额	建筑安装工程	设备工器具购置	其他费用
提供住宿的社会福利	523903	420531	25198	78174
干部休养所	74816	52621	8048	14147
收养收容服务	449087	367910	17150	64027
不提供住宿的社会福利	114058	87988	11399	14671
（十八）文化、体育和娱乐业	**11298196**	**8346791**	**1192419**	**1758986**
新闻出版业	363594	239328	48358	75908
新闻业	129191	90742	8260	30189
出版业	234403	148586	40098	45719
图书出版	67848	52960	8410	6478
报纸出版	155554	87115	29198	39241
期刊出版	1500	1323	177	——
音像制品出版	——	——	——	——
电子出版物出版	88	——	88	——
其他出版	9413	7188	2225	——
广播、电视、电影和音像业	1498444	977837	331469	189138
广播	219745	145963	53087	20695
电视	983152	610655	236860	135637
电影	265431	210033	28518	26880
电影制作与发行	113624	93083	7964	12577
电影放映	151807	116950	20554	14303
音像制作	30116	11186	13004	5926
文化艺术业	3612368	2727854	241193	643321
文艺创作与表演	143733	95180	16764	31789
艺术表演场馆	709305	544528	63119	101658
图书馆与档案馆	243359	207026	12166	24167
图书馆	201432	169827	10747	20858
档案馆	41927	37199	1419	3309
文物及文化保护	483035	287217	6190	189628
博物馆	1111200	862366	75451	173383
烈士陵园、纪念馆	154279	123155	7901	23223
群众文化活动	575025	471184	23363	80478
文化艺术经纪代理	9304	7350	1519	435
其他文化艺术	183128	129848	34720	18560
体育	2477250	1996630	150574	330046
体育组织	272186	242723	11322	18141
体育场馆	2095485	1687331	105333	302821
其他体育	109579	66576	33919	9084
娱乐业	3346540	2405142	420825	520573
室内娱乐活动	920789	636646	188240	95903
游乐园	725480	532232	67645	125603

国民经济行业小类按构成分的城镇投资

续表 29　　　　单位：万元

行　　业	投资额	建筑安装工程	设备工器具购置	其他费用
休闲健身娱乐活动	1234212	885564	115365	233283
其他娱乐活动	466059	350700	49575	65784
（十九）公共管理和社会组织	27684090	20669946	3601626	3412518
中国共产党机关	242522	202041	20981	19500
中国共产党机关	242522	202041	20981	19500
国家机构	22366369	16082475	3402347	2881547
国家权力机构	1002464	690166	148132	164166
国家行政机构	19796819	14070450	3160295	2566074
综合事务管理机构	6405965	4711219	652408	1042338
对外事务管理机构	43912	39214	3742	956
公共安全管理机构	3783980	3023744	487392	272844
社会事务管理机构	1426029	1092640	156562	176827
经济事务管理机构	4361772	3126208	596853	638711
政府事务管理机构	3167428	1613625	1183577	370226
行政监督检查机构	607733	463800	79761	64172
人民法院和人民检察院	789310	677935	40027	71348
人民法院	425739	371325	20932	33482
人民检察院	363571	306610	19095	37866
其他国家机构	777776	643924	53893	79959
人民政协和民主党派	112395	92501	16871	3023
人民政协	87461	69862	15248	2351
民主党派	24934	22639	1623	672
群众团体、社会团体和宗教组织	669828	541975	46440	81413
群众团体	142065	126313	4782	10970
工会	80824	72087	2918	5819
妇联	5868	5753	——	115
共青团	7290	6769	100	421
其他群众团体	48083	41704	1764	4615
社会团体	145469	123998	11409	10062
专业性团体	33083	27225	4357	1501
行业性团体	55622	49226	4118	2278
其他社会团体	56764	47547	2934	6283
宗教组织	382294	291664	30249	60381
基层群众自治组织	4292976	3750954	114987	427035
社区自治组织	1548917	1312845	53796	182276
村民自治组织	2744059	2438109	61191	244759
（二十）国际组织	——	——	——	——
国际组织	——	——	——	——

国民经济行业小类按隶属关系分的城镇投资

单位：万元

行　　业	合　计	中央项目	地方项目				
				省　属	地市属	县　属	其　他
全　国　总　计	**1174644688**	**131653038**	**1042991650**	**131689455**	**178470670**	**186723738**	**546107787**
(一) 农、林、牧、渔业	14600466	512043	14088423	680259	898572	6627345	5882247
农业	3272360	120468	3151892	257547	211043	1323970	1359332
谷物及其他作物的种植	1403719	81567	1322152	213237	85943	722382	300590
谷物的种植	731273	29477	701796	182228	43483	370196	105889
薯类的种植	71325	——	71325	——	——	22889	48436
油料的种植	13486	2965	10521	——	2330	3403	4788
豆类的种植	14515	50	14465	9956	——	3309	1200
棉花的种植	83873	35569	48304	——	4138	29678	14488
麻类的种植	11410	——	11410	1193	3126	6740	351
糖料的种植	22706	——	22706	279	560	13457	8410
烟草的种植	98916	8250	90666	9568	12195	53375	15528
其他作物的种植	356215	5256	350959	10013	20111	219335	101500
蔬菜、园艺作物的种植	1111400	7328	1104072	38439	81813	316032	667788
蔬菜的种植	701399	6328	695071	35439	60629	226722	372281
花卉的种植	260736	——	260736	3000	16757	60735	180244
其他园艺作物的种植	149265	1000	148265	——	4427	28575	115263
水果、坚果、饮料和香料作物的种植	561901	29124	532777	4954	22238	242393	263192
水果、坚果的种植	483744	28654	455090	4884	22083	203185	224938
茶及其他饮料作物的种植	70362	470	69892	70	155	32523	37144
香料作物的种植	7795	——	7795	——	——	6685	1110
中药材的种植	195340	2449	192891	917	21049	43163	127762
林业	2976346	92382	2883964	280750	342407	1715352	545455
林木的培育和种植	2698962	66724	2632238	71791	338051	1704523	517873
育种和育苗	337664	4081	333583	12787	8566	139503	172727
造林	2033714	61064	1972650	25141	298021	1370075	279413
林木的抚育和管理	327584	1579	326005	33863	31464	194945	65733
木材和竹材的采运	146612	25658	120954	97567	3728	5848	13811
木材的采运	145235	25658	119577	97567	3728	5112	13170
竹材的采运	1377	——	1377	——	——	736	641
林产品的采集	130772	——	130772	111392	628	4981	13771
畜牧业	3158401	18145	3140256	32851	59559	862244	2185602
牲畜的饲养	1378664	11000	1367664	24279	28111	501368	813906
猪的饲养	674558	1387	673171	1320	18268	159106	494477
家禽的饲养	728609	3389	725220	1300	12101	83625	628194
狩猎和捕捉动物	5650	——	5650	——	——	——	5650
其他畜牧业	370920	2369	368551	5952	1079	118145	243375
渔业	684350	4710	679640	1192	22382	123005	533061
海洋渔业	412825	4180	408645	——	4071	67024	337550
海水养殖	305095	4180	300915	——	——	40559	260356

国民经济行业小类按隶属关系分的城镇投资

续表 1　　　　单位：万元

行　　业	合　计	中央项目	地方项目				
				省　属	地市属	县　属	其　他
海洋捕捞	107730	——	107730	——	4071	26465	77194
内陆渔业	271525	530	270995	1192	18311	55981	195511
内陆养殖	270132	530	269602	1192	18311	55981	194118
内陆捕捞	1393	——	1393	——	——	——	1393
农、林、牧、渔服务业	4509009	276338	4232671	107919	263181	2602774	1258797
农业服务业	4121462	254494	3866968	102587	203254	2400441	1160686
灌溉服务	1299348	168784	1130564	55984	92019	800874	181687
农产品初加工服务	617948	49666	568282	14381	18752	98838	436311
其他农业服务	2204166	36044	2168122	32222	92483	1500729	542688
林业服务业	65726	11863	53863	832	2832	46040	4159
畜牧服务业	223836	9852	213984	594	22037	133814	57539
兽医服务	38096	1922	36174	330	1293	27875	6676
其他畜牧服务	185740	7930	177810	264	20744	105939	50863
渔业服务业	97985	129	97856	3906	35058	22479	36413
（二）采矿业	**52561415**	**20750095**	**31811320**	**8994920**	**1622216**	**4754241**	**1.6E+07**
煤炭开采和洗选业	18045849	1968421	16077428	5836970	1009814	2508085	6722559
烟煤和无烟煤的开采洗选	16870152	1875767	14994385	5706142	931662	2247641	6108940
褐煤的开采洗选	1017071	88199	928872	97342	56870	232943	541717
其他煤炭采选	158626	4455	154171	33486	21282	27501	71902
石油和天然气开采业	22254951	18189458	4065493	2330156	264937	459948	1010452
天然原油和天然气开采	21006838	17385918	3620920	2056908	232861	394277	936874
与石油和天然气开采有关的服务活动	1248113	803540	444573	273248	32076	65671	73578
黑色金属矿采选业	4280314	358247	3922067	227449	82918	451504	3160196
铁矿采选	4004807	358247	3646560	208729	82918	416115	2938798
其他黑色金属矿采选	275507	——	275507	18720	——	35389	221398
有色金属矿采选业	4915315	87941	4827374	450817	213365	893896	3269296
常用有色金属矿采选	2900790	58222	2842568	364511	136918	484598	1856541
铜矿采选	865874	2354	863520	122652	48282	169462	523124
铅锌矿采选	1167272	10000	1157272	97031	4869	190725	864647
镍钴矿采选	128106	11255	116851	14752	——	22535	79564
锡矿采选	177307	——	177307	86130	——	2430	88747
锑矿采选	38703	——	38703	2819	——	10649	25235
铝矿采选	131914	31053	100861	29297	——	8229	63335
镁矿采选	44133	——	44133	——	1813	6400	35920
其他常用有色金属矿采选	347481	3560	343921	11830	81954	74168	175969
贵金属矿采选	1155859	16961	1138898	66714	45786	299252	727146
金矿采选	1052290	16961	1035329	63657	34015	286918	650739
银矿采选	84966	——	84966	3057	11771	12334	57804
其他贵金属矿采选	18603	——	18603	——	——	——	18603
稀有稀土金属矿采选	858666	12758	845908	19592	30661	110046	685609

国民经济行业小类按隶属关系分的城镇投资

续表 2 单位：万元

行业	合计	中央项目	地方项目				
				省属	地市属	县属	其他
钨钼矿采选	688268	1100	687168	881	30661	91591	564035
稀土金属矿采选	32418	——	32418	——	——	5000	27418
放射性金属矿采选	24837	11658	13179	13179	——	——	——
其他稀有金属矿采选	113143	——	113143	5532	——	13455	94156
非金属矿采选业	2952419	146028	2806391	146528	50692	386711	2222460
土砂石开采	1875769	240	1875529	24206	16797	222440	1612086
石灰石、石膏开采	486406	156	486250	23914	7617	22870	431849
建筑装饰用石开采	546941	——	546941	292	2642	41381	502626
耐火土石开采	226256	——	226256	——	1192	26703	198361
粘土及其他土砂石开采	616166	84	616082	——	5346	131486	479250
化学矿采选	438543	134685	303858	62826	13000	64880	163152
采盐	209235	10560	198675	55614	15279	69635	58147
石棉及其他非金属矿采选	428872	543	428329	3882	5616	29756	389075
石棉、云母矿采选	8735	423	8312	——	——	6567	1745
石墨、滑石采选	81775	——	81775	——	1921	2466	77388
宝石、玉石开采	5650	——	5650	——	——	——	5650
其他非金属矿采选	332712	120	332592	3882	3695	20723	304292
其他采矿业	112567	——	112567	3000	490	54097	54980
其他采矿业	112567	——	112567	3000	490	54097	54980
（三）制造业	**354767247**	**23326801**	**331440446**	**22340671**	**31814458**	**37323565**	**239961752**
农副食品加工业	16380998	92863	16288135	173899	559088	2278206	13276942
谷物磨制	2188775	1818	2186957	17012	83636	245434	1840875
饲料加工	1923620	660	1922960	7880	65620	203910	1645550
植物油加工	1824280	12497	1811783	26316	80232	260643	1444592
食用植物油加工	1646480	11497	1634983	26316	79232	237462	1291973
非食用植物油加工	177800	1000	176800	——	1000	23181	152619
制糖	648257	43376	604881	35069	30123	185393	354296
屠宰及肉类加工	3077044	4691	3072353	15378	134289	495321	2427365
畜禽屠宰	1604527	3771	1600756	10291	75269	269885	1245311
肉制品及副产品加工	1472517	920	1471597	5087	59020	225436	1182054
水产品加工	1489225	9800	1479425	——	38728	95640	1345057
水产品冷冻加工	1030337	——	1030337	——	30912	27952	971473
鱼糜制品及水产品干腌制加工	140547	800	139747	——	2220	6550	130977
水产饲料制造	80884	——	80884	——	2000	700	78184
鱼油提取及制品的制造	460	——	460	——	——	——	460
其他水产品加工	236997	9000	227997	——	3596	60438	163963
蔬菜、水果和坚果加工	2415898	2036	2413862	19602	32683	249638	2111939
其他农副食品加工	2813899	17985	2795914	52642	93777	542227	2107268
淀粉及淀粉制品的制造	1577862	290	1577572	42427	72190	324345	1138610
豆制品制造	288662	——	288662	9915	5030	53818	219899

国民经济行业小类按隶属关系分的城镇投资

续表 3 单位：万元

行　　业	合　计	中央项目	地方项目				
				省　属	地市属	县　属	其　他
蛋品加工	93084	11955	81129	——	——	17370	63759
其他未列明的农副食品加工	854291	5740	848551	300	16557	146694	685000
食品制造业	9651661	46940	9604721	141627	489019	1425520	7548555
焙烤食品制造	1215731	1511	1214220	——	21488	102762	1089970
糕点、面包制造	473401	1511	471890	——	18337	44917	408636
饼干及其他焙烤食品制造	742330	——	742330	——	3151	57845	681334
糖果、巧克力及蜜饯制造	628929	——	628929	7600	27317	73529	520483
糖果、巧克力制造	479355	——	479355	7600	26722	48664	396369
蜜饯制作	149574	——	149574	——	595	24865	124114
方便食品制造	1446664	17000	1429664	11986	40748	162259	1214671
米、面制品制造	520359	17000	503359	1186	29107	60141	412925
速冻食品制造	400009	——	400009	300	8676	24970	366063
方便面及其他方便食品制造	526296	——	526296	10500	2965	77148	435683
液体乳及乳制品制造	1354266	1199	1353067	56632	116496	414477	765462
罐头制造	797641	7091	790550	——	23296	115673	651581
肉、禽类罐头制造	205010	——	205010	——	22216	30385	152409
水产品罐头制造	40654	——	40654	——	——	12185	28469
蔬菜、水果罐头制造	451213	7091	444122	——	1016	68184	374922
其他罐头食品制造	100764	——	100764	——	64	4919	95781
调味品、发酵制品制造	1225552	13539	1212013	31873	94393	120065	965682
味精制造	274893	——	274893	2000	30337	28890	213666
酱油、食醋及类似制品的制造	364939	400	364539	12546	53100	37599	261294
其他调味品、发酵制品制造	585720	13139	572581	17327	10956	53576	490722
其他食品制造	2982878	6600	2976278	33536	165281	436755	2340706
营养、保健食品制造	674103	——	674103	5594	18284	52217	598008
冷冻饮品及食用冰制造	353769	——	353769	5322	4100	9473	334874
盐加工	213915	5000	208915	9908	4685	28348	165974
食品及饲料添加剂制造	960836	——	960836	2427	34830	289282	634297
其他未列明的食品制造	780255	1600	778655	10285	103382	57435	607553
饮料制造业	7148488	42859	7105629	110871	654736	1099986	5240036
酒精制造	711453	21944	689509	——	54375	113024	522110
酒的制造	3269616	6493	3263123	64031	409951	601007	2188134
白酒制造	1314357	168	1314189	52742	178393	322169	760885
啤酒制造	1407260	6000	1401260	3102	219536	218531	960091
黄酒制造	106348	——	106348	1170	8253	20088	76837
葡萄酒制造	281172	——	281172	7017	1551	22994	249610
其他酒制造	160479	325	160154	——	2218	17225	140711
软饮料制造	2835010	14422	2820588	42772	190410	339600	2247806
碳酸饮料制造	308968	——	308968	7666	25054	13165	263083
瓶（罐）装饮用水制造	477630	152	477478	105	32078	49499	395796

国民经济行业小类按隶属关系分的城镇投资

续表 4　　　　单位：万元

行　　业	合　计	中央项目	地方项目				
				省　属	地市属	县　属	其　他
果菜汁及果菜汁饮料制造	985569	14100	971469	14320	73081	139787	744281
含乳饮料和植物蛋白饮料制造	542845	——	542845	15050	41609	110191	375995
固体饮料制造	61839	——	61839	——	805	9140	51894
茶饮料及其他软饮料制造	458159	170	457989	5631	17783	17818	416757
精制茶加工	332409	——	332409	4068	——	46355	281986
烟草制品业	1173743	551356	622387	426587	81024	46943	67833
烟叶复烤	75444	38593	36851	6775	9603	9020	11453
卷烟制造	1033300	504763	528537	411323	69921	33552	13741
其他烟草制品加工	64999	8000	56999	8489	1500	4371	42639
纺织业	15145750	60003	15085747	184898	648587	1773192	12479070
棉、化纤纺织及印染精加工	8533660	50821	8482839	136673	357991	1117997	6870178
棉、化纤纺织加工	7704096	49321	7654775	119945	338121	1006884	6189825
棉、化纤印染精加工	829564	1500	828064	16728	19870	111113	680353
毛纺织和染整精加工	729219	549	728670	20808	34978	134704	538180
毛条加工	181499	——	181499	——	20799	62870	97830
毛纺织	407843	549	407294	5593	6946	63477	331278
毛染整精加工	139877	——	139877	15215	7233	8357	109072
麻纺织	262156	7420	254736	3350	17720	28504	205162
丝绢纺织及精加工	566013	——	566013	1710	19896	61329	483078
缫丝加工	251934	——	251934	1710	2900	31133	216191
绢纺和丝织加工	229414	——	229414	——	16846	24737	187831
丝印染精加工	84665	——	84665	——	150	5459	79056
纺织制成品制造	2685575	1203	2684372	11557	166986	239051	2266778
棉及化纤制品制造	1319651	212	1319439	1592	99331	55493	1163023
毛制品制造	91570	——	91570	——	8079	16690	66801
麻制品制造	39634	——	39634	——	295	3733	35606
丝制品制造	154069	——	154069	——	——	17744	136325
绳、索、缆的制造	87480	——	87480	——	——	1700	85780
纺织带和帘子布制造	157266	——	157266	——	11524	7460	138282
无纺布制造	436275	491	435784	2900	17767	32377	382740
其他纺织制成品制造	399630	500	399130	7065	29990	103854	258221
针织品、编织品及其制品制造	2369127	10	2369117	10800	51016	191607	2115694
棉、化纤针织品及编织品制造	1368470	——	1368470	4739	19226	81665	1262840
毛针织品及编织品制造	635978	——	635978	5181	15174	41133	574490
丝针织品及编织品制造	154698	——	154698	——	7980	20681	126037
其他针织品及编织品制造	209981	10	209971	880	8636	48128	152327
纺织服装、鞋、帽制造业	7532373	1367	7531006	63679	210215	596346	6660766
纺织服装制造	7095576	867	7094709	56519	192256	541376	6304558
纺织面料鞋的制造	353642	500	353142	7160	16559	52165	277258
制帽	83155	——	83155	——	1400	2805	78950

国民经济行业小类按隶属关系分的城镇投资

续表 5　　　　单位：万元

行业	合计	中央项目	地方项目	省属	地市属	县属	其他
皮革、毛皮、羽毛(绒)及其制品业	3479195	7710	3471485	280	69754	476783	2924668
皮革鞣制加工	367629	——	367629	——	10711	35423	321495
皮革制品制造	2476553	7710	2468843	280	40056	372899	2055608
皮鞋制造	1615221	7710	1607511	——	16992	219281	1371238
皮革服装制造	219482	——	219482	——	7239	81780	130463
皮箱、包(袋)制造	367474	——	367474	280	11717	34526	320951
皮手套及皮装饰制品制造	89472	——	89472	——	——	13266	76206
其他皮革制品制造	184904	——	184904	——	4108	24046	156750
毛皮鞣制及制品加工	297061	——	297061	——	9152	45701	242208
毛皮鞣制加工	92269	——	92269	——	5412	11720	75137
毛皮服装加工	126526	——	126526	——	970	31106	94450
其他毛皮制品加工	78266	——	78266	——	2770	2875	72621
羽毛(绒)加工及制品制造	337952	——	337952	——	9835	22760	305357
羽毛(绒)加工	108223	——	108223	——	875	600	106748
羽毛(绒)制品加工	229729	——	229729	——	8960	22160	198609
木材加工及木竹藤棕草制品制造	6352981	15138	6337843	40911	183476	694579	5418877
锯材、木片加工	1215330	12188	1203142	7715	35138	117243	1043046
锯材加工	664599	12188	652411	7095	28302	73459	543555
木片加工	550731	——	550731	620	6836	43784	499491
人造板制造	3275358	2950	3272408	7283	121995	403228	2739902
胶合板制造	1334989	450	1334539	350	39483	95478	1199228
纤维板制造	729566	2500	727066	3545	41389	165163	516969
刨花板制造	194389	——	194389	——	5772	21297	167320
其他人造板、材制造	1016414	——	1016414	3388	35351	121290	856385
木制品制造	1389523	——	1389523	25913	23858	126210	1213542
建筑用木料及木材组件加工	870040	——	870040	17913	13222	62859	776046
木容器制造	101906	——	101906	——	376	6655	94875
软木制品及其他木制品制造	417577	——	417577	8000	10260	56696	342621
竹、藤、棕、草制品制造	472770	——	472770	——	2485	47898	422387
家具制造业	3869969	——	3869969	10100	102809	198623	3558437
木质家具制造	2861225	——	2861225	9253	56219	141947	2653806
竹、藤家具制造	72207	——	72207	——	——	15175	57032
金属家具制造	490717	——	490717	757	2364	16417	471179
塑料家具制造	54647	——	54647	——	5183	1000	48464
其他家具制造	391173	——	391173	90	39043	24084	327956
造纸及纸制品业	8164391	12210	8152181	155327	751148	1343262	5902444
纸浆制造	1418435	2700	1415735	104247	306591	137911	866986
造纸	3998762	788	3997974	44207	327077	951745	2674945
机制纸及纸板制造	3621645	788	3620857	40820	312053	858506	2409478
手工纸制造	42587	——	42587	——	58	15591	26938

国民经济行业小类按隶属关系分的城镇投资

续表 6　　　　单位：万元

行　　业	合　计	中央项目	地方项目				
				省　属	地市属	县　属	其　他
加工纸制造	334530	——	334530	3387	14966	77648	238529
纸制品制造	2747194	8722	2738472	6873	117480	253606	2360513
纸和纸板容器的制造	1329353	——	1329353	5573	71042	93983	1158755
其他纸制品制造	1417841	8722	1409119	1300	46438	159623	1201758
印刷业和记录媒介的复制	3677054	91915	3585139	150522	250557	252741	2931319
印刷	3400714	91915	3308799	147487	230067	222273	2708972
书、报、刊印刷	984234	25654	958580	99066	88820	59544	711150
本册印制	174497	——	174497	7411	7872	8580	150634
包装装潢及其他印刷	2241983	66261	2175722	41010	133375	154149	1847188
装订及其他印刷服务活动	172548	——	172548	2982	3520	23946	142100
记录媒介的复制	103792	——	103792	53	16970	6522	80247
文教体育用品制造业	1719229	4400	1714829	22135	37475	89199	1566020
文化用品制造	381589	4400	377189	——	9309	22031	345849
文具制造	135311	——	135311	——	1603	5420	128288
笔的制造	122211	——	122211	——	——	11600	110611
教学用模型及教具制造	72246	4400	67846	——	6500	1411	59935
墨水、墨汁制造	17776	——	17776	——	——	3600	14176
其他文化用品制造	34045	——	34045	——	1206	——	32839
体育用品制造	617517	——	617517	440	11832	33391	571854
球类制造	78907	——	78907	——	2061	5406	71440
体育器材及配件制造	133633	——	133633	200	6900	17926	108607
训练健身器材制造	151281	——	151281	——	2796	4900	143585
运动防护用具制造	49934	——	49934	240	——	2890	46804
其他体育用品制造	203762	——	203762	——	75	2269	201418
乐器制造	129504	——	129504	21695	8045	1581	98183
中乐器制造	12724	——	12724	——	1000	——	11724
西乐器制造	51466	——	51466	——	7045	270	44151
电子乐器制造	38301	——	38301	21695	——	311	16295
其他乐器及零件制造	27013	——	27013	——	——	1000	26013
玩具制造	552116	——	552116	——	8289	29413	514414
游艺器材及娱乐用品制造	38503	——	38503	——	——	2783	35720
露天游乐场所游乐设备制造	18291	——	18291	——	——	——	18291
游艺用品及室内游艺器材制	20212	——	20212	——	——	2783	17429
石油加工、炼焦及核燃料加工业	14153806	6253060	7900746	2161061	679603	1084074	3976008
精炼石油产品的制造	10353398	5857458	4495940	1586382	454204	684580	1770774
原油加工及石油制品制造	9608646	5428093	4180553	1463451	437613	674910	1604579
人造原油生产	744752	429365	315387	122931	16591	9670	166195
炼焦及其他	3800408	395602	3404806	574679	225399	399494	2205234
化学原料及化学制品制造业	35340376	2450990	32889386	3221293	4430698	4537655	20699740

国民经济行业小类按隶属关系分的城镇投资

续表 7　　单位：万元

行　　业	合　计	中央项目	地方项目	省　属	地市属	县　属	其　他
基础化学原料制造	14084802	1547938	12536864	1826201	2040771	1468222	7201670
无机酸制造	930408	1138	929270	45034	17805	301453	564978
无机碱制造	2242345	205602	2036743	504617	382771	205474	943881
无机盐制造	969403	110312	859091	75343	52772	154316	576660
有机化学原料制造	7815688	1170079	6645609	841190	1188259	549012	4067148
其他基础化学原料制造	2126958	60807	2066151	360017	399164	257967	1049003
肥料制造	5532687	122005	5410682	796150	904181	1309703	2400648
氮肥制造	2981699	82885	2898814	529493	796756	740013	832552
磷肥制造	547061	7000	540061	236597	41324	70574	191566
钾肥制造	340006	——	340006	1300	——	229010	109696
复混肥料制造	1133367	30850	1102517	19104	37065	198270	848078
有机肥料及微生物肥料制造	291474	——	291474	2370	3326	27707	258071
其他肥料制造	239080	1270	237810	7286	25710	44129	160685
农药制造	1294143	8002	1286141	16494	87772	209224	972651
化学农药制造	914425	8002	906423	9994	63376	183364	649689
生物化学农药及微生物农药制	379718	——	379718	6500	24396	25860	322962
涂料、油墨、颜料及类似产品制造	2054655	——	2054655	83202	75967	183575	1711911
涂料制造	1087529	——	1087529	47004	17859	95100	927566
油墨及类似产品制造	113571	——	113571	21698	12430	2074	77369
颜料制造	263738	——	263738	14500	29325	26851	193062
染料制造	330242	——	330242	——	12292	58599	259351
密封用填料及类似品制造	259575	——	259575	——	4061	951	254563
合成材料制造	3832990	580725	3252265	340762	376108	495235	2040160
初级形态的塑料及合成树脂制造	2318092	423040	1895052	257257	270922	417277	949596
合成橡胶制造	331924	18704	313220	——	22181	17372	273667
合成纤维单(聚合)体的制造	811664	138981	672683	83505	66902	19266	503010
其他合成材料制造	371310	——	371310	——	16103	41320	313887
专用化学产品制造	7199894	125226	7074668	141394	867303	711296	5354675
化学试剂和助剂制造	1979882	22432	1957450	10001	94256	187153	1666040
专项化学用品制造	2503422	——	2503422	13515	660710	156609	1672588
林产化学产品制造	265235	——	265235	8354	9413	26982	220486
环境污染处理专用药剂材料制	166372	1100	165272	——	15935	16160	133177
动物胶制造	101940	——	101940	22917	——	18181	60842
其他专用化学产品制造	2183043	101694	2081349	86607	86989	306211	1601542
日用化学产品制造	1341205	67094	1274111	17090	78596	160400	1018025
肥皂及合成洗涤剂制造	371476	49624	321852	4890	16635	43698	256629
化妆品制造	247385	——	247385	1289	21907	33902	190287
口腔清洁用品制造	38335	——	38335	9311	50	——	28974

国民经济行业小类按隶属关系分的城镇投资

续表 8　　　　单位：万元

行　　业	合　计	中央项目	地方项目				
				省　属	地市属	县　属	其　他
香料、香精制造	208708	3170	205538	1600	15739	32960	155239
其他日用化学产品制造	475301	14300	461001	——	24265	49840	386896
医药制造业	8434935	60103	8374832	338028	886676	1319151	5830977
化学药品原药制造	1790300	9468	1780832	42786	162114	295946	1279986
化学药品制剂制造	1475442	683	1474759	135267	210711	164228	964553
中药饮片加工	760125	——	760125	10730	116097	131300	501998
中成药制造	1608866	3000	1605866	54169	142726	315542	1093429
兽用药品制造	568254	32992	535262	38410	14544	50055	432253
生物、生化制品的制造	1532532	13960	1518572	34257	125063	219036	1140216
卫生材料及医药用品制造	699416	——	699416	22409	115421	143044	418542
化学纤维制造业	2792486	229617	2562869	48346	363903	175199	1975421
纤维素纤维原料及纤维制造	633466	18014	615452	742	106776	103085	404849
化纤浆粕制造	142256	——	142256	——	25318	24452	92486
人造纤维（纤维素纤维）制造	491210	18014	473196	742	81458	78633	312363
合成纤维制造	2159020	211603	1947417	47604	257127	72114	1570572
锦纶纤维制造	351921	——	351921	14257	53885	25138	258641
涤纶纤维制造	754568	74699	679869	154	24149	27797	627769
腈纶纤维制造	26322	4953	21369	1500	——	——	19869
维纶纤维制造	184453	113447	71006	19168	7889	2500	41449
其他合成纤维制造	841756	18504	823252	12525	171204	16679	622844
橡胶制品业	4360464	34733	4325731	48150	353314	526112	3398155
轮胎制造	2321680	22121	2299559	18217	270452	267734	1743156
车辆、飞机及工程机械轮胎制造	2137166	22121	2115045	18217	266239	261351	1569238
力车胎制造	97833	——	97833	——	4213	1645	91975
轮胎翻新加工	86681	——	86681	——	——	4738	81943
橡胶板、管、带的制造	762323	5382	756941	19106	36559	89670	611606
橡胶零件制造	431773	——	431773	——	10031	78372	343370
再生橡胶制造	137886	——	137886	——	3080	14470	120336
日用及医用橡胶制品制造	112476	7230	105246	——	1757	23210	80279
橡胶靴鞋制造	113867	——	113867	3145	2419	19260	89043
其他橡胶制品制造	480459	——	480459	7682	29016	33396	410365
塑料制品业	8623447	42527	8580920	45624	360565	739621	7435110
塑料薄膜制造	930385	6770	923615	5631	34610	45680	837694
塑料板、管、型材的制造	2326183	12811	2313372	16142	116209	184856	1996165
塑料丝、绳及编织品的制造	911210	22946	888264	3200	19794	105753	759517
泡沫塑料制造	412675	——	412675	——	13905	90246	308524
塑料人造革、合成革制造	345853	——	345853	——	8544	27525	309784
塑料包装箱及容器制造	958099	——	958099	767	47135	89098	821099
塑料零件制造	528472	——	528472	3696	29372	58337	437067
日用塑料制造	757283	——	757283	——	12317	51673	693293

国民经济行业小类按隶属关系分的城镇投资

续表 9 单位：万元

行业	合计	中央项目	地方项目	省属	地市属	县属	其他
塑料鞋制造	213649	——	213649	——	293	15494	197862
日用塑料杂品制造	543634	——	543634	——	12024	36179	495431
其他塑料制品制造	1453287	——	1453287	16188	78679	86453	1271967
非金属矿物制品业	28056932	200481	27856451	737585	1410935	3632557	22075374
水泥、石灰和石膏的制造	6383389	97046	6286343	527374	452225	1376373	3930371
水泥制造	5901123	92546	5808577	504399	452225	1241011	3610942
石灰和石膏制造	482266	4500	477766	22975	——	135362	319429
水泥及石膏制品制造	3436998	24121	3412877	51612	176902	264184	2920179
水泥制品制造	1733098	10014	1723084	25388	81203	119910	1496583
砼结构构件制造	585157	8350	576807	9310	35875	50332	481290
石棉水泥制品制造	72175	——	72175	262	20000	5900	46013
轻质建筑材料制造	638494	5312	633182	9492	16575	57729	549386
其他水泥制品制造	408074	445	407629	7160	23249	30313	346907
砖瓦、石材及其他建筑材料制造	8116943	5467	8111476	61668	187800	846511	7015497
粘土砖瓦及建筑砌块制造	2553925	4487	2549438	42551	42113	278135	2186639
建筑陶瓷制品制造	1677437	——	1677437	587	44818	131964	1500068
建筑用石加工	1401296	——	1401296	5260	27282	255673	1113081
防水建筑材料制造	375349	——	375349	1186	8170	42942	323051
隔热和隔音材料制造	549675	——	549675	——	10484	63067	476124
其他建筑材料制造	1559261	980	1558281	12084	54933	74730	1416534
玻璃及玻璃制品制造	4691169	36484	4654685	55028	362972	512906	3723779
平板玻璃制造	935998	2900	933098	11244	72012	81128	768714
技术玻璃制品制造	739181	——	739181	1239	83947	52383	601612
光学玻璃制造	135120	3567	131553	2000	21671	5798	102084
玻璃仪器制造	94341	——	94341	1175	49	3804	89313
日用玻璃制品及玻璃包装容制造	1023690	——	1023690	5113	41485	87680	889412
玻璃保温容器制造	43527	——	43527	——	3675	——	39852
玻璃纤维及制品制造	901969	9192	892777	4000	114448	222157	552172
玻璃纤维增强塑料制品制造	356092	18627	337465	——	8284	29562	299619
其他玻璃制品制造	461251	2198	459053	30257	17401	30394	381001
陶瓷制品制造	1501564	6360	1495204	12009	110114	142887	1230194
卫生陶瓷制品制造	301898	——	301898	10	31813	31699	238376
特种陶瓷制品制造	518192	6360	511832	6185	31621	21669	452357
日用陶瓷制品制造	589961	——	589961	5814	37080	75954	471113
园林、陈设艺术及其他陶瓷制造	91513	——	91513	——	9600	13565	68348
耐火材料制品制造	1653034	3208	1649826	11212	22214	119863	1496537
石棉制品制造	145406	——	145406	240	100	19100	125966
云母制品制造	25622	——	25622	812	——	270	24540
耐火陶瓷制品及其他耐火材料制造	1482006	3208	1478798	10160	22114	100493	1346031
石墨及其他非金属矿物制品制造	2273835	27795	2246040	18682	98708	369833	1758817

国民经济行业小类按隶属关系分的城镇投资

续表 10　　　　　　　　　　　　　　　　　　　　　　　　单位：万元

行业	合计	中央项目	地方项目				
				省属	地市属	县属	其他
石墨及碳素制品制造	973001	16108	956893	11510	42255	142813	760315
其他非金属矿物制品制造	1300834	11687	1289147	7172	56453	227020	998502
黑色金属冶炼及压延加工业	26167104	4886523	21280581	6651058	4193195	2773367	7662961
炼铁	2894596	1146741	1747855	272445	303006	190000	982404
炼钢	6245174	854604	5390570	1785668	1263085	1058621	1283196
钢压延加工	16013731	2866473	13147258	4452020	2594957	1415131	4685150
铁合金冶炼	1013603	18705	994898	140925	32147	109615	712211
有色金属冶炼及压延加工业	12955875	1079877	11875998	2151139	1164012	1844866	6715981
常用有色金属冶炼	6929009	676703	6252306	1679231	680651	946984	2945440
铜冶炼	1203960	55000	1148960	150565	448033	119276	431086
铅锌冶炼	1274683	7800	1266883	203636	142790	180970	739487
镍钴冶炼	713220	——	713220	324548	19718	91477	277477
锡冶炼	37449	——	37449	3203	310	3520	30416
锑冶炼	69517	300	69217	9260	4760	7901	47296
铝冶炼	2910414	578340	2332074	961982	20231	401264	948597
镁冶炼	233802	6000	227802	16677	1500	52412	157213
其他常用有色金属冶炼	485964	29263	456701	9360	43309	90164	313868
贵金属冶炼	328844	8206	320638	24745	17508	112921	165464
金冶炼	214373	8206	206167	9135	12407	100717	83908
银冶炼	50227	——	50227	——	——	8904	41323
其他贵金属冶炼	64244	——	64244	15610	5101	3300	40233
稀有稀土金属冶炼	730491	8647	721844	129567	66406	59595	466276
钨钼冶炼	331710	——	331710	98576	12859	26940	193335
稀土金属冶炼	177659	827	176832	12317	——	11842	152673
其他稀有金属冶炼	221122	7820	213302	18674	53547	20813	120268
有色金属合金制造	774106	10138	763968	40573	179723	121072	422600
有色金属压延加工	4193425	376183	3817242	277023	219724	604294	2716201
常用有色金属压延加工	3833737	376183	3457554	215317	180389	569555	2492293
贵金属压延加工	109714	——	109714	518	17935	9607	81654
稀有稀土金属压延加工	249974	——	249974	61188	21400	25132	142254
金属制品业	15800549	222309	15578240	204304	983009	1260934	13129993
结构性金属制品制造	6473149	182140	6291009	63157	468189	450013	5309650
金属结构制造	5263200	177628	5085572	61908	447106	384575	4191983
金属门窗制造	1209949	4512	1205437	1249	21083	65438	1117667
金属工具制造	1822782	1394	1821388	18368	87707	173135	1542178
切削工具制造	375554	1394	374160	6152	33703	22189	312116
手工具制造	364314	——	364314	2900	2940	23450	335024
农用及园林用金属工具制造	149943	——	149943	216	2050	8072	139605
刀剪及类似日用金属工具制造	138494	——	138494	——	3687	3747	131060
其他金属工具制造	794477	——	794477	9100	45327	115677	624373

国民经济行业小类按隶属关系分的城镇投资

续表 11　　　　单位：万元

行　　业	合　计	中央项目	地方项目				
				省　属	地市属	县　属	其　他
集装箱及金属包装容器制造	931151	1835	929316	3921	110478	59125	755792
集装箱制造	101530	——	101530	——	24385	2738	74407
金属压力容器制造	361982	1100	360882	3793	9211	30481	317397
金属包装容器制造	467639	735	466904	128	76882	25906	363988
金属丝绳及其制品的制造	956732	2113	954619	16547	21539	239996	676537
建筑、安全用金属制品制造	1799015	6042	1792973	7063	149834	114839	1521237
建筑、家具用金属配件制造	440132	——	440132	3274	16306	24448	396104
建筑装饰及水暖管道零件制造	969350	——	969350	——	106353	57474	805523
安全、消防用金属制品制造	173036	2200	170836	89	19319	8590	142838
其他建筑、安全用金属制品制造	216497	3842	212655	3700	7856	24327	176772
金属表面处理及热处理加工	832330	200	832130	35000	24553	35804	736773
搪瓷制品制造	183864	——	183864	836	11803	16712	154513
工业生产配套用搪瓷制品制造	24726	——	24726	——	——	400	24326
搪瓷卫生洁具制造	49235	——	49235	——	9083	9921	30231
搪瓷日用品及其他搪瓷制品制造	109903	——	109903	836	2720	6391	99956
不锈钢及类似日用金属制品制造	1269129	200	1268929	5251	44781	76100	1142797
金属制厨房调理及卫生器具制造	269163	——	269163	1620	3892	17653	245998
金属制厨用器皿及餐具制造	416675	——	416675	531	12456	23989	379699
其他日用金属制品制造	583291	200	583091	3100	28433	34458	517100
其他金属制品制造	1532397	28385	1504012	54161	64125	95210	1290516
铸币及贵金属制实验室用品制造	26271	20041	6230	——	——	——	6230
其他未列明的金属制品制造	1506126	8344	1497782	54161	64125	95210	1284286
通用设备制造业	23314581	594767	22719814	801658	1836399	1913558	18168199
锅炉及原动机制造	1719400	125770	1593630	78476	207982	201928	1105244
锅炉及辅助设备制造	728049	22938	705111	22831	42575	50532	589173
内燃机及配件制造	729133	62366	666767	32305	137221	141661	355580
汽轮机及辅机制造	124292	38266	86026	21871	26206	5455	32494
水轮机及辅机制造	28736	——	28736	1469	1980	3800	21487
其他原动机制造	109190	2200	106990	——	——	480	106510
金属加工机械制造	3894462	160691	3733771	93977	400298	263178	2976318
金属切削机床制造	873679	36624	837055	78871	178445	62074	517665
金属成形机床制造	482104	16000	466104	10911	50638	36417	368138
铸造机械制造	924245	11799	912446	2380	108136	56101	745829
金属切割及焊接设备制造	269026	——	269026	255	3721	16232	248818
机床附件制造	400264	27414	372850	1070	12481	39397	319902
其他金属加工机械制造	945144	68854	876290	490	46877	52957	775966
起重运输设备制造	1887324	155353	1731971	233672	64686	292736	1140877
泵、阀门、压缩机及类似机械的制造	2870049	28690	2841359	56891	202436	179521	2402511
泵及真空设备制造	788758	——	788758	21515	73046	51359	642838
气体压缩机械制造	307013	——	307013	20627	16430	28492	241464

国民经济行业小类按隶属关系分的城镇投资

续表 12　　　　单位：万元

行　　业	合　计	中央项目	地方项目	省　属	地市属	县　属	其　他
阀门和旋塞的制造	810557	3020	807537	1534	68780	52616	684607
液压和气压动力机械及元件制	963721	25670	938051	13215	44180	47054	833602
轴承、齿轮、传动和驱动部件制造	2290476	8320	2282156	33986	205099	194249	1848822
轴承制造	1396341	8320	1388021	18473	127863	140602	1101083
齿轮、传动和驱动部件制造	894135	——	894135	15513	77236	53647	747739
烘炉、熔炉及电炉制造	94707	——	94707	——	5620	5577	83510
风机、衡器、包装设备等通用设备制造	3157238	35010	3122228	239261	304127	225839	2353001
风机、风扇制造	459129	10810	448319	34481	65436	66067	282335
气体、液体分离及纯净设备制造	230009	1331	228678	31965	6150	12577	177986
制冷、空调设备制造	734825	3401	731424	13090	102124	64409	551801
风动和电动工具制造	303937	——	303937	——	12444	11742	279751
喷枪及类似器具制造	66756	1280	65476	——	2152	380	62944
包装专用设备制造	120182	——	120182	426	7270	3925	108561
衡器制造	85044	——	85044	——	13839	5663	65542
其他通用设备制造	1157356	18188	1139168	159299	94712	61076	824081
通用零部件制造及机械修理	3767589	38613	3728976	45004	257517	333941	3092514
金属密封件制造	228873	752	228121	——	4402	18620	205099
紧固件、弹簧制造	660037	——	660037	4360	22884	115627	517166
机械零部件加工及设备修理	1774015	36126	1737889	13584	101470	147707	1475128
其他通用零部件制造	1104664	1735	1102929	27060	128761	51987	895121
金属铸、锻加工	3633336	42320	3591016	20391	188634	216589	3165402
钢铁铸件制造	2813442	33135	2780307	17102	159125	147861	2456219
锻件及粉末冶金制品制造	819894	9185	810709	3289	29509	68728	709183
专用设备制造业	16889796	1167258	15722538	592763	1831114	1384998	11913663
矿山、冶金、建筑专用设备制造	5907180	618386	5288794	362567	608145	540693	3777389
采矿、采石设备制造	1771367	167790	1603577	201054	121665	164805	1116053
石油钻采专用设备制造	1059064	50930	1008134	25008	81888	92640	808598
建筑工程用机械制造	1528755	8450	1520305	36345	161734	209144	1113082
建筑材料生产专用机械制造	504212	2893	501319	629	43586	21717	435387
冶金专用设备制造	1043782	388323	655459	99531	199272	52387	304269
化工、木材、非金属加工专用设	2633297	33278	2600019	34212	358437	208272	1999098
炼油、化工生产专用设备制造	521529	26438	495091	9854	173910	29710	281617
橡胶加工专用设备制造	175923	——	175923	——	73736	12510	89677
塑料加工专用设备制造	247174	455	246719	——	10154	27341	209224
木材加工机械制造	79069	——	79069	72	2100	8780	68117
模具制造	1447319	4400	1442919	24286	97426	115408	1205799
其他非金属加工专用设备制造	162283	1985	160298	——	1111	14523	144664
食品、饮料、烟草及饲料专用设备制造	545166	4712	540454	1865	61582	47275	429732
食品、饮料、烟草工业专用设备制造	265012	4712	260300	285	25261	41676	193078
农副食品加工专用设备制造	255746	——	255746	1580	32026	5589	216551

国民经济行业小类按隶属关系分的城镇投资

续表 13　　　　单位：万元

行　　业	合　计	中央项目	地方项目	省　属	地市属	县　属	其　他
饲料生产专用设备制造	24408	——	24408	——	4295	10	20103
印刷、制药、日化生产专用设备制造	907949	11737	896212	24578	38309	51910	781415
制浆和造纸专用设备制造	166453	——	166453	11000	12249	9002	134202
印刷专用设备制造	230388	4633	225755	12290	12338	2810	198317
日用化工专用设备制造	111831	——	111831	——	11418	12417	87996
制药专用设备制造	57738	——	57738	1288	1962	2060	52428
照明器具生产专用设备制造	166401	——	166401	——	——	22630	143771
玻璃、陶瓷和搪瓷制品专用设备制造	86189	2900	83289	——	——	2331	80958
其他日用品生产专用设备制造	88949	4204	84745	——	342	660	83743
纺织、服装和皮革工业专用设备制造	768099	10684	757415	2852	115345	79677	559541
纺织专用设备制造	516620	10684	505936	2852	92719	47988	362377
皮革、毛皮及其制品加工设备制造	29116	——	29116	——	692	5500	22924
缝纫机械制造	162760	——	162760	——	9866	9439	143455
其他服装加工专用设备制造	59603	——	59603	——	12068	16750	30785
电子和电工机械专用设备制造	2015514	452037	1563477	83633	152726	112256	1214862
农、林、牧、渔专用机械制造	1080265	3516	1076749	20432	116004	165922	774391
拖拉机制造	312266	512	311754	4470	84574	50931	171779
机械化农业及园艺机具制造	338294	3004	335290	15811	25444	61651	232384
营林及木竹采伐机械制造	9571	——	9571	——	——	4885	4686
畜牧机械制造	18320	——	18320	——	300	3500	14520
渔业机械制造	8260	——	8260	——	——	548	7712
农林牧渔机械配件制造	270661	——	270661	——	——	28997	241664
其他农林牧渔业机械制造	122893	——	122893	151	5686	15410	101646
医疗仪器设备及器械制造	939717	2800	936917	24059	146053	51101	715704
医疗诊断、监护及治疗设备制造	300229	——	300229	5593	68899	8326	217411
口腔科用设备及器具制造	8205	——	8205	——	4500	3240	465
实验室及医用消毒设备和器具制造	30186	——	30186	——	700	4544	24942
医疗、外科及兽医用器械制造	321586	——	321586	338	34219	14242	272787
机械治疗及病房护理设备制造	62909	2800	60109	——	——	6592	53517
假肢、人工器官及植（介）入	39390	——	39390	8927	7928	4180	18355
其他医疗设备及器械制造	177212	——	177212	9201	29807	9977	128227
环保、社会公共安全及其他专用制造	2092609	30108	2062501	38565	234513	127892	1661531
环境污染防治专用设备制造	672405	6800	665605	5598	34083	41368	584556
地质勘查专用设备制造	37821	1500	36321	668	——	——	35653
邮政专用机械及器材制造	2500	——	2500	——	——	——	2500
商业、饮食、服务业专用设备制造	35802	——	35802	2000	——	1555	32247

国民经济行业小类按隶属关系分的城镇投资

续表 14 单位：万元

行业	合计	中央项目	地方项目	省属	地市属	县属	其他
社会公共安全设备及器材制造	140693	1648	139045	120	10788	1800	126337
交通安全及管制专用设备制造	39834	——	39834	——	——	3912	35922
水资源专用机械制造	169556	3110	166446	620	17879	13342	134605
其他专用设备制造	993998	17050	976948	29559	171763	65915	709711
交通运输设备制造业	27232572	4316081	22916491	2326525	2619005	1868312	16102649
铁路运输设备制造	1175125	462805	712320	54751	27481	28874	601214
铁路机车车辆及动车组制造	355870	246800	109070	2778	3385	——	102907
工矿有轨专用车辆制造	80887	2700	78187	——	106	5400	72681
铁路机车车辆配件制造	322365	49371	272994	4200	20461	6201	242132
铁路专用设备及器材、配件制造	286182	70276	215906	45173	3529	12423	154781
其他铁路设备制造及设备修理	129821	93658	36163	2600	——	4850	28713
汽车制造	18571707	1331453	17240254	2126164	1960902	1472567	11680621
汽车整车制造	5616128	936725	4679403	1629402	787798	268509	1993694
改装汽车制造	800884	49099	751785	31072	93002	154086	473625
电车制造	188433	112076	76357	6395	——	25828	44134
汽车车身、挂车的制造	425924	——	425924	13996	23323	45575	343030
汽车零部件及配件制造	11049078	233433	10815645	434880	1022418	932418	8425929
汽车修理	491260	120	491140	10419	34361	46151	400209
摩托车制造	1135860	122285	1013575	——	30140	81543	901892
摩托车整车制造	443000	122285	320715	——	4233	15306	301176
摩托车零部件及配件制造	692860	——	692860	——	25907	66237	600716
自行车制造	664932	——	664932	1773	22363	52692	588104
脚踏自行车及残疾人座车制造	178053	——	178053	1773	6769	23700	145811
助动自行车制造	486879	——	486879	——	15594	28992	442293
船舶及浮动装置制造	4119846	1626688	2493158	59223	247974	206479	1979482
金属船舶制造	2615449	1108573	1506876	43887	38556	176381	1248052
非金属船舶制造	54848	——	54848	——	480	8322	46046
娱乐船和运动船的建造和修理	93979	——	93979	10000	3558	——	80421
船用配套设备制造	698092	297741	400351	2640	68094	20064	309553
船舶修理及拆船	640560	220374	420186	2696	137286	1712	278492
航标器材及其他浮动装置的制造	16918	——	16918	——	——	——	16918
交通器材及其他交通运输设备制造	1565102	772850	792252	84614	330145	26157	351336
交通管理用金属标志及设施制造	57667	——	57667	——	——	5577	52090
其他交通运输设备制造	1507435	772850	734585	84614	330145	20580	299246
电气机械及器材制造业	16084596	177402	15907194	313805	1842137	1572471	12178781

国民经济行业小类按隶属关系分的城镇投资

续表 15　　　　　　　　　　　　　　　　　　　　单位：万元

行　　业	合　计	中央项目	地方项目				
				省　属	地市属	县　属	其　他
电机制造	2009370	106342	1903028	118212	243611	154302	1386903
发电机及发电机组制造	842699	106342	736357	28779	124672	41382	541524
电动机制造	775588	——	775588	74800	89747	70711	540330
微电机及其他电机制造	391083	——	391083	14633	29192	42209	305049
输配电及控制设备制造	4599898	29933	4569965	39103	610134	403116	3517612
变压器、整流器和电感器制造	1287302	17164	1270138	8913	135525	158921	966779
电容器及其配套设备制造	317813	9228	308585	4290	10424	21439	272432
配电开关控制设备制造	1341739	3041	1338698	13910	200338	124080	1000370
电力电子元器件制造	1093791	——	1093791	10069	208773	62773	812176
其他输配电及控制设备制造	559253	500	558753	1921	55074	35903	465855
电线、电缆、光缆及电工器材制造	3150978	4963	3146015	29101	224130	355615	2537169
电线电缆制造	2422659	3878	2418781	26945	130856	286094	1974886
光纤、光缆制造	172246	——	172246	——	6837	37545	127864
绝缘制品制造	172646	1085	171561	——	26558	10194	134809
其他电工器材制造	383427	——	383427	2156	59879	21782	299610
电池制造	1783598	23737	1759861	27704	210563	250213	1271381
家用电力器具制造	1899534	——	1899534	79682	380522	195265	1244065
家用制冷电器具制造	329676	——	329676	1630	78817	33931	215298
家用空气调节器制造	365047	——	365047	66443	179680	9465	109459
家用通风电器具制造	49533	——	49533	——	1042	——	48491
家用厨房电器具制造	376939	——	376939	9000	57732	16215	293992
家用清洁卫生电器具制造	205669	——	205669	2609	40142	2200	160718
家用美容、保健电器具制造	55580	——	55580	——	——	4335	51245
家用电力器具专用配件制造	187486	——	187486	——	2450	63371	121665
其他家用电力器具制造	329604	——	329604	——	20659	65748	243197
非电力家用器具制造	760856	10124	750732	12122	26511	33141	678958
燃气、太阳能及类似能源器具制造	655010	10124	644886	12122	13026	22646	597092
其他非电力家用器具制造	105846	——	105846	——	13485	10495	81866
照明器具制造	1202962	——	1202962	2600	43689	141113	1015560
电光源制造	420159	——	420159	——	17264	53649	349246
照明灯具制造	619440	——	619440	2600	16586	69934	530320
灯用电器附件及其他照明器具制造	163363	——	163363	——	9839	17530	135994
其他电气机械及器材制造	677400	2303	675097	5281	102977	39706	527133
车辆专用照明及电气信号设备制造	123262	——	123262	——	38285	1557	83420
其他未列明的电气机械制造	554138	2303	551835	5281	64692	38149	443713
通信设备、计算机及其他电子设备制造	20938464	485500	20452964	940937	4070775	1203578	14237674
通信设备制造	2385030	118964	2266066	95942	550243	136527	1483354
通信传输设备制造	294021	68961	225060	28651	56094	5746	134569
通信交换设备制造	220909	——	220909	2766	130662	230	87251
通信终端设备制造	304655	14050	290605	25019	137945	9546	118095

国民经济行业小类按隶属关系分的城镇投资

续表 16　　　　单位：万元

行　　业	合　计	中央项目	地方项目				
				省　属	地市属	县　属	其　他
移动通信及终端设备制造	1253028	20215	1232813	38368	120308	92774	981363
其他通信设备制造	312417	15738	296679	1138	105234	28231	162076
广播电视设备制造	177028	——	177028	3440	40656	10360	122572
广播电视节目制作及发射设备制造	25913	——	25913	——	10404	768	14741
广播电视接收设备及器材制造	112133	——	112133	3440	27727	1166	79800
应用电视设备及其他广播设备制造	38982	——	38982	——	2525	8426	28031
电子计算机制造	2133381	5170	2128211	10649	383726	59523	1674313
电子计算机整机制造	766559	982	765577	6018	62960	10269	686330
计算机网络设备制造	253345	——	253345	138	20050	2950	230207
电子计算机外部设备制造	1113477	4188	1109289	4493	300716	46304	757776
电子器件制造	8716219	301604	8414615	729151	1826211	407884	5451369
电子真空器件制造	222109	——	222109	34791	22876	3247	161195
半导体分立器件制造	761047	13556	747491	81106	257662	11543	397180
集成电路制造	4747526	2026	4745500	499858	1052553	253313	2939776
光电子器件及其他电子器件制造	2985537	286022	2699515	113396	493120	139781	1953218
电子元件制造	5260101	25475	5234626	77980	856092	423612	3876942
电子元件及组件制造	4017430	25475	3991955	77980	564205	249730	3100040
印制电路板制造	1242671	——	1242671	——	291887	173882	776902
家用视听设备制造	783881	18468	765413	14191	119034	53245	578943
家用影视设备制造	638078	18468	619610	14191	108417	45432	451570
家用音响设备制造	145803	——	145803	——	10617	7813	127373
其他电子设备制造	1482824	15819	1467005	9584	294813	112427	1050181
仪器仪表及文化、办公用机械制造	2812898	148410	2664488	120838	216986	153206	2173458
通用仪器仪表制造	1153664	37321	1116343	92744	58819	62614	902166
工业自动控制系统装置制造	568734	20967	547767	67352	33741	27851	418823
电工仪器仪表制造	254103	5624	248479	866	9161	19592	218860
绘图、计算及测量仪器制造	49885	——	49885	——	7725	720	41440
实验分析仪器制造	70335	——	70335	23450	2051	6425	38409
试验机制造	31132	——	31132	——	4271	——	26861
供应用仪表及其他通用仪器制造	179475	10730	168745	1076	1870	8026	157773
专用仪器仪表制造	545907	40459	505448	14828	38363	37347	414910
环境监测专用仪器仪表制造	47312	——	47312	——	3101	2800	41411
汽车及其他用计数仪表制造	116541	12183	104358	——	483	6800	97075
农林牧渔专用仪器仪表制造	12066	——	12066	7949	393	3254	470
地质勘探和地震专用仪器制造	25314	——	25314	——	10000	——	15314
教学专用仪器制造	21978	——	21978	1100	——	1120	19758
电子测量仪器制造	111499	——	111499	3	11781	6335	93380

国民经济行业小类按隶属关系分的城镇投资

续表 17　　　　单位：万元

行　　业	合　计	中央项目	地方项目	省　属	地市属	县　属	其　他
其他专用仪器制造	211197	28276	182921	5776	12605	17038	147502
钟表与计时仪器制造	110842	——	110842	2876	4857	15315	87794
光学仪器及眼镜制造	462084	37168	424916	3483	31216	6117	384100
光学仪器制造	266359	37168	229191	3150	29566	1350	195125
眼镜制造	195725	——	195725	333	1650	4767	188975
文化、办公用机械制造	432625	28075	404550	6907	72773	12222	312648
电影机械制造	6298	——	6298	——	——	——	6298
幻灯及投影设备制造	4307	——	4307	——	——	——	4307
照相机及器材制造	152657	——	152657	6473	27657	6299	112228
复印和胶印设备制造	179624	27935	151689	434	38711	4371	108173
计算器及货币专用设备制造	51455	——	51455	——	4757	1497	45201
其他文化、办公用机械制造	38284	140	38144	——	1648	55	36441
其他仪器仪表的制造及修理	107776	5387	102389	——	10958	19591	71840
工艺品及其他制造业	5656555	47138	5609417	120662	446627	925180	4116948
工艺美术品制造	2060996	12981	2048015	3821	78261	200568	1765365
雕塑工艺品制造	279047	——	279047	——	524	27494	251029
金属工艺品制造	183395	——	183395	——	9165	24709	149521
漆器工艺品制造	51928	2055	49873	——	830	2125	46918
花画工艺品制造	82237	——	82237	——	3923	1837	76477
天然植物纤维编织工艺品制造	134000	——	134000	2061	——	20801	111138
抽纱刺绣工艺品制造	355055	——	355055	——	129	14303	340623
地毯、挂毯制造	232901	1480	231421	——	43753	32066	155602
珠宝首饰及有关物品的制造	224071	9331	214740	1760	1917	16055	195008
其他工艺美术品制造	518362	115	518247	——	18020	61178	439049
日用杂品制造	505529	1800	503729	27562	9342	55140	411685
制镜及类似品加工	76886	——	76886	——	2128	10253	64505
鬃毛加工、制刷及清扫工具的制造	57803	——	57803	——	2436	12568	42799
其他日用杂品制造	370840	1800	369040	27562	4778	32319	304381
煤制品制造	69532	——	69532	——	1800	4690	63042
其他未列明的制造业	3020498	32357	2988141	89279	357224	664782	1876856
废弃资源和废旧材料回收加工业	855979	3264	852715	36059	87617	133346	595693
金属废料和碎屑的加工处理	505559	——	505559	27742	56122	100282	321413
非金属废料和碎屑的加工处理	350420	3264	347156	8317	31495	33064	274280
（四）电力燃气及水的生产和供应业	**90889097**	**31026604**	**59862493**	**21046744**	**9605789**	**12807755**	**16402205**
电力、热力的生产和供应业	79065188	30510638	48554550	19837375	6138446	9199178	13379551
电力生产	52471060	19468334	33002726	11987216	3407185	6084559	11523766
火力发电	29766650	11182211	18584439	8620370	2107551	2728706	5127812
水力发电	15995390	6099181	9896209	2444511	670435	2572177	4209086
核力发电	1624970	1356595	268375	——	173568	90400	4407

国民经济行业小类按隶属关系分的城镇投资

续表 18　　　　　　　　　　　　　　　　　　　　　　　　单位：万元

行　　业	合　计	中央项目	地方项目				
				省　属	地市属	县　属	其　他
其他能源发电	5084050	830347	4253703	922335	455631	693276	2182461
电力供应	23551458	10810874	12740584	7428651	1921936	2494777	895220
热力生产和供应	3042670	231430	2811240	421508	809325	619842	960565
燃气生产和供应业	3466418	430126	3036292	385974	673639	664059	1312620
燃气生产和供应业	3466418	430126	3036292	385974	673639	664059	1312620
水的生产和供应业	8357491	85840	8271651	823395	2793704	2944518	1710034
自来水的生产和供应	4332194	71495	4260699	475574	1473502	1603191	708432
污水处理及其再生利用	3788707	9724	3778983	344670	1283619	1228536	922158
其他水的处理、利用与分配	236590	4621	231969	3151	36583	112791	79444
（五）建筑业	**9924803**	**931864**	**8992939**	**803134**	**969503**	**2655206**	**4565096**
房屋和土木工程建筑业	8382977	884759	7498218	742120	727835	2398781	3629482
房屋工程建筑	4538057	97656	4440401	179507	458494	1051397	2751003
土木工程建筑	3844920	787103	3057817	562613	269341	1347384	878479
铁路、道路、隧道和桥梁工程建筑	2441820	387967	2053853	416422	223950	933963	479518
水利和港口工程建筑	747726	354262	393464	80728	15317	141775	155644
工矿工程建筑	123354	15629	107725	16885	8178	71123	11539
架线和管道工程建筑	268942	29075	239867	33634	8276	93881	104076
其他土木工程建筑	263078	170	262908	14944	13620	106642	127702
建筑安装业	469969	40956	429013	44941	54743	35556	293773
建筑安装业	469969	40956	429013	44941	54743	35556	293773
建筑装饰业	247652	603	247049	1574	16047	21856	207572
建筑装饰业	247652	603	247049	1574	16047	21856	207572
其他建筑业	824205	5546	818659	14499	170878	199013	434269
工程准备	368088	1600	366488	1779	63687	136545	164477
提供施工设备服务	144433	548	143885	7721	17540	10304	108320
其他未列明的建筑活动	311684	3398	308286	4999	89651	52164	161472
（六）交通运输、仓储和邮政业	**129970571**	**30941766**	**99028805**	**37826352**	**26462833**	**22628037**	**12111583**
铁路运输业	24927450	22395168	2532282	845282	910705	488301	287994
铁路旅客运输	9801732	9107912	693820	233751	378702	59198	22169
铁路货物运输	12376229	11225218	1151011	372157	289505	287765	201584
铁路运输辅助活动	2749489	2062038	687451	239374	242498	141338	64241
客运火车站	839746	543114	296632	71147	199895	8880	16710
货运火车站	62601	13898	48703	7231	1175	16537	23760
其他铁路运输辅助活动	1847142	1505026	342116	160996	41428	115921	23771
道路运输业	69265966	3109634	66156332	25045678	17039937	19545787	4524930
公路旅客运输	26141139	1948522	24192617	13553413	4131138	5293718	1214348
道路货物运输	12738699	52259	12686440	4187448	2681471	3908902	1908619
道路运输辅助活动	30386128	1108853	29277275	7304817	10227328	10343167	1401963
客运汽车站	632230	5476	626754	18354	207406	248768	152226
公路管理与养护	27206751	486084	26720667	6898193	9618970	9175060	1028444

国民经济行业小类按隶属关系分的城镇投资

续表 19　　单位：万元

行业	合计	中央项目	地方项目	省属	地市属	县属	其他
其他道路运输辅助活动	2547147	617293	1929854	388270	400952	919339	221293
城市公共交通业	10729537	73415	10656122	6096318	3471343	610308	478153
公共电汽车客运	1332144	22881	1309263	516959	573023	86244	133037
轨道交通	7519200	47068	7472132	4507541	2682391	193330	88870
出租车客运	351821	3218	348603	105406	44806	20567	177824
城市轮渡	24324	——	24324	1001	1915	1305	20103
其他城市公共交通	1502048	248	1501800	965411	169208	308862	58319
水上运输业	11095406	1756562	9338844	3136769	3151610	758134	2292331
水上旅客运输	224533	12740	211793	23150	48523	48039	92081
远洋旅客运输	52245	——	52245	——	——	——	52245
沿海旅客运输	83899	12740	71159	3681	44584	4742	18152
内河旅客运输	88389	——	88389	19469	3939	43297	21684
水上货物运输	1979308	484563	1494745	129591	312363	175740	877051
远洋货物运输	287422	77935	209487	20159	1500	48992	138836
沿海货物运输	840644	71478	769166	27568	210541	106889	424168
内河货物运输	851242	335150	516092	81864	100322	19859	314047
水上运输辅助活动	8891565	1259259	7632306	2984028	2790724	534355	1323199
客运港口	175039	43246	131793	34255	43308	26782	27448
货运港口	7776733	952713	6824020	2699189	2423382	439904	1261545
其他水上运输辅助活动	939793	263300	676493	250584	324034	67669	34206
航空运输业	6075575	2517707	3557868	2072895	747506	141378	596089
航空客货运输	2600690	1058391	1542299	637560	597836	66257	240646
航空旅客运输	2299313	1047691	1251622	637465	372550	65057	176550
航空货物运输	301377	10700	290677	95	225286	1200	64096
通用航空服务	326384	228736	97648	13345	2898	30178	51227
航空运输辅助活动	3148501	1230580	1917921	1421990	146772	44943	304216
机场	2991848	1160750	1831098	1389613	125650	44222	271613
空中交通管理	22030	22030	——	——	——	——	——
其他航空运输辅助活动	134623	47800	86823	32377	21122	721	32603
管道运输业	690758	165901	524857	243030	147763	22500	111564
管道运输业	690758	165901	524857	243030	147763	22500	111564
装卸搬运和其他运输服务业	933614	221323	712291	20476	52397	77406	562012
装卸搬运	150694	862	149832	771	28129	23885	97047
运输代理服务	782920	220461	562459	19705	24268	53521	464965
仓储业	6110674	639337	5471337	328690	927365	978053	3237229
谷物、棉花等农产品仓储	999407	39362	960045	152530	116192	383337	307986
其他仓储	5111267	599975	4511292	176160	811173	594716	2929243
邮政业	141591	62719	78872	37214	14207	6170	21281
国家邮政	125394	62719	62675	37214	13207	5450	6804
其他寄递服务	16197	——	16197	——	1000	720	14477
（七）信息传输、计算机服务和软件业	**18193560**	**8669454**	**9524106**	**5204780**	**1322962**	**707899**	**2288465**

国民经济行业小类按隶属关系分的城镇投资

续表 20　　　　单位：万元

行　　业	合　计	中央项目	地方项目				
				省　属	地市属	县　属	其　他
电信和其他信息传输服务业	17020094	8622001	8398093	5168541	1102750	538483	1588319
电信	14451070	7426319	7024751	4486097	825010	325528	1388116
固定电信服务	4467986	2929846	1538140	1055117	290989	120777	71257
移动电信服务	9678226	4412807	5265419	3321286	496316	176905	1270912
其他电信服务	304858	83666	221192	109694	37705	27846	45947
互联网信息服务	1772602	1161244	611358	478885	39448	12522	80503
广播电视传输服务	781148	34438	746710	203559	228045	199973	115133
有线广播电视传输服务	668297	12188	656109	190032	171760	188944	105373
无线广播电视传输服务	112851	22250	90601	13527	56285	11029	9760
卫星传输服务	15274	——	15274	——	10247	460	4567
计算机服务业	316629	15228	301401	2141	48483	19760	231017
计算机系统服务	78712	3563	75149	1778	10825	12544	50002
数据处理	94731	11665	83066	——	29747	——	53319
计算机维修	1874	——	1874	——	——	300	1574
其他计算机服务	141312	——	141312	363	7911	6916	126122
软件业	856837	32225	824612	34098	171729	149656	469129
公共软件服务	693905	32225	661680	23389	129028	129456	379807
基础软件服务	195753	17963	177790	21802	21697	79019	55272
应用软件服务	498152	14262	483890	1587	107331	50437	324535
其他软件服务	162932	——	162932	10709	42701	20200	89322
（八）批发和零售业	**24505913**	**312882**	**24193031**	**694798**	**1839726**	**3573821**	**18084686**
批发业	11410230	245666	11164564	442173	898842	1889834	7933715
农畜产品批发	854017	4605	849412	22605	34326	310993	481488
谷物、豆及薯类批发	306001	——	306001	13640	10368	83886	198107
种子、饲料批发	127290	746	126544	2953	8325	35816	79450
棉、麻批发	45390	73	45317	596	——	1900	42821
牲畜批发	20847	387	20460	——	——	3811	16649
其他农畜产品批发	354489	3399	351090	5416	15633	185580	144461
食品、饮料及烟草制品批发	1823866	62426	1761440	155983	193978	295618	1115861
米、面制品及食用油批发	203086	——	203086	6797	14154	44115	138020
糕点、糖果及糖批发	111824	——	111824	70	2232	9910	99612
果品、蔬菜批发	721368	3763	717605	22264	87908	105088	502345
肉、禽、蛋及水产品批发	232081	290	231791	3377	23761	49645	155008
盐及调味品批发	46997	1500	45497	15689	12810	2693	14305
饮料及茶叶批发	95128	——	95128	——	1101	21469	72558
烟草制品批发	266747	56873	209874	105911	45012	34001	24950
其他食品批发	146635	——	146635	1875	7000	28697	109063
纺织、服装及日用品批发	1770037	672	1769365	15621	257506	355791	1140447
纺织品、针织品及原料批发	432688	573	432115	10827	38219	86185	296884
服装批发	814035	——	814035	675	170750	201963	440647

国民经济行业小类按隶属关系分的城镇投资

续表21　　单位：万元

行　　业	合　计	中央项目	地方项目	省　属	地市属	县　属	其　他
鞋帽批发	87950	——	87950	——	7100	18000	62850
厨房、卫生间用具及日用杂货批发	105034	——	105034	——	120	8876	96038
化妆品及卫生用品批发	23908	99	23809	——	1162	4320	18327
其他日用品批发	306422	——	306422	4119	40155	36447	225701
文化、体育用品及器材批发	298130	——	298130	50919	6091	59939	181181
文具用品批发	22794	——	22794	900	1301	350	20243
体育用品批发	24365	——	24365	——	——	11750	12615
图书批发	141277	——	141277	45554	310	23329	72084
报刊批发	3860	——	3860	——	——	——	3860
音像制品及电子出版物批发	5005	——	5005	4165	——	——	840
首饰、工艺品及收藏品批发	44479	——	44479	——	——	17045	27434
其他文化用品批发	56350	——	56350	300	4480	7465	44105
医药及医疗器材批发	432818	341	432477	12439	30034	49943	340061
西药批发	171451	76	171375	9732	22219	17948	121476
中药材及中成药批发	173821	——	173821	1487	3130	29000	140204
医疗用品及器材批发	87546	265	87281	1220	4685	2995	78381
矿产品、建材及化工产品批发	3406334	160995	3245339	119591	189271	502950	2433527
煤炭及制品批发	348546	——	348546	13756	10802	86196	237792
石油及制品批发	551498	158788	392710	78870	35081	50046	228713
非金属矿及制品批发	36210	——	36210	——	——	476	35734
金属及金属矿批发	478217	508	477709	13079	35082	26504	403044
建材批发	1623760	——	1623760	10827	82839	266570	1263524
化肥批发	56830	520	56310	876	1847	13775	39812
农药批发	10689	1056	9633	300	——	25	9308
农用薄膜批发	11737	——	11737	——	——	650	11087
其他化工产品批发	288847	123	288724	1883	23620	58708	204513
机械设备、五金交电及电子产品批发	2109660	3277	2106383	38896	127148	250622	1689717
农业机械批发	89979	——	89979	4327	——	19950	65702
汽车、摩托车及零配件批发	631329	58	631271	13050	28668	73480	516073
五金、交电批发	522731	1632	521099	1033	15630	125127	379309
家用电器批发	168503	——	168503	200	20483	2895	144925
计算机、软件及辅助设备批发	84587	——	84587	——	14476	2561	67550
通讯及广播电视设备批发	103453	——	103453	3426	1350	2876	95801
其他机械设备及电子产品批发	509078	1587	507491	16860	46541	23733	420357
贸易经纪与代理	167325	13026	154299	15300	8881	6475	123643
其他批发	548043	324	547719	10819	51607	57503	427790
再生物资回收与批发	172135	——	172135	7800	9067	19610	135658
其他未列明的批发	375908	324	375584	3019	42540	37893	292132
零售业	13095683	67216	13028467	252625	940884	1683987	10150971
综合零售	7311918	18553	7293365	114868	577094	1124732	5476671

国民经济行业小类按隶属关系分的城镇投资

续表 22 单位：万元

行　业	合　计	中央项目	地方项目	省　属	地市属	县　属	其　他
百货零售	3675492	——	3675492	36913	376782	563004	2698793
超级市场零售	2126090	10690	2115400	37643	163578	291190	1622989
其他综合零售	1510336	7863	1502473	40312	36734	270538	1154889
食品、饮料及烟草制品专门零售	579666	5070	574596	3490	27494	144962	398650
粮油零售	54463	——	54463	——	5091	28506	20866
糕点、面包零售	12125	——	12125	——	——	3280	8845
果品、蔬菜零售	203321	2199	201122	1030	6235	48442	145415
肉、禽、蛋及水产品零售	88014	——	88014	——	2224	18616	67174
饮料及茶叶零售	29859	——	29859	——	1393	1619	26847
烟草制品零售	14395	2821	11574	1040	4231	628	5675
其他食品零售	177489	50	177439	1420	8320	43871	123828
纺织、服装及日用品专门零售	761439	——	761439	3354	60699	91106	606280
纺织品及针织品零售	101499	——	101499	——	3224	22090	76185
服装零售	484162	——	484162	2864	46272	56172	378854
鞋帽零售	33360	——	33360	——	10500	——	22860
钟表、眼镜零售	20108	——	20108	——	390	1470	18248
化妆品及卫生用品零售	14930	——	14930	490	——	——	14440
其他日用品零售	107380	——	107380	——	313	11374	95693
文化、体育用品及器材专门零售	272159	3909	268250	36310	73027	34223	124690
文具用品零售	15389	——	15389	——	600	2369	12420
体育用品零售	42385	——	42385	——	22990	500	18895
图书零售	108084	1117	106967	32646	41201	10845	22275
报刊零售	——	——	——	——	——	——	——
音像制品及电子出版物零售	6655	——	6655	——	——	100	6555
珠宝首饰零售	39255	——	39255	3600	1080	10830	23745
工艺美术品及收藏品零售	50643	2792	47851	64	6406	8450	32931
照相器材零售	3810	——	3810	——	——	460	3350
其他文化用品零售	5938	——	5938	——	750	669	4519
医药及医疗器材专门零售	117426	——	117426	3663	13192	9881	90690
药品零售	87900	——	87900	2863	9765	9681	65591
医疗用品及器材零售	29526	——	29526	800	3427	200	25099
汽车、摩托车、燃料及零配件专门零售	1973609	39588	1934021	72282	110097	133140	1618502
汽车零售	1340544	——	1340544	45957	81076	75843	1137668
汽车零配件零售	215482	——	215482	300	8627	16331	190224
摩托车及零配件零售	42520	——	42520	——	——	6942	35578
机动车燃料零售	375063	39588	335475	26025	20394	34024	255032
家用电器及电子产品专门零售	402302	——	402302	2398	17301	22255	360348
家用电器零售	218760	——	218760	2060	13766	14983	187951
计算机、软件及辅助设备零售	75074	——	75074	——	450	2250	72374
通信设备零售	37460	——	37460	——	2365	——	35095

国民经济行业小类按隶属关系分的城镇投资

续表 23　　单位：万元

行　　业	合　计	中央项目	地方项目				
				省　属	地市属	县　属	其　他
其他电子产品零售	71008	——	71008	338	720	5022	64928
五金、家具及室内装修材料专门零售	1291150	——	1291150	16260	30461	85739	1158690
五金零售	135221	——	135221	6260	9793	11630	107538
家具零售	767965	——	767965	——	13264	66239	688462
涂料零售	20465	——	20465	——	5000	——	15465
其他室内装修材料零售	367499	——	367499	10000	2404	7870	347225
无店铺及其他零售	386014	96	385918	——	31519	37949	316450
流动货摊零售	4239	——	4239	——	——	280	3959
邮购及电子销售	3550	——	3550	——	——	250	3300
生活用燃料零售	150307	20	150287	——	19460	22454	108373
花卉零售	11217	——	11217	——	——	1550	9667
旧货零售	6479	——	6479	——	——	——	6479
其他未列明的零售	210222	76	210146	——	12059	13415	184672
（九）住宿和餐饮业	**13298896**	**365122**	**12933774**	**386594**	**1523420**	**1418157**	**9605603**
住宿业	9250718	360458	8890260	356605	1354224	997713	6181718
旅游饭店	7146846	335423	6811423	267988	1199141	735263	4609031
一般旅馆	1555676	12713	1542963	25372	81626	186410	1249555
其他住宿服务	548196	12322	535874	63245	73457	76040	323132
餐饮业	4048178	4664	4043514	29989	169196	420444	3423885
正餐服务	3521519	4450	3517069	22874	139972	378784	2975439
快餐服务	127568	——	127568	4505	4319	9050	109694
饮料及冷饮服务	115992	——	115992	——	14624	10900	90468
其他餐饮服务	283099	214	282885	2610	10281	21710	248284
（十）金融业	**1519289**	**517657**	**1001632**	**275569**	**283523**	**148572**	**293968**
银行业	1137240	473256	663984	238243	145924	129052	150765
中央银行	92446	83714	8732	1802	230	1100	5600
商业银行	968007	364626	603381	223750	141282	100249	138100
其他银行	76787	24916	51871	12691	4412	27703	7065
证券业	122675	1131	121544	22394	84400	——	14750
证券市场管理	9638	——	9638	1411	——	——	8227
证券经纪与交易	94834	696	94138	16315	71300	——	6523
证券投资	5103	435	4668	4668	——	——	——
证券分析与咨询	13100	——	13100	——	13100	——	——
保险业	103993	38602	65391	4951	8636	3655	48149
人寿保险	71449	33841	37608	2732	3918	3655	27303
非人寿保险	31236	4500	26736	2219	4718	——	19799
保险辅助服务	1308	261	1047	——	——	——	1047
其他金融活动	155381	4668	150713	9981	44563	15865	80304
金融信托与管理	28704	74	28630	——	1654	5952	21024
金融租赁	20154	——	20154	——	1398	900	17856

国民经济行业小类按隶属关系分的城镇投资

续表 24　　　　单位：万元

行业	合计	中央项目	地方项目	省属	地市属	县属	其他
财务公司	210	——	210	——	——	——	210
邮政储蓄	2076	——	2076	——	996	480	600
典当	17417	——	17417	——	760	——	16657
其他未列明的金融活动	86820	4594	82226	9981	39755	8533	23957
（十一）房地产业	**286192443**	**4243851**	**281948592**	**13758441**	**51236143**	**29033214**	**187920794**
房地产业	286192443	4243851	281948592	13758441	51236143	29033214	187920794
房地产开发经营	265099928	3319241	261780687	12620737	49001246	24246409	175912295
物业管理	676715	60673	616042	11589	42910	101150	460393
房地产中介服务	121085	——	121085	——	2141	37289	81655
其他房地产活动	20294715	863937	19430778	1126115	2189846	4648366	11466451
（十二）租赁和商务服务业	**8606822**	**460932**	**8145890**	**652225**	**2083940**	**2013425**	**3396300**
租赁业	338452	5477	332975	55686	6718	22329	248242
机械设备租赁	322642	5477	317165	46086	6718	19819	244542
汽车租赁	77667	3057	74610	——	3128	5620	65862
农业机械租赁	751	——	751	——	——	151	600
建筑工程机械与设备租	124469	420	124049	21120	2900	5273	94756
计算机及通讯设备租赁	——	——	——	——	——	——	——
其他机械与设备租赁	119755	2000	117755	24966	690	8775	83324
文化及日用品出租	15810	——	15810	9600	——	2510	3700
图书及音像制品出租	2000	——	2000	——	——	2000	——
其他文化及日用品出租	13810	——	13810	9600	——	510	3700
商务服务业	8268370	455455	7812915	596539	2077222	1991096	3148058
企业管理服务	4107414	164386	3943028	222362	1240790	1117299	1362577
企业管理机构	1476828	116868	1359960	65745	334469	356034	603712
投资与资产管理	1810005	41805	1768200	137265	672582	538489	419864
其他企业管理服务	820581	5713	814868	19352	233739	222776	339001
法律服务	15776	——	15776	5725	——	4650	5401
律师及相关的法律服务	9529	——	9529	——	——	4128	5401
公证服务	984	——	984	462	——	522	——
其他法律服务	5263	——	5263	5263	——	——	——
咨询与调查	138444	29	138415	11252	3231	9075	114857
会计、审计及税务服务	21622	——	21622	1423	1411	6438	12350
市场调查	4060	——	4060	——	——	——	4060
社会经济咨询	41816	——	41816	6212	133	150	35321
其他专业咨询	70946	29	70917	3617	1687	2487	63126
广告业	112113	7700	104413	8254	15417	910	79832
知识产权服务	4657	——	4657	——	3148	960	549
职业中介服务	68767	326	68441	——	16428	32667	19346
市场管理	1415833	——	1415833	21858	64265	558052	771658
旅行社	105320	4571	100749	1621	15004	21659	62465

国民经济行业小类按隶属关系分的城镇投资

续表 25　　单位：万元

行　　业	合　计	中央项目	地方项目				
				省　属	地市属	县　属	其　他
其他商务服务	2300046	278443	2021603	325467	718939	245824	731373
会议及展览服务	1236938	278293	958645	260847	468851	45580	183367
包装服务	30751	——	30751	3377	1049	577	25748
保安服务	9254	150	9104	887	3898	690	3629
办公服务	332456	——	332456	54308	16600	34427	227121
其他未列明的商务服务	690647	——	690647	6048	228541	164550	291508
（十三）科研技术服务和地质勘察业	**5211779**	**1346063**	**3865716**	**863232**	**800112**	**808069**	**1394303**
研究与试验发展	2138959	856639	1282320	361071	264784	126447	530018
自然科学研究与试验发展	471268	246137	225131	21512	58865	10614	134140
工程和技术研究与试验发展	1122468	561972	560496	158576	87826	42117	271977
农业科学研究与试验发展	356727	33751	322976	158170	31780	48254	84772
医学研究与试验发展	56364	8938	47426	8850	2959	7189	28428
社会人文科学研究与试验发展	132132	5841	126291	13963	83354	18273	10701
专业技术服务业	1377519	213907	1163612	258058	212885	287698	404971
气象服务	115895	67570	48325	10806	17846	15774	3899
地震服务	12426	2936	9490	6215	446	1779	1050
海洋服务	5906	5134	772	——	380	392	——
测绘服务	60061	10202	49859	44504	584	1760	3011
技术检测	261965	21020	240945	66093	57487	32641	84724
环境监测	75885	8379	67506	4612	24977	31174	6743
工程技术与规划管理	591526	87401	504125	88261	71006	158491	186367
工程管理服务	95977	7613	88364	6092	19178	14082	49012
工程勘察设计	214492	79117	135375	80931	13548	7180	33716
规划管理	281057	671	280386	1238	38280	137229	103639
其他专业技术服务	253855	11265	242590	37567	40159	45687	119177
科技交流和推广服务业	909668	430	909238	63357	304952	204532	336397
技术推广服务	238875	288	238587	7119	22886	79006	129576
科技中介服务	310078	142	309936	13250	113131	88611	94944
其他科技服务	360715	——	360715	42988	168935	36915	111877
地质勘查业	785633	275087	510546	180746	17491	189392	122917
矿产地质勘查	671379	262435	408944	104294	10949	174317	119384
能源矿产地质勘查	422295	250202	172093	45888	10728	71154	44323
固体矿产地质勘查	196433	5936	190497	56279	221	93282	40715
其他矿产地质勘查	52651	6297	46354	2127	——	9881	34346
基础地质勘查	40079	4531	35548	28194	5019	2335	——
地质勘查技术服务	74175	8121	66054	48258	1523	12740	3533
（十四）水利环境公共设施管理业	**92760312**	**1796458**	**90963854**	**6233921**	**33163825**	**39223243**	**1.2E+07**
水利管理业	11055749	1168686	9887063	1506180	2170045	5630353	580485
防洪管理	3879707	245534	3634173	314382	1005575	2113950	200266
水资源管理	5142218	883214	4259004	806364	802485	2407922	242233

国民经济行业小类按隶属关系分的城镇投资

续表 26　　单位：万元

行　　业	合　计	中央项目	地方项目				
				省　属	地市属	县　属	其　他
水库管理	1791694	136903	1654791	338058	269461	961561	85711
调水、引水管理	2679789	724624	1955165	408947	403729	1031119	111370
其他水资源管理	670735	21687	649048	59359	129295	415242	45152
其他水利管理	2033824	39938	1993886	385434	361985	1108481	137986
环境管理业	5910107	57194	5852913	242837	2308029	2401788	900259
自然保护	459565	4799	454766	21219	121871	218549	93127
自然保护区管理	215329	499	214830	9487	31392	134320	39631
野生动植物保护	126761	300	126461	4286	58257	25737	38181
其他自然保护	117475	4000	113475	7446	32222	58492	15315
环境治理	5450542	52395	5398147	221618	2186158	2183239	807132
城市市容管理	695640	1945	693695	4075	389721	256637	43262
城市环境卫生管理	1043519	1424	1042095	52605	390252	483368	115870
水污染治理	1491599	2544	1489055	44180	626056	575046	243773
危险废物治理	204614	12908	191706	44592	24424	41999	80691
其他环境治理	2015170	33574	1981596	76166	755705	826189	323536
公共设施管理业	75794456	570578	75223878	4484904	28685751	31191102	10862121
市政公共设施管理	65381564	452923	64928641	4019446	26222534	26906244	7780417
城市绿化管理	2793673	73328	2720345	314320	940911	1166084	299030
游览景区管理	7619219	44327	7574892	151138	1522306	3118774	2782674
风景名胜区管理	2446946	16380	2430566	53763	412892	1255519	708392
公园管理	2155149	21258	2133891	49830	759810	992161	332090
其他游览景区管理	3017124	6689	3010435	47545	349604	871094	1742192
（十五）居民服务和其他服务业	**2357566**	**119865**	**2237701**	**50813**	**174386**	**392280**	**1620222**
居民服务业	1510024	4083	1505941	31514	118836	320029	1035562
家庭服务	38323	——	38323	——	660	15982	21681
托儿所	5763	——	5763	——	350	190	5223
洗染服务	13811	——	13811	12	50	——	13749
理发及美容保健服务	81318	——	81318	——	1250	1066	79002
洗浴服务	378006	293	377713	3871	12100	28670	333072
婚姻服务	3674	——	3674	——	21	——	3653
殡葬服务	266591	193	266398	12231	35834	82601	135732
摄影扩印服务	40824	——	40824	——	1040	3250	36534
其他居民服务	681714	3597	678117	15400	67531	188270	406916
其他服务业	847542	115782	731760	19299	55550	72251	584660
修理与维护	399938	——	399938	4105	25378	26541	343914
汽车、摩托车维护与保养	381862	——	381862	4105	18508	21704	337545
办公设备维修	611	——	611	——	——	83	528
家用电器修理	3705	——	3705	——	1980	60	1665
其他日用品修理	13760	——	13760	——	4890	4694	4176
清洁服务	50989	——	50989	——	188	4899	45902

国民经济行业小类按隶属关系分的城镇投资

续表 27　　　　单位：万元

行　　业	合　计	中央项目	地方项目				
				省　属	地市属	县　属	其　他
建筑物清洁服务	8977	——	8977	——	——	1400	7577
其他清洁服务	42012	——	42012	——	188	3499	38325
其他未列明的服务	396615	115782	280833	15194	29984	40811	194844
（十六）教育	**22208619**	**2255136**	**19953483**	**5765706**	**4243223**	**6286143**	**3658411**
教育	22208619	2255136	19953483	5765706	4243223	6286143	3658411
学前教育	272398	2880	269518	7469	23492	76138	162419
初等教育	2313545	18290	2295255	22393	230369	1602744	439749
中等教育	7309021	79326	7229695	442731	1753055	3835279	1198630
初中教育	2536740	28077	2508663	40632	308762	1658641	500628
高中教育	2890103	39599	2850504	112881	759222	1648566	329835
中等专业教育	540635	1294	539341	159250	212880	92742	74469
职业中学教育	726704	——	726704	37100	262586	300764	126254
技工学校教育	483256	8456	474800	89199	195417	73261	116923
其他中等教育	131583	1900	129683	3669	14188	61305	50521
高等教育	10674082	2075885	8598197	5019169	1873507	450555	1254966
普通高等教育	10156211	2052923	8103288	4876335	1728108	410923	1087922
成人高等教育	517871	22962	494909	142834	145399	39632	167044
其他教育	1639573	78755	1560818	273944	362800	321427	602647
职业技能培训	1124233	64053	1060180	167962	221201	146058	524959
特殊教育	25234	——	25234	——	8368	12010	4856
其他未列明的教育	490106	14702	475404	105982	133231	163359	72832
（十七）卫生社会保障和社会福利业	**8093604**	**404149**	**7689455**	**1638755**	**2198647**	**2504948**	**1347105**
卫生	7329196	390534	6938662	1561214	2094854	2208084	1074510
医院	6076052	358441	5717611	1466551	1863738	1579835	807487
综合医院	4659853	318383	4341470	1101340	1457156	1287187	495787
中医医院	399249	1178	398071	85598	119848	157563	35062
中西医结合医院	146493	——	146493	39475	36909	28595	41514
民族医院	12914	——	12914	851	1659	10046	358
专科医院	765358	27946	737412	227849	239671	56448	213444
疗养院	92185	10934	81251	11438	8495	39996	21322
卫生院及社区医疗活动	566969	6674	560295	16356	47051	342205	154683
门诊部医疗活动	106438	2445	103993	5660	14595	41156	42582
计划生育技术服务活动	74930	170	74760	110	18994	50904	4752
妇幼保健活动	105622	——	105622	1808	31398	53291	19125
专科疾病防治活动	57031	387	56644	15271	19470	10809	11094
疾病预防控制及防疫活动	208579	17727	190852	43928	48112	89621	9191
其他卫生活动	133575	4690	128885	11530	51496	40263	25596
社会保障业	126447	10441	116006	36291	23778	38706	17231
社会保障业	126447	10441	116006	36291	23778	38706	17231
社会福利业	637961	3174	634787	41250	80015	258158	255364

国民经济行业小类按隶属关系分的城镇投资

续表 28 单位：万元

行　　业	合　计	中央项目	地方项目				
				省　属	地市属	县　属	其　他
提供住宿的社会福利	523903	374	523529	30500	62876	203223	226930
干部休养所	74816	——	74816	17753	10123	12856	34084
收养收容服务	449087	374	448713	12747	52753	190367	192846
不提供住宿的社会福利	114058	2800	111258	10750	17139	54935	28434
（十八）文化、体育和娱乐业	**11298196**	**874299**	**10423897**	**1895341**	**3324287**	**2201657**	**3002612**
新闻出版业	363594	25155	338439	167254	101585	17925	51675
新闻业	129191	10544	118647	46148	36338	11699	24462
出版业	234403	14611	219792	121106	65247	6226	27213
图书出版	67848	5872	61976	58762	164	——	3050
报纸出版	155554	8739	146815	61208	64733	6226	14648
期刊出版	1500	——	1500	575	——	——	925
音像制品出版	——	——	——	——	——	——	——
电子出版物出版	88	——	88	88	——	——	——
其他出版	9413	——	9413	473	350	——	8590
广播、电视、电影和音像业	1498444	311076	1187368	472040	319713	249651	145964
广播	219745	4089	215656	111037	56244	34847	13528
电视	983152	261887	721265	345854	224344	135839	15228
电影	265431	45002	220429	14580	37262	77067	91520
电影制作与发行	113624	44882	68742	13260	3247	21208	31027
电影放映	151807	120	151687	1320	34015	55859	60493
音像制作	30116	98	30018	569	1863	1898	25688
文化艺术业	3612368	217669	3394699	615468	1367629	978676	432926
文艺创作与表演	143733	51849	91884	18325	42655	12945	17959
艺术表演场馆	709305	2072	707233	123711	376231	111981	95310
图书馆与档案馆	243359	34089	209270	42846	111000	44287	11137
图书馆	201432	33728	167704	27925	92009	36733	11037
档案馆	41927	361	41566	14921	18991	7554	100
文物及文化保护	483035	3382	479653	3100	217625	191909	67019
博物馆	1111200	118893	992307	358524	342950	201769	89064
烈士陵园、纪念馆	154279	——	154279	12855	41077	77063	23284
群众文化活动	575025	7384	567641	51224	132209	297241	86967
文化艺术经纪代理	9304	——	9304	——	——	2870	6434
其他文化艺术	183128	——	183128	4883	103882	38611	35752
体育	2477250	291279	2185971	547428	1011378	399910	227255
体育组织	272186	17163	255023	182807	7777	36725	27714
体育场馆	2095485	273237	1822248	341300	967624	340107	173217
其他体育	109579	879	108700	23321	35977	23078	26324
娱乐业	3346540	29120	3317420	93151	523982	555495	2144792
室内娱乐活动	920789	15830	904959	24329	150252	73046	657332
游乐园	725480	7899	717581	17737	172766	100457	426621

国民经济行业小类按隶属关系分的城镇投资

续表 29 单位：万元

行业	合计	中央项目	地方项目				
				省属	地市属	县属	其他
休闲健身娱乐活动	1234212	2391	1231821	49385	139202	313722	729512
其他娱乐活动	466059	3000	463059	1700	61762	68270	331327
（十九）公共管理和社会组织	**27684090**	**2797997**	**24886093**	**2577200**	**4903105**	**11616161**	**5789627**
中国共产党机关	242522	67044	175478	64927	33176	75170	2205
中国共产党机关	242522	67044	175478	64927	33176	75170	2205
国家机构	22366369	2701705	19664664	2389703	4728003	10289416	2257542
国家权力机构	1002464	33119	969345	67103	221702	611611	68929
国家行政机构	19796819	2449058	17347761	1987846	4191453	9072012	2096450
综合事务管理机构	6405965	222071	6183894	321012	1500705	3406337	955840
对外事务管理机构	43912	21102	22810	50	10165	12594	1
公共安全管理机构	3783980	1914824	1869156	478814	687240	599569	103533
社会事务管理机构	1426029	58557	1367472	124268	253060	910607	79537
经济事务管理机构	4361772	54962	4306810	500122	770072	2435227	601389
政府事务管理机构	3167428	114307	3053121	475078	840991	1415418	321634
行政监督检查机构	607733	63235	544498	88502	129220	292260	34516
人民法院和人民检察院	789310	6616	782694	100064	224932	438140	19558
人民法院	425739	4213	421526	51888	117196	243489	8953
人民检察院	363571	2403	361168	48176	107736	194651	10605
其他国家机构	777776	212912	564864	234690	89916	167653	72605
人民政协和民主党派	112395	4350	108045	55520	9823	40552	2150
人民政协	87461	555	86906	40016	4188	40552	2150
民主党派	24934	3795	21139	15504	5635	——	——
群众团体、社会团体和宗教组织	669828	20967	648861	66873	105326	221565	255097
群众团体	142065	8471	133594	36942	48556	34127	13969
工会	80824	965	79859	20831	41717	12353	4958
妇联	5868	240	5628	197	122	5309	——
共青团	7290	——	7290	2223	1188	3879	——
其他群众团体	48083	7266	40817	13691	5529	12586	9011
社会团体	145469	12165	133304	25328	6764	42399	58813
专业性团体	33083	12165	20918	13732	825	4015	2346
行业性团体	55622	——	55622	11596	2860	30605	10561
其他社会团体	56764	——	56764	——	3079	7779	45906
宗教组织	382294	331	381963	4603	50006	145039	182315
基层群众自治组织	4292976	3931	4289045	177	26777	989458	3272633
社区自治组织	1548917	——	1548917	——	7144	350317	1191456
村民自治组织	2744059	3931	2740128	177	19633	639141	2081177
（二十）国际组织	——	——	——	——	——	——	——
国际组织	——	——	——	——	——	——	——

国民经济行业小类按建设性质分的城镇投资

单位：万元

行　　业	新　建	扩　建	改　建	单纯建造生活设施	迁　建	恢　复	单纯购置
全　国　总　计	**519630502**	**197054045**	**141360028**	**11312460**	**11952702**	**832813**	**39613765**
（一）农、林、牧、渔业	8576304	3504726	1725109	258519	29346	68255	438207
农业	2038529	668387	351908	129865	10526	6270	66875
谷物及其他作物的种植	778019	205376	222169	127808	5066	5552	59729
谷物的种植	336337	81370	131063	123319	200	5462	53522
薯类的种植	53754	17571	——	——	——	——	——
油料的种植	7536	2402	1923	900	——	——	725
豆类的种植	5780	418	2720	3220	——	——	2377
棉花的种植	15584	34468	33274	——	——	——	547
麻类的种植	5645	5414	111	——	——	——	240
糖料的种植	13582	3000	5845	279	——	——	——
烟草的种植	71023	17248	5179	——	4866	——	600
其他作物的种植	268778	43485	42054	90	——	90	1718
蔬菜、园艺作物的种植	783061	251090	65673	——	5460	238	5878
蔬菜的种植	508101	137997	51997	——	——	238	3066
花卉的种植	152197	92447	8920	——	5460	——	1712
其他园艺作物的种植	122763	20646	4756	——	——	——	1100
水果、坚果、饮料和香料作物的种	350112	157687	50797	2057	——	480	768
水果、坚果的种植	295264	144393	40782	2057	——	480	768
茶及其他饮料作物的种植	50226	11024	9112	——	——	——	——
香料作物的种植	4622	2270	903	——	——	——	——
中药材的种植	127337	54234	13269	——	——	——	500
林业	1714117	873650	307388	20905	361	48479	11446
林木的培育和种植	1671337	703128	247887	18126	361	48479	9644
育种和育苗	241368	73739	16145	2100	——	2312	2000
造林	1226933	569274	207592	3151	181	22195	4388
林木的抚育和管理	203036	60115	24150	12875	180	23972	3256
木材和竹材的采运	24674	60348	58211	2779	——	——	600
木材的采运	23398	60247	58211	2779	——	——	600
竹材的采运	1276	101	——	——	——	——	——
林产品的采集	18106	110174	1290	——	——	——	1202
畜牧业	2097571	870952	147249	19028	9383	30	14188
牲畜的饲养	872941	422524	64408	9255	2106	——	7430
猪的饲养	500513	125808	32839	9668	2460	——	3270
家禽的饲养	504920	181466	35701	105	4817	——	1600
狩猎和捕捉动物	5200	300	150	——	——	——	——
其他畜牧业	213997	140854	14151	——	——	30	1888
渔业	354654	167700	55935	360	120	——	105581
海洋渔业	171944	102075	33616	360	——	——	104830
海水养殖	167625	77310	32800	360	——	——	27000

注:本表不含房地产开发投资。

国民经济行业小类按建设性质分的城镇投资

续表 1　　　　单位：万元

行　　业	新　建	扩　建	改　建	单纯建造生活设施	迁　建	恢　复	单纯购置
海洋捕捞	4319	24765	816	——	——	——	77830
内陆渔业	182710	65625	22319	——	120	——	751
内陆养殖	181768	65625	22319	——	120	——	300
内陆捕捞	942	——	——	——	——	——	451
农、林、牧、渔服务业	2371433	924037	862629	88361	8956	13476	240117
农业服务业	2143426	846242	793414	86895	7331	10044	234110
灌溉服务	512953	360684	416970	3014	——	3625	2102
农产品初加工服务	361237	120272	97284	5150	6580	——	27425
其他农业服务	1269236	365286	279160	78731	751	6419	204583
林业服务业	49656	5098	6534	126	1500	1632	1180
畜牧服务业	140988	55834	20474	1273	——	1800	3467
兽医服务	25991	7134	4432	37	——	——	502
其他畜牧服务	114997	48700	16042	1236	——	1800	2965
渔业服务业	37363	16863	42207	67	125	——	1360
（二）采矿业	**21699666**	**13909862**	**15806782**	**283427**	**66930**	**117226**	**677522**
煤炭开采和洗选业	6086932	3602582	7857901	87084	4228	106896	300226
烟煤和无烟煤的开采洗选	5649996	3178460	7552951	77934	4228	106896	299687
褐煤的开采洗选	366297	374381	276304	——	——	——	89
其他煤炭采选	70639	49741	28646	9150	——	——	450
石油和天然气开采业	9974857	6973830	5015512	171468	——	——	119284
天然原油和天然气开采	9226840	6713527	4910313	152753	——	——	3405
与石油和天然气开采有关的服务活动	748017	260303	105199	18715	——	——	115879
黑色金属矿采选业	1860133	1253242	1086727	4941	4310	——	70961
铁矿采选	1669465	1221030	1041791	3307	3610	——	65604
其他黑色金属矿采选	190668	32212	44936	1634	700	——	5357
有色金属矿采选业	2283862	1241511	1283738	18974	20000	9390	57840
常用有色金属矿采选	1518692	552812	761110	7359	12000	3287	45530
铜矿采选	426033	195509	224933	2177	——	1400	15822
铅锌矿采选	596714	213738	335116	1197	2000	1887	16620
镍钴矿采选	65226	27968	34639	——	——	——	273
锡矿采选	40760	10005	105088	1670	10000	——	9784
锑矿采选	21209	2230	15264	——	——	——	——
铝矿采选	90858	27866	12640	——	——	——	550
镁矿采选	20993	21040	2100	——	——	——	——
其他常用有色金属矿采选	256899	54456	31330	2315	——	——	2481
贵金属矿采选	411172	399810	323599	9068	——	——	12210
金矿采选	347167	370126	316846	8211	——	——	9940
银矿采选	49995	26044	5800	857	——	——	2270
其他贵金属矿采选	14010	3640	953	——	——	——	——
稀有稀土金属矿采选	353998	288889	199029	2547	8000	6103	100

国民经济行业小类按建设性质分的城镇投资

续表 2　　　　　　　　　　　　　　　　　　　　　　　　　单位：万

行　　业	新　建	扩　建	改　建	单纯建造生活设施	迁　建	恢　复	单纯购置
钨钼矿采选	318379	245294	116495	——	8000	——	100
稀土金属矿采选	4678	5000	22740	——	——	——	——
放射性金属矿采选	8215	7075	7347	2200	——	——	——
其他稀有金属矿采选	22726	31520	52447	347	——	6103	——
非金属矿采选业	1393501	831577	560871	960	38392	940	126178
土砂石开采	946181	456020	357709	960	3000	699	111200
石灰石、石膏开采	213477	141510	114049	——	——	——	17370
建筑装饰用石开采	316502	115305	97165	960	——	350	16659
耐火土石开采	128406	49845	43826	——	——	349	3830
粘土及其他土砂石开采	287796	149360	102669	——	3000	——	73341
化学矿采选	122895	239694	75613	——	——	141	200
采盐	54891	50547	71183	——	19870	——	12744
石棉及其他非金属矿采选	269534	85316	56366	——	15522	100	2034
石棉、云母矿采选	6800	1624	——	——	——	——	311
石墨、滑石采选	51247	17580	12562	——	386	——	——
宝石、玉石开采	3730	1320	600	——	——	——	——
其他非金属矿采选	207757	64792	43204	——	15136	100	1723
其他采矿业	100381	7120	2033	——	——	——	3033
其他采矿业	100381	7120	2033	——	——	——	3033
（三）制造业	**186503065**	**81592134**	**62446711**	**898092**	**7649513**	**56497**	**15621235**
农副食品加工业	8841815	4359831	2579992	12249	153498	500	433113
谷物磨制	1168265	599457	336136	1038	31477	500	51902
饲料加工	1121436	434132	308535	500	8304	——	50713
植物油加工	968784	526869	273960	445	20330	——	33892
食用植物油加工	842836	491968	264594	445	19945	——	26692
非食用植物油加工	125948	34901	9366	——	385	——	7200
制糖	212545	204059	219627	1574	1185	——	9267
屠宰及肉类加工	1768936	764495	446626	6279	33132	——	57576
畜禽屠宰	862749	466937	240939	6279	12107	——	15516
肉制品及副产品加工	906187	297558	205687	——	21025	——	42060
水产品加工	767499	382909	225053	633	29472	——	83659
水产品冷冻加工	478866	309028	200348	633	4087	——	37375
鱼糜制品及水产品干腌制加工	75138	21746	7657	——	120	——	35886
水产饲料制造	63447	9158	7281	——	——	——	998
鱼油提取及制品的制造	460	——	——	——	——	——	——
其他水产品加工	149588	42977	9767	——	25265	——	9400
蔬菜、水果和坚果加工	1277489	737901	314171	430	3918	——	81989
其他农副食品加工	1556861	710009	455884	1350	25680	——	64115
淀粉及淀粉制品的制造	783060	433083	317607	1350	11860	——	30902
豆制品制造	142074	94530	48683	——	1038	——	2337

国民经济行业小类按建设性质分的城镇投资

续表 3　　　　单位：万元

行　业	新　建	扩　建	改　建	单纯建造生活设施	迁　建	恢　复	单纯购置
蛋品加工	50458	16012	9375	——	4624	——	12615
其他未列明的农副食品加工	581269	166384	80219	——	8158	——	18261
食品制造业	5503710	2513028	1214641	10302	139605	240	270135
焙烤食品制造	730601	294334	138386	1692	5725	240	44753
糕点、面包制造	276315	119427	54899	1692	1730	240	19098
饼干及其他焙烤食品制造	454286	174907	83487	——	3995	——	25655
糖果、巧克力及蜜饯制造	354607	195317	64348	——	2012	——	12645
糖果、巧克力制造	266909	151228	49021	——	2012	——	10185
蜜饯制作	87698	44089	15327	——	——	——	2460
方便食品制造	844946	342923	192080	3427	8998	——	54290
米、面制品制造	295927	115557	74097	1596	3111	——	30071
速冻食品制造	231709	86880	72137	931	——	——	8352
方便面及其他方便食品制造	317310	140486	45846	900	5887	——	15867
液体乳及乳制品制造	673962	464693	176901	2893	11033	——	24784
罐头制造	443324	226121	105601	560	13499	——	8536
肉、禽类罐头制造	104739	73231	23002	——	2606	——	1432
水产品罐头制造	12311	15837	10638	——	——	——	1868
蔬菜、水果罐头制造	240971	133373	69283	180	2350	——	5056
其他罐头食品制造	85303	3680	2678	380	8543	——	180
调味品、发酵制品制造	668427	293601	179774	1730	58774	——	23246
味精制造	185828	43758	17746	——	24295	——	3266
酱油、食醋及类似制品的制造	210181	76960	41492	1730	25839	——	8737
其他调味品、发酵制品制造	272418	172883	120536	——	8640	——	11243
其他食品制造	1787843	696039	357551	——	39564	——	101881
营养、保健食品制造	383318	126236	118056	——	6150	——	40343
冷冻饮品及食用冰制造	163179	141620	17866	——	19374	——	11730
盐加工	150672	52031	9204	——	——	——	2008
食品及饲料添加剂制造	623207	215361	93690	——	1977	——	26601
其他未列明的食品制造	467467	160791	118735	——	12063	——	21199
饮料制造业	3468747	1877750	1268801	16861	166820	496	349013
酒精制造	390747	210730	101584	150	3936	——	4306
酒的制造	1419630	947507	691063	6174	126153	496	78593
白酒制造	522599	383673	359241	4890	21314	496	22144
啤酒制造	661423	379244	221459	——	101379	——	43755
黄酒制造	21638	40565	37477	——	1480	——	5188
葡萄酒制造	149089	92969	32903	——	——	——	6211
其他酒制造	64881	51056	39983	1284	1980	——	1295
软饮料制造	1474428	654150	402595	10537	30464	——	262836
碳酸饮料制造	166672	59941	15989	6537	1072	——	58757
瓶（罐）装饮用水制造	254698	96381	88979	——	5250	——	32322

国民经济行业小类按建设性质分的城镇投资

续表 4　　　　单位：万元

行　　业	新　建	扩　建	改　建	单纯建造生活设施	迁　建	恢　复	单纯购置
果菜汁及果菜汁饮料制造	457513	286149	118131	——	9642	——	114134
含乳饮料和植物蛋白饮料制造	302223	130475	73723	4000	14500	——	17924
固体饮料制造	32819	9131	18454	——	——	——	1435
茶饮料及其他软饮料制造	260503	72073	87319	——	——	——	38264
精制茶加工	183942	65363	73559	——	6267	——	3278
烟草制品业	190079	84627	418789	10231	274718	——	195299
烟叶复烤	30724	18897	25051	——	——	——	772
卷烟制造	126280	56960	380351	10231	274718	——	184760
其他烟草制品加工	33075	8770	13387	——	——	——	9767
纺织业	7629665	4287965	2049149	37475	300255	1596	839645
棉、化纤纺织及印染精加工	4015728	2633656	1228010	19672	209387	——	427207
棉、化纤纺织加工	3737437	2328320	1115938	17731	156631	——	348039
棉、化纤印染精加工	278291	305336	112072	1941	52756	——	79168
毛纺织和染整精加工	405124	184964	91197	5818	19950	——	22166
毛条加工	79682	77844	11690	2940	150	——	9193
毛纺织	248905	81383	58512	2878	3985	——	12180
毛染整精加工	76537	25737	20995	——	15815	——	793
麻纺织	116341	51051	59894	3080	6304	——	25486
丝绢纺织及精加工	243780	161821	109121	1710	5486	1256	42839
缫丝加工	123996	53456	68539	910	2085	1256	1692
绢纺和丝织加工	96818	81669	22693	800	3400	——	24034
丝印染精加工	22966	26696	17889	——	1	——	17113
纺织制成品制造	1522381	642553	346206	300	35577	——	138558
棉及化纤制品制造	786553	313382	168397	——	14519	——	36800
毛制品制造	41072	31754	8466	300	5580	——	4398
麻制品制造	25458	13484	460	——	——	——	232
丝制品制造	59213	69474	7326	——	——	——	18056
绳、索、缆的制造	51047	25787	6408	——	1015	——	3223
纺织带和帘子布制造	112918	27802	11075	——	878	——	4593
无纺布制造	232383	83303	59854	——	12340	——	48395
其他纺织制成品制造	213737	77567	84220	——	1245	——	22861
针织品、编织品及其制品制造	1326311	613920	214721	6895	23551	340	183389
棉、化纤针织品及编织品制造	802596	360275	108200	590	14210	340	82259
毛针织品及编织品制造	335012	156107	58521	5000	5041	——	76297
丝针织品及编织品制造	56631	63230	22673	——	1300	——	10864
其他针织品及编织品制造	132072	34308	25327	1305	3000	——	13969
纺织服装、鞋、帽制造业	4594354	1688794	704123	8153	118646	691	417612
纺织服装制造	4348151	1586672	666490	8153	113611	691	371808
纺织面料鞋的制造	204047	83899	31227	——	5035	——	29434
制帽	42156	18223	6406	——	——	——	16370

国民经济行业小类按建设性质分的城镇投资

续表 5　　　　单位：万元

行　　业	新　建	扩　建	改　建	单纯建造生活设施	迁　建	恢　复	单纯购置
皮革、毛皮、羽毛(绒)及其制品业	2132248	844993	268880	8731	32872	3465	188006
皮革鞣制加工	161014	157840	38971	1851	1800	——	6153
皮革制品制造	1583311	530490	158363	6880	30132	3465	163912
皮鞋制造	1050226	322028	98226	——	28161	1545	115035
皮革服装制造	108481	80673	15930	2800	412	——	11186
皮箱、包(袋)制造	260804	55006	25116	4080	1559	1920	18989
皮手套及皮装饰制品制造	57505	13155	9507	——	——	——	9305
其他皮革制品制造	106295	59628	9584	——	——	——	9397
毛皮鞣制及制品加工	195860	55524	33286	——	940	——	11451
毛皮鞣制加工	60336	19141	6460	——	——	——	6332
毛皮服装加工	72182	26147	24614	——	——	——	3583
其他毛皮制品加工	63342	10236	2212	——	940	——	1536
羽毛(绒)加工及制品制造	192063	101139	38260	——	——	——	6490
羽毛(绒)加工	62616	30582	15025	——	——	——	
羽毛(绒)制品加工	129447	70557	23235	——	——	——	6490
木材加工及木竹藤棕草制品制造	3808144	1362778	964222	5187	44597	——	168053
锯材、木片加工	772203	226075	181900	1250	6754	——	27148
锯材加工	415809	135204	92895	770	5404	——	14517
木片加工	356394	90871	89005	480	1350	——	12631
人造板制造	2104828	569333	502398	3937	17303	——	77559
胶合板制造	891819	259919	145138	1097	1653	——	35363
纤维板制造	454718	119542	144653	——	——	——	10653
刨花板制造	100696	43998	37268	——	4900	——	7527
其他人造板、材制造	657595	145874	175339	2840	10750	——	24016
木制品制造	653742	466417	193477	——	14690	——	61197
建筑用木料及木材组件加工	383506	325527	115286	——	5010	——	40711
木容器制造	53430	21327	16077	——	4600	——	6472
软木制品及其他木制品制造	216806	119563	62114	——	5080	——	14014
竹、藤、棕、草制品制造	277371	100953	86447	——	5850	——	2149
家具制造业	2238632	1019625	351788	10990	75707	1046	172181
木质家具制造	1690430	733445	268086	10990	51701	1046	105527
竹、藤家具制造	31210	18418	15786	——	2350	——	4443
金属家具制造	288224	139480	34785	——	2132	——	26096
塑料家具制造	39790	6349	5334	——	——	——	3174
其他家具制造	188978	121933	27797	——	19524	——	32941
造纸及纸制品业	4364101	2023678	1307273	6353	264150	5545	193291
纸浆制造	1085131	213693	111841	593	6747	——	430
造纸	1708794	1162743	839491	——	231307	5150	51277
机制纸及纸板制造	1463979	1113827	774880	——	223796	5150	40013
手工纸制造	11866	14359	12562	——	2900	——	900

国民经济行业小类按建设性质分的城镇投资

续表 6

单位：万元

行　　业	新　建	扩　建	改　建	单纯建造生活设施	迁　建	恢　复	单纯购置
加工纸制造	232949	34557	52049	——	4611	——	10364
纸制品制造	1570176	647242	355941	5760	26096	395	141584
纸和纸板容器的制造	678144	374930	181032	——	18524	123	76600
其他纸制品制造	892032	272312	174909	5760	7572	272	64984
印刷业和记录媒介的复制	1832954	728220	569682	18839	101927	584	424848
印刷	1725427	660028	526463	15839	96039	584	376334
书、报、刊印刷	418516	217413	160688	7310	50609	——	129698
本册印制	61442	41498	29819	438	4448	——	36852
包装装潢及其他印刷	1245469	401117	335956	8091	40982	584	209784
装订及其他印刷服务活动	65124	35973	24197	3000	5888	——	38366
记录媒介的复制	42403	32219	19022	——	——	——	10148
文教体育用品制造业	1000258	467056	145594	850	4595	——	100876
文化用品制造	240246	65992	38577	240	4595	——	31939
文具制造	89198	31658	6296	——	557	——	7602
笔的制造	77695	23341	16296	240	1288	——	3351
教学用模型及教具制造	45347	3832	9009	——	——	——	14058
墨水、墨汁制造	8010	120	2696	——	2750	——	4200
其他文化用品制造	19996	7041	4280	——	——	——	2728
体育用品制造	403662	130551	42505	——	——	——	40799
球类制造	58547	14053	2260	——	——	——	4047
体育器材及配件制造	87182	27673	14715	——	——	——	4063
训练健身器材制造	95321	35349	13710	——	——	——	6901
运动防护用具制造	43783	150	920	——	——	——	5081
其他体育用品制造	118829	53326	10900	——	——	——	20707
乐器制造	46252	57339	22490	——	——	——	3423
中乐器制造	3110	3786	5697	——	——	——	131
西乐器制造	28046	11610	10320	——	——	——	1490
电子乐器制造	7164	30186	——	——	——	——	951
其他乐器及零件制造	7932	11757	6473	——	——	——	851
玩具制造	282983	203907	41635	610	——	——	22981
游艺器材及娱乐用品制造	27115	9267	387	——	——	——	1734
露天游乐场所游乐设备制造	11164	5980	87	——	——	——	1060
游艺用品及室内游艺器材制造	15951	3287	300	——	——	——	674
石油加工、炼焦及核燃料加工业	7518793	3302505	3121145	50386	89231	7362	64384
精炼石油产品的制造	5519469	2107914	2627526	39011	5462	1686	52330
原油加工及石油制品制造	4796459	2101726	2612388	39011	5218	1686	52158
人造原油生产	723010	6188	15138	——	244	——	172
炼焦及其他	1999324	1194591	493619	11375	83769	5676	12054
化学原料及化学制品制造业	18860372	8345828	6527372	37724	823044	——	746036

国民经济行业小类按建设性质分的城镇投资

续表 7 单位：万元

行　　业	新　建	扩　建	改　建	单纯建造生活设施	迁　建	恢　复	单纯购置
基础化学原料制造	8624409	2845120	1986327	4280	410302	——	214364
无机酸制造	419221	240952	241722	——	22900	——	5613
无机碱制造	975147	634677	386716	——	244767	——	1038
无机盐制造	490844	200978	270202	——	4645	——	2734
有机化学原料制造	5390150	1311814	800847	4280	135460	——	173137
其他基础化学原料制造	1349047	456699	286840	——	2530	——	31842
肥料制造	1870151	1702074	1764762	13200	123267	——	59233
氮肥制造	749595	974376	1108404	9740	111366	——	28218
磷肥制造	68511	231477	229172	40	3691	——	14170
钾肥制造	189888	20471	124847	——	3400	——	1400
复混肥料制造	564187	324012	228927	3420	4810	——	8011
有机肥料及微生物肥料制造	188072	59229	37519	——	——	——	6654
其他肥料制造	109898	92509	35893	——	——	——	780
农药制造	643273	310291	218874	——	81284	——	40421
化学农药制造	404400	246978	162610	——	79044	——	21393
生物化学农药及微生物农药制造	238873	63313	56264	——	2240	——	19028
涂料、油墨、颜料及类似产品制造	1181710	403626	321433	410	53672	——	93804
涂料制造	686003	186634	148009	410	10500	——	55973
油墨及类似产品制造	54684	15508	9758	——	19480	——	14141
颜料制造	107561	54315	79828	——	19684	——	2350
染料制造	143784	100046	70225	——	3908	——	12279
密封用填料及类似品制造	189678	47123	13613	——	100	——	9061
合成材料制造	1888108	978571	875586	14551	22509	——	53665
初级形态的塑料及合成树脂制造	1100354	601637	586935	13551	——	——	15615
合成橡胶制造	214785	63580	40086	——	50	——	13423
合成纤维单(聚合)体的制造	357454	255582	188213	1000	——	——	9415
其他合成材料制造	215515	57772	60352	——	22459	——	15212
专用化学产品制造	3979181	1816360	1100087	5283	84099	——	214884
化学试剂和助剂制造	990827	492390	348135	810	35741	——	111979
专项化学用品制造	1500116	710280	221017	——	28700	——	43309
林产化学产品制造	156506	51302	48616	320	5894	——	2597
环境污染处理专用药剂材料制造	134510	19486	10120	——	——	——	2256
动物胶制造	35450	27189	38730	——	——	——	571
其他专用化学产品制造	1161772	515713	433469	4153	13764	——	54172
日用化学产品制造	673540	289786	260303	——	47911	——	69665
肥皂及合成洗涤剂制造	131000	78388	114744	——	11669	——	35675
化妆品制造	143072	69470	13900	——	4222	——	16721
口腔清洁用品制造	18237	——	7027	——	12811	——	260

国民经济行业小类按建设性质分的城镇投资

续表 8　　单位：万元

行业	新建	扩建	改建	单纯建造生活设施	迁建	恢复	单纯购置
香料、香精制造	120841	36896	28694	——	18209	——	4068
其他日用化学产品制造	260390	105032	95938	——	1000	——	12941
医药制造业	4419576	1881450	1612803	26598	179781	4840	309887
化学药品原药制造	952082	436873	328304	3728	42606	500	26207
化学药品制剂制造	654840	413469	279339	5186	51807	2940	67861
中药饮片加工	449942	111137	152553	370	18918	1400	25805
中成药制造	772684	304943	432810	3800	8288	——	86341
兽用药品制造	322280	139252	83118	3120	9241	——	11243
生物、生化制品的制造	849355	304420	285813	9964	17550	——	65430
卫生材料及医药用品制造	418393	171356	50866	430	31371	——	27000
化学纤维制造业	1127694	1052387	563583	5350	4302	——	39170
纤维素纤维原料及纤维制造	355564	144742	123553	3850	2202	——	3555
化纤浆粕制造	62699	35048	41359	——	——	——	3150
人造纤维（纤维素纤维）制造	292865	109694	82194	3850	2202	——	405
合成纤维制造	772130	907645	440030	1500	2100	——	35615
锦纶纤维制造	190081	86719	68703	——	2100	——	4318
涤纶纤维制造	267095	346863	135765	1500	——	——	3345
腈纶纤维制造	7150	4200	12953	——	——	——	2019
维纶纤维制造	73138	22316	88999	——	——	——	——
其他合成纤维制造	234666	447547	133610	——	——	——	25933
橡胶制品业	1959695	1349309	710683	7000	70213	585	262979
轮胎制造	902481	849635	401509	——	41661	——	126394
车辆、飞机及工程机械轮胎制造	810515	790621	376767	——	37783	——	121480
力车胎制造	29963	44651	18547	——	3878	——	794
轮胎翻新加工	62003	14363	6195	——	——	——	4120
橡胶板、管、带的制造	358496	216788	127389	——	13568	——	46082
橡胶零件制造	245462	114015	34063	——	2132	585	35516
再生橡胶制造	81829	23639	22180	——	6200	——	4038
日用及医用橡胶制品制造	59210	32037	20213	——	——	——	1016
橡胶靴鞋制造	58572	23422	15093	——	——	——	16780
其他橡胶制品制造	253645	89773	90236	7000	6652	——	33153
塑料制品业	4860445	2058023	1055300	971	83497	9028	556183
塑料薄膜制造	567945	194913	97987	——	13842	8	55690
塑料板、管、型材的制造	1405425	534301	264363	500	19889	9020	92685
塑料丝、绳及编织品的制造	418671	313630	138436	——	10746	——	29727
泡沫塑料制造	182166	155009	45858	471	3081	——	26090
塑料人造革、合成革制造	196639	38629	97742	——	——	——	12843
塑料包装箱及容器制造	480486	248056	133304	——	7637	——	88616
塑料零件制造	272701	96299	62994	——	9802	——	86676
日用塑料制造	411602	206944	95136	——	5130	——	38471

国民经济行业小类按建设性质分的城镇投资

续表 9　　单位：万元

行　　业	新　建	扩　建	改　建	单纯建造生活设施	迁　建	恢　复	单纯购置
塑料鞋制造	96778	59702	38736	——	1150	——	17283
日用塑料杂品制造	314824	147242	56400	——	3980	——	21188
其他塑料制品制造	924810	270242	119480	——	13370	——	125385
非金属矿物制品业	15209024	7152170	4618135	43012	309678	100	724813
水泥、石灰和石膏的制造	2931069	1873133	1403349	5290	113588	——	56960
水泥制造	2695666	1674648	1359411	4990	113588	——	52820
石灰和石膏制造	235403	198485	43938	300	——	——	4140
水泥及石膏制品制造	2145981	590489	448688	20257	37974	——	193609
水泥制品制造	1036048	277254	271685	257	23314	——	124540
砼结构构件制造	406144	98122	54470	——	5365	——	21056
石棉水泥制品制造	28300	6320	11685	20000	——	——	5870
轻质建筑材料制造	400789	150341	61780	——	5795	——	19789
其他水泥制品制造	274700	58452	49068	——	3500	——	22354
砖瓦、石材及其他建筑材料制造	4947989	1996491	961284	6793	51748	——	152638
粘土砖瓦及建筑砌块制造	1630517	456299	400043	790	7048	——	59228
建筑陶瓷制品制造	992691	482562	168410	2590	13580	——	17604
建筑用石加工	693618	532766	144010	——	6783	——	24119
防水建筑材料制造	239216	67005	46729	2500	8730	——	11169
隔热和隔音材料制造	342140	128014	66034	203	2860	——	10424
其他建筑材料制造	1049807	329845	136058	710	12747	——	30094
玻璃及玻璃制品制造	2372546	1355462	679031	2767	67444	100	213819
平板玻璃制造	607007	168513	108001	——	——	——	52477
技术玻璃制品制造	423614	155434	122035	——	10540	——	27558
光学玻璃制造	33414	24745	50956	——	——	——	26005
玻璃仪器制造	52048	16533	24350	——	1200	——	210
日用玻璃制品及玻璃包装容制造	544976	292522	163321	900	10552	——	11419
玻璃保温容器制造	16836	17012	7399	380	——	——	1900
玻璃纤维及制品制造	281670	484113	115993	1487	4220	——	14486
玻璃纤维增强塑料制品制造	169284	91915	47615	——	18049	——	29229
其他玻璃制品制造	243697	104675	39361	——	22883	100	50535
陶瓷制品制造	835980	261799	354498	3160	13269	——	32858
卫生陶瓷制品制造	184444	73701	23307	60	8735	——	11651
特种陶瓷制品制造	302985	78872	122206	3000	3434	——	7695
日用陶瓷制品制造	273023	103782	200625	100	600	——	11831
园林、陈设艺术及其他陶瓷制造	75528	5444	8360	——	500	——	1681
耐火材料制品制造	728097	482166	372362	1750	13397	——	55262
石棉制品制造	73203	38610	25877	1171	1030	——	5515
云母制品制造	12240	10782	2600	——	——	——	——
耐火陶瓷制品及其他耐火材料制造	642654	432774	343885	579	12367	——	49747
石墨及其他非金属矿物制品制造	1247362	592630	398923	2995	12258	——	19667

国民经济行业小类按建设性质分的城镇投资

续表 10　　　　单位：万元

行　　业	新　建	扩　建	改　建	单纯建造生活设施	迁　建	恢　复	单纯购置
石墨及碳素制品制造	391549	328569	234528	723	5500	——	12132
其他非金属矿物制品制造	855813	264061	164395	2272	6758	——	7535
黑色金属冶炼及压延加工业	10383209	5129884	8732672	102004	1485847	——	333488
炼铁	658766	513023	1636016	2991	64900	——	18900
炼钢	2980211	962773	1513227	68972	642818	——	77173
钢压延加工	6242609	3460829	5285560	28691	771231	——	224811
铁合金冶炼	501623	193259	297869	1350	6898	——	12604
有色金属冶炼及压延加工业	6513020	2999226	3104910	19923	47284	——	271512
常用有色金属冶炼	3047649	1802529	2035432	2363	21139	——	19897
铜冶炼	552970	493949	148910	766	2000	——	5365
铅锌冶炼	495564	226289	541039	1597	7830	——	2364
镍钴冶炼	314647	46103	349815	——	2000	——	655
锡冶炼	8615	7237	20330	——	——	——	1267
锑冶炼	27686	6604	35227	——	——	——	——
铝冶炼	1280809	924037	698712	——	476	——	6380
镁冶炼	123845	32531	70513	——	5933	——	980
其他常用有色金属冶炼	243513	65779	170886	——	2900	——	2886
贵金属冶炼	118884	98397	110179	——	——	——	1384
金冶炼	61024	78531	73992	——	——	——	826
银冶炼	22325	14796	12548	——	——	——	558
其他贵金属冶炼	35535	5070	23639	——	——	——	——
稀有稀土金属冶炼	459514	148492	101832	14935	2343	——	3375
钨钼冶炼	190595	85909	41025	13896	——	——	285
稀土金属冶炼	100641	35772	38311	245	——	——	2690
其他稀有金属冶炼	168278	26811	22496	794	2343	——	400
有色金属合金制造	530174	76643	130415	——	1600	——	35274
有色金属压延加工	2356799	873165	727052	2625	22202	——	211582
常用有色金属压延加工	2147709	812959	667742	2625	18854	——	183848
贵金属压延加工	90888	11559	7222	——	——	——	45
稀有稀土金属压延加工	118202	48647	52088	——	3348	——	27689
金属制品业	9161059	3330908	2181853	67508	221551	2923	834747
结构性金属制品制造	4028455	1322402	756411	11247	92960	——	261674
金属结构制造	3349644	1042359	593624	8947	70721	——	197905
金属门窗制造	678811	280043	162787	2300	22239	——	63769
金属工具制造	828121	325601	366406	47646	55895	——	199113
切削工具制造	133481	46188	98896	500	23855	——	72634
手工具制造	198568	105314	25549	3200	——	——	31683
农用及园林用金属工具制造	68715	50592	26252	——	1547	——	2837
刀剪及类似日用金属工具制造	108387	16714	10348	——	778	——	2267
其他金属工具制造	318970	106793	205361	43946	29715	——	89692

国民经济行业小类按建设性质分的城镇投资

续表 11　　单位：万元

行业	新建	扩建	改建	单纯建造生活设施	迁建	恢复	单纯购置
集装箱及金属包装容器制造	647195	126979	103983	——	10387	——	42607
集装箱制造	95225	3008	1381	——	——	——	1916
金属压力容器制造	229657	59576	57211	——	1000	——	14538
金属包装容器制造	322313	64395	45391	——	9387	——	26153
金属丝绳及其制品的制造	457694	250192	161931	1100	21530	1962	62323
建筑、安全用金属制品制造	1015563	430395	235852	3700	18996	——	94509
建筑、家具用金属配件制造	238541	104060	49488	——	9063	——	38980
建筑装饰及水暖管道零件制造	552882	244326	131134	——	700	——	40308
安全、消防用金属制品制造	105505	45629	11316	——	2323	——	8263
其他建筑、安全用金属制品制造	118635	36380	43914	3700	6910	——	6958
金属表面处理及热处理加工	535187	141225	107423	——	6617	——	41878
搪瓷制品制造	80780	17770	77979	2015	485	836	3999
工业生产配套用搪瓷制品制造	5643	520	17043	——	——	——	1520
搪瓷卫生洁具制造	34939	11850	350	——	485	——	1611
搪瓷日用品及其他搪瓷制品制造	40198	5400	60586	2015		836	868
不锈钢及类似日用金属制品制造	737940	302328	169569	——	7766	72	51454
金属制厨房调理及卫生器具制造	172474	67995	14471	——	5667	——	8556
金属制厨用器皿及餐具制造	244125	120233	36377	——	148	——	15792
其他日用金属制品制造	321341	114100	118721	——	1951	72	27106
其他金属制品制造	830124	414016	202299	1800	6915	53	77190
铸币及贵金属制实验室用品制造	4941	1430	19100	——	——	——	800
其他未列明的金属制品制造	825183	412586	183199	1800	6915	53	76390
通用设备制造业	11556785	5644990	3760670	60761	833799	1343	1456233
锅炉及原动机制造	735263	334087	393471	18024	121065	565	116925
锅炉及辅助设备制造	382653	154412	104183	1000	55610	565	29626
内燃机及配件制造	293615	143000	141645	16674	65455	——	68744
汽轮机及辅机制造	12767	10991	84672	350	——	——	15512
水轮机及辅机制造	9230	14790	2653	——	——	——	2063
其他原动机制造	36998	10894	60318	——	——	——	980
金属加工机械制造	2043027	846280	653630	5130	137767	——	208628
金属切削机床制造	409102	166716	164640	720	102778	——	29723
金属成形机床制造	242763	126486	72503	10	14305	——	26037
铸造机械制造	510643	230446	120558	——	6110	——	56488
金属切割及焊接设备制造	144686	50178	57040	——	2300	——	14822
机床附件制造	268283	87285	29745	500	——	——	14451
其他金属加工机械制造	467550	185169	209144	3900	12274	——	67107
起重运输设备制造	904324	511147	303463	8580	66647	——	93163
泵、阀门、压缩机及类似机械的制造	1407117	636190	460180	4918	154450	——	207194
泵及真空设备制造	365866	189612	159044	2053	35290	——	36893
气体压缩机械制造	97324	37083	56200	——	79082	——	37324

国民经济行业小类按建设性质分的城镇投资

续表 12 单位：万元

行业	新建	扩建	改建	单纯建造生活设施	迁建	恢复	单纯购置
阀门和旋塞的制造	398457	212767	99273	——	19133	——	80927
液压和气压动力机械及元件制	545470	196728	145663	2865	20945	——	52050
轴承、齿轮、传动和驱动部件制造	1124308	606987	287300	——	33878	——	238003
轴承制造	695346	381770	184441	——	30877	——	103907
齿轮、传动和驱动部件制造	428962	225217	102859	——	3001	——	134096
烘炉、熔炉及电炉制造	53060	12870	15538	1000	8000	——	4239
风机、衡器、包装设备等通用设备制造	1535872	781330	538852	13864	109031	338	177951
风机、风扇制造	139898	155226	95981	6186	50042	——	11796
气体、液体分离及纯净设备制造	134661	61704	24604	——	3010	——	6030
制冷、空调设备制造	406768	180704	86330	2350	24876	338	33459
风动和电动工具制造	107626	108529	64873	——	2311	——	20598
喷枪及类似器具制造	26109	15485	8110	1550	——	——	15502
包装专用设备制造	63675	41469	6760	——	——	——	8278
衡器制造	54402	17704	9505	——	1350	——	2083
其他通用设备制造	602733	200509	242689	3778	27442	——	80205
通用零部件制造及机械修理	2075757	829432	549310	445	74370	40	238235
金属密封件制造	109009	77531	26301	——	1568	—	14464
紧固件、弹簧制造	382105	129467	101671	——	5085	40	41669
机械零部件加工及设备修理	950569	391354	266807	445	41605	——	123235
其他通用零部件制造	634074	231080	154531	——	26112	——	58867
金属铸、锻加工	1678057	1086667	558926	8800	128591	400	171895
钢铁铸件制造	1316731	781600	460869	8800	111001	400	134041
锻件及粉末冶金制品制造	361326	305067	98057	——	17590	——	37854
专用设备制造业	9214519	3625302	2467026	122942	493892	——	966115
矿山、冶金、建筑专用设备制造	3531359	1058234	866570	18901	238992	——	193124
采矿、采石设备制造	861749	464202	299635	5844	96291	——	43646
石油钻采专用设备制造	775341	113427	92486	12356	6193	——	59261
建筑工程用机械制造	953705	265846	182645	411	85311	——	40837
建筑材料生产专用机械制造	307538	86463	88471	290	7013	——	14437
冶金专用设备制造	633026	128296	203333	——	44184	——	34943
化工、木材、非金属加工专用设	1339557	730172	287013	350	51748	——	224457
炼油、化工生产专用设备制造	242260	188594	65069	——	14641	——	10965
橡胶加工专用设备制造	95660	29847	37923	——	8538	——	3955
塑料加工专用设备制造	133472	57189	27468	——	3073	——	25972
木材加工机械制造	32605	35265	5042	——	1090	——	5067
模具制造	735933	380199	131584	350	24406	——	174847
其他非金属加工专用设备制造	99627	39078	19927	——	——	——	3651
食品、饮料、烟草及饲料专用设备制造	248749	158217	96091	——	26094	——	16015
食品、饮料、烟草工业专用设备制造	130871	64205	38650	——	25044	——	6242
农副食品加工专用设备制造	107076	82267	56658	——	1050	——	8695

国民经济行业小类按建设性质分的城镇投资

续表 13　　　　单位：万元

行　　业	新　建	扩　建	改　建	单纯建造生活设施	迁 建	恢　复	单纯购置
饲料生产专用设备制造	10802	11745	783	——	——	——	1078
印刷、制药、日化生产专用设备制造	498543	222820	123809	854	11595	——	50328
制浆和造纸专用设备制造	79546	35983	37416	——	600	——	12908
印刷专用设备制造	129862	62427	23795	854	7924	——	5526
日用化工专用设备制造	61007	30990	5482	——	170	——	14182
制药专用设备制造	22456	9814	21201	——	——	——	4267
照明器具生产专用设备制造	111732	42581	8496	——	1	——	3591
玻璃、陶瓷和搪瓷制品专用设备制造	39038	24050	17591	——	2900	——	2610
其他日用品生产专用设备制造	54902	16975	9828	——	——	——	7244
纺织、服装和皮革工业专用设备制造	414642	175721	98151	7000	23882	——	48703
纺织专用设备制造	292501	102587	66260	7000	23349	——	24923
皮革、毛皮及其制品加工设备制造	14867	7651	6000	——	——	——	598
缝纫机械制造	65620	62083	20931	——	533	——	13593
其他服装加工专用设备制造	41654	3400	4960	——	——	——	9589
电子和电工机械专用设备制造	930311	321308	414556	83307	89837	——	176195
农、林、牧、渔专用机械制造	523606	291477	209916	10615	18419	——	26232
拖拉机制造	129084	46479	117178	165	11250	——	8110
机械化农业及园艺机具制造	180173	102002	39293	6000	6169	——	4657
营林及木竹采伐机械制造	2286	3150	2200	——	——	——	1935
畜牧机械制造	14520	3000	800	——	——	——	——
渔业机械制造	7381	——	——	——	——	——	879
农林牧渔机械配件制造	119607	104444	35215	2250	——	——	9145
其他农林牧渔业机械制造	70555	32402	15230	2200	1000	——	1506
医疗仪器设备及器械制造	513626	238589	90286	1750	8954	——	86512
医疗诊断、监护及治疗设备制造	154888	94061	13749	——	——	——	37531
口腔科用设备及器具制造	4500	3240	——	——	——	——	465
实验室及医用消毒设备和器具制造	13541	8624	6061	——	——	——	1960
医疗、外科及兽医用器械制造	162411	97554	33746	——	4247	——	23628
机械治疗及病房护理设备制造	46832	5037	4270	——	1790	——	4980
假肢、人工器官及植（介）入	25750	2200	3500	——	——	——	7940
其他医疗设备及器械制造	105704	27873	28960	1750	2917	——	10008
环保、社会公共安全及其他专用制造	1214126	428764	280634	165	24371	——	144549
环境污染防治专用设备制造	364328	154188	95282	——	2200	——	56407
地质勘查专用设备制造	22083	11109	640	——	——	——	3989
邮政专用机械及器材制造	——	2500	——	——	——	——	——
商业、饮食、服务业专用设备制造	31832	——	500	——	——	——	3470

国民经济行业小类按建设性质分的城镇投资

续表 14　　单位：万元

行　　业	新　建	扩　建	改　建	单纯建造生活设施	迁　建	恢　复	单纯购置
社会公共安全设备及器材制造	79881	31331	15588	——	1420	——	12473
交通安全及管制专用设备制造	24503	4100	10412	——	——	——	819
水资源专用机械制造	65649	51349	25786	——	6784	——	19988
其他专用设备制造	625850	174187	132426	165	13967	——	47403
交通运输设备制造业	13679122	6380564	4845002	106449	723360	4650	1493425
铁路运输设备制造	481073	125902	360109	7711	117015	——	83315
铁路机车车辆及动车组制造	59690	7034	145129	——	106787	——	37230
工矿有轨专用车辆制造	24945	40108	13334	——	——	——	2500
铁路机车车辆配件制造	201013	43679	38065	7711	8958	——	22939
铁路专用设备及器材、配件制造	165766	33081	76517	——	——	——	10818
其他铁路设备制造及设备修理	29659	2000	87064	——	1270	——	9828
汽车制造	8943297	4606464	3493639	23186	344006	1050	1160065
汽车整车制造	2078850	1800551	1479023	6425	107936	——	143343
改装汽车制造	367304	319935	62424	2881	26600	——	21740
电车制造	48906	5175	132993	——	446	——	913
汽车车身、挂车的制造	228381	57086	115252	——	6499	——	18706
汽车零部件及配件制造	5924942	2344985	1624714	13670	199094	400	941273
汽车修理	294914	78732	79233	210	3431	650	34090
摩托车制造	514605	223160	135433	398	171487	——	90777
摩托车整车制造	199117	51274	40437	398	130840	——	20934
摩托车零部件及配件制造	315488	171886	94996	——	40647	——	69843
自行车制造	462196	125950	44231	——	9877	——	22678
脚踏自行车及残疾人座车制造	89652	57905	26037	——	——	——	4459
助动自行车制造	372544	68045	18194	——	9877	——	18219
船舶及浮动装置制造	2487325	1018520	455967	6562	71432	——	80040
金属船舶制造	1769527	434357	287843	6522	62902	——	54298
非金属船舶制造	39413	1683	12722	40	——	——	990
娱乐船和运动船的建造和修理	72918	9631	2500	——	8530	——	400
船用配套设备制造	330985	308930	39631	——	——	——	18546
船舶修理及拆船	258763	263700	112291	——	——	——	5806
航标器材及其他浮动装置的制造	15719	219	980	——	——	——	——
交通器材及其他交通运输设备制造	790626	280568	355623	68592	9543	3600	56550
交通管理用金属标志及设施制造	40011	14093	2010	——	——	——	1553
其他交通运输设备制造	750615	266475	353613	68592	9543	3600	54997
电气机械及器材制造业	9111393	3059645	2565179	44526	317623	2062	984168

国民经济行业小类按建设性质分的城镇投资

续表 15　　　　单位：万元

行　　业	新　建	扩　建	改　建	单纯建造生活设施	迁　建	恢　复	单纯购置
电机制造	1023221	325830	396882	23289	65672	——	174476
发电机及发电机组制造	474305	137350	186415	450	7333	——	36846
电动机制造	362182	104833	176598	22839	50149	——	58987
微电机及其他电机制造	186734	83647	33869	——	8190	——	78643
输配电及控制设备制造	2678976	933950	609556	15984	79588	——	281844
变压器、整流器和电感器制造	703607	302518	188717	——	26347	——	66113
电容器及其配套设备制造	200912	45655	32568	——	18801	——	19877
配电开关控制设备制造	724311	294485	207159	15984	24088	——	75712
电力电子元器件制造	713142	180095	110083	——	6489	——	83982
其他输配电及控制设备制造	337004	111197	71029	——	3863	——	36160
电线、电缆、光缆及电工器材制造	1561574	757980	609155	2200	65729	——	154340
电线电缆制造	1249435	515173	497005	500	62739	——	97807
光纤、光缆制造	69697	81757	13427	——	500	——	6865
绝缘制品制造	83880	51245	29593	1700	2490	——	3738
其他电工器材制造	158562	109805	69130	——	——	——	45930
电池制造	1200469	276489	208863	100	22269	——	75408
家用电力器具制造	1121947	243414	328248	1100	29052	——	175773
家用制冷电器具制造	207613	41613	63697	——	11279	——	5474
家用空气调节器制造	231579	18748	66336	——	——	——	48384
家用通风电器具制造	30127	15666	2756	——	——	——	984
家用厨房电器具制造	242510	44734	67622	1100	1981	——	18992
家用清洁卫生电器具制造	83703	26556	71726	——	8996	——	14688
家用美容、保健电器具制造	27650	16243	2023	——	46	——	9618
家用电力器具专用配件制造	130689	23214	22841	——	4750	——	5992
其他家用电力器具制造	168076	56640	31247	——	2000	——	71641
非电力家用器具制造	377285	158978	193085	1800	15793	——	13915
燃气、太阳能及类似能源器具制造	321650	119038	187270	1800	13793	——	11459
其他非电力家用器具制造	55635	39940	5815	——	2000	——	2456
照明器具制造	713447	287511	107002	53	20576	2062	72311
电光源制造	213071	116578	50001	——	3717	——	36792
照明灯具制造	395677	133525	46921	53	16559	2062	24643
灯用电器附件及其他照明器具制造	104699	37408	10080	——	300	——	10876
其他电气机械及器材制造	434474	75493	112388	——	18944	——	36101
车辆专用照明及电气信号设备制造	81554	4369	19080	——	472	——	17787
其他未列明的电气机械制造	352920	71124	93308	——	18472	——	18314
通信设备、计算机及其他电子设备制造	11737235	2929575	3828211	15954	154503	——	2272986
通信设备制造	1491791	315542	373317	1696	13902	——	188782
通信传输设备制造	126122	57018	66813	——	481	——	43587
通信交换设备制造	188003	3845	22952	——	——	——	6109
通信终端设备制造	179092	54310	46646	——	——	——	24607

国民经济行业小类按建设性质分的城镇投资

续表 16 单位：万元

行业	新建	扩建	改建	单纯建造生活设施	迁建	恢复	单纯购置
移动通信及终端设备制造	823339	137356	202755	1696	6565	——	81317
其他通信设备制造	175235	63013	34151	——	6856	——	33162
广播电视设备制造	108235	20501	32633	——	245	——	15414
广播电视节目制作及发射设备制造	21972	3341	——	——	——	——	600
广播电视接收设备及器材制造	59256	17160	27182	——	245	——	8290
应用电视设备及其他广播设备制造	27007	——	5451	——	——	——	6524
电子计算机制造	1038937	621648	186508	181	13903	——	272204
电子计算机整机制造	479692	76212	67839	181	138	——	142497
计算机网络设备制造	176233	24406	20046	——	6563	——	26097
电子计算机外部设备制造	383012	521030	98623	——	7202	——	103610
电子器件制造	5011486	753083	2253127	700	50842	——	646981
电子真空器件制造	92183	30202	54144	——	27500	——	18080
半导体分立器件制造	523713	56747	43619	——	1339	——	135629
集成电路制造	2225668	304343	1889507	700	16754	——	310554
光电子器件及其他电子器件制造	2169922	361791	265857	——	5249	——	182718
电子元件制造	2692548	954359	725781	3577	31907	——	851929
电子元件及组件制造	2119586	677565	471367	3577	31907	——	713428
印制电路板制造	572962	276794	254414	——	——	——	138501
家用视听设备制造	499188	71591	88373	9800	37895	——	77034
家用影视设备制造	416544	61938	52923	9800	37895	——	58978
家用音响设备制造	82644	9653	35450	——	——	——	18056
其他电子设备制造	895050	192851	168472	——	5809	——	220642
仪器仪表及文化、办公用机械制造	1581637	474673	377568	23750	83125	——	272145
通用仪器仪表制造	674927	194041	152034	23750	43872	——	65040
工业自动控制系统装置制造	332638	86030	67607	23750	24758	——	33951
电工仪器仪表制造	164426	43411	28612	——	1135	——	16519
绘图、计算及测量仪器制造	26789	16605	6277	——	90	——	124
实验分析仪器制造	44035	12822	4812	——	6325	——	2341
试验机制造	14281	9080	3000	——	775	——	3996
供应用仪表及其他通用仪器制造	92758	26093	41726	——	10789	——	8109
专用仪器仪表制造	330774	56017	75473	——	15928	——	67715
环境监测专用仪器仪表制造	28998	12691	3320	——	——	——	2303
汽车及其他用计数仪表制造	92440	12486	5203	——	——	——	6412
农林牧渔专用仪器仪表制造	9096	2500	——	——	——	——	470
地质勘探和地震专用仪器制造	18426	——	——	——	5650	——	1238
教学专用仪器制造	14507	652	1300	——	——	——	5519
电子测量仪器制造	47457	11092	20925	——	2650	——	29375

国民经济行业小类按建设性质分的城镇投资

续表 17　　单位：万元

行　　业	新　建	扩　建	改　建	单纯建造生活设施	迁　建	恢　复	单纯购置
其他专用仪器制造	119850	16596	44725	——	7628	——	22398
钟表与计时仪器制造	52038	37311	5066	——	50	——	16377
光学仪器及眼镜制造	276374	57637	71969	——	8937	——	47167
光学仪器制造	169419	25843	37583	——	2208	——	31306
眼镜制造	106955	31794	34386	——	6729	——	15861
文化、办公用机械制造	177152	108523	59954	——	14204	——	72792
电影机械制造	6298	——	——	——	——	——	——
幻灯及投影设备制造	2457	1850	——	——	——	——	——
照相机及器材制造	32575	24004	36661	——	4000	——	55417
复印和胶印设备制造	90802	53484	12057	——	7900	——	15381
计算器及货币专用设备制造	13854	25770	9430	——	2304	——	97
其他文化、办公用机械制造	31166	3415	1806	——	——	——	1897
其他仪器仪表的制造及修理	70372	21144	13072	——	134	——	3054
工艺品及其他制造业	3428349	1455965	434369	16613	48033	4441	268785
工艺美术品制造	1149334	511292	220606	——	25628	990	153146
雕塑工艺品制造	209304	30189	24084	——	800	100	14570
金属工艺品制造	137298	24379	12008	——	2719	——	6991
漆器工艺品制造	22993	18564	1238	——	2055	——	7078
花画工艺品制造	49000	9042	22460	——	1300	——	435
天然植物纤维编织工艺品制造	68142	50957	8870	——	285	——	5746
抽纱刺绣工艺品制造	105707	141548	40807	——	8200	——	58793
地毯、挂毯制造	114737	66775	31469	——	630	——	19290
珠宝首饰及有关物品的制造	124192	44753	24117	——	9174	——	21835
其他工艺美术品制造	317961	125085	55553	——	465	890	18408
日用杂品制造	305146	84215	77320	——	2513	3451	32884
制镜及类似品加工	58884	12900	3626	——	——	——	1476
鬃毛加工、制刷及清扫工具的制造	27962	8718	12986	——	——	——	8137
其他日用杂品制造	218300	62597	60708	——	2513	3451	23271
煤制品制造	47964	4285	13112	——	——	——	4171
其他未列明的制造业	1925905	856173	123331	16613	19892	——	78584
废弃资源和废旧材料回收加工业	576431	161385	97296	400	3360	5000	12107
金属废料和碎屑的加工处理	362901	60080	64661	——	3360	5000	9557
非金属废料和碎屑的加工处理	213530	101305	32635	400	——	——	2550
（四）电力燃气及水的生产和供应业	**57312906**	**21249908**	**11011440**	**247228**	**490127**	**110306**	**467182**
电力、热力的生产和供应业	50593270	18310108	9137971	176747	440095	95457	311540
电力生产	37929371	10819604	3273161	35605	193351	86507	133461
火力发电	17711538	9141073	2502911	26123	191128	75740	118137
水力发电	14700028	684963	579653	9482	2223	10767	8274
核力发电	1353570	254919	16481	——	——	——	——

国民经济行业小类按建设性质分的城镇投资

续表 18　　　　单位：万元

行　　业	新　建	扩　建	改　建	单纯建造生活设施	迁　建	恢　复	单纯购置
其他能源发电	4164235	738649	174116	——	——	——	7050
电力供应	11076900	6803183	5378333	132794	64045	8950	87253
热力生产和供应	1586999	687321	486477	8348	182699	——	90826
燃气生产和供应业	2025615	752468	555896	26464	21391	——	84584
燃气生产和供应业	2025615	752468	555896	26464	21391	——	84584
水的生产和供应业	4694021	2187332	1317573	44017	28641	14849	71058
自来水的生产和供应	2263379	1165568	826378	24400	10574	14586	27309
污水处理及其再生利用	2320930	966395	429966	11607	18067	——	41742
其他水的处理、利用与分配	109712	55369	61229	8010	——	263	2007
（五）建筑业	**5667604**	**1731019**	**809958**	**517109**	**144894**	**9383**	**1044836**
房屋和土木工程建筑业	4760669	1540239	685107	471244	134650	7747	783321
房屋工程建筑	2928407	712520	223281	365298	125900	3190	179461
土木工程建筑	1832262	827719	461826	105946	8750	4557	603860
铁路、道路、隧道和桥梁工程建筑	1186370	522120	339392	59024	6980	3407	324527
水利和港口工程建筑	257133	200928	54925	11360	——	——	223380
工矿工程建筑	74725	15300	13676	——	——	——	19653
架线和管道工程建筑	141349	37857	39410	27240	1470	——	21616
其他土木工程建筑	172685	51514	14423	8322	300	1150	14684
建筑安装业	176902	76558	51040	30595	6408	——	128466
建筑安装业	176902	76558	51040	30595	6408	——	128466
建筑装饰业	108025	52846	33969	——	450	——	52362
建筑装饰业	108025	52846	33969	——	450	——	52362
其他建筑业	622008	61376	39842	15270	3386	1636	80687
工程准备	317488	21426	10791	——	3386	——	14997
提供施工设备服务	92560	8953	3602	——	——	——	39318
其他未列明的建筑活动	211960	30997	25449	15270	——	1636	26372
（六）交通运输、仓储和邮政业	**81169705**	**18568966**	**16387498**	**132372**	**187428**	**61624**	**13462978**
铁路运输业	13513820	3731698	1837323	47900	25924	——	5770785
铁路旅客运输	8241982	1157370	378940	15300	——	——	8140
铁路货物运输	3909431	1795288	909668	6900	25124	——	5729818
铁路运输辅助活动	1362407	779040	548715	25700	800	——	32827
客运火车站	194567	396344	248503	——	——	——	332
货运火车站	42549	15681	2606	——	——	——	1765
其他铁路运输辅助活动	1125291	367015	297606	25700	800	——	30730
道路运输业	44333119	9556678	12793961	46954	72195	54210	2408849
公路旅客运输	17660637	2899658	3760718	7522	20409	11232	1780963
道路货物运输	7875023	1863944	2419908	14967	7531	24444	532882
道路运输辅助活动	18797459	4793076	6613335	24465	44255	18534	95004
客运汽车站	411296	92730	44194	3167	32418	2063	46362
公路管理与养护	16858626	4320475	5951847	13913	10862	13238	37790

国民经济行业小类按建设性质分的城镇投资

续表 19　　　　单位：万元

行　　业	新　建	扩　建	改　建	单纯建造生活设施	迁　建	恢　复	单纯购置
其他道路运输辅助活动	1527537	379871	617294	7385	975	3233	10852
城市公共交通业	8693142	227547	375069	9189	2731	——	1421859
公共电汽车客运	224806	103784	123280	9189	1384	——	869701
轨道交通	7103677	47068	180760	——	——	——	187695
出租车客运	17316	4817	6427	——	——	——	323261
城市轮渡	20153	43	2959	——	——	——	1169
其他城市公共交通	1327190	71835	61643	——	1347	——	40033
水上运输业	6965330	2127576	516957	2817	1132	2328	1479266
水上旅客运输	33108	33290	45675	——	——	——	112460
远洋旅客运输	——	——	——	——	——	——	52245
沿海旅客运输	12149	27090	7780	——	——	——	36880
内河旅客运输	20959	6200	37895	——	——	——	23335
水上货物运输	560423	216397	71572	2817	——	1040	1127059
远洋货物运输	112921	14537	——	——	——	——	159964
沿海货物运输	259327	144018	31377	2688	——	1040	402194
内河货物运输	188175	57842	40195	129	——	——	564901
水上运输辅助活动	6371799	1877889	399710	——	1132	1288	239747
客运港口	102098	46944	12927	——	——	50	13020
货运港口	5861394	1647661	192402	——	300	50	74926
其他水上运输辅助活动	408307	183284	194381	——	832	1188	151801
航空运输业	2048488	1468481	533990	8139	20131	——	1996346
航空客货运输	323648	105616	343267	6879	1145	——	1820135
航空旅客运输	247652	105616	117981	6879	1145	——	1820040
航空货物运输	75996	——	225286	——	——	——	95
通用航空服务	175847	4168	369	——	300	——	145700
航空运输辅助活动	1548993	1358697	190354	1260	18686	——	30511
机场	1451548	1309394	186069	——	18686	——	26151
空中交通管理	7961	8467	4230	1260	——	——	112
其他航空运输辅助活动	89484	40836	55	——	——	——	4248
管道运输业	428538	229404	32816	——	——	——	——
管道运输业	428538	229404	32816	——	——	——	——
装卸搬运和其他运输服务业	516396	83570	31976	——	——	350	301322
装卸搬运	78615	12750	14250	——	——	——	45079
运输代理服务	437781	70820	17726	——	——	350	256243
仓储业	4630640	1116720	228096	13469	65053	4736	51960
谷物、棉花等农产品仓储	647624	251524	49026	5319	44404	——	1510
其他仓储	3983016	865196	179070	8150	20649	4736	50450
邮政业	40232	27292	37310	3904	262	——	32591
国家邮政	30619	21392	37310	3904	262	——	31907
其他寄递服务	9613	5900	——	——	——	——	684
（七）信息传输、计算机服务和软件业	**4446010**	**8363105**	**3955228**	**20565**	**11070**	**1740**	**1395842**

国民经济行业小类按建设性质分的城镇投资

续表 20　　　　单位：万元

行　　业	新　建	扩　建	改　建	单纯建造生活设施	迁　建	恢　复	单纯购置
电信和其他信息传输服务业	3752207	8184896	3827560	10565	9045	1740	1234081
电信	3217793	6907379	3225374	8715	5045	1740	1085024
固定电信服务	1153718	1987034	1093038	6835	3395	——	223966
移动电信服务	1955463	4828048	2044939	1880	1650	240	846006
其他电信服务	108612	92297	87397	——	——	1500	15052
互联网信息服务	173215	1087503	426023	——	——	——	85861
广播电视传输服务	353082	183314	176163	1850	4000	——	62739
有线广播电视传输服务	273493	169783	165273	850		——	58898
无线广播电视传输服务	79589	13531	10890	1000	4000	——	3841
卫星传输服务	8117	6700	——	——	——	——	457
计算机服务业	147396	47400	54293	——	2025	——	65515
计算机系统服务	29402	14411	12756	——	——	——	22143
数据处理	70516	14266	1000	——	——	——	8949
计算机维修	403	——	——	——	——	——	1471
其他计算机服务	47075	18723	40537	——	2025	——	32952
软件业	546407	130809	73375	10000	——	——	96246
公共软件服务	479781	99586	45487	10000	——	——	59051
基础软件服务	156518	24664	9732	——	——	——	4839
应用软件服务	323263	74922	35755	10000	——	——	54212
其他软件服务	66626	31223	27888	——	——	——	37195
（八）批发和零售业	**15949960**	**4491407**	**2943542**	**223412**	**147466**	**4736**	**745390**
批发业	7185002	2339322	1205078	118407	118381	1836	442204
农畜产品批发	614827	165568	43706	3022	10425	410	16059
谷物、豆及薯类批发	196587	74302	21606	496	8743	——	4267
种子、饲料批发	91673	29002	3662	382	1682	——	889
棉、麻批发	31973	6820	1403	——	——	——	5194
牲畜批发	9674	3280	7893	——	——	——	——
其他农畜产品批发	284920	52164	9142	2144	——	410	5709
食品、饮料及烟草制品批发	1280174	317884	149889	22962	19717	——	33240
米、面制品及食用油批发	140066	34094	16394	8900	410	——	3222
糕点、糖果及糖批发	100875	4270	4258	759	——	——	1662
果品、蔬菜批发	528477	140166	44705	2288	5344	——	388
肉、禽、蛋及水产品批发	173746	36698	11140	730	2415	——	7352
盐及调味品批发	26246	4873	10600	1491	2020	——	1767
饮料及茶叶批发	34273	22392	29073	3021	800	——	5569
烟草制品批发	176040	50310	22432	3123	4953	——	9889
其他食品批发	100451	25081	11287	2650	3775	——	3391
纺织、服装及日用品批发	1132655	364510	202725	2758	39494	——	27895
纺织品、针织品及原料批发	191695	139905	50859	1165	37014	——	12050
服装批发	630048	82036	89430	——	1680	——	10841

国民经济行业小类按建设性质分的城镇投资

续表 21　　　　单位：万元

行业	新建	扩建	改建	单纯建造生活设施	迁建	恢复	单纯购置
鞋帽批发	62633	19810	4720	600	——	——	187
厨房、卫生间用具及日用杂货批发	91741	3231	7098	403	——	——	2561
化妆品及卫生用品批发	6595	6826	10021	——	——	——	466
其他日用品批发	149943	112702	40597	590	800	——	1790
文化、体育用品及器材批发	138884	108091	29569	——	835	——	20751
文具用品批发	8351	5864	1070	——	——	——	7509
体育用品批发	17314	150	5211	——	——	——	1690
图书批发	53210	80603	6870	——	——	——	594
报刊批发	——	1310	865	——	——	——	1685
音像制品及电子出版物批发	——	840	4165	——	——	——	——
首饰、工艺品及收藏品批发	32844	3106	4460	——	60	——	4009
其他文化用品批发	27165	16218	6928	——	775	——	5264
医药及医疗器材批发	276975	63322	40544	130	7200	——	44647
西药批发	89886	27764	15894	——	3200	——	34707
中药材及中成药批发	149161	10611	9709	——	4000	——	340
医疗用品及器材批发	37928	24947	14941	130	——	——	9600
矿产品、建材及化工产品批发	2044484	770763	376695	62971	24940	——	126481
煤炭及制品批发	233473	68013	19877	18010	700	——	8473
石油及制品批发	255728	127616	115030	1930	7615	——	43579
非金属矿及制品批发	8073	18654	6122	——	——	——	3361
金属及金属矿批发	267513	86077	66933	23500	11829	——	22365
建材批发	1061525	392412	120530	18991	3948	——	26354
化肥批发	37696	12116	4362	540	——	——	2116
农药批发	2215	6494	642	——	——	——	1338
农用薄膜批发	6630	4290	560	——	——	——	257
其他化工产品批发	171631	55091	42639	——	848	——	18638
机械设备、五金交电及电子产品批发	1275194	379463	275766	22499	15047	50	141641
农业机械批发	60298	9360	7322	4800	300	——	7899
汽车、摩托车及零配件批发	502318	55671	51867	——	2560	——	18913
五金、交电批发	352676	87268	56331	6858	290	50	19258
家用电器批发	103126	30221	18148	10291	——	——	6717
计算机、软件及辅助设备批发	50979	5900	16145	——	——	——	11563
通讯及广播电视设备批发	76900	6973	12591	450	——	——	6539
其他机械设备及电子产品批发	128897	184070	113362	100	11897	——	70752
贸易经纪与代理	52589	72764	29605	482	——	——	11885
其他批发	369220	96957	56579	3583	723	1376	19605
再生物资回收与批发	101439	47919	13539	2023	120	1376	5719
其他未列明的批发	267781	49038	43040	1560	603	——	13886
零售业	8764958	2152085	1738464	105005	29085	2900	303186
综合零售	4942890	1196372	1010011	72575	9333	2900	77837

国民经济行业小类按建设性质分的城镇投资

续表 22　　单位：万元

行　　业	新　建	扩　建	改　建	单纯建造生活设施	迁　建	恢　复	单纯购置
百货零售	2433768	646818	518336	42578	1684	2900	29408
超级市场零售	1443551	335878	289332	17402	4590	——	35337
其他综合零售	1065571	213676	202343	12595	3059	——	13092
食品、饮料及烟草制品专门零售	320590	114477	120783	6768	450	——	16598
粮油零售	34053	8269	6085	4636	450	——	970
糕点、面包零售	6595	——	4258	——	——	——	1272
果品、蔬菜零售	96479	65344	41130	——	——	——	368
肉、禽、蛋及水产品零售	47296	17401	21117	500	——	——	1700
饮料及茶叶零售	7202	4880	8630	1132	——	——	8015
烟草制品零售	12027	1516	402	——	——	——	450
其他食品零售	116938	17067	39161	500	——	——	3823
纺织、服装及日用品专门零售	423551	138383	179449	3792	90	——	16174
纺织品及针织品零售	71564	11330	14112	3204	——	——	1289
服装零售	254170	90978	128738	500	——	——	9776
鞋帽零售	22741	2513	7250	——	——	——	856
钟表、眼镜零售	6170	4435	8489	——	——	——	1014
化妆品及卫生用品零售	8208	1686	3520	——	90	——	1426
其他日用品零售	60698	27441	17340	88	——	——	1813
文化、体育用品及器材专门零售	172616	49079	37304	661	5450	——	7049
文具用品零售	1419	2240	10243	——	——	——	1487
体育用品零售	32491	3900	5854	——	——	——	140
图书零售	83555	12229	5512	105	3834	——	2849
报刊零售	——	——	——	——	——	——	——
音像制品及电子出版物零售	5900	——	675	——	——	——	80
珠宝首饰零售	19000	7650	9179	——	1616	——	1810
工艺美术品及收藏品零售	25259	20860	3420	556	——	——	548
照相器材零售	3350	——	460	——	——	——	——
其他文化用品零售	1642	2200	1961	——	——	——	135
医药及医疗器材专门零售	53928	28445	24311	510	——	——	10232
药品零售	44722	22019	13928	510	——	——	6721
医疗用品及器材零售	9206	6426	10383	——	——	——	3511
汽车、摩托车、燃料及零配件专门零售	1446922	344692	109841	7067	5003	——	60084
汽车零售	998163	230415	69931	5130	3085	——	33820
汽车零配件零售	151475	45625	10355	100	——	——	7927
摩托车及零配件零售	26827	15046	——	——	——	——	647
机动车燃料零售	270457	53606	29555	1837	1918	——	17690
家用电器及电子产品专门零售	166680	71934	92824	910	500	——	69454
家用电器零售	79068	43697	58870	910	500	——	35715
计算机、软件及辅助设备零售	41810	8475	9780	——	——	——	15009
通信设备零售	13552	10271	10636	——	——	——	3001

国民经济行业小类按建设性质分的城镇投资

续表 23　　　　单位：万元

行　　业	新　建	扩　建	改　建	单纯建造生活设施	迁　建	恢　复	单纯购置
其他电子产品零售	32250	9491	13538	——	——	——	15729
五金、家具及室内装修材料专门零售	945181	175108	126639	11767	6000	——	26455
五金零售	95921	12558	11103	47	6000	——	9592
家具零售	573107	104279	81619	1910	——	——	7050
涂料零售	12511	2500	5000	——	——	——	454
其他室内装修材料零售	263642	55771	28917	9810	——	——	9359
无店铺及其他零售	292600	33595	37302	955	2259	——	19303
流动货摊零售	330	2909	1000	——	——	——	——
邮购及电子销售	3550	——	——	——	——	——	——
生活用燃料零售	114857	20526	10901	752	1679	——	1592
花卉零售	6670	2350	2197	——	——	——	——
旧货零售	2300	1099	2500	——	580	——	——
其他未列明的零售	164893	6711	20704	203	——	——	17711
（九）住宿和餐饮业	**8354336**	**2428052**	**2117440**	**55888**	**45267**	**12021**	**285892**
住宿业	6035685	1739934	1275453	31264	36056	6641	125685
旅游饭店	4776995	1334698	938527	2596	32926	3601	57503
一般旅馆	871631	345710	254513	19819	3130	3040	57833
其他住宿服务	387059	59526	82413	8849	——	——	10349
餐饮业	2318651	688118	841987	24624	9211	5380	160207
正餐服务	1999492	609740	741391	24273	8891	5380	132352
快餐服务	58620	23223	37983	51	——	——	7691
饮料及冷饮服务	63228	18116	23763	——	——	——	10885
其他餐饮服务	197311	37039	38850	300	320	——	9279
（十）金融业	**608071**	**156318**	**295000**	**25068**	**21889**	**——**	**412943**
银行业	361076	129779	237591	23586	16027	——	369181
中央银行	44805	13566	9454	13495	1940	——	9186
商业银行	279835	111139	204671	8846	14087	——	349429
其他银行	36436	5074	23466	1245	——	——	10566
证券业	82622	6035	3428	——	5500	——	25090
证券市场管理	——	5600	2127	——	500	——	1411
证券经纪与交易	69522	——	1301	——	5000	——	19011
证券投资	——	435	——	——	——	——	4668
证券分析与咨询	13100	——	——	——	——	——	——
保险业	52507	6411	29982	1482	362	——	13249
人寿保险	41543	2184	20303	520	362	——	6537
非人寿保险	10964	4227	8868	962	——	——	6215
保险辅助服务	——	——	811	——	——	——	497
其他金融活动	111866	14093	23999	——	——	——	5423
金融信托与管理	20528	480	7622	——	——	——	74
金融租赁	14058	5761	——	——	——	——	335

国民经济行业小类按建设性质分的城镇投资

续表 24　　　　单位：万元

行　　业	新　建	扩　建	改　建	单纯建造生活设施	迁　建	恢　复	单纯购置
财务公司	——	——	——	——	——	——	210
邮政储蓄	480	——	996	——	——	——	600
典当	8358	3525	3630	——	——	——	1904
其他未列明的金融活动	68442	4327	11751	——	——	——	2300
（十一）房地产业	**23302213**	**3165311**	**1526398**	**4903778**	**235747**	**61767**	**108856**
房地产业	23302213	3165311	1526398	4903778	235747	61767	108856
房地产开发经营	9658174	1095148	352113	1046695	33420	2900	23105
物业管理	298827	72018	210991	50465	——	——	44414
房地产中介服务	95991	4433	17904	——	——	——	2757
其他房地产活动	13249221	1993712	945390	3806618	202327	58867	38580
（十二）租赁和商务服务业	**5839073**	**1512276**	**681962**	**137076**	**148245**	**2049**	**286141**
租赁业	105273	66832	13884	21147	——	——	131316
机械设备租赁	104763	53532	13884	21147	——	——	129316
汽车租赁	27252	6880	3333	——	——	——	40202
农业机械租赁	43	600	——	——	——	——	108
建筑工程机械与设备租赁	35194	17717	4791	64	——	——	66703
计算机及通讯设备租赁	——	——	——	——	——	——	——
其他机械与设备租赁	42274	28335	5760	21083	——	——	22303
文化及日用品出租	510	13300	——	——	——	——	2000
图书及音像制品出租	——	——	——	——	——	——	2000
其他文化及日用品出租	510	13300	——	——	——	——	——
商务服务业	5733800	1445444	668078	115929	148245	2049	154825
企业管理服务	2903135	721106	225877	112179	72136	339	72642
企业管理机构	973982	317646	93604	40983	1050	339	49224
投资与资产管理	1326599	257060	82481	57993	70578	——	15294
其他企业管理服务	602554	146400	49792	13203	508	——	8124
法律服务	7037	7004	597	200	——	——	938
律师及相关的法律服务	6053	1741	597	200	——	——	938
公证服务	984	——	——	——	——	——	——
其他法律服务	——	5263	——	——	——	——	——
咨询与调查	82242	18361	22536	——	3179	——	12126
会计、审计及税务服务	13413	2363	2449	——	993	——	2404
市场调查	——	2850	——	——	——	——	1210
社会经济咨询	31325	4865	1787	——	2186	——	1653
其他专业咨询	37504	8283	18300	——	——	——	6859
广告业	40067	14535	38228	——	——	——	19283
知识产权服务	3148	——	——	——	——	——	1509
职业中介服务	44736	13453	4534	120	1479	——	4445
市场管理	934328	285626	170481	60	22652	980	1706
旅行社	63985	23223	3430	2100	50	——	12532

国民经济行业小类按建设性质分的城镇投资

续表 25　　　　单位：万元

行业	新建	扩建	改建	单纯建造生活设施	迁建	恢复	单纯购置
其他商务服务	1655122	362136	202395	1270	48749	730	29644
会议及展览服务	868334	223288	94556	10	47743	——	3007
包装服务	21722	3358	——	——	——	——	5671
保安服务	2675	4705	909	——	——	——	965
办公服务	241710	69037	15405	——	456	260	5588
其他未列明的商务服务	520681	61748	91525	1260	550	470	14413
（十三）科研技术服务和地质勘查业	**3035328**	**1037227**	**582231**	**147579**	**109151**	**10267**	**289996**
研究与试验发展	1247881	370718	291861	55505	62292	——	110702
自然科学研究与试验发展	295790	57902	56223	9260	14056	——	38037
工程和技术研究与试验发展	612381	211785	198714	36325	17669	——	45594
农业科学研究与试验发展	233069	48526	23850	9834	23444	——	18004
医学研究与试验发展	28656	10673	2303	86	7123	——	7523
社会人文科学研究与试验发展	77985	41832	10771	——	——	——	1544
专业技术服务业	836692	159709	184363	53030	26967	47	116711
气象服务	77351	8405	4748	4846	3722	——	16823
地震服务	3234	1001	3710	——	22	47	4412
海洋服务	580	2017	——	——	392	——	2917
测绘服务	22322	270	8962	22502	——	——	6005
技术检测	157661	67031	18410	778	349	——	17736
环境监测	23610	10953	23599	180	2840	——	14703
工程技术与规划管理	382432	58942	75857	24724	19642	——	29929
工程管理服务	56136	13215	11558	3596	8000	——	3472
工程勘察设计	119386	16861	22975	20578	9269	——	25423
规划管理	206910	28866	41324	550	2373	——	1034
其他专业技术服务	169502	11090	49077	——	——	——	24186
科技交流和推广服务业	701794	130320	50915	849	2000	5630	18160
技术推广服务	163475	38880	24897	849	500	——	10274
科技中介服务	232168	63249	5942	——	——	5630	3089
其他科技服务	306151	28191	20076	——	1500	——	4797
地质勘查业	248961	376480	55092	38195	17892	4590	44423
矿产地质勘查	195491	365628	46631	28112	728	4590	30199
能源矿产地质勘查	77055	283147	19482	14629	728	4590	22664
固体矿产地质勘查	91641	61694	23219	13483	——	——	6396
其他矿产地质勘查	26795	20787	3930	——	——	——	1139
基础地质勘查	21284	1840	5896	7714	2144	——	1201
地质勘查技术服务	32186	9012	2565	2369	15020	——	13023
（十四）水利环境和公共设施管理业	**55702329**	**20688171**	**14751794**	**465034**	**703751**	**225185**	**224048**
水利管理业	6324433	2168548	2400078	37396	4414	112031	8849
防洪管理	1872216	848060	1078815	9092	214	65716	5594
水资源管理	3296384	942667	858376	18149	670	23396	2576

国民经济行业小类按建设性质分的城镇投资

续表 26　　　　单位：万

行　　业	新　建	扩　建	改　建	单纯建造生活设施	迁　建	恢　复	单纯购置
水库管理	1072868	325015	381835	293	——	10485	1198
调水、引水管理	1840644	467865	350167	7262	594	11929	1328
其他水资源管理	382872	149787	126374	10594	76	982	50
其他水利管理	1155833	377821	462887	10155	3530	22919	679
环境管理业	3351128	1125090	1209118	41628	75066	32537	75540
自然保护	249019	139133	53201	1049	——	13210	3953
自然保护区管理	101233	80508	18639	89	——	12210	2650
野生动植物保护	94582	7944	23165	260	——	——	810
其他自然保护	53204	50681	11397	700	——	1000	493
环境治理	3102109	985957	1155917	40579	75066	19327	71587
城市市容管理	196336	148548	332080	13535	——	——	5141
城市环境卫生管理	698097	185877	93081	5569	20759	20	40116
水污染治理	880353	296024	305435	1010	4200	1985	2592
危险废物治理	113086	36504	53024	——	——	——	2000
其他环境治理	1214237	319004	372297	20465	50107	17322	21738
公共设施管理业	46026768	17394533	11142598	386010	624271	80617	139659
市政公共设施管理	39176727	15151981	10010231	317715	593025	30392	101493
城市绿化管理	1719625	548741	464658	41590	3041	3290	12728
游览景区管理	5130416	1693811	667709	26705	28205	46935	25438
风景名胜区管理	1553440	575798	256660	14430	1265	25465	19888
公园管理	1481207	437072	205781	10715	2940	13235	4199
其他游览景区管理	2095769	680941	205268	1560	24000	8235	1351
（十五）居民服务和其他服务业	**1349365**	**367827**	**449401**	**32098**	**20446**	**240**	**138189**
居民服务业	941656	233195	228926	21158	16772	240	68077
家庭服务	21130	3125	12328	1500	——	240	——
托儿所	5247	230	——	——	——	——	286
洗染服务	8070	3122	1330	——	——	——	1289
理发及美容保健服务	35217	11286	25478	——	——	——	9337
洗浴服务	164700	61093	121945	3139	——	——	27129
婚姻服务	3274	400	——	——	——	——	——
殡葬服务	161427	74297	7482	——	15702	——	7683
摄影扩印服务	19433	4200	10431	1400		——	5360
其他居民服务	523158	75442	49932	15119	1070	——	16993
其他服务业	407709	134632	220475	10940	3674	——	70112
修理与维护	229048	69210	53955	1214	3674	——	42837
汽车、摩托车维护与保养	221359	64513	50534	1214	3674	——	40568
办公设备维修	——	83	528	——	——	——	——
家用电器修理	2240	249	493	——	——	——	723
其他日用品修理	5449	4365	2400	——	——	——	1546
清洁服务	18500	13667	6019	641	——	——	12162

国民经济行业小类按建设性质分的城镇投资

续表 27　　单位：万元

行　　业	新　建	扩　建	改　建	单纯建造生活设施	迁　建	恢　复	单纯购置
建筑物清洁服务	1400	310	2226	491	——	——	4550
其他清洁服务	17100	13357	3793	150	——	——	7612
其他未列明的服务	160161	51755	160501	9085	——	——	15113
（十六）教育	**11821417**	**6417879**	**1386303**	**885890**	**990667**	**16911**	**689552**
教育	11821417	6417879	1386303	885890	990667	16911	689552
学前教育	173151	39258	34448	9805	8104	——	7632
初等教育	1151219	651324	375924	35241	57806	2902	39129
中等教育	4134001	1819808	552353	284043	398651	3294	116871
初中教育	1366413	672488	305039	75395	70350	751	46304
高中教育	1588844	772750	144781	108797	229993	550	44388
中等专业教育	345082	122975	34812	9529	16604	——	11633
职业中学教育	447634	135101	57331	27260	49469	1993	7916
技工学校教育	288430	95724	7890	62529	22510	——	6173
其他中等教育	97598	20770	2500	533	9725	——	457
高等教育	5452801	3505429	267120	524027	433500	10715	480490
普通高等教育	5143631	3363376	259680	515969	394992	10715	467848
成人高等教育	309170	142053	7440	8058	38508	——	12642
其他教育	910245	402060	156458	32774	92606	——	45430
职业技能培训	682266	260897	92711	15056	40367	——	32936
特殊教育	16907	2737	2167	928	2241	——	254
其他未列明的教育	211072	138426	61580	16790	49998	——	12240
（十七）卫生社会保障和社会福利业	**3837194**	**1966658**	**815390**	**103795**	**439153**	**2485**	**928929**
卫生	3321465	1819791	745819	84331	429454	2485	925851
医院	2737955	1506392	561307	63610	371708	2295	832785
综合医院	2135377	1169201	411028	46450	241828	2295	653674
中医医院	180034	114357	15086	2705	43570	——	43497
中西医结合医院	51463	58665	12814	350	5289	——	17912
民族医院	5294	3095	2712	518	866	——	429
专科医院	324892	145578	90546	13067	80155	——	111120
疗养院	40895	15496	29121	520	——	——	6153
卫生院及社区医疗活动	235761	171105	106463	2693	12283	190	38474
门诊部医疗活动	50385	22614	19619	914	184	——	12722
计划生育技术服务活动	54699	8651	4387	95	5121	——	1977
妇幼保健活动	39550	36558	13943	2230	5673	——	7668
专科疾病防治活动	17434	21415	11925	240	300	——	5717
疾病预防控制及防疫活动	105771	33563	17955	9849	31775	——	9666
其他卫生活动	79910	19493	10220	4700	2410	——	16842
社会保障业	84128	8104	28785	3303	1055	——	1072
社会保障业	84128	8104	28785	3303	1055	——	1072
社会福利业	431601	138763	40786	16161	8644	——	2006

国民经济行业小类按建设性质分的城镇投资

续表 28 单位：万元

行　　业	新　建	扩　建	改　建	单纯建造生活设施	迁 建	恢　复	单纯购置
提供住宿的社会福利	352615	120401	27128	14651	7182	——	1926
干部休养所	35853	30675	6454	1200	——	——	634
收养收容服务	316762	89726	20674	13451	7182	——	1292
不提供住宿的社会福利	78986	18362	13658	1510	1462	——	80
（十八）文化、体育和娱乐业	**8077870**	**1578791**	**1208841**	**51816**	**51978**	**37981**	**290919**
新闻出版业	258841	49831	17713	3643	5686	——	27880
新闻业	117882	3477	7281	——	——	——	551
出版业	140959	46354	10432	3643	5686	——	27329
图书出版	41371	18409	5008	——	296	——	2764
报纸出版	99008	20302	3411	3643	5390	——	23800
期刊出版	——	1323	——	——	——	——	177
音像制品出版	——	——	——	——	——	——	——
电子出版物出版	——	——	——	——	——	——	88
其他出版	580	6320	2013	——	——	——	500
广播、电视、电影和音像业	944191	207675	196509	14019	10307	3610	122133
广播	74373	71746	44526	1681	3460	3322	20637
电视	693461	71470	115441	4704	6547	——	91529
电影	154640	58341	35881	7634	300	288	8347
电影制作与发行	84796	25733	1600	1007	——	——	488
电影放映	69844	32608	34281	6627	300	288	7859
音像制作	21717	6118	661	——	——	——	1620
文化艺术业	2642517	382524	493591	4095	16909	33891	38841
文艺创作与表演	121360	10825	6846	769	——	——	3933
艺术表演场馆	623943	38213	36037	——	2072	7302	1738
图书馆与档案馆	155542	65070	16996	291	2586	——	2874
图书馆	133299	58550	6429	——	280	——	2874
档案馆	22243	6520	10567	291	2306	——	——
文物及文化保护	165870	58107	239382	——	910	18506	260
博物馆	889196	81540	127292	708	6052	5268	1144
烈士陵园、纪念馆	83432	44268	22232	167	252	2815	1113
群众文化活动	466662	72033	26886	1330	5037	——	3077
文化艺术经纪代理	5000	4304	——	——	——	——	——
其他文化艺术	131512	8164	17920	830	——	——	24702
体育	1781144	470878	156583	16863	13076	——	38706
体育组织	238966	15116	3862	10140	870	——	3232
体育场馆	1491705	435568	145454	——	11331	——	11427
其他体育	50473	20194	7267	6723	875	——	24047
娱乐业	2451177	467883	344445	13196	6000	480	63359
室内娱乐活动	505325	148762	214451	7677	——	——	44574
游乐园	641578	64760	15704	——	——	——	3438

国民经济行业小类按建设性质分的城镇投资

续表 29　　　　　　　　　　　　　　　　　　　　单位：万元

行　　业	新　建	扩　建	改　建	单纯建造生活设施	迁　建	恢　复	单纯购置
休闲健身娱乐活动	963513	164408	89018	5519	——	——	11754
其他娱乐活动	340761	89953	25272	——	6000	480	3593
（十九）公共管理和社会组织	**16378086**	**4324408**	**2459000**	**1923714**	**459634**	**34140**	**2105108**
中国共产党机关	121791	51016	40708	25391	3168	——	448
中国共产党机关	121791	51016	40708	25391	3168	——	448
国家机构	13117493	3489288	2057539	1188993	414964	20622	2077470
国家权力机构	467516	330394	94037	17951	6800	98	85668
国家行政机构	11695646	2855457	1859380	1033167	372889	20423	1959857
综合事务管理机构	4183665	894345	508148	382341	73827	1750	361889
对外事务管理机构	29538	5601	6900	8	——	——	1865
公共安全管理机构	2675946	443458	165438	166261	175730	960	156187
社会事务管理机构	837801	213426	162428	99039	25190	3949	84196
经济事务管理机构	2309777	893862	347366	265777	61061	13154	470775
政府事务管理机构	1259113	330969	617115	105839	19823	333	834236
行政监督检查机构	399806	73796	51985	13902	17258	277	50709
人民法院和人民检察院	566232	147262	27106	24446	18230	100	5934
人民法院	303244	77734	18388	15050	8207	100	3016
人民检察院	262988	69528	8718	9396	10023	——	2918
其他国家机构	388099	156175	77016	113429	17045	1	26011
人民政协和民主党派	28490	51437	17258	5931	1720	——	7559
人民政协	16144	43803	13463	5931	1720	——	6400
民主党派	12346	7634	3795	——	——	——	1159
群众团体、社会团体和宗教组织	374936	175286	73049	19622	9278	13398	4259
群众团体	91183	19760	15468	13762	253	——	1639
工会	48129	16545	10333	4320	——	——	1497
妇联	4500	——	197	1113	58	——	——
共青团	4729	50	1188	1323	——	——	——
其他群众团体	33825	3165	3750	7006	195	——	142
社会团体	107525	18511	5173	5770	8140	——	350
专业性团体	10861	12878	865	628	7635	——	216
行业性团体	47952	4547	1620	864	505	——	134
其他社会团体	48712	1086	2688	4278	——	——	——
宗教组织	176228	137015	52408	90	885	13398	2270
基层群众自治组织	2735376	557381	270446	683777	30504	120	15372
社区自治组织	926881	324008	125732	154440	5132	120	12604
村民自治组织	1808495	233373	144714	529337	25372	——	2768
（二十）国际组织	——	——	——	——	——	——	——
国际组织	——	——	——	——	——	——	——

各地区按隶属关系分的城镇新增固定资产

单位：万元

地区	合计	中央项目	地方项目				
				省属	地市属	县属	其他
全国总计	**673674895**	**69315286**	**604359609**	**71760450**	**90740860**	**116757550**	**325100749**
北京	17534471	2741516	14792955	3605270	1429654	——	9758031
天津	11671964	1186942	10485022	3172582	1930449	1526096	3855895
河北	35124575	2993375	32131200	2785095	3380320	8571305	17394480
山西	17791631	2448250	15343381	3692378	2384656	4026761	5239586
内蒙古	30157388	2460081	27697307	3102928	4538086	8917215	11139078
辽宁	35642055	3456380	32185675	2257159	4729702	4428838	20769976
吉林	21298923	2171285	19127638	1281349	2762946	4121693	10961650
黑龙江	19169726	4912244	14257482	2767681	2756919	3782004	4950878
上海	21622312	3913023	17709289	3900217	6833373	151549	6824150
江苏	63218104	4198810	59019294	3102150	10111991	9239417	36565736
浙江	32507024	1837785	30669239	1996135	4543682	6009546	18119876
安徽	23279860	1212551	22067309	3201095	5282729	2886356	10697129
福建	12391344	312057	12079287	1491361	1781644	1824150	6982132
江西	16305215	344996	15960219	2073025	1255431	2834876	9796887
山东	54679439	2886273	51793166	1726960	3981668	8454124	37630414
河南	51370845	1514973	49855872	3745207	4868223	11417725	29824717
湖北	28540947	5782503	22758444	3747836	4210508	3858317	10941783
湖南	17621916	986151	16635765	1182361	1504924	4102994	9845486
广东	40939789	1775409	39164380	2537629	8221168	5032776	23372807
广西	12134865	720193	11414672	1412443	1399542	2703734	5898953
海南	2443465	343215	2100250	814306	539737	339393	406814
重庆	16125511	1243165	14882346	3587859	2409847	1824747	7059893
四川	21293912	718013	20575899	1925157	2580305	6435767	9634670
贵州	8486605	2138482	6348123	2060269	599236	1144856	2543762
云南	10963876	376597	10587279	1443640	1395363	3630784	4117492
西藏	1796266	1011297	784969	140121	112068	132470	400310
陕西	19252784	1288858	17963926	6227120	2518251	4421084	4797471
甘肃	6226014	1000541	5225473	961323	891831	1693966	1678353
青海	2468309	52066	2416243	712278	545821	650496	507648
宁夏	2454487	270233	2184254	448978	576807	346177	812292
新疆	11303169	5159918	6143251	658538	663979	2248334	2572400
不分地区	7858104	7858104	——	——	——	——	——

各地区按建设性质分的城镇新增固定资产

单位：万元

地区	新建	扩建	改建	单纯建造生活设施	迁建	恢复	单纯购置
全国总计	**286337813**	**124543934**	**93612533**	**8091879**	**6125184**	**516286**	**28260727**
北京	1652682	2565097	797510	401685	125116	1705	685112
天津	3395667	895663	1204660	9185	84604	994	1012141
河北	17903261	8917811	4164820	128146	318494	15602	926154
山西	7205621	3451871	4275603	1344702	27004	2291	170547
内蒙古	16728734	6031419	3519200	539774	60280	111605	409648
辽宁	16368250	5487604	5020299	146330	367526	10980	2397973
吉林	7180835	4623467	5181453	84021	500414	2750	1578167
黑龙江	4690961	3250093	6401490	1015752	24916	22643	1337785
上海	5611698	1532268	1879934	970	816391	——	1296337
江苏	27951979	12431455	7368394	79528	338212	4600	1203590
浙江	10788679	6425148	2852455	118103	743376	43728	1601711
安徽	11152270	3603442	3480316	86661	192608	10639	966663
福建	5040093	2103852	1139502	21555	158950	6076	826577
江西	8676488	2049658	2754686	26897	135230	14457	849325
山东	20822962	15971663	7401188	1191386	445561	12784	2203369
河南	31533439	9905621	4155930	339262	249627	75826	676612
湖北	12365193	6186887	4489797	84701	225344	34603	833140
湖南	5168731	2523174	6405665	74803	62107	13654	124006
广东	15798280	5363304	3902034	120899	154450	20072	2698007
广西	5242699	2351556	2002037	240219	99827	11357	502233
海南	664549	485349	123403	8849	1836	261	507354
重庆	6914165	2701365	1878189	33557	398595	13371	364295
四川	8671232	3415146	3681523	54445	344431	13630	559586
贵州	4239663	894107	1933132	175107	21491	3250	367142
云南	5451003	1943986	1187354	130886	68016	5924	358059
西藏	1045632	291853	137979	162156	6409	6222	37060
陕西	10239087	2670724	2722343	724080	69023	34571	773995
甘肃	4002256	933978	551484	53991	12148	1640	89021
青海	1526189	222510	399738	15074	350	3263	30857
宁夏	1002793	459926	334886	1865	49811	5022	13102
新疆	2389957	4776932	1752655	677290	23037	12766	505699
不分地区	4912765	77005	512874	——	——	——	2355460

注:本表不含房地产开发投资。

各地区按行业门类分的城镇新增固定资产（一）

单位：万元

地　　区	合　　计	农、林、牧、渔业	采矿业	制造业	电力、燃气及水的生产和供应业
全国总计	**673674895**	**10948211**	**34384571**	**216545859**	**61514819**
北　　京	17534471	11424	134748	1152964	963609
天　　津	11671964	70229	322236	3605770	279811
河　　北	35124575	980306	1543055	14861269	3261114
山　　西	17791631	269815	2909493	4249835	3235339
内 蒙 古	30157388	1131287	3592448	5837143	6132676
辽　　宁	35642055	472901	2087799	13782300	2281617
吉　　林	21298923	381124	1710582	8731388	1025664
黑 龙 江	19169726	640695	3347932	4157853	1238461
上　　海	21622312	26390	11815	4083163	570507
江　　苏	63218104	141819	44719	26982854	5451516
浙　　江	32507024	92266	12463	9463212	3308926
安　　徽	23279860	230065	975124	8989226	2095046
福　　建	12391344	95477	106280	4350386	1101335
江　　西	16305215	154692	320245	7532459	620685
山　　东	54679439	793211	2238997	27672596	2275408
河　　南	51370845	1159072	2904151	23241662	3281931
湖　　北	28540947	398003	464371	7243846	6174868
湖　　南	17621916	278817	671656	5912366	1890804
广　　东	40939789	144340	449545	10251436	3477782
广　　西	12134865	412754	424156	3504820	2000800
海　　南	2443465	144834	15507	206165	325350
重　　庆	16125511	230483	247732	3994297	1297828
四　　川	21293912	469308	696223	6939296	2075487
贵　　州	8486605	101995	328644	1495062	2007554
云　　南	10963876	332557	592284	1660081	1092891
西　　藏	1796266	154298	39999	40631	345436
陕　　西	19252784	520294	1925374	3077757	1319946
甘　　肃	6226014	218323	221007	1159102	889214
青　　海	2468309	118142	134655	443060	406972
宁　　夏	2454487	24328	43081	766700	274510
新　　疆	11303169	748962	3558453	1157160	785844
不分地区	7858104	——	2309797	——	25888

各地区按行业门类分的城镇新增固定资产（二）

单位：万元

地　　区	建筑业	交通运输、仓储和邮政业	信息传输、计算机服务和软件业	批发和零售业	住宿和餐饮业
全国总计	**5842013**	**65278940**	**10776722**	**16048379**	**8137855**
北　　京	3192	986541	606824	145737	42429
天　　津	189737	747051	186494	125357	64581
河　　北	198754	3228377	666356	1401763	391756
山　　西	91207	1898067	409914	255479	109866
内 蒙 古	192605	3289614	358038	557887	429427
辽　　宁	286979	2485193	314142	1431957	570934
吉　　林	97521	1376142	380151	690149	174692
黑 龙 江	259743	2195762	605207	471337	164098
上　　海	23980	1938458	699007	189954	50950
江　　苏	439854	5089023	306099	1350191	622150
浙　　江	63735	3912283	394836	298527	437202
安　　徽	521632	1564538	316988	571091	408215
福　　建	22607	925329	566681	107797	140317
江　　西	94237	1400160	335021	419777	549743
山　　东	1717354	2336061	242486	2074210	567380
河　　南	135309	3733963	571590	1698281	574387
湖　　北	119417	3646221	278873	886952	498353
湖　　南	168135	952343	155344	538855	275618
广　　东	126674	3422512	540472	494733	583420
广　　西	59109	1187230	265204	238630	179083
海　　南	16108	552424	35498	10422	67308
重　　庆	154922	2434479	347356	95498	111531
四　　川	135850	1511259	411238	223868	244686
贵　　州	18910	1923081	341026	105808	131795
云　　南	16442	1854690	59121	291118	119447
西　　藏	7737	306266	132320	31946	71762
陕　　西	197573	3980725	663076	817727	296311
甘　　肃	341931	688266	132393	239204	67160
青　　海	57565	535713	20731	48970	35961
宁　　夏	5961	158189	52475	28196	14110
新　　疆	77233	741141	381761	206958	143183
不分地区	——	4277839	——	——	——

各地区按行业门类分的城镇新增固定资产（三）

单位：万元

地　　区	金融业	房地产业	租赁和商务服务业	科学研究、技术服务和地质勘查业	水利、环境和公共设施管理业
全国总计	**1145881**	**144832278**	**3833001**	**3278434**	**43906931**
北　　京	26960	11661093	116384	210337	589343
天　　津	7763	5074410	77245	11189	454779
河　　北	33817	4235636	208320	432716	1546765
山　　西	3275	2148335	15889	28928	1250273
内 蒙 古	30640	3060313	24462	122510	2913482
辽　　宁	93056	6551459	392885	318419	2686983
吉　　林	56385	3032057	392440	152797	1788170
黑 龙 江	20123	2825707	28302	141060	832924
上　　海	117145	10918978	43353	153066	1657423
江　　苏	11261	14900447	441506	234725	4787844
浙　　江	83628	10234101	127123	15686	2478177
安　　徽	52952	4474726	171156	104051	1499739
福　　建	69177	3235186	129686	32657	670341
江　　西	33363	2140564	180607	34945	1025869
山　　东	30616	8602681	250474	161305	1711770
河　　南	42389	7734623	160886	128399	3002166
湖　　北	61660	4538601	255828	101518	1424422
湖　　南	33869	3897894	111545	40157	1323613
广　　东	90930	14620153	279628	139939	2898310
广　　西	21469	1792112	49281	55854	760192
海　　南	5912	694229	3026	3941	120530
重　　庆	51892	4174839	37786	78156	1879570
四　　川	31464	5155589	64275	54737	1974338
贵　　州	26520	1005600	19891	24390	411960
云　　南	26271	2436734	40036	50009	941124
西　　藏	1959	221953	1241	2934	68913
陕　　西	11344	2115213	132133	288971	1657888
甘　　肃	15617	753989	32899	51421	470980
青　　海	669	283648	9132	17969	121868
宁　　夏	8889	628416	4000	8349	191114
新　　疆	44866	1682992	31582	57000	686842
不分地区	——	——	——	20299	79219

各地区按行业门类分的城镇新增固定资产（四）

单位：万元

地　　区	居民服务和其他服务业	教　　育	卫生、社会保障社会福利	文化、体育和娱乐业	公共管理和社会组织	国际组织
全国总计	**1756317**	**15738672**	**5667672**	**5409554**	**18628786**	—
北　　京	9550	346248	93501	252557	181030	—
天　　津	53715	167284	139137	16390	78786	—
河　　北	82183	967616	323819	245236	515717	—
山　　西	19775	343433	99741	99866	353101	—
内 蒙 古	53809	374761	225822	365824	1464640	—
辽　　宁	245960	705135	273918	283067	377351	—
吉　　林	94711	314224	196057	187852	516817	—
黑 龙 江	161575	578896	270590	283294	946167	—
上　　海	2349	817907	85746	42704	189417	—
江　　苏	110988	1042019	288596	455803	516690	—
浙　　江	23869	701263	341375	181685	336667	—
安　　徽	103921	473780	168864	183556	375190	—
福　　建	6297	319731	101503	62974	347583	—
江　　西	29217	523353	157758	137779	614741	—
山　　东	171416	855701	264404	159388	2553981	—
河　　南	148061	1388639	399954	455823	609559	—
湖　　北	94525	717230	256632	553530	826097	—
湖　　南	38479	417102	159589	113531	642199	—
广　　东	56874	1456055	450719	429993	1026274	—
广　　西	18790	343105	124955	119681	577640	—
海　　南	1096	81703	33003	25697	100712	—
重　　庆	9617	498459	165414	85573	230079	—
四　　川	31489	629298	270559	114431	260517	—
贵　　州	16289	155765	66722	73983	231610	—
云　　南	16884	300291	118372	111636	903888	—
西　　藏	1181	36004	23068	20211	288407	—
陕　　西	99289	644119	192500	204852	1107692	—
甘　　肃	27020	153861	79352	47454	636821	—
青　　海	14769	41695	12011	7308	157471	—
宁　　夏	2121	108027	70486	14685	50850	—
新　　疆	10498	235968	213505	73191	466030	—
不分地区	—	—	—	—	1145062	—

各地区按工业行业大类分的城镇新增固定资产（一）

单位：万元

地　　区	工业合计	煤炭开采和洗选业	石油和天然气开采业	黑色金属矿采选业	有色金属矿采选业	非金属矿采选业	其他矿采选业
全国总计	**312445249**	**9930955**	**16153910**	**2790243**	**3388272**	**2066838**	**54353**
北　京	2251321	5582	46199	82668	——	299	——
天　津	4207817	——	297473	——	——	24763	——
河　北	19665438	332676	434223	540636	71749	162771	1000
山　西	10394667	2693576	——	46605	128722	40590	
内蒙古	15562267	1733313	570275	613215	473122	201323	1200
辽　宁	18151716	135355	1331276	412525	124076	81567	3000
吉　林	11467634	186704	1205628	93384	80830	139536	4500
黑龙江	8744246	397809	2862606	31194	24592	31241	490
上　海	4665485	——	——	11815	——	——	——
江　苏	32479089	20870	——	7510	——	16339	——
浙　江	12784601	——	——	1011	4862	6590	——
安　徽	12059396	558313	2000	177267	107363	129866	315
福　建	5558001	21249	——	7810	44358	32863	——
江　西	8473389	121698	——	34602	58316	105629	——
山　东	32187001	435947	1200106	134453	316040	152241	210
河　南	29427744	1405512	366996	143926	698472	274019	15226
湖　北	13883085	23701	271565	56534	18640	92331	1600
湖　南	8474826	238419	——	65384	209461	156752	1640
广　东	14178763	——	391828	7865	19560	28667	1625
广　西	5929776	9940	12139	96277	154185	147335	4280
海　南	547022	——	——	9146	6361	——	——
重　庆	5539857	196400	15837	1194	16829	17367	105
四　川	9711006	417633	29299	38396	132018	71997	6880
贵　州	3831260	252662	——	1496	30397	44089	——
云　南	3345256	195843	——	54093	299696	34192	8460
西　藏	426066	——	——	4595	32080	3324	——
陕　西	6323077	188971	1582925	17050	103035	32214	1179
甘　肃	2269323	50951	79090	22142	54554	14270	——
青　海	984687	26442	——	1515	90990	13408	2300
宁　夏	1084291	11571	31050	——	——	460	——
新　疆	5501457	269818	3113598	75935	87964	10795	343
不分地区	2335685	——	2309797	——	——	——	——

各地区按工业行业大类分的城镇新增固定资产（二）

单位：万元

地　区	农副食品加工业	食品制造业	饮料制造业	烟草制品业	纺织业	纺织服装鞋帽制造业	皮革、毛皮、羽绒及其制品
全国总计	**11618921**	**6704055**	**4795518**	**573864**	**10419535**	**4823891**	**2120070**
北　京	10700	95778	10148	——	3586	6070	2998
天　津	84955	68701	95910	300	41643	19055	——
河　北	646683	445100	238088	41016	959936	252877	243899
山　西	190780	61600	130198	892	25149	11050	1500
内蒙古	593907	374317	157902	45693	93763	22748	32842
辽　宁	697788	341026	220124	48478	201708	205099	46806
吉　林	778644	408159	316487	6700	39733	70280	14980
黑龙江	536342	356890	200698	951	79288	7360	1628
上　海	9641	33899	14397	6612	27899	25751	7391
江　苏	552721	304923	213737	12000	1720988	816429	167174
浙　江	89058	108096	95091	11921	1086611	463788	213914
安　徽	392783	167499	140958	23377	228588	288443	92637
福　建	114071	121367	91151	889	250338	277118	153801
江　西	319052	345123	420676	——	435602	432597	107923
山　东	2584735	1169966	350744	4131	1823438	805988	250966
河　南	1585051	844026	619721	21355	1560044	391777	309231
湖　北	308823	294440	163093	57639	580560	242294	28699
湖　南	384031	199544	58635	33344	223244	65007	49015
广　东	149617	170568	178518	8139	327294	235733	146184
广　西	423785	80707	154661	7047	83699	49505	53214
海　南	20549	887	650	——	——	355	——
重　庆	134407	83210	102018	12800	79745	17403	50807
四　川	436592	313973	369617	2200	283363	76318	130835
贵　州	52036	53124	35782	12218	1838	2588	380
云　南	106833	47695	58399	93657	13583	720	——
西　藏	910	524	20980	——	230	1100	5000
陕　西	95741	81280	209685	97742	84682	13861	376
甘　肃	91339	33031	37768	7667	30031	220	2100
青　海	10480	15989	3253	60	11520	4450	——
宁　夏	88231	8744	35320	——	3403	——	2100
新　疆	128636	73869	51109	17036	118029	17907	3670
不分地区	——	——	——	——	——	——	——

各地区按工业行业大类分的城镇新增固定资产（三）

单位：万元

地区	木材加工及木竹藤棕、草制品	家具制造业	造纸及纸制品业	印刷业、记录媒介的复制	文教体育用品制造业	石油加工炼焦及核燃料加工业	化学原料及化学制品制造业
全国总计	**4648128**	**2763765**	**4605118**	**2598502**	**999524**	**4041673**	**20083965**
北　京	——	686	——	39197	468	34088	98681
天　津	7750	16620	62405	50971	32252	119092	354356
河　北	248012	198399	287988	223812	39868	333958	1146562
山　西	27665	3270	13267	21717	19500	549884	470421
内蒙古	117627	21568	63099	39160	3250	19071	1053592
辽　宁	329659	514897	167896	212938	42928	427546	704441
吉　林	511607	167393	163103	95357	23851	34556	657620
黑龙江	401108	87095	42511	16642	20772	259740	404289
上　海	2674	9569	15698	48085	17843	80988	443403
江　苏	388841	221966	443120	152459	91622	153062	2792735
浙　江	100474	247215	350071	129466	133962	17944	1229607
安　徽	175891	73742	219188	126403	53004	156688	457088
福　建	203085	42236	170308	29498	34229	11086	166704
江　西	251651	141715	126171	143457	92342	21846	655477
山　东	571767	365289	487706	316848	156438	713315	3008344
河　南	463235	244514	583439	237900	33209	196949	1832186
湖　北	108325	59368	115298	121055	8536	122279	862683
湖　南	180367	68520	167255	77196	33797	64933	607508
广　东	87318	103935	140693	230077	146146	164291	460973
广　西	184089	16119	115776	57165	3640	3401	198859
海　南	637	——	29353	187	——	25544	5850
重　庆	16733	21695	223533	34434	3000	10101	252154
四　川	175602	88614	202776	97344	7190	63810	841968
贵　州	22773	4638	3278	22713	1627	128661	277533
云　南	27365	7490	46961	9614	——	33200	223983
西　藏	1350	——	——	1400	——	——	60
陕　西	21886	10640	52763	32717	——	50375	290618
甘　肃	4110	16810	15092	5739	50	46315	133289
青　海	3585	2482	1500	790	——	39589	177161
宁　夏	650	2890	265879	19510	——	850	109938
新　疆	12292	4390	28991	4651	——	158511	165882
不分地区	——	——	——	——	——	——	——

各地区按工业行业大类分的城镇新增固定资产（四）

单位：万元

地　　区	医　药 制造业	化学纤维 制 造 业	橡　胶 制品业	塑　料 制品业	非金属矿 物制品业	黑色金属 冶炼及压 延加工业	有色金属 冶炼及压 延加工业
全国总计	**5288761**	**1866240**	**2776258**	**5940281**	**18637298**	**15409487**	**7771101**
北　　京	36756	3633	——	4758	3911	16659	1228
天　　津	26077	1500	54109	82125	62257	747764	11692
河　　北	303539	65579	254170	538538	1253463	2024674	275044
山　　西	58303	5770	78373	38132	428902	1121855	108997
内 蒙 古	151592	——	30674	56474	717256	546781	710842
辽　　宁	238257	25416	234913	451698	1467022	697004	377763
吉　　林	469839	25787	95914	216079	705142	300704	105298
黑 龙 江	187638	18768	33818	71062	322449	48205	31307
上　　海	22202	1811	12843	53990	16000	1148342	4148
江　　苏	438676	772447	474592	605198	1008664	1427618	298890
浙　　江	212365	255138	45751	324968	293829	171513	64087
安　　徽	131009	12556	52622	232436	669456	2352509	132273
福　　建	39940	234895	48530	144547	412796	252874	116340
江　　西	348848	34915	91239	283606	942544	237643	336742
山　　东	517304	96238	759341	1060957	2243296	361754	287310
河　　南	560700	53561	220064	552765	3609536	1232055	2226142
湖　　北	318275	13305	45683	175449	600242	585635	234885
湖　　南	158912	11850	22668	95134	586528	441335	480701
广　　东	292969	18198	94859	364402	555860	304847	129815
广　　西	123731	14559	17949	57505	668840	161336	399053
海　　南	3665	——	488	800	94231	4782	3008
重　　庆	99662	99770	20853	54028	226605	93508	78101
四　　川	188097	78080	49895	242225	764525	226783	414121
贵　　州	70043	1132	7704	24578	104764	92962	394896
云　　南	25725	——	3665	5695	297074	326032	168190
西　　藏	300	——	——	——	7243	——	——
陕　　西	126545	8000	22755	66941	387389	81655	110313
甘　　肃	26311	1000	1017	27465	46118	330087	112321
青　　海	14684	——	——	4600	28652	19740	81471
宁　　夏	78300	——	937	6033	29266	12360	48441
新　　疆	18497	12332	832	98093	83438	40471	27682
不分地区	——	——	——	——	——	——	——

各地区按工业行业大类分的城镇新增固定资产（五）

单位：万元

地　　区	金　属 制品业	通用设备 制 造 业	专用设备 制 造 业	交 通 运 输 设备制造业	电气机械 及 器 材 制 造 业	通 信 设 备 计算机及其他 电子设备制造
全国总计	**10088704**	**15327055**	**10240217**	**14900231**	**9310470**	**12817822**
北　　京	11052	36873	34656	291294	18823	379423
天　　津	138953	173470	150787	673611	137589	333183
河　　北	951537	1228165	685207	980829	549354	244676
山　　西	71757	175156	159543	56480	52236	301777
内 蒙 古	142568	309325	196380	201448	62775	13096
辽　　宁	843085	2250170	757818	758022	892620	354447
吉　　林	371907	386417	606494	1580213	349075	86880
黑 龙 江	82534	208525	202273	264403	156690	68871
上　　海	48907	314004	133981	249019	151558	989619
江　　苏	1503693	2187708	1399168	1626318	1516828	4430933
浙　　江	487503	810431	442724	777961	609360	375995
安　　徽	391389	661390	295186	629628	536107	194046
福　　建	133394	150338	64736	267083	169639	463900
江　　西	292391	172933	212038	257570	473506	217511
山　　东	1915644	2700720	1776253	1090821	870843	585927
河　　南	778383	1462990	1312804	1073115	728954	151561
湖　　北	248757	407702	374861	700951	274680	107269
湖　　南	274798	314795	343945	424478	260520	187257
广　　东	605413	234215	295985	623674	864744	2736542
广　　西	111891	71488	73692	228986	54777	49786
海　　南	2296	——	102	8784	——	1997
重　　庆	97934	200437	100070	1350555	116478	290617
四　　川	344398	540868	252264	275729	227939	168632
贵　　州	30726	29096	19403	52567	21263	21508
云　　南	30579	22540	16653	19845	6065	1283
西　　藏	——	320	——	——	——	——
陕　　西	96602	225475	274397	342614	167536	48761
甘　　肃	29096	21328	37196	73572	14113	8572
青　　海	3380	3986	2260	5891	1000	——
宁　　夏	18334	11035	3080	10253	5743	——
新　　疆	29803	15155	16261	4517	19655	3753
不分地区	——	——	——	——	——	——

各地区按工业行业大类分的城镇新增固定资产（六）

单位：万元

地　　区	仪器仪表及文化办公用机械制造业	工艺品及其他制造业	废弃资源废旧材料回收加工业	电力、热力的生产与供应业	燃气的生产与供应业	水的生产与供应业
全国总计	**1675059**	**3302730**	**397616**	**55011822**	**1878745**	**4624252**
北　京	9012	2237	249	739431	78419	145759
天　津	25609	25319	7715	232672	42020	5119
河　北	88364	72408	39524	2941941	161295	157878
山　西	47521	18140	——	3118125	32283	84931
内蒙古	13540	12325	33528	5835459	55918	241299
辽　宁	143726	105706	23299	1900094	85141	296382
吉　林	83627	43866	15676	800408	67642	157614
黑龙江	18516	22780	4700	1083293	43156	112012
上　海	3390	189499	——	252882	108825	208800
江　苏	416243	804435	39666	4856897	177991	416628
浙　江	80731	230101	3537	2824276	44419	440231
安　徽	21726	58904	21700	1897652	66796	130598
福　建	16460	157949	11084	1020110	18752	62473
江　西	36705	89166	11470	525558	58707	36420
山　东	154791	569721	72001	1871823	85848	317737
河　南	88309	226040	42046	2612566	159561	509804
湖　北	34844	43246	4970	5960547	70639	143682
湖　南	34539	48785	13725	1659277	54034	177493
广　东	181610	378690	20127	3134916	134340	208526
广　西	5553	28130	5877	1905654	15451	79695
海　南	——	2000	——	292441	950	31959
重　庆	63331	56178	4130	1089583	57664	150581
四　川	38089	27619	9830	1858124	80760	136603
贵　州	668	443	4120	1960226	15068	32260
云　南	1224	61308	4703	1043073	3808	46010
西　藏	——	600	614	331415	1140	12881
陕　西	57268	17380	1760	1169141	63819	86986
甘　肃	3060	3785	500	779554	56000	53660
青　海	400	5867	270	351032	1749	54191
宁　夏	5300	103	——	244080	3640	26790
新　疆	903	——	795	693684	32910	59250
不分地区	——	——	——	25888	——	——

国民经济行业大类按隶属关系分的城镇新增固定资产

单位：万元

行业	合计	中央项目	地方项目				
				省属	地市属	县属	其他
全国总计	**673674895**	**69315286**	**604359609**	**71760450**	**90740860**	**116757550**	**325100749**
（一）农、林、牧、渔业	**10948211**	**400061**	**10548150**	**546836**	**518310**	**5232442**	**4250562**
农业	2298134	90456	2207678	260025	141665	922287	883701
林业	2000201	43441	1956760	192437	147743	1265474	351106
畜牧业	2439549	15751	2423798	17491	41038	752198	1613071
渔业	522920	370	522550	1197	9616	79856	431881
农、林、牧、渔服务业	3687407	250043	3437364	75686	178248	2212627	970803
（二）采矿业	**34384571**	**13373221**	**21011350**	**5336729**	**802180**	**2747926**	**12124515**
煤炭开采和洗选业	9930955	367235	9563720	3015092	464861	1417672	4666095
石油和天然气开采业	16153910	12863644	3290266	1777365	155156	435856	921889
黑色金属矿采选业	2790243	34876	2755367	169459	47147	196510	2342251
有色金属矿采选业	3388272	98507	3289765	291879	104688	479460	2413738
非金属矿采选业	2066838	8959	2057879	79934	29838	199928	1748179
其他采矿业	54353	——	54353	3000	490	18500	32363
（三）制造业	**216545859**	**7771821**	**208774038**	**10885158**	**17746347**	**24471298**	**155671235**
农副食品加工业	11618921	74808	11544113	110189	410722	1683922	9339280
食品制造业	6704055	46179	6657876	50909	252319	1069850	5284798
饮料制造业	4795518	24161	4771357	66942	389320	776186	3538909
烟草制品业	573864	345589	228275	148148	9960	30903	39264
纺织业	10419535	60929	10358606	81512	312985	1280309	8683800
纺织服装、鞋、帽制造业	4823891	267	4823624	5797	68826	368591	4380410
皮革、毛皮、羽毛(绒)及其制品业	2120070	1470	2118600	——	36905	301240	1780455
木材加工及木、竹、藤、棕、草制品业	4648128	2711	4645417	29807	79906	543219	3992485
家具制造业	2763765	——	2763765	8343	42164	168490	2544768
造纸及纸制品业	4605118	5900	4599218	61219	614020	635123	3288856
印刷业和记录媒介的复制	2598502	59180	2539322	84766	167474	202752	2084330
文教体育用品制造业	999524	——	999524	21602	21137	47727	909058
石油加工、炼焦及核燃料加工业	4041673	916575	3125098	468715	182522	568354	1905507
化学原料及化学制品制造业	20083965	1452078	18631887	1369596	2018974	3028358	12214959
医药制造业	5288761	25126	5263635	276166	547724	912830	3526915
化学纤维制造业	1866240	3127	1863113	19578	251321	305246	1286968
橡胶制品业	2776258	6800	2769458	2638	163655	405291	2197874
塑料制品业	5940281	65433	5874848	17115	227489	546818	5083426
非金属矿物制品业	18637298	44335	18592963	425080	745386	2152976	15269521
黑色金属冶炼及压延加工业	15409487	1278032	14131455	3298808	4095890	1791624	4945133
有色金属冶炼及压延加工业	7771101	789826	6981275	1258872	392310	1437030	3893063
金属制品业	10088704	49536	10039168	73582	461569	920025	8583992
通用设备制造业	15327055	278107	15048948	413533	1017053	1277695	12340667
专用设备制造业	10240217	598889	9641328	277925	714998	872984	7775421

注:本表不含房地产开发投资。

国民经济行业大类按隶属关系分的城镇新增固定资产

续表 1　　单位：万元

行　　业	合　计	中央项目	地方项目				
				省　属	地市属	县　属	其　他
交通运输设备制造业	14900231	1293669	13606562	1524622	1125193	1078876	9877871
电气机械及器材制造业	9310470	55935	9254535	159492	804189	936175	7354679
通信设备、计算机及其他电子设备制造业	12817822	149628	12668194	547030	2305566	572478	9243120
仪器仪表文化办公用机械制造业	1675059	92319	1582740	17111	123055	87742	1354832
工艺品及其他制造业	3302730	48628	3254102	33936	144365	408508	2667293
废弃资源和废旧材料回收加工业	397616	2584	395032	32125	19350	59976	283581
（四）电力燃气水的生产供应业	**61514819**	**24193406**	**37321413**	**13415839**	**5669946**	**7640340**	**10595288**
电力、热力的生产和供应业	55011822	24074028	30937794	12684334	4117006	5311682	8824772
燃气生产和供应业	1878745	65729	1813016	310019	332127	425515	745355
水的生产和供应业	4624252	53649	4570603	421486	1220813	1903143	1025161
（五）建筑业	**5842013**	**685875**	**5156138**	**324524**	**336882**	**1696368**	**2798364**
房屋和土木工程建筑业	4901942	649869	4252073	249645	274269	1542606	2185553
建筑安装业	351010	30260	320750	60564	25879	24473	209834
建筑装饰业	186469	603	185866	1574	16028	13730	154534
其他建筑业	402592	5143	397449	12741	20706	115559	248443
（六）交通运输、仓储和邮政业	**65278940**	**9184106**	**56094834**	**20275679**	**13037691**	**15455629**	**7325835**
铁路运输业	6397571	5169060	1228511	737729	145586	177390	167806
道路运输业	44138249	1118881	43019368	16770238	9511790	14051800	2685540
城市公共交通业	2321623	72275	2249348	1045896	655538	252145	295769
水上运输业	4898000	628872	4269128	394327	2053536	330390	1490875
航空运输业	3542665	1509695	2032970	1022535	336330	48478	625627
管道运输业	308953	112398	196555	100660	33768	27859	34268
装卸搬运和其他运输服务业	615913	220512	395401	13422	29480	56295	296204
仓储业	2936302	313540	2622762	161529	247915	503321	1709997
邮政业	119664	38873	80791	29343	23748	7951	19749
（七）信息传输、计算机服务和软件业	**10776722**	**4766656**	**6010066**	**3402306**	**871143**	**409104**	**1327513**
电信和其他信息传输服务业	10135497	4687441	5448056	3383171	787367	364301	913217
计算机服务业	280079	66781	213298	2141	32719	2801	175637
软件业	361146	12434	348712	16994	51057	42002	238659
（八）批发和零售业	**16048379**	**203227**	**15845152**	**496398**	**944848**	**2283021**	**12120885**
批发业	7263697	168381	7095316	260187	416879	1088371	5329879
零售业	8784682	34846	8749836	236211	527969	1194650	6791006
（九）住宿和餐饮业	**8137855**	**120134**	**8017721**	**294263**	**505329**	**777304**	**6440825**
住宿业	5209429	115894	5093535	278168	395531	573005	3846831
餐饮业	2928426	4240	2924186	16095	109798	204299	2593994
（十）金融业	**1145881**	**400147**	**745734**	**211466**	**141743**	**86989**	**305536**
银行业	834243	364301	469942	184172	103426	73503	108841
证券业	42501	1131	41370	22822	4920	——	13628
保险业	155822	28366	127456	4151	7654	3549	112102

国民经济行业大类按隶属关系分的城镇新增固定资产

续表 2　　单位：万元

行业	合计	中央项目	地方项目				
				省属	地市属	县属	其他
其他金融活动	113315	6349	106966	321	25743	9937	70965
（十一）房地产业	**144832278**	**1963138**	**172869140**	**6325133**	**25864434**	**16714291**	**93965282**
房地产业	144832278	1963138	142869140	6325133	25864434	16714291	93965282
（十二）租赁和商务服务业	**3833001**	**70268**	**3762733**	**211848**	**750625**	**965852**	**1834408**
租赁业	249117	5477	243640	36606	6718	13801	186515
商务服务业	3583884	64791	3519093	175242	743907	952051	1647893
（十三）科研技术服务和地质勘查业	**3278434**	**1117019**	**2161415**	**536335**	**430088**	**419327**	**775665**
研究与试验发展	1383651	669481	714170	270838	137991	56475	248866
专业技术服务业	784728	155705	629023	104349	103005	160788	260881
科技交流和推广服务业	539600	430	539170	37225	181774	132624	187547
地质勘查业	570455	291403	279052	123923	7318	69440	78371
（十四）水利、环境和公共设施管理业	**43906931**	**688467**	**43218464**	**1897223**	**14376351**	**21147957**	**5796933**
水利管理业	5452250	159944	5292306	418072	1273530	3222787	377917
环境管理业	3294274	49745	3244529	84155	1197169	1400851	562354
公共设施管理业	35160407	478778	34681629	1394996	11905652	16524319	4856662
（十五）居民服务和其他服务业	**1756317**	**117764**	**1638553**	**24692**	**106732**	**274421**	**1232708**
居民服务业	1021221	1983	1019238	11884	60811	210876	735667
其他服务业	735096	115781	619315	12808	45921	63545	497041
（十六）教育	**15738672**	**1941184**	**13797488**	**3632480**	**2734958**	**4888962**	**2541088**
教育	15738672	1941184	13797488	3632480	2734958	4888962	2541088
（十七）卫生、社会保障和社会福利业	**5667672**	**301957**	**5365715**	**1268660**	**1348044**	**1826305**	**922706**
卫生	5173548	299717	4873831	1234742	1277863	1602862	758364
社会保障业	61100	1781	59319	5809	10197	29140	14173
社会福利业	433024	459	432565	28109	59984	194303	150169
（十八）文化、体育和娱乐业	**5409554**	**190288**	**5219266**	**573424**	**1478589**	**1325304**	**1841949**
新闻出版业	149555	20913	128642	34125	48146	9581	36790
广播、电视、电影和音像业	738375	7011	731364	209445	247462	193538	80919
文化艺术业	1764328	16809	1747519	117097	638729	598660	393033
体育	978157	119273	858884	148616	370167	269758	70343
娱乐业	1779139	26282	1752857	64141	174085	253767	1260864
（十九）公共管理和社会组织	**18628786**	**1826547**	**16802239**	**2101457**	**3076620**	**8394710**	**3229452**
中国共产党机关	124183	38154	86029	6351	22605	56753	320
国家机构	15646061	1774631	13871430	2023705	2992624	7600119	1254982
人民政协和民主党派	81636	105	81531	46282	6700	27399	1150
群众团体、社会团体和宗教组织	350327	10906	339421	24942	47393	124066	143020
基层群众自治组织	2426579	2751	2423828	177	7298	586373	1829980
（二十）国际组织	——	——	——	——	——	——	——
国际组织	——	——	——	——	——	——	——

国民经济行业大类按建设性质分的城镇新增固定资产

单位：万元

行　　业	新　建	扩　建	改　建	单纯建造生活设施	迁　建	恢　复	单纯购置
全　国　总　计	**286337813**	**124543934**	**93612533**	**8091879**	**6125184**	**516286**	**28260727**
（一）农、林、牧、渔业	**6016045**	**2934277**	**1312946**	**200958**	**11736**	**49630**	**422619**
农业	1266092	553797	292455	123807	200	6041	55742
林业	1109377	689616	146319	7307	287	35849	11446
畜牧业	1469894	796933	133688	21377	4669	——	12988
渔业	247769	131786	30989	360	——	——	112016
农、林、牧、渔服务业	1922913	762145	709495	48107	6580	7740	230427
（二）采矿业	**13470848**	**8580494**	**11510889**	**266037**	**23868**	**16377**	**516058**
煤炭开采和洗选业	2874324	1573296	5205479	73398	700	14186	189572
石油和天然气开采业	6976389	4595353	4306574	169378	——	——	106216
黑色金属矿采选业	1200344	847218	673396	3392	1950	—	63943
有色金属矿采选业	1388350	1055219	877994	16809	1500	1400	47000
非金属矿采选业	987066	501753	446186	3060	19718	791	108264
其他采矿业	44375	7655	1260	——	——	——	1063
（三）制造业	**106687892**	**53189841**	**40262443**	**695893**	**3700307**	**29261**	**11980222**
农副食品加工业	5902461	3264309	2001070	13093	86300	500	351188
食品制造业	3513099	2003640	886065	8146	72006	240	220859
饮料制造业	2363900	1184618	856500	13774	62435	——	314291
烟草制品业	61057	168995	166965	5400	16011	——	155436
纺织业	5050171	3049206	1529918	23871	97096	340	668933
纺织服装、鞋、帽制造业	2751089	1247631	472904	8385	34437	675	308770
皮革、毛皮、羽毛(绒)及其制品业	1209457	520945	219988	8489	27499	1438	132254
木材加工及木、竹、藤、棕、草制品	2687139	1005426	758772	4557	50537	——	141697
家具制造业	1544183	741328	288287	4380	63171	1046	121370
造纸及纸制品业	2073517	1348803	979469	5752	55291	395	141891
印刷业和记录媒介的复制	1256337	500301	379656	11125	79031	584	371468
文教体育用品制造业	532506	298647	108347	850	588	——	58586
石油加工、炼焦及核燃料加工业	1747537	1090994	1107962	29275	4169	——	61736
化学原料及化学制品制造业	9841329	4647656	4875424	33153	210145	——	476258
医药制造业	2539761	1266346	1066222	45365	121085	2850	247132
化学纤维制造业	922835	635758	210365	1500	58517	——	37265
橡胶制品业	1233317	858445	438869	7000	17369	585	220673
塑料制品业	3154756	1503401	741146	971	47452	8572	483983
非金属矿物制品业	9911853	4801545	3196587	39398	196657	500	490758
黑色金属冶炼及压延加工业	6929341	2782932	4572393	43327	855302	——	226192
有色金属冶炼及压延加工业	4048889	2138923	1431318	6766	37541	——	107664
金属制品业	5675915	2172336	1438818	18079	135507	1942	646107
通用设备制造业	6972276	4021814	2609896	53391	508220	1143	1160315
专用设备制造业	4882646	2397596	1801614	110124	205811	——	842426

注:本表不含房地产开发投资。

国民经济行业大类按建设性质分的城镇新增固定资产

续表 1　　　　单位：万元

行　　业	新　建	扩　建	改　建	单纯建造生活设施	迁　建	恢　复	单纯购置
交通运输设备制造业	6264422	4578818	2449058	104276	269841	400	1233416
电气机械及器材制造业	4780397	1827649	1666265	54632	233922	——	747605
通信设备、计算机及其他电子设备制造	5894672	1817157	3362435	19704	107908	——	1615946
仪器仪表文化办公用机械制造业	858987	320254	271103	5000	15866	——	203849
工艺品及其他制造业	1887063	878661	307307	16110	27233	3451	182905
废弃资源和废旧材料回收加工业	196980	115707	67720	——	3360	4600	9249
（四）电力燃气水的生产供应业	**37934165**	**15252196**	**7508717**	**88082**	**241216**	**92137**	**398306**
电力、热力的生产和供应业	34488489	13409693	6483325	57735	215395	92137	265048
燃气生产和供应业	991788	470268	326048	6787	9196	——	74658
水的生产和供应业	2453888	1372235	699344	23560	16625	——	58600
（五）建筑业	**2976528**	**748659**	**590337**	**432891**	**123987**	**9917**	**959694**
房屋和土木工程建筑业	2525706	646053	475793	400961	113800	9567	730062
建筑安装业	121443	46207	43939	26980	7511	——	104930
建筑装饰业	79870	24056	33122	——	450	——	48971
其他建筑业	249509	32343	37483	4950	2226	350	75731
（六）交通运输、仓储和邮政业	**35920785**	**10685248**	**10760668**	**79280**	**133593**	**36531**	**7662835**
铁路运输业	2781069	754017	980306	14960	800	——	1866419
道路运输业	27713935	6714841	8362269	36434	30136	32180	1248454
城市公共交通业	770218	269071	162279	10300	2555	——	1107200
水上运输业	1482507	1557323	726726	1000	912	4351	1125181
航空运输业	637173	597239	238885	4161	90098	——	1975109
管道运输业	222624	48738	37591	——	——	——	——
装卸搬运和其他运输服务业	254080	51797	28183	——	——	——	281853
仓储业	2016483	671306	190118	6538	8990	——	42867
邮政业	42696	20916	34311	5887	102	——	15752
（七）信息传输、计算机服务和软件业	**3164478**	**4206293**	**2679139**	**26463**	**3320**	**1740**	**695289**
电信和其他信息传输服务业	2918358	4065450	2576006	16463	2495	1740	554985
计算机服务业	71315	80984	65067	——	825	——	61888
软件业	174805	59859	38066	10000	——	——	78416
（八）批发和零售业	**9505292**	**3156313**	**2407537**	**223044**	**100502**	**5240**	**650451**
批发业	4109095	1507557	1064447	114156	71027	2340	395075
零售业	5396197	1648756	1343090	108888	29475	2900	255376
（九）住宿和餐饮业	**4557431**	**1585483**	**1625681**	**33523**	**79106**	**4540**	**252091**
住宿业	3038645	1055825	904917	20398	72386	3800	113458
餐饮业	1518786	529658	720764	13125	6720	740	138633
（十）金融业	**390267**	**125784**	**235108**	**19141**	**21766**	——	**353815**
银行业	201341	102287	183292	17785	16335	——	313203
证券业	3570	6035	2806	——	5000	——	25090
保险业	109092	5237	29557	1356	431	——	10149

国民经济行业大类按建设性质分的城镇新增固定资产

续2　　　　　　　　　　　　　　　　　　　　　　　　　　　单位：万元

行　　业	新　建	扩　建	改　建	单纯建造生活设施	迁　建	恢　复	单纯购置
其他金融活动	76264	12225	19453	——	——	——	5373
（十一）房地产业	**12638987**	**1666102**	**927341**	**3190263**	**100176**	**49439**	**73431**
房地产业	12638987	1666102	927341	3190263	100176	49439	73431
（十二）租赁和商务服务业	**2286837**	**829006**	**395521**	**43081**	**10393**	**1500**	**266663**
租赁业	72333	38236	13377	2554	——	——	122617
商务服务业	2214504	790770	382144	40527	10393	1500	144046
（十三）科研技术服务和地质勘查业	**1552709**	**804073**	**454330**	**92700**	**90717**	**29590**	**254315**
研究与试验发展	701054	257004	206854	41962	75625	——	101152
专业技术服务业	380060	110500	154990	29894	11720	——	97564
科技交流和推广服务业	327805	137423	49441	671	500	5000	18760
地质勘查业	143790	299146	43045	20173	2872	24590	36839
（十四）水利、环境和公共设施管理业	**24195283**	**10561784**	**8372367**	**287252**	**156334**	**133822**	**200089**
水利管理业	2806096	1162793	1360102	27064	1690	90181	4324
环境管理业	1607092	866313	689944	14664	46820	5195	64246
公共设施管理业	19782095	8532678	6322321	245524	107824	38446	131519
（十五）居民服务和其他服务业	**958249**	**253168**	**380499**	**15930**	**18587**	**240**	**129644**
居民服务业	605676	148292	176947	13434	14977	240	61655
其他服务业	352573	104876	203552	2496	3610	——	67989
（十六）教育	**7992210**	**4623989**	**1159255**	**692772**	**655526**	**10510**	**604410**
教育	7992210	4623989	1159255	692772	655526	10510	604410
（十七）卫生、社会保障和社会福利业	**2323681**	**1564017**	**624497**	**91489**	**273054**	**190**	**790744**
卫生	2000280	1456235	586740	76011	266426	190	787666
社会保障业	46791	6545	2406	3231	1055	——	1072
社会福利业	276610	101237	35351	12247	5573	——	2006
（十八）文化、体育和娱乐业	**3428289**	**904870**	**678725**	**79202**	**32670**	**25939**	**259859**
新闻出版业	53748	39322	20167	11129	——	——	25189
广播、电视、电影和音像业	343136	107459	162808	18809	6940	288	98935
文化艺术业	1278720	265923	135421	4487	16269	25171	38337
体育	595682	210897	108687	21938	3611	——	37342
娱乐业	1157003	281269	251642	22839	5850	480	60056
（十九）公共管理和社会组织	**10337837**	**2872337**	**1726533**	**1533878**	**348326**	**19683**	**1790192**
中国共产党机关	64049	15109	16488	28197	——	——	340
国家机构	8571177	2471255	1467529	1024534	328781	17975	1764810
人民政协和民主党派	5417	27036	35197	3727	2700	——	7559
群众团体、社会团体和宗教组织	173443	107805	47805	14231	1196	1588	4259
基层群众自治组织	1523751	251132	159514	463189	15649	120	13224
（二十）国际组织	——	——	——	——	——	——	——
国际组织	——	——	——	——	——	——	——

各地区城镇投资项目个数

单位：个

地区	施工项目个数	新开工项目个数	全部建成投产项目个数	项目建成投产率（%）
全国总计	**326204**	**231531**	**187525**	**57.5**
北京	7667	3650	4743	61.9
天津	2070	1410	1077	52.0
河北	19052	15216	13063	68.6
山西	6548	4329	3966	60.6
内蒙古	8700	6891	6448	74.1
辽宁	12545	10411	8923	71.1
吉林	7834	6529	5344	68.2
黑龙江	6723	5488	5275	78.5
上海	3864	1737	1882	48.7
江苏	14974	9544	8269	55.2
浙江	15023	7659	5925	39.4
安徽	16343	11278	8007	49.0
福建	10621	5707	3663	34.5
江西	8441	5832	4301	51.0
山东	26543	18781	12271	46.2
河南	24493	20468	18148	74.1
湖北	12560	9545	7649	60.9
湖南	15584	11868	8142	52.3
广东	16777	11089	8836	52.7
广西	15945	11183	8236	51.7
海南	1407	1058	700	49.8
重庆	6282	3803	3034	48.3
四川	16571	11221	9600	57.9
贵州	8432	6564	5498	65.2
云南	11718	8673	6707	57.2
西藏	2187	1770	1688	77.2
陕西	7179	5187	4025	56.1
甘肃	7991	5865	4286	53.6
青海	2238	1601	1363	60.9
宁夏	1497	1106	752	50.2
新疆	6734	5101	4807	71.4
不分地区	1661	967	897	54.0

注:本表不含房地产开发投资。

国民经济行业小类城镇投资项目个数

单位：个

行　　业	施工项目个数	新开工项目个数	全部建成投产项目个　数	项目建成投产率(%)
全　国　总　计	**326204**	**231531**	**187525**	**57.5**
(一) 农、林、牧、渔业	**12317**	**10092**	**8514**	**69.1**
农业	2559	2042	1697	66.3
谷物及其他作物的种植	1202	982	856	71.2
谷物的种植	661	557	498	75.3
薯类的种植	36	30	21	58.3
油料的种植	25	19	21	84.0
豆类的种植	25	21	19	76.0
棉花的种植	74	66	57	77.0
麻类的种植	11	7	8	72.7
糖料的种植	12	12	12	100.0
烟草的种植	80	66	53	66.3
其他作物的种植	278	204	167	60.1
蔬菜、园艺作物的种植	773	615	484	62.6
蔬菜的种植	489	406	333	68.1
花卉的种植	177	133	97	54.8
其他园艺作物的种植	107	76	54	50.5
水果、坚果、饮料和香料作物的种植	451	354	287	63.6
水果、坚果的种植	369	297	235	63.7
茶及其他饮料作物的种植	75	53	47	62.7
香料作物的种植	7	4	5	71.4
中药材的种植	133	91	70	52.6
林业	2305	1883	1637	71.0
林木的培育和种植	2052	1653	1416	69.0
育种和育苗	291	229	188	64.6
造林	1473	1201	1040	70.6
林木的抚育和管理	288	223	188	65.3
木材和竹材的采运	95	83	72	75.8
木材的采运	91	79	70	76.9
竹材的采运	4	4	2	50.0
林产品的采集	158	147	149	94.3
畜牧业	2574	2142	1753	68.1
牲畜的饲养	996	796	667	67.0
猪的饲养	615	510	421	68.5
家禽的饲养	620	556	419	67.6
狩猎和捕捉动物	4	2	2	50.0
其他畜牧业	339	278	244	72.0
渔业	356	277	224	62.9
海洋渔业	127	89	75	59.1
海水养殖	119	84	72	60.5

注:本表不含房地产开发投资。

国民经济行业小类城镇投资项目个数

续表 1　　　　单位：个

行　　业	施工项目个数	新开工项目个数	全部建成投产项目个数	项目建成投产率（%）
海洋捕捞	8	5	3	37.5
内陆渔业	229	188	149	65.1
内陆养殖	226	186	149	65.9
内陆捕捞	3	2	——	——
农、林、牧、渔服务业	4523	3748	3203	70.8
农业服务业	3984	3325	2819	70.8
灌溉服务	1598	1344	1141	71.4
农产品初加工服务	544	467	399	73.4
其他农业服务	1842	1514	1279	69.4
林业服务业	115	96	78	67.8
畜牧服务业	355	276	264	74.4
兽医服务	153	123	114	74.5
其他畜牧服务	202	153	150	74.3
渔业服务业	69	51	42	60.9
（二）采矿业	**11157**	**8387**	**7061**	**63.3**
煤炭开采和洗选业	4642	3355	2913	62.8
烟煤和无烟煤的开采洗选	4369	3160	2753	63.0
褐煤的开采洗选	202	133	117	57.9
其他煤炭采选	71	62	43	60.6
石油和天然气开采业	310	241	152	49.0
天然原油和天然气开采	242	183	121	50.0
与石油和天然气开采有关的服务活动	68	58	31	45.6
黑色金属矿采选业	1690	1274	1120	66.3
铁矿采选	1471	1111	981	66.7
其他黑色金属矿采选	219	163	139	63.5
有色金属矿采选业	2213	1632	1316	59.5
常用有色金属矿采选	1513	1120	877	58.0
铜矿采选	388	292	216	55.7
铅锌矿采选	641	500	395	61.6
镍钴矿采选	44	35	21	47.7
锡矿采选	221	127	139	62.9
锑矿采选	23	21	8	34.8
铝矿采选	44	32	31	70.5
镁矿采选	21	19	14	66.7
其他常用有色金属矿采选	131	94	53	40.5
贵金属矿采选	425	314	287	67.5
金矿采选	379	278	251	66.2
银矿采选	31	26	25	80.7
其他贵金属矿采选	15	10	11	73.3
稀有稀土金属矿采选	275	198	152	55.3

国民经济行业小类城镇投资项目个数

续表 2　　　　单位：个

行　　业	施工项目个数	新开工项目个数	全部建成投产项目个数	项目建成投产率(%)
钨钼矿采选	221	162	124	56.1
稀土金属矿采选	11	8	5	45.5
放射性金属矿采选	10	6	2	20.0
其他稀有金属矿采选	33	22	21	63.6
非金属矿采选业	2251	1847	1528	67.9
土砂石开采	1655	1402	1174	70.9
石灰石、石膏开采	340	299	267	78.5
建筑装饰用石开采	555	448	381	68.7
耐火土石开采	160	129	102	63.8
粘土及其他土砂石开采	600	526	424	70.7
化学矿采选	142	108	86	60.6
采盐	74	40	32	43.2
石棉及其他非金属矿采选	380	297	236	62.1
石棉、云母矿采选	11	8	7	63.6
石墨、滑石采选	115	84	53	46.1
宝石、玉石开采	11	9	7	63.6
其他非金属矿采选	243	196	169	69.6
其他采矿业	51	38	32	62.8
其他采矿业	51	38	32	62.8
（三）制造业	**126112**	**89590**	**69040**	**54.7**
农副食品加工业	8618	6523	5188	60.2
谷物磨制	1458	1222	1027	70.4
饲料加工	1066	816	698	65.5
植物油加工	907	704	577	63.6
食用植物油加工	828	646	532	64.3
非食用植物油加工	79	58	45	57.0
制糖	256	216	159	62.1
屠宰及肉类加工	1454	1041	841	57.8
畜禽屠宰	794	573	484	61.0
肉制品及副产品加工	660	468	357	54.1
水产品加工	627	433	318	50.7
水产品冷冻加工	445	293	230	51.7
鱼糜制品及水产品干腌制加工	60	51	31	51.7
水产饲料制造	52	41	29	55.8
鱼油提取及制品的制造	1	——	——	——
其他水产品加工	69	48	28	40.6
蔬菜、水果和坚果加工	1466	1096	782	53.3
其他农副食品加工	1384	995	786	56.8
淀粉及淀粉制品的制造	620	420	361	58.2
豆制品制造	182	143	110	60.4

国民经济行业小类城镇投资项目个数

续表 3　　　　单位：个

行业	施工项目个数	新开工项目个数	全部建成投产项目个数	项目建成投产率(%)
蛋品加工	60	48	42	70.0
其他未列明的农副食品加工	522	384	273	52.3
食品制造业	4284	3083	2364	55.2
焙烤食品制造	644	483	384	59.6
糕点、面包制造	297	232	185	62.3
饼干及其他焙烤食品制造	347	251	199	57.4
糖果、巧克力及蜜饯制造	338	262	211	62.4
糖果、巧克力制造	222	175	150	67.6
蜜饯制作	116	87	61	52.6
方便食品制造	699	518	404	57.8
米、面制品制造	328	255	211	64.3
速冻食品制造	177	135	95	53.7
方便面及其他方便食品制造	194	128	98	50.5
液体乳及乳制品制造	394	254	223	56.6
罐头制造	420	298	210	50.0
肉、禽类罐头制造	79	53	39	49.4
水产品罐头制造	23	19	10	43.5
蔬菜、水果罐头制造	274	198	143	52.2
其他罐头食品制造	44	28	18	40.9
调味品、发酵制品制造	576	413	331	57.5
味精制造	69	39	33	47.8
酱油、食醋及类似制品的制造	234	173	143	61.1
其他调味品、发酵制品制造	273	201	155	56.8
其他食品制造	1213	855	601	49.6
营养、保健食品制造	330	227	160	48.5
冷冻饮品及食用冰制造	139	102	82	59.0
盐加工	60	33	17	28.3
食品及饲料添加剂制造	279	202	148	53.1
其他未列明的食品制造	405	291	194	47.9
饮料制造业	2832	2089	1643	58.0
酒精制造	154	92	76	49.4
酒的制造	1313	979	769	58.6
白酒制造	749	582	458	61.2
啤酒制造	293	204	174	59.4
黄酒制造	45	28	23	51.1
葡萄酒制造	114	80	61	53.5
其他酒制造	112	85	53	47.3
软饮料制造	1021	756	591	57.9
碳酸饮料制造	130	97	88	67.7
瓶（罐）装饮用水制造	279	230	185	66.3

国民经济行业小类城镇投资项目个数

续表 4　　　　单位：个

行　　　业	施工项目个数	新开工项目个数	全部建成投产项目个数	项目建成投产率(%)
果菜汁及果菜汁饮料制造	279	199	131	47.0
含乳饮料和植物蛋白饮料制造	161	110	90	55.9
固体饮料制造	46	33	29	63.0
茶饮料及其他软饮料制造	126	87	68	54.0
精制茶加工	344	262	207	60.2
烟草制品业	316	166	147	46.5
烟叶复烤	35	33	18	51.4
卷烟制造	261	121	123	47.1
其他烟草制品加工	20	12	6	30.0
纺织业	6698	4699	3781	56.5
棉、化纤纺织及印染精加工	3364	2334	1913	56.9
棉、化纤纺织加工	3054	2132	1751	57.3
棉、化纤印染精加工	310	202	162	52.3
毛纺织和染整精加工	315	198	162	51.4
毛条加工	78	55	40	51.3
毛纺织	178	108	91	51.1
毛染整精加工	59	35	31	52.5
麻纺织	114	81	63	55.3
丝绢纺织及精加工	373	263	198	53.1
缫丝加工	200	140	106	53.0
绢纺和丝织加工	134	91	65	48.5
丝印染精加工	39	32	27	69.2
纺织制成品制造	1146	816	669	58.4
棉及化纤制品制造	529	383	324	61.3
毛制品制造	54	39	26	48.2
麻制品制造	30	21	21	70.0
丝制品制造	66	46	29	43.9
绳、索、缆的制造	34	25	22	64.7
纺织带和帘子布制造	62	38	32	51.6
无纺布制造	188	155	124	66.0
其他纺织制成品制造	183	109	91	49.7
针织品、编织品及其制品制造	1386	1007	776	56.0
棉、化纤针织品及编织品制造	715	502	364	50.9
毛针织品及编织品制造	441	345	297	67.4
丝针织品及编织品制造	90	59	46	51.1
其他针织品及编织品制造	140	101	69	49.3
纺织服装、鞋、帽制造业	4287	3023	2270	53.0
纺织服装制造	4044	2858	2149	53.1
纺织面料鞋的制造	195	129	102	52.3
制帽	48	36	19	39.6

国民经济行业小类城镇投资项目个数

续表 5　　　　单位：个

行　　　业	施工项目个数	新开工项目个数	全部建成投产项目个数	项目建成投产率(%)
皮革、毛皮、羽毛(绒)及其制品业	1930	1285	970	50.3
皮革鞣制加工	187	124	100	53.5
皮革制品制造	1360	853	619	45.5
皮鞋制造	833	480	339	40.7
皮革服装制造	114	100	87	76.3
皮箱、包(袋)制造	237	150	88	37.1
皮手套及皮装饰制品制造	70	56	47	67.1
其他皮革制品制造	106	67	58	54.7
毛皮鞣制及制品加工	200	172	142	71.0
毛皮鞣制加工	50	43	36	72.0
毛皮服装加工	100	88	71	71.0
其他毛皮制品加工	50	41	35	70.0
羽毛(绒)加工及制品制造	183	136	109	59.6
羽毛(绒)加工	83	67	52	62.7
羽毛(绒)制品加工	100	69	57	57.0
木材加工及木、竹、藤、棕、草制造	4341	3539	2823	65.0
锯材、木片加工	1029	865	700	68.0
锯材加工	533	435	366	68.7
木片加工	496	430	334	67.3
人造板制造	1992	1626	1299	65.2
胶合板制造	964	808	634	65.8
纤维板制造	294	236	189	64.3
刨花板制造	128	99	93	72.7
其他人造板、材制造	606	483	383	63.2
木制品制造	861	697	557	64.7
建筑用木料及木材组件加工制造	483	390	292	60.5
木容器制造	90	71	70	77.8
软木制品及其他木制品制造	288	236	195	67.7
竹、藤、棕、草制品制造	459	351	267	58.2
家具制造业	2095	1580	1174	56.0
木质家具制造	1549	1167	871	56.2
竹、藤家具制造	57	41	30	52.6
金属家具制造	266	207	157	59.0
塑料家具制造	40	33	18	45.0
其他家具制造	183	132	98	53.6
造纸及纸制品业	2827	2099	1678	59.4
纸浆制造	165	115	81	49.1
造纸	1109	795	642	57.9
机制纸及纸板制造	878	632	518	59.0
手工纸制造	33	26	16	48.5

国民经济行业小类城镇投资项目个数

续表 6　　单位：个

行业	施工项目个数	新开工项目个数	全部建成投产项目个数	项目建成投产率(%)
加工纸制造	198	137	108	54.6
纸制品制造	1553	1189	955	61.5
纸和纸板容器的制造	803	615	515	64.1
其他纸制品制造	750	574	440	58.7
印刷业和记录媒介的复制	1892	1345	1066	56.3
印刷	1770	1249	999	56.4
书、报、刊印刷	401	273	217	54.1
本册印制	117	91	81	69.2
包装装潢及其他印刷	1252	885	701	56.0
装订及其他印刷服务活动	92	77	56	60.9
记录媒介的复制	30	19	11	36.7
文教体育用品制造业	926	628	479	51.7
文化用品制造	246	165	130	52.9
文具制造	80	49	39	48.8
笔的制造	102	74	58	56.9
教学用模型及教具制造	32	24	17	53.1
墨水、墨汁制造	7	6	4	57.1
其他文化用品制造	25	12	12	48.0
体育用品制造	271	166	115	42.4
球类制造	45	34	28	62.2
体育器材及配件制造	81	43	39	48.2
训练健身器材制造	53	28	18	34.0
运动防护用具制造	26	18	8	30.8
其他体育用品制造	66	43	22	33.3
乐器制造	61	37	35	57.4
中乐器制造	14	12	10	71.4
西乐器制造	28	18	13	46.4
电子乐器制造	8	2	6	75.0
其他乐器及零件制造	11	5	6	54.6
玩具制造	322	242	190	59.0
游艺器材及娱乐用品制造	26	18	9	34.6
露天游乐场所游乐设备制造	13	8	3	23.1
游艺用品及室内游艺器材制造	13	10	6	46.2
石油加工、炼焦及核燃料加工业	1507	893	782	51.9
精炼石油产品的制造	1029	612	568	55.2
原油加工及石油制品制造	998	594	553	55.4
人造原油生产	31	18	15	48.4
炼焦及其他	478	281	214	44.8
化学原料及化学制品制造业	9598	6904	5336	55.6

国民经济行业小类城镇投资项目个数

续表 7　　单位：个

行　　业	施工项目个数	新开工项目个数	全部建成投产项目个数	项目建成投产率(%)
基础化学原料制造	2541	1755	1373	54.0
无机酸制造	317	226	172	54.3
无机碱制造	219	136	98	44.8
无机盐制造	428	346	268	62.6
有机化学原料制造	1048	685	563	53.7
其他基础化学原料制造	529	362	272	51.4
肥料制造	1349	970	761	56.4
氮肥制造	434	299	243	56.0
磷肥制造	153	106	89	58.2
钾肥制造	39	20	14	35.9
复混肥料制造	437	327	242	55.4
有机肥料及微生物肥料制造	196	144	111	56.6
其他肥料制造	90	74	62	68.9
农药制造	473	308	242	51.2
化学农药制造	321	208	165	51.4
生物化学农药及微生物农药制造	152	100	77	50.7
涂料、油墨、颜料及类似产品制造	964	703	556	57.7
涂料制造	588	436	331	56.3
油墨及类似产品制造	58	33	34	58.6
颜料制造	113	86	61	54.0
染料制造	115	77	75	65.2
密封用填料及类似品制造	90	71	55	61.1
合成材料制造	703	485	395	56.2
初级形态的塑料及合成树脂制造	324	216	191	59.0
合成橡胶制造	149	118	86	57.7
合成纤维单(聚合)体的制造	101	59	51	50.5
其他合成材料制造	129	92	67	51.9
专用化学产品制造	2917	2227	1644	56.4
化学试剂和助剂制造	808	615	489	60.5
专项化学用品制造	644	450	345	53.6
林产化学产品制造	203	139	111	54.7
环境污染处理专用药剂材料制造	81	66	36	44.4
动物胶制造	52	42	32	61.5
其他专用化学产品制造	1129	915	631	55.9
日用化学产品制造	651	456	365	56.1
肥皂及合成洗涤剂制造	145	98	82	56.6
化妆品制造	109	71	53	48.6
口腔清洁用品制造	16	9	8	50.0

国民经济行业小类城镇投资项目个数

续表 8　　单位：个

行　　业	施工项目个数	新开工项目个数	全部建成投产项目个数	项目建成投产率(%)
香料、香精制造	136	90	75	55.2
其他日用化学产品制造	245	188	147	60.0
医药制造业	3183	1904	1454	45.7
化学药品原药制造	592	363	234	39.5
化学药品制剂制造	514	277	230	44.8
中药饮片加工	410	263	176	42.9
中成药制造	659	398	323	49.0
兽用药品制造	232	128	127	54.7
生物、生化制品的制造	509	292	219	43.0
卫生材料及医药用品制造	267	183	145	54.3
化学纤维制造业	440	275	212	48.2
纤维素纤维原料及纤维制造	131	96	80	61.1
化纤浆粕制造	38	30	23	60.5
人造纤维（纤维素纤维）制造	93	66	57	61.3
合成纤维制造	309	179	132	42.7
锦纶纤维制造	48	28	17	35.4
涤纶纤维制造	112	58	45	40.2
腈纶纤维制造	15	11	12	80.0
维纶纤维制造	28	19	15	53.6
其他合成纤维制造	106	63	43	40.6
橡胶制品业	1275	907	730	57.3
轮胎制造	300	191	154	51.3
车辆、飞机及工程机械轮胎制造	206	116	91	44.2
力车胎制造	36	28	24	66.7
轮胎翻新加工	58	47	39	67.2
橡胶板、管、带的制造	317	233	192	60.6
橡胶零件制造	221	158	113	51.1
再生橡胶制造	83	67	60	72.3
日用及医用橡胶制品制造	60	41	37	61.7
橡胶靴鞋制造	75	56	51	68.0
其他橡胶制品制造	219	161	123	56.2
塑料制品业	4856	3633	2874	59.2
塑料薄膜制造	528	382	353	66.9
塑料板、管、型材的制造	1214	923	691	56.9
塑料丝、绳及编织品的制造	590	449	398	67.5
泡沫塑料制造	206	166	133	64.6
塑料人造革、合成革制造	128	88	65	50.8
塑料包装箱及容器制造	532	395	316	59.4
塑料零件制造	285	208	148	51.9
日用塑料制造	572	439	330	57.7

国民经济行业小类城镇投资项目个数

续表 9　　　　单位：个

行　　　　业	施工项目个数	新开工项目个数	全部建成投产项目个数	项目建成投产率(%)
塑料鞋制造	130	100	56	43.1
日用塑料杂品制造	442	339	274	62.0
其他塑料制品制造	801	583	440	54.9
非金属矿物制品业	12948	10456	8291	64.0
水泥、石灰和石膏的制造	1508	1131	860	57.0
水泥制造	1243	911	689	55.4
石灰和石膏制造	265	220	171	64.5
水泥及石膏制品制造	1952	1626	1226	62.8
水泥制品制造	997	834	648	65.0
砼结构构件制造	357	304	210	58.8
石棉水泥制品制造	41	37	32	78.1
轻质建筑材料制造	343	268	198	57.7
其他水泥制品制造	214	183	138	64.5
砖瓦、石材及其他建筑材料制造	5232	4366	3566	68.2
粘土砖瓦及建筑砌块制造	2446	2137	1802	73.7
建筑陶瓷制品制造	557	414	333	59.8
建筑用石加工	929	777	626	67.4
防水建筑材料制造	197	143	120	60.9
隔热和隔音材料制造	341	289	218	63.9
其他建筑材料制造	762	606	467	61.3
玻璃及玻璃制品制造	1534	1106	856	55.8
平板玻璃制造	174	121	100	57.5
技术玻璃制品制造	242	175	119	49.2
光学玻璃制造	38	16	21	55.3
玻璃仪器制造	50	39	21	42.0
日用玻璃制品及玻璃包装容器制	425	314	268	63.1
玻璃保温容器制造	26	16	13	50.0
玻璃纤维及制品制造	230	171	135	58.7
玻璃纤维增强塑料制品制造	161	111	72	44.7
其他玻璃制品制造	188	143	107	56.9
陶瓷制品制造	760	602	486	64.0
卫生陶瓷制品制造	109	80	73	67.0
特种陶瓷制品制造	244	198	149	61.1
日用陶瓷制品制造	349	289	233	66.8
园林、陈设艺术及其他陶瓷制造	58	35	31	53.5
耐火材料制品制造	950	839	695	73.2
石棉制品制造	108	99	68	63.0
云母制品制造	30	26	24	80.0
耐火陶瓷制品及其他耐火材料制	812	714	603	74.3
石墨及其他非金属矿物制品制造	1012	786	602	59.5

国民经济行业小类城镇投资项目个数

续表 10 单位：个

行业	施工项目个数	新开工项目个数	全部建成投产项目个数	项目建成投产率(%)
石墨及碳素制品制造	409	336	251	61.4
其他非金属矿物制品制造	603	450	351	58.2
黑色金属冶炼及压延加工业	3460	2185	1782	51.5
炼铁	544	311	235	43.2
炼钢	496	288	245	49.4
钢压延加工	1925	1197	965	50.1
铁合金冶炼	495	389	337	68.1
有色金属冶炼及压延加工业	2984	1957	1421	47.6
常用有色金属冶炼	1527	947	721	47.2
铜冶炼	275	190	148	53.8
铅锌冶炼	409	318	232	56.7
镍钴冶炼	171	48	56	32.8
锡冶炼	21	15	12	57.1
锑冶炼	42	32	24	57.1
铝冶炼	356	158	122	34.3
镁冶炼	59	46	35	59.3
其他常用有色金属冶炼	194	140	92	47.4
贵金属冶炼	106	71	38	35.9
金冶炼	62	41	21	33.9
银冶炼	24	17	11	45.8
其他贵金属冶炼	20	13	6	30.0
稀有稀土金属冶炼	276	216	155	56.2
钨钼冶炼	117	97	75	64.1
稀土金属冶炼	74	63	40	54.1
其他稀有金属冶炼	85	56	40	47.1
有色金属合金制造	223	135	100	44.8
有色金属压延加工	852	588	407	47.8
常用有色金属压延加工	739	517	360	48.7
贵金属压延加工	44	33	16	36.4
稀有稀土金属压延加工	69	38	31	44.9
金属制品业	7211	5198	4036	56.0
结构性金属制品制造	2831	2094	1662	58.7
金属结构制造	2065	1503	1179	57.1
金属门窗制造	766	591	483	63.1
金属工具制造	914	695	539	59.0
切削工具制造	160	123	91	56.9
手工具制造	151	107	87	57.6
农用及园林用金属工具制造	106	85	73	68.9
刀剪及类似日用金属工具制造	157	130	101	64.3
其他金属工具制造	340	250	187	55.0

国民经济行业小类城镇投资项目个数

续表 11　　　　单位：个

行　　业	施工项目个数	新开工项目个数	全部建成投产项目个数	项目建成投产率(%)
集装箱及金属包装容器制造	398	288	223	56.0
集装箱制造	25	17	8	32.0
金属压力容器制造	156	109	92	59.0
金属包装容器制造	217	162	123	56.7
金属丝绳及其制品的制造	307	217	177	57.7
建筑、安全用金属制品制造	864	585	451	52.2
建筑、家具用金属配件制造	261	170	135	51.7
建筑装饰及水暖管道零件制造	398	278	198	49.8
安全、消防用金属制品制造	91	67	51	56.0
其他建筑、安全用金属制品制造	114	70	67	58.8
金属表面处理及热处理加工	349	227	201	57.6
搪瓷制品制造	87	58	43	49.4
工业生产配套用搪瓷制品制造	25	19	18	72.0
搪瓷卫生洁具制造	22	10	5	22.7
搪瓷日用品及其他搪瓷制品制造	40	29	20	50.0
不锈钢及类似日用金属制品制造	703	488	376	53.5
金属制厨房调理及卫生器具制造	156	108	81	51.9
金属制厨用器皿及餐具制造	213	149	116	54.5
其他日用金属制品制造	334	231	179	53.6
其他金属制品制造	758	546	364	48.0
铸币及贵金属制实验室用品制造	6	3	3	50.0
其他未列明的金属制品制造	752	543	361	48.0
通用设备制造业	10837	7490	6008	55.4
锅炉及原动机制造	1040	377	510	49.0
锅炉及辅助设备制造	300	220	175	58.3
内燃机及配件制造	214	114	89	41.6
汽轮机及辅机制造	485	16	224	46.2
水轮机及辅机制造	16	10	7	43.8
其他原动机制造	25	17	15	60.0
金属加工机械制造	1726	1195	872	50.5
金属切削机床制造	311	155	109	35.1
金属成形机床制造	207	156	97	46.9
铸造机械制造	438	330	271	61.9
金属切割及焊接设备制造	132	102	74	56.1
机床附件制造	204	136	106	52.0
其他金属加工机械制造	434	316	215	49.5
起重运输设备制造	611	425	358	58.6
泵、阀门、压缩机及类似机械的制造	1406	975	782	55.6
泵及真空设备制造	405	284	236	58.3
气体压缩机械制造	150	115	90	60.0

国民经济行业小类城镇投资项目个数

续表 12　　　　单位：个

行　　业	施工项目个数	新开工项目个数	全部建成投产项目个数	项目建成投产率（%）
阀门和旋塞的制造	452	296	237	52.4
液压和气压动力机械及元件制造	399	280	219	54.9
轴承、齿轮、传动和驱动部件的制造	959	691	558	58.2
轴承制造	645	490	383	59.4
齿轮、传动和驱动部件制造	314	201	175	55.7
烘炉、熔炉及电炉制造	65	44	37	56.9
风机、衡器、包装设备等通用设备制造	1313	909	675	51.4
风机、风扇制造	188	142	119	63.3
气体、液体分离及纯净设备制造	117	80	67	57.3
制冷、空调设备制造	255	167	129	50.6
风动和电动工具制造	150	94	63	42.0
喷枪及类似器具制造	31	19	12	38.7
包装专用设备制造	87	66	42	48.3
衡器制造	49	34	29	59.2
其他通用设备制造	436	307	214	49.1
通用零部件制造及机械修理	1984	1583	1129	56.9
金属密封件制造	138	109	90	65.2
紧固件、弹簧制造	334	251	186	55.7
机械零部件加工及设备修理	1036	858	591	57.1
其他通用零部件制造	476	365	262	55.0
金属铸、锻加工	1733	1291	1087	62.7
钢铁铸件制造	1406	1058	911	64.8
锻件及粉末冶金制品制造	327	233	176	53.8
专用设备制造业	6669	4717	3459	51.9
矿山、冶金、建筑专用设备制造	1978	1467	1035	52.3
采矿、采石设备制造	734	575	415	56.5
石油钻采专用设备制造	294	212	167	56.8
建筑工程用机械制造	499	360	253	50.7
建筑材料生产专用机械制造	228	160	116	50.9
冶金专用设备制造	223	160	84	37.7
化工、木材、非金属加工专用设备制造	1207	865	622	51.5
炼油、化工生产专用设备制造	194	141	90	46.4
橡胶加工专用设备制造	62	47	31	50.0
塑料加工专用设备制造	144	92	70	48.6
木材加工机械制造	57	49	34	59.7
模具制造	680	480	364	53.5
其他非金属加工专用设备制造	70	56	33	47.1
食品、饮料、烟草及饲料生产设备制造	252	179	155	61.5
食品、饮料、烟草工业专用设备制造	129	97	77	59.7
农副食品加工专用设备制造	113	76	73	64.6

国民经济行业小类城镇投资项目个数

续表 13　　　　　单位：个

行　　业	施工项目个数	新开工项目个数	全部建成投产项目个数	项目建成投产率(%)
饲料生产专用设备制造	10	6	5	50.0
印刷、制药、日化生产专用设备制造	477	348	224	47.0
制浆和造纸专用设备制造	105	82	68	64.8
印刷专用设备制造	107	71	46	43.0
日用化工专用设备制造	39	26	17	43.6
制药专用设备制造	46	33	17	37.0
照明器具生产专用设备制造	78	57	24	30.8
玻璃、陶瓷和搪瓷制品生产设备制造	61	51	35	57.4
其他日用品生产专用设备制造	41	28	17	41.5
纺织、服装和皮革工业专用设备制造	361	242	164	45.4
纺织专用设备制造	227	142	101	44.5
皮革、毛皮及其制品加工设备制造	18	11	5	27.8
缝纫机械制造	94	73	45	47.9
其他服装加工专用设备制造	22	16	13	59.1
电子和电工机械专用设备制造	711	461	345	48.5
农、林、牧、渔专用机械制造	527	391	335	63.6
拖拉机制造	88	49	44	50.0
机械化农业及园艺机具制造	187	141	122	65.2
营林及木竹采伐机械制造	9	6	8	88.9
畜牧机械制造	9	7	4	44.4
渔业机械制造	5	2	1	20.0
农林牧渔机械配件制造	149	123	109	73.2
其他农林牧渔业机械制造	80	63	47	58.8
医疗仪器设备及器械制造	328	190	158	48.2
医疗诊断、监护及治疗设备制造	88	56	37	42.1
口腔科用设备及器具制造	4	3	3	75.0
实验室及医用消毒设备和器具制造	14	12	10	71.4
医疗、外科及兽医用器械制造	101	56	50	49.5
机械治疗及病房护理设备制造	33	18	16	48.5
假肢、人工器官及植入设备制造	13	7	4	30.8
其他医疗设备及器械制造	75	38	38	50.7
环保、社会公共安全及其他设备制造	828	574	421	50.9
环境污染防治专用设备制造	291	210	148	50.9
地质勘查专用设备制造	14	12	10	71.4
邮政专用机械及器材制造	1	1	——	——
商业、饮食、服务业专用设备制造	10	6	3	30.0

国民经济行业小类城镇投资项目个数

续表 14　　　　　　　　　　　　　　　　　　　　　　　　　　　　单位：个

行　　　　业	施工项目个数	新开工项目个数	全部建成投产项目个数	项目建成投产率(%)
社会公共安全设备及器材制造	69	49	45	65.2
交通安全及管制专用设备制造	23	16	13	56.5
水资源专用机械制造	65	46	28	43.1
其他专用设备制造	355	234	174	49.0
交通运输设备制造业	6751	4417	2960	43.9
铁路运输设备制造	290	204	148	51.0
铁路机车车辆及动车组制造	52	25	9	17.3
工矿有轨专用车辆制造	23	16	12	52.2
铁路机车车辆配件制造	118	89	85	72.0
铁路专用设备及器材、配件制造	77	62	30	39.0
其他铁路设备制造及设备修理	20	12	12	60.0
汽车制造	4893	3280	2120	43.3
汽车整车制造	377	157	90	23.9
改装汽车制造	157	93	66	42.0
电车制造	38	31	16	42.1
汽车车身、挂车的制造	222	177	91	41.0
汽车零部件及配件制造	3679	2485	1568	42.6
汽车修理	420	337	289	68.8
摩托车制造	423	252	219	51.8
摩托车整车制造	82	40	27	32.9
摩托车零部件及配件制造	341	212	192	56.3
自行车制造	315	232	171	54.3
脚踏自行车及残疾人座车制造	88	64	54	61.4
助动自行车制造	227	168	117	51.5
船舶及浮动装置制造	457	270	162	35.5
金属船舶制造	205	109	57	27.8
非金属船舶制造	24	14	10	41.7
娱乐船和运动船的建造和修理	25	13	8	32.0
船用配套设备制造	142	93	63	44.4
船舶修理及拆船	51	35	19	37.3
航标器材及其他浮动装置的制造	10	6	5	50.0
交通器材及其他交通运输设备制造	373	179	140	37.5
交通管理用金属标志及设施制造	36	22	22	61.1
其他交通运输设备制造	337	157	118	35.0
电气机械及器材制造业	6110	4197	2943	48.2

国民经济行业小类城镇投资项目个数

续表 15　　　　单位：个

行业	施工项目个数	新开工项目个数	全部建成投产项目个数	项目建成投产率(%)
电机制造	800	563	324	40.5
发电机及发电机组制造	275	189	99	36.0
电动机制造	371	278	153	41.2
微电机及其他电机制造	154	96	72	46.8
输配电及控制设备制造	1812	1257	878	48.5
变压器、整流器和电感器制造	468	334	217	46.4
电容器及其配套设备制造	144	93	62	43.1
配电开关控制设备制造	542	367	273	50.4
电力电子元器件制造	416	282	193	46.4
其他输配电及控制设备制造	242	181	133	55.0
电线、电缆、光缆及电工器材制造	1288	849	641	49.8
电线电缆制造	994	647	495	49.8
光纤、光缆制造	59	34	24	40.7
绝缘制品制造	78	57	37	47.4
其他电工器材制造	157	111	85	54.1
电池制造	456	290	200	43.9
家用电力器具制造	612	388	295	48.2
家用制冷电器具制造	98	67	45	45.9
家用空气调节器制造	56	28	19	33.9
家用通风电器具制造	27	16	14	51.9
家用厨房电器具制造	151	98	85	56.3
家用清洁卫生电器具制造	62	32	27	43.6
家用美容、保健电器具制造	25	12	9	36.0
家用电力器具专用配件制造	63	45	32	50.8
其他家用电力器具制造	130	90	64	49.2
非电力家用器具制造	238	175	119	50.0
燃气、太阳能及类似能源的器具制造	198	142	94	47.5
其他非电力家用器具制造	40	33	25	62.5
照明器具制造	651	511	381	58.5
电光源制造	176	138	96	54.6
照明灯具制造	360	277	227	63.1
灯用电器附件及其他照明器具制造	115	96	58	50.4
其他电气机械及器材制造	253	164	105	41.5
车辆专用照明及电气信号设备制造	55	39	24	43.6
其他未列明的电气机械制造	198	125	81	40.9
通信设备、计算机及其他电子设备制造	3173	1818	1290	40.7
通信设备制造	367	189	145	39.5
通信传输设备制造	74	33	41	55.4
通信交换设备制造	39	19	16	41.0
通信终端设备制造	54	31	11	20.4

国民经济行业小类城镇投资项目个数

续表 16　　　　单位：个

行　　业	施工项目个数	新开工项目个数	全部建成投产项目个数	项目建成投产率（%）
移动通信及终端设备制造	96	46	32	33.3
其他通信设备制造	104	60	45	43.3
广播电视设备制造	68	47	33	48.5
广播电视节目制作及发射设备制造	8	6	6	75.0
广播电视接收设备及器材制造	44	30	21	47.7
应用电视设备及其他广播设备制造	16	11	6	37.5
电子计算机制造	283	151	102	36.0
电子计算机整机制造	65	33	30	46.2
计算机网络设备制造	52	22	16	30.8
电子计算机外部设备制造	166	96	56	33.7
电子器件制造	612	312	221	36.1
电子真空器件制造	80	52	36	45.0
半导体分立器件制造	96	45	36	37.5
集成电路制造	166	69	59	35.5
光电子器件及其他电子器件制造	270	146	90	33.3
电子元件制造	1244	775	562	45.2
电子元件及组件制造	1114	702	502	45.1
印制电路板制造	130	73	60	46.2
家用视听设备制造	159	91	57	35.9
家用影视设备制造	102	51	34	33.3
家用音响设备制造	57	40	23	40.4
其他电子设备制造	440	253	170	38.6
仪器仪表及文化、办公用机械制造	1084	665	490	45.2
通用仪器仪表制造	451	284	212	47.0
工业自动控制系统装置制造	178	106	79	44.4
电工仪器仪表制造	100	68	54	54.0
绘图、计算及测量仪器制造	34	23	20	58.8
实验分析仪器制造	35	22	15	42.9
试验机制造	14	9	6	42.9
供应用仪表及其他通用仪器制造	90	56	38	42.2
专用仪器仪表制造	229	137	111	48.5
环境监测专用仪器仪表制造	20	15	7	35.0
汽车及其他用计数仪表制造	50	33	30	60.0
农林牧渔专用仪器仪表制造	4	3	2	50.0
地质勘探和地震专用仪器制造	6	3	1	16.7
教学专用仪器制造	15	10	7	46.7
电子测量仪器制造	46	30	22	47.8

国民经济行业小类城镇投资项目个数

续表 17　　　　单位：个

行业	施工项目个数	新开工项目个数	全部建成投产项目个数	项目建成投产率(%)
其他专用仪器制造	88	43	42	47.7
钟表与计时仪器制造	56	37	23	41.1
光学仪器及眼镜制造	204	120	79	38.7
光学仪器制造	84	44	38	45.2
眼镜制造	120	76	41	34.2
文化、办公用机械制造	91	56	42	46.2
电影机械制造	2	2	2	100.0
幻灯及投影设备制造	3	2	2	66.7
照相机及器材制造	26	17	8	30.8
复印和胶印设备制造	21	13	10	47.6
计算器及货币专用设备制造	20	9	9	45.0
其他文化、办公用机械制造	19	13	11	57.9
其他仪器仪表的制造及修理	53	31	23	43.4
工艺品及其他制造业	2618	1629	1162	44.4
工艺美术品制造	1298	873	652	50.2
雕塑工艺品制造	220	142	123	55.9
金属工艺品制造	145	98	69	47.6
漆器工艺品制造	35	14	21	60.0
花画工艺品制造	58	41	27	46.6
天然植物纤维编织工艺品制造	114	85	62	54.4
抽纱刺绣工艺品制造	154	100	77	50.0
地毯、挂毯制造	96	74	53	55.2
珠宝首饰及有关物品的制造	94	64	38	40.4
其他工艺美术品制造	382	255	182	47.6
日用杂品制造	286	191	129	45.1
制镜及类似品加工	26	18	14	53.9
鬃毛加工、制刷及清扫工具制造	51	39	31	60.8
其他日用杂品制造	209	134	84	40.2
煤制品制造	65	57	52	80.0
其他未列明的制造业	969	508	329	34.0
废弃资源和废旧材料回收加工业	362	286	227	62.7
金属废料和碎屑的加工处理	164	129	96	58.5
非金属废料和碎屑的加工处理	198	157	131	66.2
（四）电力燃气及水的生产和供应业	**16650**	**10364**	**8528**	**51.2**
电力、热力的生产和供应业	11438	7188	5946	52.0
电力生产	4224	1950	1573	37.2
火力发电	1164	650	536	46.1
水力发电	2679	1055	910	34.0
核力发电	14	4	3	21.4

国民经济行业小类城镇投资项目个数

续表 18　　　　单位：个

行　　业	施工项目个数	新开工项目个数	全部建成投产项目个数	项目建成投产率(%)
其他能源发电	367	241	124	33.8
电力供应	6341	4611	3845	60.6
热力生产和供应	873	627	528	60.5
燃气生产和供应业	1286	851	686	53.3
燃气生产和供应业	1286	851	686	53.3
水的生产和供应业	3926	2325	1896	48.3
自来水的生产和供应	2617	1694	1374	52.5
污水处理及其再生利用	1144	516	431	37.7
其他水的处理、利用与分配	165	115	91	55.2
（五）建筑业	**4769**	**3666**	**2515**	**52.7**
房屋和土木工程建筑业	4050	3093	2060	50.9
房屋工程建筑	2376	1746	1156	48.7
土木工程建筑	1674	1347	904	54.0
铁路、道路、隧道和桥梁工程建筑	1092	879	574	52.6
水利和港口工程建筑	218	169	123	56.4
工矿工程建筑	41	27	24	58.5
架线和管道工程建筑	153	134	92	60.1
其他土木工程建筑	170	138	91	53.5
建筑安装业	205	160	133	64.9
建筑安装业	205	160	133	64.9
建筑装饰业	192	154	146	76.0
建筑装饰业	192	154	146	76.0
其他建筑业	322	259	176	54.7
工程准备	112	83	56	50.0
提供施工设备服务	49	42	31	63.3
其他未列明的建筑活动	161	134	89	55.3
（六）交通运输、仓储和邮政业	**24783**	**18126**	**14649**	**59.1**
铁路运输业	683	499	383	56.1
铁路旅客运输	89	44	22	24.7
铁路货物运输	364	277	223	61.3
铁路运输辅助活动	230	178	138	60.0
客运火车站	35	22	16	45.7
货运火车站	19	14	11	57.9
其他铁路运输辅助活动	176	142	111	63.1
道路运输业	20086	15092	12326	61.4
公路旅客运输	7499	5861	4832	64.4
道路货物运输	4696	3330	2642	56.3
道路运输辅助活动	7891	5901	4852	61.5
客运汽车站	782	520	464	59.3
公路管理与养护	5962	4462	3704	62.1

国民经济行业小类城镇投资项目个数

续表 19　　　　单位：个

行　　业	施工项目个数	新开工项目个数	全部建成投产项目个数	项目建成投产率(%)
其他道路运输辅助活动	1147	919	684	59.6
城市公共交通业	537	322	233	43.4
公共电汽车客运	254	167	124	48.8
轨道交通	83	20	6	7.2
出租车客运	24	16	19	79.2
城市轮渡	6	3	5	83.3
其他城市公共交通	170	116	79	46.5
水上运输业	875	417	304	34.7
水上旅客运输	59	37	34	57.6
远洋旅客运输	——	——	——	-7.6
沿海旅客运输	13	7	4	30.8
内河旅客运输	46	30	30	65.2
水上货物运输	137	83	65	47.5
远洋货物运输	11	7	4	36.4
沿海货物运输	53	28	17	32.1
内河货物运输	73	48	44	60.3
水上运输辅助活动	679	297	205	30.2
客运港口	48	21	18	37.5
货运港口	483	209	135	28.0
其他水上运输辅助活动	148	67	52	35.1
航空运输业	272	132	104	38.2
航空客货运输	91	42	30	33.0
航空旅客运输	84	38	29	34.5
航空货物运输	7	4	1	14.3
通用航空服务	32	19	18	56.3
航空运输辅助活动	149	71	56	37.6
机场	112	53	51	45.5
空中交通管理	14	4	1	7.1
其他航空运输辅助活动	23	14	4	17.4
管道运输业	74	49	37	50.0
管道运输业	74	49	37	50.0
装卸搬运和其他运输服务业	229	172	120	52.4
装卸搬运	58	47	36	62.1
运输代理服务	171	125	84	49.1
仓储业	1898	1361	1053	55.5
谷物、棉花等农产品仓储	501	393	314	62.7
其他仓储	1397	968	739	52.9
邮政业	129	82	89	69.0
国家邮政	119	73	81	68.1
其他寄递服务	10	9	8	80.0
（七）信息传输、计算机服务和软件	**12994**	**8190**	**8323**	**64.1**

国民经济行业小类城镇投资项目个数

续表 20　　　　单位：个

行　　业	施工项目个数	新开工项目个数	全部建成投产项目个数	项目建成投产率（%）
电信和其他信息传输服务业	12609	7920	8115	64.4
电信	11161	6888	7391	66.2
固定电信服务	8050	4841	5085	63.2
移动电信服务	2961	1935	2212	74.7
其他电信服务	150	112	94	62.7
互联网信息服务	1043	769	508	48.7
广播电视传输服务	399	259	213	53.4
有线广播电视传输服务	339	217	180	53.1
无线广播电视传输服务	60	42	33	55.0
卫星传输服务	6	4	3	50.0
计算机服务业	184	159	146	79.4
计算机系统服务	40	32	28	70.0
数据处理	10	5	4	40.0
计算机维修	1	1	1	100.0
其他计算机服务	133	121	113	85.0
软件业	201	111	62	30.9
公共软件服务	164	93	48	29.3
基础软件服务	72	53	24	33.3
应用软件服务	92	40	24	26.1
其他软件服务	37	18	14	37.8
（八）批发和零售业	**12139**	**9363**	**8051**	**66.3**
批发业	5241	4001	3387	64.6
农畜产品批发	477	373	307	64.4
谷物、豆及薯类批发	186	146	116	62.4
种子、饲料批发	89	75	64	71.9
棉、麻批发	25	21	18	72.0
牲畜批发	40	29	25	62.5
其他农畜产品批发	137	102	84	61.3
食品、饮料及烟草制品批发	1021	718	573	56.1
米、面制品及食用油批发	118	95	73	61.9
糕点、糖果及糖批发	31	22	22	71.0
果品、蔬菜批发	344	248	179	52.0
肉、禽、蛋及水产品批发	103	69	60	58.3
盐及调味品批发	41	24	17	41.5
饮料及茶叶批发	70	57	48	68.6
烟草制品批发	232	141	117	50.4
其他食品批发	82	62	57	69.5
纺织、服装及日用品批发	492	364	315	64.0
纺织品、针织品及原料批发	120	83	81	67.5
服装批发	146	107	91	62.3

国民经济行业小类城镇投资项目个数

续表 21　　　　单位：个

行　　业	施工项目个数	新开工项目个数	全部建成投产项目个数	项目建成投产率(%)
鞋帽批发	26	19	13	50.0
厨房、卫生间用具及日用杂货批发	47	34	35	74.5
化妆品及卫生用品批发	21	18	15	71.4
其他日用品批发	132	103	80	60.6
文化、体育用品及器材批发	124	90	82	66.1
文具用品批发	16	13	10	62.5
体育用品批发	9	7	7	77.8
图书批发	42	24	26	61.9
报刊批发	2	2	2	100.0
音像制品及电子出版物批发	2	2	2	100.0
首饰、工艺品及收藏品批发	19	13	11	57.9
其他文化用品批发	34	29	24	70.6
医药及医疗器材批发	198	151	139	70.2
西药批发	91	62	60	65.9
中药材及中成药批发	60	45	39	65.0
医疗用品及器材批发	47	44	40	85.1
矿产品、建材及化工产品批发	1627	1274	1084	66.6
煤炭及制品批发	192	166	156	81.3
石油及制品批发	376	284	258	68.6
非金属矿及制品批发	16	14	13	81.3
金属及金属矿批发	220	170	150	68.2
建材批发	604	461	365	60.4
化肥批发	68	58	49	72.1
农药批发	11	8	9	81.8
农用薄膜批发	6	5	4	66.7
其他化工产品批发	134	108	80	59.7
机械设备、五金交电及电子产品批发	922	738	609	66.1
农业机械批发	64	51	46	71.9
汽车、摩托车及零配件批发	217	153	113	52.1
五金、交电批发	196	151	124	63.3
家用电器批发	71	60	51	71.8
计算机、软件及辅助设备批发	28	21	19	67.9
通讯及广播电视设备批发	34	31	29	85.3
其他机械设备及电子产品批发	312	271	227	72.8
贸易经纪与代理	107	90	84	78.5
其他批发	273	203	194	71.1
再生物资回收与批发	113	85	89	78.8
其他未列明的批发	160	118	105	65.6
零售业	6898	5362	4664	67.6
综合零售	3268	2506	2180	66.7

国民经济行业小类城镇投资项目个数

续表 22　　　　单位：个

行　　　　　业	施工项目个数	新开工项目个数	全部建成投产项目个数	项目建成投产率(%)
百货零售	1416	1071	928	65.5
超级市场零售	937	736	654	69.8
其他综合零售	915	699	598	65.4
食品、饮料及烟草制品专门零售	508	397	353	69.5
粮油零售	66	49	46	69.7
糕点、面包零售	14	13	12	85.7
果品、蔬菜零售	128	97	92	71.9
肉、禽、蛋及水产品零售	84	67	58	69.1
饮料及茶叶零售	32	28	24	75.0
烟草制品零售	32	29	14	43.8
其他食品零售	152	114	107	70.4
纺织、服装及日用品专门零售	475	394	350	73.7
纺织品及针织品零售	45	36	33	73.3
服装零售	290	242	224	77.2
鞋帽零售	27	25	21	77.8
钟表、眼镜零售	22	21	17	77.3
化妆品及卫生用品零售	12	12	7	58.3
其他日用品零售	79	58	48	60.8
文化、体育用品及器材专门零售	187	134	126	67.4
文具用品零售	15	13	9	60.0
体育用品零售	15	10	8	53.3
图书零售	69	35	39	56.5
报刊零售	——	——	——	-6.5
音像制品及电子出版物零售	4	3	3	75.0
珠宝首饰零售	36	32	30	83.3
工艺美术品及收藏品零售	34	28	27	79.4
照相器材零售	3	3	1	33.3
其他文化用品零售	11	10	9	81.8
医药及医疗器材专门零售	137	119	115	83.9
药品零售	114	100	95	83.3
医疗用品及器材零售	23	19	20	87.0
汽车、摩托车、燃料及零配件专门零	1318	1023	859	65.2
汽车零售	676	490	402	59.5
汽车零配件零售	90	72	58	64.4
摩托车及零配件零售	38	28	22	57.9
机动车燃料零售	514	433	377	73.4
家用电器及电子产品专门零售	240	204	187	77.9
家用电器零售	133	117	110	82.7
计算机、软件及辅助设备零售	32	23	22	68.8
通信设备零售	34	29	27	79.4

国民经济行业小类城镇投资项目个数

续表 23　　单位：个

行业	施工项目个数	新开工项目个数	全部建成投产项目个数	项目建成投产率(%)
其他电子产品零售	41	35	28	68.3
五金、家具及室内装修材料专门零售	453	373	315	69.5
五金零售	86	73	65	75.6
家具零售	237	202	166	70.0
涂料零售	6	5	3	50.0
其他室内装修材料零售	124	93	81	65.3
无店铺及其他零售	312	212	179	57.4
流动货摊零售	5	5	3	60.0
邮购及电子销售	2	1	1	50.0
生活用燃料零售	133	107	90	67.7
花卉零售	15	11	11	73.3
旧货零售	6	5	4	66.7
其他未列明的零售	151	83	70	46.4
（九）住宿和餐饮业	**6707**	**5246**	**4425**	**66.0**
住宿业	3571	2513	2030	56.9
旅游饭店	2029	1312	930	45.8
一般旅馆	1301	1021	961	73.9
其他住宿服务	241	180	139	57.7
餐饮业	3136	2733	2395	76.4
正餐服务	2583	2257	1976	76.5
快餐服务	151	141	117	77.5
饮料及冷饮服务	116	100	90	77.6
其他餐饮服务	286	235	212	74.1
（十）金融业	**812**	**579**	**532**	**65.5**
银行业	652	453	423	64.9
中央银行	70	35	39	55.7
商业银行	505	356	333	65.9
其他银行	77	62	51	66.2
证券业	15	12	10	66.7
证券市场管理	8	8	5	62.5
证券经纪与交易	5	3	4	80.0
证券投资	1	1	1	100.0
证券分析与咨询	1	—	—	—
保险业	70	55	50	71.4
人寿保险	40	28	28	70.0
非人寿保险	28	25	20	71.4
保险辅助服务	2	2	2	100.0
其他金融活动	75	59	49	65.3
金融信托与管理	15	12	9	60.0
金融租赁	8	6	5	62.5

国民经济行业小类城镇投资项目个数

续表 24　　单位：个

行　　业	施工项目个数	新开工项目个数	全部建成投产项目个数	项目建成投产率（%）
财务公司	——	——	——	-2.5
邮政储蓄	3	3	2	66.7
典当	14	13	11	78.6
其他未列明的金融活动	35	25	22	62.9
（十一）房地产业	**17514**	**14260**	**11437**	**65.3**
房地产业	17514	14260	11437	65.3
房地产开发经营	5414	4196	3395	62.7
物业管理	319	256	209	65.5
房地产中介服务	68	50	38	55.9
其他房地产活动	11713	9758	7795	66.6
（十二）租赁和商务服务业	**2203**	**1478**	**1002**	**45.5**
租赁业	114	83	69	60.5
机械设备租赁	111	80	68	61.3
汽车租赁	23	19	17	73.9
农业机械租赁	2	1	1	50.0
建筑工程机械与设备租赁	47	40	35	74.5
计算机及通讯设备租赁	——	——	——	-4.5
其他机械与设备租赁	39	20	15	38.5
文化及日用品出租	3	3	1	33.3
图书及音像制品出租	——	——	——	-3.3
其他文化及日用品出租	3	3	1	33.3
商务服务业	2089	1395	933	44.7
企业管理服务	901	574	299	33.2
企业管理机构	314	193	131	41.7
投资与资产管理	402	257	82	20.4
其他企业管理服务	185	124	86	46.5
法律服务	13	11	8	61.5
律师及相关的法律服务	10	8	6	60.0
公证服务	2	2	2	100.0
其他法律服务	1	1	——	——
咨询与调查	82	70	58	70.7
会计、审计及税务服务	20	18	15	75.0
市场调查	1	1	——	——
社会经济咨询	25	18	20	80.0
其他专业咨询	36	33	23	63.9
广告业	87	71	66	75.9
知识产权服务	1	——	——	——
职业中介服务	56	25	30	53.6
市场管理	489	345	249	50.9
旅行社	58	47	27	46.6

国民经济行业小类城镇投资项目个数

续表 25　　单位：个

行业	施工项目个数	新开工项目个数	全部建成投产项目个数	项目建成投产率（%）
其他商务服务	402	252	196	48.8
会议及展览服务	101	49	37	36.6
包装服务	15	11	3	20.0
保安服务	10	8	5	50.0
办公服务	101	66	59	58.4
其他未列明的商务服务	175	118	92	52.6
（十三）科研技术服务和地质勘察业	**2195**	**1308**	**1082**	**49.3**
研究与试验发展	736	332	320	43.5
自然科学研究与试验发展	120	51	54	45.0
工程和技术研究与试验发展	350	137	140	40.0
农业科学研究与试验发展	172	95	94	54.7
医学研究与试验发展	35	17	16	45.7
社会人文科学研究与试验发展	59	32	16	27.1
专业技术服务业	786	537	400	50.9
气象服务	158	102	75	47.5
地震服务	16	8	8	50.0
海洋服务	4	1	2	50.0
测绘服务	22	14	15	68.2
技术检测	186	121	102	54.8
环境监测	44	27	22	50.0
工程技术与规划管理	261	185	138	52.9
工程管理服务	58	44	38	65.5
工程勘察设计	97	62	50	51.6
规划管理	106	79	50	47.2
其他专业技术服务	95	79	38	40.0
科技交流和推广服务业	372	263	206	55.4
技术推广服务	204	163	127	62.3
科技中介服务	73	33	29	39.7
其他科技服务	95	67	50	52.6
地质勘查业	301	176	156	51.8
矿产地质勘查	213	146	130	61.0
能源矿产地质勘察	78	54	52	66.7
固体矿产地质勘察	107	81	69	64.5
其他矿产地质勘察	28	11	9	32.1
基础地质勘察	34	14	17	50.0
地质勘查技术服务	54	16	9	16.7
（十四）水利环境和公共设施管理业	**30847**	**19859**	**15452**	**50.1**
水利管理业	6450	4025	3501	54.3
防洪管理	2044	941	795	38.9
水资源管理	3023	2048	1791	59.3

国民经济行业小类城镇投资项目个数

续表 26　　单位：个

行业	施工项目个数	新开工项目个数	全部建成投产项目个数	项目建成投产率(%)
水库管理	1124	674	614	54.6
调水、引水管理	1215	816	703	57.9
其他水资源管理	684	558	474	69.3
其他水利管理	1383	1036	915	66.2
环境管理业	2515	1578	1249	49.7
自然保护	248	161	128	51.6
自然保护区管理	136	85	69	50.7
野生动植物保护	39	27	16	41.0
其他自然保护	73	49	43	58.9
环境治理	2267	1417	1121	49.5
城市市容管理	255	204	167	65.5
城市环境卫生管理	724	403	328	45.3
水污染治理	560	326	267	47.7
危险废物治理	86	49	39	45.4
其他环境治理	642	435	320	49.8
公共设施管理业	21882	14256	10702	48.9
市政公共设施管理	17522	11299	8463	48.3
城市绿化管理	1245	996	811	65.1
游览景区管理	3115	1961	1428	45.8
风景名胜区管理	950	559	420	44.2
公园管理	973	639	504	51.8
其他游览景区管理	1192	763	504	42.3
（十五）居民服务和其他服务业	**1776**	**1488**	**1296**	**73.0**
居民服务业	1164	962	836	71.8
家庭服务	35	27	25	71.4
托儿所	8	7	6	75.0
洗染服务	17	14	14	82.4
理发及美容保健服务	114	109	100	87.7
洗浴服务	354	306	286	80.8
婚姻服务	7	4	5	71.4
殡葬服务	213	132	111	52.1
摄影扩印服务	50	47	46	92.0
其他居民服务	366	316	243	66.4
其他服务业	612	526	460	75.2
修理与维护	379	329	297	78.4
汽车、摩托车维护与保养	357	310	284	79.6
办公设备维修	2	2	2	100.0
家用电器修理	8	7	7	87.5
其他日用品修理	12	10	4	33.3
清洁服务	38	34	29	76.3

国民经济行业小类城镇投资项目个数

续表 27 单位：个

行业	施工项目个数	新开工项目个数	全部建成投产项目个数	项目建成投产率(%)
建筑物清洁服务	5	5	5	100.0
其他清洁服务	33	29	24	72.7
其他未列明的服务	195	163	134	68.7
（十六）教育	**13720**	**9290**	**8585**	**62.6**
教育	13720	9290	8585	62.6
学前教育	486	400	363	74.7
初等教育	3865	3049	2741	70.9
中等教育	6392	4389	4117	64.4
初中教育	3140	2309	2210	70.4
高中教育	2147	1354	1305	60.8
中等专业教育	292	178	172	58.9
职业中学教育	500	336	289	57.8
技工学校教育	211	146	90	42.7
其他中等教育	102	66	51	50.0
高等教育	1995	795	763	38.3
普通高等教育	1854	728	691	37.3
成人高等教育	141	67	72	51.1
其他教育	982	657	601	61.2
职业技能培训	629	433	394	62.6
特殊教育	42	28	24	57.1
其他未列明的教育	311	196	183	58.8
（十七）卫生社会保障和社会福利业	**5965**	**3979**	**3373**	**56.6**
卫生	4965	3185	2739	55.2
医院	2729	1520	1319	48.3
综合医院	1988	1068	932	46.9
中医医院	261	157	117	44.8
中西医结合医院	79	50	53	67.1
民族医院	45	31	29	64.4
专科医院	292	172	154	52.7
疗养院	64	42	34	53.1
卫生院及社区医疗活动	1352	1077	886	65.5
门诊部医疗活动	131	98	88	67.2
计划生育技术服务活动	215	165	152	70.7
妇幼保健活动	175	123	104	59.4
专科疾病防治活动	50	38	30	60.0
疾病预防控制及防疫活动	195	88	98	50.3
其他卫生活动	118	76	62	52.5
社会保障业	123	93	69	56.1
社会保障业	123	93	69	56.1
社会福利业	877	701	565	64.4

国民经济行业小类城镇投资项目个数

续表 28　　单位：个

行　业	施工项目个数	新开工项目个数	全部建成投产项目个数	项目建成投产率(%)
提供住宿的社会福利	737	590	484	65.7
干部休养所	46	38	32	69.6
收养收容服务	691	552	452	65.4
不提供住宿的社会福利	140	111	81	57.9
(十八)文化、体育和娱乐业	**4348**	**2765**	**2339**	**53.8**
新闻出版业	123	59	60	48.8
新闻业	42	24	18	42.9
出版业	81	35	42	51.9
图书出版	24	9	11	45.8
报纸出版	47	18	23	48.9
期刊出版	4	3	4	100.0
音像制品出版	——	——	——	——
电子出版物出版	——	——	——	——
其他出版	6	5	4	66.7
广播、电视、电影和音像业	609	354	324	53.2
广播	115	67	61	53.0
电视	336	186	180	53.6
电影	143	90	75	52.5
电影制作与发行	30	14	9	30.0
电影放映	113	76	66	58.4
音像制作	15	11	8	53.3
文化艺术业	1519	923	769	50.6
文艺创作与表演	48	30	19	39.6
艺术表演场馆	117	56	49	41.9
图书馆与档案馆	149	74	72	48.3
图书馆	106	49	48	45.3
档案馆	43	25	24	55.8
文物及文化保护	226	158	117	51.8
博物馆	262	121	89	34.0
烈士陵园、纪念馆	104	69	48	46.2
群众文化活动	527	353	322	61.1
文化艺术经纪代理	7	7	5	71.4
其他文化艺术	79	55	48	60.8
体育	670	355	293	43.7
体育组织	66	39	36	54.6
体育场馆	528	266	209	39.6
其他体育	76	50	48	63.2
娱乐业	1427	1074	893	62.6
室内娱乐活动	512	448	377	73.6
游乐园	158	92	72	45.6

国民经济行业小类城镇投资项目个数

续表 29　　　　单位：个

行　　　　业	施工项目个数	新开工项目个数	全部建成投产项目个数	项目建成投产率（%）
休闲健身娱乐活动	496	369	300	60.5
其他娱乐活动	261	165	144	55.2
（十九）公共管理和社会组织	**19196**	**13501**	**11321**	**59.0**
中国共产党机关	208	137	123	59.1
中国共产党机关	208	137	123	59.1
国家机构	16157	11190	9585	59.3
国家权力机构	598	449	373	62.4
国家行政机构	14077	9876	8412	59.8
综合事务管理机构	4423	3241	2791	63.1
对外事务管理机构	71	33	37	52.1
公共安全管理机构	3185	2268	1989	62.5
社会事务管理机构	1540	1112	880	57.1
经济事务管理机构	2824	1888	1600	56.7
政府事务管理机构	1393	892	761	54.6
行政监督检查机构	641	442	354	55.2
人民法院和人民检察院	1153	657	615	53.3
人民法院	691	421	397	57.5
人民检察院	462	236	218	47.2
其他国家机构	329	208	185	56.2
人民政协和民主党派	60	40	33	55.0
人民政协	53	37	32	60.4
民主党派	7	3	1	14.3
群众团体、社会团体和宗教组织	462	305	266	57.6
群众团体	117	68	61	52.1
工会	60	36	28	46.7
妇联	7	3	4	57.1
共青团	8	3	5	62.5
其他群众团体	42	26	24	57.1
社会团体	85	57	47	55.3
专业性团体	22	14	12	54.6
行业性团体	33	23	19	57.6
其他社会团体	30	20	16	53.3
宗教组织	260	180	158	60.8
基层群众自治组织	2309	1829	1314	56.9
社区自治组织	766	590	390	50.9
村民自治组织	1543	1239	924	59.9
（二十）国际组织	——	——	——	——
国际组织	——	——	——	——

各地区城镇投资财务拨款

单位：万元

地区	本年资金来源合计	上年末结余资金	本年资金来源小计	本年各项应付款合计
全国总计	**1401318746**	**93884227**	**1307434519**	**97491387**
北京	70417266	11813605	58603661	1641099
天津	29879376	3006654	26872722	3250704
河北	63008801	2761707	60247094	2816473
山西	28025593	1052314	26973279	2353140
内蒙古	41771228	219881	41551347	2049881
辽宁	74575074	2903385	71671689	2600178
吉林	33680662	250914	33429748	1190472
黑龙江	26748931	633683	26115248	1088723
上海	58465620	7557898	50907722	10615107
江苏	116273079	9140609	107132470	10489856
浙江	80718209	7160086	73558123	4857395
安徽	48239484	2590838	45648646	3518547
福建	50275700	5129594	45146106	3355606
江西	32936313	1321372	31614941	1646738
山东	110253368	5731767	104521601	7473747
河南	71700191	2199283	69500908	3045702
湖北	45335891	2462682	42873209	4049029
湖南	41258291	2198916	39059375	2291974
广东	101778719	10019846	91758873	9288496
广西	29373357	2144352	27229005	1496382
海南	6281014	495242	5785772	295073
重庆	37255074	2831070	34424004	3965696
四川	57809827	3015451	54794376	3903327
贵州	15165590	1243734	13921856	1192862
云南	27843441	2407804	25435637	2769506
西藏	3125318	57102	3068216	126462
陕西	33271128	1667048	31604080	3481102
甘肃	12561673	495401	12066272	707490
青海	4436629	88204	4348425	449283
宁夏	4994141	129028	4865113	623332
新疆	17664237	511757	17152480	856651
不分地区	26195521	643000	25552521	1354

各地区城镇投资本年资金来源构成（一）

单位：万元

地　区	本年资金来源小计	国家预算内资金	国内贷款	债　券
全国总计	**1307434519**	**54641294**	**221360823**	**4833103**
北　京	58603661	742408	14543095	224000
天　津	26872722	226743	6851470	1296
河　北	60247094	1059165	8885805	113269
山　西	26973279	1302401	4464925	——
内蒙古	41551347	1525479	4372272	18515
辽　宁	71671689	3879166	10582189	66137
吉　林	33429748	982571	2550800	3260
黑龙江	26115248	1505989	1807120	37417
上　海	50907722	956967	12537001	187927
江　苏	107132470	1308534	14336147	10000
浙　江	73558123	1665259	15100010	24687
安　徽	45648646	2652620	7001601	44094
福　建	45146106	2626862	10366988	10947
江　西	31614941	2235340	3149524	5000
山　东	104521601	1959425	11816163	189562
河　南	69500908	1161279	7599827	15000
湖　北	42873209	3940771	7722563	40000
湖　南	39059375	1763835	5292361	38288
广　东	91758873	1175151	16597565	16670
广　西	27229005	1237170	4567493	50025
海　南	5785772	357980	1167351	644
重　庆	34424004	1868444	7920080	18681
四　川	54794376	1249531	10219892	89000
贵　州	13921856	755641	3844050	4606
云　南	25435637	1712033	7718572	643
西　藏	3068216	1975868	27840	23039
陕　西	31604080	2918472	4799382	——
甘　肃	12066272	1082091	2544118	50626
青　海	4348425	505385	616772	244
宁　夏	4865113	379772	1474229	——
新　疆	17152480	1975941	2352960	5526
不分地区	25552521	5953001	8530658	3544000

各地区城镇投资本年资金来源构成（二）

单位：万元

地　　区	利用外资	外商直接投资	自筹资金	企事业单位自有资金	其他资金
全国总计	**45490180**	**34561261**	**745208817**	**431551110**	**235900302**
北　　京	797834	564788	19652813	11688690	22643511
天　　津	1596915	1111708	13112752	8260288	5083546
河　　北	739477	616309	43330734	24734949	6118644
山　　西	528110	381905	17603866	12041097	3073977
内 蒙 古	302027	149732	33168722	15754535	2164332
辽　　宁	2377663	1980469	46001630	36332714	8764904
吉　　林	464078	230691	26299395	10248671	3129644
黑 龙 江	371101	280816	18897455	8155553	3496166
上　　海	2286122	1856297	20372119	15442162	14567586
江　　苏	10974613	9090312	57317299	42983747	23185877
浙　　江	2515286	2207025	34489949	20660378	19762932
安　　徽	851242	514029	28726911	13101691	6372178
福　　建	2069165	1555213	20299386	10640575	9772758
江　　西	1012089	857590	20389062	10939894	4823926
山　　东	4182833	3109981	73568644	36608606	12804974
河　　南	763740	467662	50942000	23908253	9019062
湖　　北	822493	419047	23887389	11909989	6459993
湖　　南	915415	582035	25068467	13971398	5981009
广　　东	7835360	5891318	42000893	21517659	24133234
广　　西	802343	561206	14621270	11608512	5950704
海　　南	261488	173920	3072272	2213040	926037
重　　庆	946981	827914	13708162	5898752	9961656
四　　川	835776	639796	31791446	24011598	10608731
贵　　州	153869	102426	6999903	4953540	2163787
云　　南	157762	72742	11505459	5383935	4341168
西　　藏	2052	1980	625899	231296	413518
陕　　西	279268	133577	19426348	8694073	4180610
甘　　肃	112193	44272	6634432	3738020	1642812
青　　海	74435	70562	2366431	1949200	785158
宁　　夏	101871	20038	2360240	1331958	549001
新　　疆	99056	45901	10018160	6615944	2700837
不分地区	257523	——	6949309	6020393	318030

国民经济行业大类城镇投资财务拨款

单位：万元

行业	本年资金来源合计	上年末结余资金	本年资金来源小计	本年各项应付款合计
全国总计	**1401318746**	**93884227**	**1307434519**	**97491387**
（一）农、林、牧、渔业	**14729304**	**116590**	**14612714**	**578030**
农业	3285589	35949	3249640	168562
林业	2928130	7812	2920318	153661
畜牧业	3218890	17190	3201700	99747
渔业	694989	489	694500	18400
农、林、牧、渔服务业	4601706	55150	4546556	137660
（二）采矿业	**54013995**	**663440**	**53350555**	**1083534**
煤炭开采和洗选业	19128177	412525	18715652	527790
石油和天然气开采业	22322254	84886	22237368	257054
黑色金属矿采选业	4362130	40189	4321941	79920
有色金属矿采选业	5099334	104617	4994717	116800
非金属矿采选业	2993217	21223	2971994	64169
其他采矿业	108883	——	108883	37801
（三）制造业	**377730926**	**10172797**	**367558129**	**14592512**
农副食品加工业	16890924	192922	16698002	479945
食品制造业	9859379	147570	9711809	432513
饮料制造业	7532792	176448	7356344	309760
烟草制品业	1359042	77583	1281459	47233
纺织业	15841244	242476	15598768	406877
纺织服装、鞋、帽制造业	7946325	230423	7715902	275980
皮革、毛皮、羽毛(绒)及其制品业	3647811	38111	3609700	88959
木材加工及木、竹、藤、棕、草制品业	6557634	39598	6518036	170904
家具制造业	3998396	61770	3936626	101695
造纸及纸制品业	8694702	178703	8515999	251494
印刷业和记录媒介的复制	3868910	79955	3788955	132806
文教体育用品制造业	1820685	47244	1773441	74173
石油加工、炼焦及核燃料加工业	14408884	366829	14042055	675218
化学原料及化学制品制造业	36923852	957008	35966844	1707847
医药制造业	9090605	232114	8858491	272978
化学纤维制造业	3504745	100762	3403983	120174
橡胶制品业	4664174	162153	4502021	118540
塑料制品业	9027330	210950	8816380	281852
非金属矿物制品业	29245906	397880	28848026	830416
黑色金属冶炼及压延加工业	28013829	607086	27406743	2085265
有色金属冶炼及压延加工业	14477319	687941	13789378	432029
金属制品业	16498448	358513	16139935	468122
通用设备制造业	24553143	399864	24153279	760021
专用设备制造业	18190616	402170	17788446	677762

国民经济行业大类城镇投资财务拨款

续表 1　　　　单位：万元

行　　业	本年资金来源合计	上年末结余资金	本年资金来源小计	本年各项应付款合计
交通运输设备制造业	29337552	1204208	28133344	1042829
电气机械及器材制造业	17515450	586457	16928993	593850
通信设备、计算机及其他电子设备制造业	24236788	1725890	22510898	1326099
仪器仪表文化办公用机械制造业	3062038	99754	2962284	116215
工艺品及其他制造业	6029153	147485	5881668	265303
废弃资源和废旧材料回收加工业	933250	12930	920320	45653
（四）电力燃气水的生产供应业	**95703984**	**4260639**	**91443345**	**6829908**
电力、热力的生产和供应业	83006196	3602234	79403962	5610977
燃气生产和供应业	3784809	221947	3562862	362243
水的生产和供应业	8912979	436458	8476521	856688
（五）建筑业	**10121044**	**260787**	**9860257**	**534852**
房屋和土木工程建筑业	8503307	198491	8304816	477204
建筑安装业	500709	12421	488288	10583
建筑装饰业	249519	389	249130	7936
其他建筑业	867509	49486	818023	39129
（六）交通运输、仓储和邮政业	**128812971**	**5406591**	**123406380**	**14394991**
铁路运输业	25071187	493455	24577732	579827
道路运输业	66699577	2675292	64024285	10388430
城市公共交通业	11294676	1144695	10149981	1075764
水上运输业	11515098	516621	10998477	1190316
航空运输业	5654684	131327	5523357	840815
管道运输业	672423	32987	639436	40961
装卸搬运和其他运输服务业	966702	16396	950306	10572
仓储业	6782316	391554	6390762	267937
邮政业	156308	4264	152044	369
（七）信息传输、计算机服务和软件业	**18716538**	**254726**	**18461812**	**585567**
电信和其他信息传输服务业	17477324	168712	17308612	489399
计算机服务业	332427	8534	323893	13058
软件业	906787	77480	829307	83110
（八）批发和零售业	**25942986**	**412505**	**25530481**	**998748**
批发业	12166556	216195	11950361	428612
零售业	13776430	196310	13580120	570136
（九）住宿和餐饮业	**14318903**	**646277**	**13672626**	**539977**
住宿业	10194305	595024	9599281	361569
餐饮业	4124598	51253	4073345	178408
（十）金融业	**1652174**	**110451**	**1541723**	**33984**
银行业	1241844	63778	1178066	30923
证券业	122734	113	122621	——
保险业	107019	6257	100762	291

国民经济行业大类城镇投资财务拨款

续表 2　　　　单位：万元

行　　　业	本年资金来源合计			本年各项应付款合计
		上年末结余资金	本年资金来源小计	
其他金融活动	180577	40303	140274	2770
（十一）房地产业	**470934741**	**61941678**	**408993063**	**42788545**
房地产业	470934741	61941678	408993063	42788545
（十二）租赁和商务服务业	**9455356**	**370840**	**9084516**	**301669**
租赁业	352680	12200	340480	4728
商务服务业	9102676	358640	8744036	296941
（十三）科研技术服务和地质勘查业	**6112859**	**590484**	**5522375**	**215819**
研究与试验发展	2600603	303776	2296827	99834
专业技术服务业	1718046	212670	1505376	58279
科技交流和推广服务业	963706	61973	901733	50187
地质勘查业	830504	12065	818439	7519
（十四）水利环境和公共设施管理业	**96489801**	**4403263**	**92086538**	**9189382**
水利管理业	11754371	950304	10804067	842082
环境管理业	6540253	407823	6132430	368288
公共设施管理业	78195177	3045136	75150041	7979012
（十五）居民服务和其他服务业	**2423981**	**26087**	**2397894**	**95832**
居民服务业	1556697	19718	1536979	61438
其他服务业	867284	6369	860915	34394
（十六）教育	**23648662**	**1279639**	**22369023**	**1614770**
教育	23648662	1279639	22369023	1614770
（十七）卫生、社会保障和社会福利业	**8913848**	**876382**	**8037466**	**487505**
卫生	8121928	836472	7285456	454435
社会保障业	131146	12363	118783	9368
社会福利业	660774	27547	633227	23702
（十八）文化、体育和娱乐业	**12757429**	**785613**	**11971816**	**1193546**
新闻出版业	418353	33406	384947	18181
广播、电视、电影和音像业	1645640	229129	1416511	102731
文化艺术业	4171458	245294	3926164	376112
体育	2947602	153276	2794326	106079
娱乐业	3574376	124508	3449868	590443
（十九）公共管理和社会组织	**28839244**	**1305438**	**27533806**	**1432216**
中国共产党机关	298030	72041	225989	12473
国家机构	23367389	1153163	22214226	1171062
人民政协和民主党派	125599	6327	119272	7978
群众团体、社会团体和宗教组织	708776	26606	682170	30166
基层群众自治组织	4339450	47301	4292149	210537
（二十）国际组织	——	——	——	——
国际组织	——	——	——	——

国民经济行业小类城镇投资资金来源构成(一)

单位：万元

行　　业	本年资金来源小计	国家预算内资金	国内贷款	债　券
全　国　总　计	**1307434519**	**54641294**	**221360823**	**4833103**
(一）农、林、牧、渔业	14612714	2680255	620552	14293
农业	3249640	511244	156305	355
谷物及其他作物的种植	1407853	365586	56617	355
谷物的种植	732610	229637	23050	115
薯类的种植	67517	4118	10640	——
油料的种植	12403	3506	280	20
豆类的种植	14213	5299	——	——
棉花的种植	84790	28764	1800	——
麻类的种植	13599	200	800	——
糖料的种植	22706	1300	1840	——
烟草的种植	97846	25346	994	——
其他作物的种植	362169	67416	17213	220
蔬菜、园艺作物的种植	1109727	93628	60261	——
蔬菜的种植	692333	80861	49211	——
花卉的种植	266876	9659	9330	——
其他园艺作物的种植	150518	3108	1720	——
水果、坚果、饮料和香料作物的种植	542900	42039	24779	——
水果、坚果的种植	468669	37333	16946	——
茶及其他饮料作物的种植	66671	4706	4863	——
香料作物的种植	7560	——	2970	——
中药材的种植	189160	9991	14648	——
林业	2920318	870236	64691	6872
林木的培育和种植	2643779	801964	63891	6872
育种和育苗	343570	52133	12437	——
造林	1985129	666227	42836	6749
林木的抚育和管理	315080	83604	8618	123
木材和竹材的采运	146495	58558	——	——
木材的采运	145118	58558	——	——
竹材的采运	1377	——	——	——
林产品的采集	130044	9714	800	——
畜牧业	3201700	119249	228174	5837
牲畜的饲养	1405860	69964	106793	——
猪的饲养	687807	14574	49793	——
家禽的饲养	728242	6092	51128	——
狩猎和捕捉动物	5650	——	——	——
其他畜牧业	374141	28619	20460	5837
渔业	694500	8316	26144	——
海洋渔业	416391	902	15252	——
海水养殖	305233	10	7950	——

国民经济行业小类城镇投资资金来源构成(一)

续表 1　　　　　　　　　　　　　　　　　　　　单位：万元

行　　　业	本年资金来源小计	国家预算内资金	国内贷款	债　券
海洋捕捞	111158	892	7302	——
内陆渔业	278109	7414	10892	——
内陆养殖	276296	7414	10450	——
内陆捕捞	1813	——	442	——
农、林、牧、渔服务业	4546556	1171210	145238	1229
农业服务业	4158981	1026902	134420	1229
灌溉服务	1320274	435904	40386	383
农产品初加工服务	624934	15082	49558	——
其他农业服务	2213773	575916	44476	846
林业服务业	67101	26049	2070	——
畜牧服务业	224195	80441	6848	——
兽医服务	38611	7324	3103	——
其他畜牧服务	185584	73117	3745	——
渔业服务业	96279	37818	1900	——
（二）采矿业	**53350555**	**508431**	**5935736**	**38307**
煤炭开采和洗选业	18715652	244119	2156261	37807
烟煤和无烟煤的开采洗选	17559056	232532	1965104	37807
褐煤的开采洗选	997708	11587	171009	——
其他煤炭采选	158888	——	20148	——
石油和天然气开采业	22237368	193092	3021423	——
天然原油和天然气开采	20967727	192592	2834125	——
与石油和天然气开采有关的服务活动	1269641	500	187298	——
黑色金属矿采选业	4321941	12852	331612	——
铁矿采选	4037799	12802	296671	——
其他黑色金属矿采选	284142	50	34941	——
有色金属矿采选业	4994717	49079	228552	500
常用有色金属矿采选	2941958	32246	158796	500
铜矿采选	894341	——	30692	——
铅锌矿采选	1145239	4799	42079	——
镍钴矿采选	118564	335	2840	500
锡矿采选	178002	——	2000	——
锑矿采选	38703	——	2000	——
铝矿采选	134004	——	8200	——
镁矿采选	44133	2000	——	——
其他常用有色金属矿采选	388972	25112	70985	——
贵金属矿采选	1173924	6898	42408	——
金矿采选	1079956	6898	34408	——
银矿采选	74965	——	8000	——
其他贵金属矿采选	19003	——	——	——
稀有稀土金属矿采选	878835	9935	27348	——

国民经济行业小类城镇投资资金来源构成(一)

续表 2　　单位：万元

行　　业	本年资金来源小计	国家预算内资金	国内贷款	债　券
钨钼矿采选	702271	1000	22270	——
稀土金属矿采选	33018	——	1000	——
放射性金属矿采选	23253	7485	3678	——
其他稀有金属矿采选	120293	1450	400	——
非金属矿采选业	2971994	8140	196348	——
土砂石开采	1882821	3068	84310	——
石灰石、石膏开采	484301	14	3620	——
建筑装饰用石开采	548920	2884	38767	——
耐火土石开采	230823	——	6929	——
粘土及其他土砂石开采	618777	170	34994	——
化学矿采选	440550	——	75786	——
采盐	206686	5072	22234	——
石棉及其他非金属矿采选	441937	——	14018	——
石棉、云母矿采选	8735	——	——	——
石墨、滑石采选	84735	——	300	——
宝石、玉石开采	5650	——	60	——
其他非金属矿采选	342817	——	13658	——
其他采矿业	108883	1149	1540	——
其他采矿业	108883	1149	1540	——
（三）制造业	**367558129**	**1440786**	**36747405**	**364939**
农副食品加工业	16698002	60819	1249841	1000
谷物磨制	2237236	8491	121018	——
饲料加工	1934511	3196	105607	1000
植物油加工	1848491	15047	176763	——
食用植物油加工	1659934	14597	160573	——
非食用植物油加工	188557	450	16190	——
制糖	639228	1090	76494	——
屠宰及肉类加工	3218356	7921	250619	——
畜禽屠宰	1669828	2838	115782	——
肉制品及副产品加工	1548528	5083	134837	——
水产品加工	1504152	6714	147827	——
水产品冷冻加工	1032496	5864	83604	——
鱼糜制品及水产品干腌制加工	145706	——	13173	——
水产饲料制造	80071	50	450	——
鱼油提取及制品的制造	460	——	——	——
其他水产品加工	245419	800	50600	——
蔬菜、水果和坚果加工	2464176	7574	130643	——
其他农副食品加工	2851852	10786	240870	——
淀粉及淀粉制品的制造	1623244	6846	138664	——
豆制品制造	290762	550	35133	——

国民经济行业小类城镇投资资金来源构成(一)

续表 3　　单位：万元

行　　业	本年资金来源小计	国家预算内资金	国内贷款	债　券
蛋品加工	84561	930	3761	——
其他未列明的农副食品加工	853285	2460	63312	——
食品制造业	9711809	40915	639643	400
焙烤食品制造	1232743	220	48487	——
糕点、面包制造	470889	——	17429	——
饼干及其他焙烤食品制造	761854	220	31058	——
糖果、巧克力及蜜饯制造	642731	——	59255	——
糖果、巧克力制造	475674	——	45670	——
蜜饯制作	167057	——	13585	——
方便食品制造	1473455	2572	100849	——
米、面制品制造	529541	350	35820	——
速冻食品制造	409984	——	40430	——
方便面及其他方便食品制造	533930	2222	24599	——
液体乳及乳制品制造	1393977	24196	64035	——
罐头制造	822801	2300	79264	——
肉、禽类罐头制造	210459	——	26190	——
水产品罐头制造	36264	——	2680	——
蔬菜、水果罐头制造	461626	2300	38546	——
其他罐头食品制造	114452	——	11848	——
调味品、发酵制品制造	1260611	2047	92964	400
味精制造	289197	——	14441	——
酱油、食醋及类似制品的制造	386734	1550	37465	400
其他调味品、发酵制品制造	584680	497	41058	——
其他食品制造	2885491	9580	194789	——
营养、保健食品制造	682601	220	40963	——
冷冻饮品及食用冰制造	362602	——	26576	——
盐加工	213707	——	18800	——
食品及饲料添加剂制造	830319	1710	65875	——
其他未列明的食品制造	796262	7650	42575	——
饮料制造业	7356344	9843	538770	700
酒精制造	722320	500	60385	——
酒的制造	3340846	4770	257422	——
白酒制造	1322445	680	59513	——
啤酒制造	1454742	3239	133158	——
黄酒制造	128383	——	47030	——
葡萄酒制造	272690	501	8990	——
其他酒制造	162586	350	8731	——
软饮料制造	2946294	3120	183792	700
碳酸饮料制造	285173	——	44582	——
瓶（罐）装饮用水制造	493402	1600	29474	——

国民经济行业小类城镇投资资金来源构成(一)

续表 4　　　　单位：万元

行　　业	本年资金来源小计	国家预算内资金	国内贷款	债　券
果菜汁及果菜汁饮料制造	1026712	700	58345	——
含乳饮料和植物蛋白饮料制造	630030	170	37417	700
固体饮料制造	64757	——	4136	——
茶饮料及其他软饮料制造	446220	650	9838	——
精制茶加工	346884	1453	37171	——
烟草制品业	1281459	19000	10550	——
烟叶复烤	87757	9000	550	——
卷烟制造	1111005	10000	10000	——
其他烟草制品加工	82697	——	——	——
纺织业	15598768	28633	1374629	420
棉、化纤纺织及印染精加工	8709910	21021	839008	420
棉、化纤纺织加工	7855404	7881	765968	420
棉、化纤印染精加工	854506	13140	73040	——
毛纺织和染整精加工	747568	3030	62856	——
毛条加工	195613	230	22210	——
毛纺织	406384	2100	21731	——
毛染整精加工	145571	700	18915	——
麻纺织	267705	——	12461	——
丝绢纺织及精加工	588077	1100	70410	——
缫丝加工	253659	1100	26830	——
绢纺和丝织加工	235931	——	26210	——
丝印染精加工	98487	——	17370	——
纺织制成品制造	2830236	——	222637	——
棉及化纤制品制造	1415210	——	124969	——
毛制品制造	94326	——	6617	——
麻制品制造	41404	——	——	——
丝制品制造	146788	——	13085	——
绳、索、缆的制造	94442	——	5000	——
纺织带和帘子布制造	162667	——	35093	——
无纺布制造	457334	——	26069	——
其他纺织制成品制造	418065	——	11804	——
针织品、编织品及其制品制造	2455272	3482	167257	——
棉、化纤针织品及编织品制造	1449545	60	114633	——
毛针织品及编织品制造	637298	——	29922	——
丝针织品及编织品制造	155136	——	10389	——
其他针织品及编织品制造	213293	3422	12313	——
纺织服装、鞋、帽制造业	7715902	4823	416326	200
纺织服装制造	7275706	4823	397215	200
纺织面料鞋的制造	357772	——	18031	——
制帽	82424	——	1080	——

国民经济行业小类城镇投资资金来源构成(一)

续表 5　　单位：万元

行　　业	本年资金来源小计	国家预算内资金	国内贷款	债　券
皮革、毛皮、羽毛(绒)及其制品业	3609700	13010	191982	1200
皮革鞣制加工	392940	——	18390	——
皮革制品制造	2571645	11380	142706	1200
皮鞋制造	1701262	11380	114274	1200
皮革服装制造	219277	——	11650	——
皮箱、包(袋)制造	366280	——	6325	——
皮手套及皮装饰制品制造	91792	——	3400	——
其他皮革制品制造	193034	——	7057	——
毛皮鞣制及制品加工	299423	1630	13720	——
毛皮鞣制加工	92557	——	2350	——
毛皮服装加工	126768	1600	170	——
其他毛皮制品加工	80098	30	11200	——
羽毛(绒)加工及制品制造	345692	——	17166	——
羽毛(绒)加工	106975	——	2120	——
羽毛(绒)制品加工	238717	——	15046	——
木材加工及木、竹、藤、棕、草制造	6518036	6693	337062	319
锯材、木片加工	1262160	5575	41625	——
锯材加工	669092	5340	19861	——
木片加工	593068	235	21764	——
人造板制造	3375529	98	190250	169
胶合板制造	1354980	24	58119	——
纤维板制造	759147	——	52192	169
刨花板制造	227009	——	10325	——
其他人造板、材制造	1034393	74	69614	——
木制品制造	1405919	866	77229	——
建筑用木料及木材组件加工	890617	756	55436	——
木容器制造	105750	——	1700	——
软木制品及其他木制品制造	409552	110	20093	——
竹、藤、棕、草制品制造	474428	154	27958	150
家具制造业	3936626	4708	170817	——
木质家具制造	2909422	1710	113182	——
竹、藤家具制造	77138	2998	6485	——
金属家具制造	508334	——	21405	——
塑料家具制造	52690	——	2325	——
其他家具制造	389042	——	27420	——
造纸及纸制品业	8515999	37236	1433605	103000
纸浆制造	1580062	880	512487	42216
造纸	4154144	12606	726633	15784
机制纸及纸板制造	3752576	10401	688933	15784
手工纸制造	44577	200	6700	——

国民经济行业小类城镇投资资金来源构成(一)

续表 6　　　　单位：万元

行业	本年资金来源小计	国家预算内资金	国内贷款	债券
加工纸制造	356991	2005	31000	——
纸制品制造	2781793	23750	194485	45000
纸和纸板容器的制造	1345682	——	74762	——
其他纸制品制造	1436111	23750	119723	45000
印刷业和记录媒介的复制	3788955	9476	258271	876
印刷	3508633	9244	249261	876
书、报、刊印刷	1048290	8874	103992	——
本册印制	181627	——	15380	——
包装装潢及其他印刷	2278716	370	129889	876
装订及其他印刷服务活动	174038	30	3000	——
记录媒介的复制	106284	202	6010	——
文教体育用品制造业	1773441	4400	72019	1600
文化用品制造	388243	4400	20227	——
文具制造	136231	——	6800	——
笔的制造	127692	——	11120	——
教学用模型及教具制造	72439	4400	1027	——
墨水、墨汁制造	18116	——	——	——
其他文化用品制造	33765	——	1280	——
体育用品制造	630013	——	25265	——
球类制造	73827	——	4135	——
体育器材及配件制造	141818	——	4790	——
训练健身器材制造	156436	——	6500	——
运动防护用具制造	52153	——	——	——
其他体育用品制造	205779	——	9840	——
乐器制造	131042	——	7105	——
中乐器制造	12724	——	160	——
西乐器制造	53433	——	6945	——
电子乐器制造	38479	——	——	——
其他乐器及零件制造	26406	——	——	——
玩具制造	577143	——	16977	1600
游艺器材及娱乐用品制造	47000	——	2445	——
露天游乐场所游乐设备制造	27762	——	2413	——
游艺用品及室内游艺器材制造	19238	——	32	——
石油加工、炼焦及核燃料加工业	14042055	9480	2083826	4131
精炼石油产品的制造	10160067	9480	1432291	——
原油加工及石油制品制造	9345836	6800	1327791	——
人造原油生产	814231	2680	104500	——
炼焦及其他	3881988	——	651535	4131
化学原料及化学制品制造业	35966844	52411	5630652	43728

国民经济行业小类城镇投资资金来源构成(一)

续表 7　　　　单位：万元

行　　业	本年资金来源小计	国家预算内资金	国内贷款	债　券
基础化学原料制造	14180436	32158	2820350	26900
无机酸制造	948032	——	102827	——
无机碱制造	2224631	——	383956	——
无机盐制造	969657	14600	68562	——
有机化学原料制造	7884159	14110	1761119	2000
其他基础化学原料制造	2153957	3448	503886	24900
肥料制造	5797136	3414	1245928	——
氮肥制造	3157858	1440	1006962	——
磷肥制造	534182	——	112703	——
钾肥制造	253549	——	6700	——
复混肥料制造	1267812	1270	93536	——
有机肥料及微生物肥料制造	291910	704	10520	——
其他肥料制造	291825	——	15507	——
农药制造	1321934	9329	71118	——
化学农药制造	936820	8829	48510	——
生物化学农药及微生物农药制造	385114	500	22608	——
涂料、油墨、颜料及类似产品制造	2067435	100	102521	——
涂料制造	1110838	100	62011	——
油墨及类似产品制造	113208	——	5500	——
颜料制造	258864	——	13810	——
染料制造	325884	——	16800	——
密封用填料及类似品制造	258641	——	4400	——
合成材料制造	3917470	740	785186	16226
初级形态的塑料及合成树脂制造	2224964	240	646431	16226
合成橡胶制造	364736	——	43561	——
合成纤维单(聚合)体的制造	956798	——	69971	——
其他合成材料制造	370972	500	25223	——
专用化学产品制造	7282940	6480	549879	602
化学试剂和助剂制造	2004237	1000	192299	2
专项化学用品制造	2484804	——	217677	600
林产化学产品制造	262995	100	10630	——
环境污染处理专用药剂材料制造	170931	300	6867	——
动物胶制造	102506	2500	1750	——
其他专用化学产品制造	2257467	2580	120656	——
日用化学产品制造	1399493	190	55670	——
肥皂及合成洗涤剂制造	373117	——	13980	——
化妆品制造	257067	50	18100	——
口腔清洁用品制造	48426	——	1500	——

国民经济行业小类城镇投资资金来源构成(一)

续表 8

单位：万元

行　　业	本年资金来源小计	国家预算内资金	国内贷款	债　券
香料、香精制造	236987	100	14430	——
其他日用化学产品制造	483896	40	7660	——
医药制造业	8858491	36205	741044	200
化学药品原药制造	1862657	6296	117741	——
化学药品制剂制造	1529592	1140	166601	——
中药饮片加工	800189	678	52894	——
中成药制造	1706723	6113	166462	200
兽用药品制造	618152	200	62958	——
生物、生化制品的制造	1599544	18943	112363	——
卫生材料及医药用品制造	741634	2835	62025	——
化学纤维制造业	3403983	——	932438	——
纤维素纤维原料及纤维制造	690817	——	89932	——
化纤浆粕制造	147123	——	13900	——
人造纤维（纤维素纤维）制造	543694	——	76032	——
合成纤维制造	2713166	——	842506	——
锦纶纤维制造	376689	——	45404	——
涤纶纤维制造	807728	——	115077	——
腈纶纤维制造	24569	——	1886	——
维纶纤维制造	168052	——	44360	——
其他合成纤维制造	1336128	——	635779	——
橡胶制品业	4502021	65108	709052	——
轮胎制造	2440730	——	589942	——
车辆、飞机及工程机械轮胎制造	2256154	——	580612	——
力车胎制造	98931	——	6900	——
轮胎翻新加工	85645	——	2430	——
橡胶板、管、带的制造	767332	410	48077	——
橡胶零件制造	458917	64298	36639	——
再生橡胶制造	136559	400	8559	——
日用及医用橡胶制品制造	113780	——	4960	——
橡胶靴鞋制造	111888	——	670	——
其他橡胶制品制造	472815	——	20205	——
塑料制品业	8816380	453	529949	250
塑料薄膜制造	937707	340	58171	——
塑料板、管、型材的制造	2404387	——	159224	——
塑料丝、绳及编织品的制造	926317	——	57490	——
泡沫塑料制造	467044	——	86450	——
塑料人造革、合成革制造	350847	——	12630	——
塑料包装箱及容器制造	961192	113	41370	——
塑料零件制造	542578	——	24068	——
日用塑料制造	769077	——	29460	——

国民经济行业小类城镇投资资金来源构成(一)

续表 9　　　　　　　　　　　　　　　　　　　　　　　　　　　　　　单位：万元

行　　　业	本年资金来源小计	国家预算内资金	国内贷款	债　券
塑料鞋制造	230736	——	4750	——
日用塑料杂品制造	538341	——	24710	——
其他塑料制品制造	1457231	——	61086	250
非金属矿物制品业	28848026	31973	2277393	——
水泥、石灰和石膏的制造	6522410	9135	780552	——
水泥制造	6045975	8335	766110	——
石灰和石膏制造	476435	800	14442	——
水泥及石膏制品制造	3528923	5402	133987	——
水泥制品制造	1787652	2212	65155	——
砼结构构件制造	596154	——	19067	——
石棉水泥制品制造	73254	——	220	——
轻质建筑材料制造	659283	1500	27301	——
其他水泥制品制造	412580	1690	22244	——
砖瓦、石材及其他建筑材料制造	8301776	5929	368039	——
粘土砖瓦及建筑砌块制造	2591124	2055	137401	——
建筑陶瓷制品制造	1785661	——	32105	——
建筑用石加工	1387998	3874	61407	——
防水建筑材料制造	383785	——	32924	——
隔热和隔音材料制造	577761	——	26247	——
其他建筑材料制造	1575447	——	77955	——
玻璃及玻璃制品制造	4798739	2700	617463	——
平板玻璃制造	945185	1500	131346	——
技术玻璃制品制造	776033	——	63176	——
光学玻璃制造	161442	——	31261	——
玻璃仪器制造	97817	——	12940	——
日用玻璃制品及玻璃包装容器制造	1070719	——	96669	——
玻璃保温容器制造	44086	——	5950	——
玻璃纤维及制品制造	877335	600	221664	——
玻璃纤维增强塑料制品制造	363066	600	10500	——
其他玻璃制品制造	463056	——	43957	——
陶瓷制品制造	1499809	4073	56736	——
卫生陶瓷制品制造	295409	1000	11250	——
特种陶瓷制品制造	514019	——	14490	——
日用陶瓷制品制造	597120	3073	23712	——
园林、陈设艺术及其他陶瓷制造	93261	——	7284	——
耐火材料制品制造	1653089	1484	92540	——
石棉制品制造	156079	——	4220	——
云母制品制造	25140	——	700	——
耐火陶瓷制品及其他耐火材料制造	1471870	1484	87620	——
石墨及其他非金属矿物制品制造	2543280	3250	228076	——

国民经济行业小类城镇投资资金来源构成(一)

续表 10　　　　单位：万元

行　　业	本年资金来源小计	国家预算内资金	国内贷款	债　券
石墨及碳素制品制造	1004659	2500	44614	——
其他非金属矿物制品制造	1538621	750	183462	——
黑色金属冶炼及压延加工业	27406743	13957	3972704	194000
炼铁	2645142	1000	567035	——
炼钢	7184743	——	1531197	——
钢压延加工	16544442	11657	1817082	194000
铁合金冶炼	1032416	1300	57390	——
有色金属冶炼及压延加工业	13789378	94367	1851714	——
常用有色金属冶炼	7526108	65742	1184561	——
铜冶炼	1351433	60162	51950	——
铅锌冶炼	1205610	1480	59493	——
镍钴冶炼	706439	——	74319	——
锡冶炼	42853	1000	13103	——
锑冶炼	69038	——	4250	——
铝冶炼	3441758	——	925131	——
镁冶炼	255056	2400	13300	——
其他常用有色金属冶炼	453921	700	43015	——
贵金属冶炼	370637	1460	25275	——
金冶炼	251731	1460	22340	——
银冶炼	54686	——	400	——
其他贵金属冶炼	64220	——	2535	——
稀有稀土金属冶炼	763364	8902	30840	——
钨钼冶炼	360366	——	10820	——
稀土金属冶炼	178776	1250	7680	——
其他稀有金属冶炼	224222	7652	12340	——
有色金属合金制造	778968	15	36731	——
有色金属压延加工	4350301	18248	574307	——
常用有色金属压延加工	3985679	18248	560757	——
贵金属压延加工	120828	——	3000	——
稀有稀土金属压延加工	243794	——	10550	——
金属制品业	16139935	10874	882454	150
结构性金属制品制造	6510647	920	289710	——
金属结构制造	5273751	——	220126	——
金属门窗制造	1236896	920	69584	——
金属工具制造	1870691	211	91688	——
切削工具制造	370487	——	40019	——
手工具制造	367655	211	6325	——
农用及园林用金属工具制造	154502	——	19000	——
刀剪及类似日用金属工具制造	162313	——	4260	——
其他金属工具制造	815734	——	22084	——

国民经济行业小类城镇投资资金来源构成(一)

续表 11 单位：万元

行　　业	本年资金来源小计	国家预算内资金	国内贷款	债　券
集装箱及金属包装容器制造	951416	——	88544	——
集装箱制造	96129	——	2200	——
金属压力容器制造	379271	——	25937	——
金属包装容器制造	476016	——	60407	——
金属丝绳及其制品的制造	1093852	7000	58268	——
建筑、安全用金属制品制造	1840187	2643	158368	——
建筑、家具用金属配件制造	447562	2143	31307	——
建筑装饰及水暖管道零件制造	986495	——	106104	——
安全、消防用金属制品制造	175600	500	5600	——
其他建筑、安全用金属制品制造	230530	——	15357	——
金属表面处理及热处理加工	866738	100	70090	——
搪瓷制品制造	190701	——	4501	——
工业生产配套用搪瓷制品制造	24743	——	——	——
搪瓷卫生洁具制造	49165	——	900	——
搪瓷日用品及其他搪瓷制品制造	116793	——	3601	——
不锈钢及类似日用金属制品制造	1276895	——	67090	150
金属制厨房调理及卫生器具制造	266891	——	23752	——
金属制厨用器皿及餐具制造	421596	——	24310	150
其他日用金属制品制造	588408	——	19028	——
其他金属制品制造	1538808	——	54195	——
铸币及贵金属制实验室用品制造	26271	——	——	——
其他未列明的金属制品制造	1512537	——	54195	——
通用设备制造业	24153279	102885	1667900	989
锅炉及原动机制造	1826610	4192	136021	——
锅炉及辅助设备制造	758499	——	37570	——
内燃机及配件制造	799968	3500	94651	——
汽轮机及辅机制造	126562	692	450	——
水轮机及辅机制造	29006	——	1650	——
其他原动机制造	112575	——	1700	——
金属加工机械制造	4129226	7250	270636	——
金属切削机床制造	977360	100	98462	——
金属成形机床制造	496179	5750	45490	——
铸造机械制造	937128	——	45945	——
金属切割及焊接设备制造	263632	——	2000	——
机床附件制造	456199	1100	16520	——
其他金属加工机械制造	998728	300	62219	——
起重运输设备制造	1925083	——	175579	——
泵、阀门、压缩机及类似机械的制造	2925583	6481	220807	——
泵及真空设备制造	825984	900	61561	——
气体压缩机械制造	303443	5514	19407	——

国民经济行业小类城镇投资资金来源构成(一)

续表 12　　　　单位：万元

行　　业	本年资金来源小计	国家预算内资金	国内贷款	债　券
阀门和旋塞的制造	840799	67	66359	——
液压和气压动力机械及元件制造	955357	——	73480	——
轴承、齿轮、传动和驱动部件制造	2348287	35831	156915	989
轴承制造	1402250	34731	90867	989
齿轮、传动和驱动部件制造	946037	1100	66048	——
烘炉、熔炉及电炉制造	109609	——	12448	——
风机衡器包装设备等通用设备制造	3296832	2177	248701	——
风机、风扇制造	485975	157	34383	——
气体、液体分离及纯净设备制造	238678	1800	11622	——
制冷、空调设备制造	786966	——	87865	——
风动和电动工具制造	302767	——	8252	——
喷枪及类似器具制造	66619	220	6970	——
包装专用设备制造	120608	——	4760	——
衡器制造	91710	——	4424	——
其他通用设备制造	1203509	——	90425	——
通用零部件制造及机械修理	3847937	3340	244370	——
金属密封件制造	220552	——	6745	——
紧固件、弹簧制造	663888	——	28351	——
机械零部件加工及设备修理	1844898	1000	117317	——
其他通用零部件制造	1118599	2340	91957	——
金属铸、锻加工	3744112	43614	202423	——
钢铁铸件制造	2909288	39007	163896	——
锻件及粉末冶金制品制造	834824	4607	38527	——
专用设备制造业	17788446	59150	1206010	2470
矿山、冶金、建筑专用设备制造	6524935	8343	443333	2470
采矿、采石设备制造	1808848	303	187732	2000
石油钻采专用设备制造	1049349	——	45555	——
建筑工程用机械制造	1559729	8000	108866	400
建筑材料生产专用机械制造	512397	40	32657	70
冶金专用设备制造	1594612	——	68523	——
化工木材非金属加工专用设备制造	2765407	——	133057	——
炼油、化工生产专用设备制造	530646	——	21060	——
橡胶加工专用设备制造	172397	——	19280	——
塑料加工专用设备制造	247291	——	4990	——
木材加工机械制造	80353	——	2250	——
模具制造	1559688	——	80848	——
其他非金属加工专用设备制造	175032	——	4629	——
食品饮料烟草及饲料生产设备制造	545130	200	39678	——
食品饮料烟草工业专用设备制造	268268	200	22446	——
农副食品加工专用设备制造	255891	——	15632	——

国民经济行业小类城镇投资资金来源构成(一)

续表 13　　单位：万元

行　　业	本年资金来源小计	国家预算内资金	国内贷款	债　券
饲料生产专用设备制造	20971	——	1600	——
印刷、制药、日化生产专用设备制造	927363	9997	46724	——
制浆和造纸专用设备制造	168189	——	6575	——
印刷专用设备制造	230028	——	20094	——
日用化工专用设备制造	111941	9597	400	——
制药专用设备制造	60960	100	2305	——
照明器具生产专用设备制造	167348	——	8450	——
玻璃、陶瓷和搪瓷制品生产设备制造	92902	——	4300	——
其他日用品生产专用设备制造	95995	300	4600	——
纺织、服装和皮革工业专用设备制造	764819	——	46980	——
纺织专用设备制造	507812	——	44300	——
皮革毛皮及其制品加工专用设备制造	29839	——	1000	——
缝纫机械制造	166615	——	1180	——
其他服装加工专用设备制造	60553	——	500	——
电子和电工机械专用设备制造	2058526	36421	189206	——
农、林、牧、渔专用机械制造	1113358	1632	90204	——
拖拉机制造	321953	457	25649	——
机械化农业及园艺机具制造	345420	1175	42796	——
营林及木竹采伐机械制造	9571	——	——	——
畜牧机械制造	18720	——	——	——
渔业机械制造	7879	——	680	——
农林牧渔机械配件制造	274911	——	19689	——
其他农林牧渔业机械制造	134904	——	1390	——
医疗仪器设备及器械制造	941363	500	76773	——
医疗诊断、监护及治疗设备制造	302160	500	18160	——
口腔科用设备及器具制造	9205	——	500	——
实验室及医用消毒设备和器具制造	29372	——	1100	——
医疗、外科及兽医用器械制造	311682	——	18733	——
机械治疗及病房护理设备制造	67945	——	8400	——
假肢、人工器官及植入设备制造	36601	——	1140	——
其他医疗设备及器械制造	184398	——	28740	——
环保、社会公共安全及其他专用设备制造	2147545	2057	140055	——
环境污染防治专用设备制造	697356	737	45940	——
地质勘查专用设备制造	37793	——	——	——
邮政专用机械及器材制造	2500	——	——	——
商业、饮食、服务业专用设备制造	34740	——	——	——

国民经济行业小类城镇投资资金来源构成(一)

续表 14　　单位：万元

行　　业	本年资金来源小计	国家预算内资金	国内贷款	债　券
社会公共安全设备及器材制造	132064	1320	3578	——
交通安全及管制专用设备制造	43633	——	6520	——
水资源专用机械制造	177834	——	7660	——
其他专用设备制造	1021625	——	76357	——
交通运输设备制造业	28133344	417614	2421252	342
铁路运输设备制造	1185845	3665	109445	——
铁路机车车辆及动车组制造	356878	1841	59909	——
工矿有轨专用车辆制造	82533	200	——	——
铁路机车车辆配件制造	323670	——	19706	——
铁路专用设备及器材、配件制造	292196	——	26402	——
其他铁路设备制造及设备修理	130568	1624	3428	——
汽车制造	19484277	68268	1301558	342
汽车整车制造	6061939	——	380144	——
改装汽车制造	924866	6000	83596	——
电车制造	188398	——	79289	——
汽车车身、挂车的制造	442503	470	32996	——
汽车零部件及配件制造	11368681	60556	696583	242
汽车修理	497890	1242	28950	100
摩托车制造	1118594	200	96473	——
摩托车整车制造	424363	——	23300	——
摩托车零部件及配件制造	694231	200	73173	——
自行车制造	688511	——	29757	——
脚踏自行车及残疾人座车制造	179926	——	6689	——
助动自行车制造	508585	——	23068	——
船舶及浮动装置制造	4092274	125895	717498	——
金属船舶制造	2542733	115550	590519	——
非金属船舶制造	54348	——	300	——
娱乐船和运动船的建造和修理	93931	——	12500	——
船用配套设备制造	714200	9625	81237	——
船舶修理及拆船	667964	720	32442	——
航标器材及其他浮动装置的制造	19098	——	500	——
交通器材及其他交通运输设备制造	1563843	219586	166521	——
交通管理用金属标志及设施制造	57670	——	5300	——
其他交通运输设备制造	1506173	219586	161221	——
电气机械及器材制造业	16928993	41472	1117850	——

国民经济行业小类城镇投资资金来源构成(一)

续表 15 单位：万元

行业	本年资金来源小计	国家预算内资金	国内贷款	债券
电机制造	2033408	2576	125575	——
发电机及发电机组制造	849058	594	86450	——
电动机制造	787096	1982	31994	——
微电机及其他电机制造	397254	——	7131	——
输配电及控制设备制造	4689047	21506	324590	——
变压器、整流器和电感器制造	1339070	50	122767	——
电容器及其配套设备制造	323056	——	22311	——
配电开关控制设备制造	1356423	15314	83364	——
电力电子元器件制造	1109660	5612	70743	——
其他输配电及控制设备制造	560838	530	25405	——
电线、电缆、光缆及电工器材制造	3168005	2818	166509	——
电线电缆制造	2432998	1578	138854	——
光纤、光缆制造	172275	720	5592	——
绝缘制品制造	181706	520	3983	——
其他电工器材制造	381026	——	18080	——
电池制造	2283964	270	119316	——
家用电力器具制造	1947243	2183	150302	——
家用制冷电器具制造	360295	——	32562	——
家用空气调节器制造	362014	183	46014	——
家用通风电器具制造	49428	——	2200	——
家用厨房电器具制造	376637	——	29452	——
家用清洁卫生电器具制造	203445	——	19540	——
家用美容、保健电器具制造	55472	——	1400	——
家用电力器具专用配件制造	193121	——	2194	——
其他家用电力器具制造	346831	2000	16940	——
非电力家用器具制造	899559	3509	124556	——
燃气、太阳能及类似能源器具制造	784962	3509	118226	——
其他非电力家用器具制造	114597		6330	——
照明器具制造	1232541	1610	88249	——
电光源制造	431405	160	42135	——
照明灯具制造	632836	1450	37084	——
灯用电器附件及其他照明器具制造	168300	——	9030	——
其他电气机械及器材制造	675226	7000	18753	——
车辆专用照明及电气信号设备制造	122551	——	2908	——
其他未列明的电气机械制造	552675	7000	15845	——
通信设备、计算机及其他电子设备制造	22510898	177212	3010573	6224
通信设备制造	2504823	53339	115795	——
通信传输设备制造	312121	35000	16400	——
通信交换设备制造	240948	11450	1547	——
通信终端设备制造	314560	1000	7060	——

国民经济行业小类城镇投资资金来源构成(一)

续表 16　　单位：万元

行　　业	本年资金来源小计	国家预算内资金	国内贷款	债　券
移动通信及终端设备制造	1284360	2889	77243	——
其他通信设备制造	352834	3000	13545	——
广播电视设备制造	175163	1650	12400	——
广播电视节目制作及发射设备制造	23913	550	——	——
广播电视接收设备及器材制造	113368	1100	10000	——
应用电视设备及其他广播电视设备制造	37882	——	2400	——
电子计算机制造	2207387	90693	311217	——
电子计算机整机制造	776572	86360	15250	——
计算机网络设备制造	263188	4333	99890	——
电子计算机外部设备制造	1167627	——	196077	——
电子器件制造	9431784	15870	1656651	——
电子真空器件制造	243697	1000	5445	——
半导体分立器件制造	644535	12600	78806	——
集成电路制造	4593543	——	421276	——
光电子器件及其他电子器件制造	3950009	2270	1151124	——
电子元件制造	5459440	2411	425099	6224
电子元件及组件制造	4236293	2411	261512	6224
印制电路板制造	1223147	——	163587	——
家用视听设备制造	804470	——	35229	——
家用影视设备制造	654257	——	27787	——
家用音响设备制造	150213	——	7442	——
其他电子设备制造	1927831	13249	454182	——
仪器仪表及文化、办公用机械制造	2962284	20841	192733	2600
通用仪器仪表制造	1207707	9114	101755	2600
工业自动控制系统装置制造	590906	6487	41241	——
电工仪器仪表制造	265549	600	11700	2600
绘图、计算及测量仪器制造	53183	——	3120	——
实验分析仪器制造	72046	——	12530	——
试验机制造	30077	——	550	——
供应用仪表及其他通用仪器制造	195946	2027	32614	——
专用仪器仪表制造	584399	4861	14744	——
环境监测专用仪器仪表制造	48753	——	4950	——
汽车及其他用计数仪表制造	141908	——	3013	——
农林牧渔专用仪器仪表制造	12212	900	——	——
地质勘探和地震专用仪器制造	25314	——	——	——
教学专用仪器制造	23864	——	615	——
电子测量仪器制造	120048	——	2436	——

国民经济行业小类城镇投资资金来源构成(一)

续表 17　　　　单位：万元

行　　业	本年资金来源小计	国家预算内资金	国内贷款	债　券
其他专用仪器制造	212300	3961	3730	——
钟表与计时仪器制造	112720	——	6908	——
光学仪器及眼镜制造	492206	6866	24367	——
光学仪器制造	288836	6866	19298	——
眼镜制造	203370	——	5069	——
文化、办公用机械制造	457344	——	36946	——
电影机械制造	6013	——	——	——
幻灯及投影设备制造	4307	——	——	——
照相机及器材制造	144266	——	4266	——
复印和胶印设备制造	207069	——	20500	——
计算器及货币专用设备制造	51325	——	2000	——
其他文化、办公用机械制造	44364	——	10180	——
其他仪器仪表的制造及修理	107908	——	8013	——
工艺品及其他制造业	5881668	65034	783686	140
工艺美术品制造	2107972	758	95309	140
雕塑工艺品制造	288552	500	16466	——
金属工艺品制造	190299	——	3300	——
漆器工艺品制造	51920	——	3350	——
花画工艺品制造	82407	——	2440	——
天然植物纤维编织工艺品制造	144363	——	3500	140
抽纱刺绣工艺品制造	355857	——	12450	——
地毯、挂毯制造	237941	258	23990	——
珠宝首饰及有关物品的制造	226737	——	20123	——
其他工艺美术品制造	529896	——	9690	——
日用杂品制造	551458	——	54164	——
制镜及类似品加工	84129	——	24674	——
鬃毛加工、制刷及清扫工具制造	57985	——	4325	——
其他日用杂品制造	409344	——	25165	——
煤制品制造	69572	——	1450	——
其他未列明的制造业	3152666	64276	632763	——
废弃资源和废旧材料回收加工业	920320	2194	42660	——
金属废料和碎屑的加工处理	552424	——	12470	——
非金属废料和碎屑的加工处理	367896	2194	30190	——
（四）电力燃气及水的生产和供应业	**91443345**	**5848782**	**36709033**	**110413**
电力、热力的生产和供应业	79403962	4760142	34634498	88067
电力生产	53345050	3155467	25752994	36058
火力发电	29376751	314930	16380048	10000
水力发电	17272557	2435141	7372584	25058
核力发电	1513593	275874	713821	——

国民经济行业小类城镇投资资金来源构成(一)

续表 18　　　　单位：万元

行　　　业	本年资金来源小计	国家预算内资金	国内贷款	债　券
其他能源发电	5182149	129522	1286541	1000
电力供应	23244772	1500252	8337427	36009
热力生产和供应	2814140	104423	544077	16000
燃气生产和供应业	3562862	145230	352990	1244
燃气生产和供应业	3562862	145230	352990	1244
水的生产和供应业	8476521	943410	1721545	21102
自来水的生产和供应	4391651	477959	855570	3937
污水处理及其再生利用	3840488	439133	844089	16615
其他水的处理、利用与分配	244382	26318	21886	550
（五）建筑业	**9860257**	**785278**	**836903**	**3334**
房屋和土木工程建筑业	8304816	732633	712008	3334
房屋工程建筑	4485966	106022	158650	1614
土木工程建筑	3818850	626611	553358	1720
铁路、道路、隧道和桥梁工程建筑	2451048	406637	446547	1650
水利和港口工程建筑	724474	163132	60106	——
工矿工程建筑	119698	16586	10010	70
架线和管道工程建筑	263245	18246	25193	——
其他土木工程建筑	260385	22010	11502	——
建筑安装业	488288	14249	17015	——
建筑安装业	488288	14249	17015	——
建筑装饰业	249130	1489	1600	——
建筑装饰业	249130	1489	1600	——
其他建筑业	818023	36907	106280	——
工程准备	351936	23637	32600	——
提供施工设备服务	146208	55	2900	——
其他未列明的建筑活动	319879	13215	70780	——
（六）交通运输、仓储和邮政业	**123406380**	**16143550**	**39792906**	**3925222**
铁路运输业	24577732	5498807	6442461	3799000
铁路旅客运输	9730055	3339613	1921217	2194000
铁路货物运输	12225589	1665282	4170387	1565000
铁路运输辅助活动	2622088	493912	350857	40000
客运火车站	819810	150642	88000	——
货运火车站	48549	6481	770	——
其他铁路运输辅助活动	1753729	336789	262087	40000
道路运输业	64024285	8519950	22725427	41222
公路旅客运输	24076508	3150630	11038649	11099
道路货物运输	12174215	1659603	3371316	104
道路运输辅助活动	27773562	3709717	8315462	30019
客运汽车站	654707	52390	62715	——
公路管理与养护	24757048	2945870	7984738	30019

国民经济行业小类城镇投资资金来源构成(一)

续表 19　　单位：万元

行　　业	本年资金来源小计	国家预算内资金	国内贷款	债　券
其他道路运输辅助活动	2361807	711457	268009	——
城市公共交通业	10149981	594016	5380348	——
公共电汽车客运	1326662	107469	196544	——
轨道交通	7022001	458238	4008079	——
出租车客运	348430	——	66667	——
城市轮渡	8409	655	5000	——
其他城市公共交通	1444479	27654	1104058	——
水上运输业	10998477	504842	2703498	80000
水上旅客运输	221668	16941	66052	——
远洋旅客运输	52245	——	40000	——
沿海旅客运输	92184	1416	17380	——
内河旅客运输	77239	15525	8672	——
水上货物运输	1983920	54187	490310	——
远洋货物运输	287392	10970	56790	——
沿海货物运输	856999	32284	123735	——
内河货物运输	839529	10933	309785	——
水上运输辅助活动	8792889	433714	2147136	80000
客运港口	199519	2456	22505	——
货运港口	7617248	264760	2019248	80000
其他水上运输辅助活动	976122	166498	105383	——
航空运输业	5523357	523155	1581004	——
航空客货运输	2173838	92625	557550	——
航空旅客运输	1865812	92625	332265	——
航空货物运输	308026	——	225285	——
通用航空服务	327787	27152	55141	——
航空运输辅助活动	3021732	403378	968313	——
机场	2795614	350678	932859	——
空中交通管理	60160	41866	——	——
其他航空运输辅助活动	165958	10834	35454	——
管道运输业	639436	86308	108721	5000
管道运输业	639436	86308	108721	5000
装卸搬运和其他运输服务业	950306	7311	25908	——
装卸搬运	154806	6841	7970	——
运输代理服务	795500	470	17938	——
仓储业	6390762	403482	821439	——
谷物、棉花等农产品仓储	1046070	61604	76206	——
其他仓储	5344692	341878	745233	——
邮政业	152044	5679	4100	——
国家邮政	135847	5679	4100	——
其他寄递服务	16197	——	——	——
（七）信息传输、计算机服务和软件业	**18461812**	**262999**	**527979**	**1850**

国民经济行业小类城镇投资资金来源构成(一)

续表 20　　单位：万元

行　　业	本年资金来源小计	国家预算内资金	国内贷款	债券
电信和其他信息传输服务业	17308612	254520	336251	1700
电信	14565752	204105	207393	1700
固定电信服务	4463520	43559	81058	——
移动电信服务	9805415	125666	125735	1700
其他电信服务	296817	34880	600	——
互联网信息服务	1923333	3366	16457	——
广播电视传输服务	774751	46989	112401	——
有线广播电视传输服务	684799	38179	101901	——
无线广播电视传输服务	89952	8810	10500	——
卫星传输服务	44776	60	——	——
计算机服务业	323893	3445	24265	150
计算机系统服务	88238	100	11668	——
数据处理	101204	2660	10080	——
计算机维修	1874	——	——	——
其他计算机服务	132577	685	2517	150
软件业	829307	5034	167463	——
公共软件服务	672931	1830	156963	——
基础软件服务	187224	——	47050	——
应用软件服务	485707	1830	109913	——
其他软件服务	156376	3204	10500	——
（八）批发和零售业	**25530481**	**163532**	**1481215**	**305**
批发业	11950361	121648	673913	275
农畜产品批发	879896	74924	72880	275
谷物、豆及薯类批发	322935	3520	14430	275
种子、饲料批发	124949	1319	13341	——
棉、麻批发	48840	——	580	——
牲畜批发	20962	281	——	——
其他农畜产品批发	362210	69804	44529	——
食品、饮料及烟草制品批发	2024952	28779	127844	——
米、面制品及食用油批发	200084	1274	12500	——
糕点、糖果及糖批发	111861	——	31540	——
果品、蔬菜批发	734411	8620	49150	——
肉、禽、蛋及水产品批发	235649	1261	19171	——
盐及调味品批发	238894	9100	——	——
饮料及茶叶批发	91276	270	4740	——
烟草制品批发	267158	8254	9033	——
其他食品批发	145619	——	1710	——
纺织、服装及日用品批发	1916485	500	185393	——
纺织品、针织品及原料批发	466307	——	54763	——
服装批发	922317	——	109300	——

国民经济行业小类城镇投资资金来源构成(一)

续表 21　　　　单位：万元

行　　业	本年资金来源小计	国家预算内资金	国内贷款	债券
鞋帽批发	92565	——	1350	——
厨房、卫生间用具及日用杂货批发	104268	500	2020	——
化妆品及卫生用品批发	24108	——	300	——
其他日用品批发	306920	——	17660	——
文化、体育用品及器材批发	297095	775	16132	——
文具用品批发	22674	——	3800	——
体育用品批发	24271	——	——	——
图书批发	142744	——	7000	——
报刊批发	3860	——	——	——
音像制品及电子出版物批发	5005	——	——	——
首饰、工艺品及收藏品批发	42566	——	3682	——
其他文化用品批发	55975	775	1650	——
医药及医疗器材批发	457752	1065	12585	——
西药批发	183991	——	5205	——
中药材及中成药批发	184413	1000	5110	——
医疗用品及器材批发	89348	65	2270	——
矿产品、建材及化工产品批发	3510018	5034	142520	——
煤炭及制品批发	362145	112	15072	——
石油及制品批发	563216	2642	24199	——
非金属矿及制品批发	36215	——	6500	——
金属及金属矿批发	479056	——	10817	——
建材批发	1676739	100	66492	——
化肥批发	56596	2000	2920	——
农药批发	10836	150	370	——
农用薄膜批发	11737	——	500	——
其他化工产品批发	313478	30	15650	——
机械设备、五金交电及电子产品批发	2133052	3486	48841	——
农业机械批发	88179	555	900	——
汽车、摩托车及零配件批发	642636	1800	21041	——
五金、交电批发	534645	——	18940	——
家用电器批发	166891	——	3400	——
计算机、软件及辅助设备批发	84107	——	1200	——
通讯及广播电视设备批发	104394	——	90	——
其他机械设备及电子产品批发	512200	1131	3270	——
贸易经纪与代理	162475	——	3430	——
其他批发	568636	7085	64288	——
再生物资回收与批发	174915	6100	3370	——
其他未列明的批发	393721	985	60918	——
零售业	13580120	41884	807302	30
综合零售	7605655	22861	536667	——

国民经济行业小类城镇投资资金来源构成(一)

续表 22　　单位：万元

行　　业	本年资金来源小计	国家预算内资金	国内贷款	债券
百货零售	3874421	6079	343367	——
超级市场零售	2189297	460	131490	——
其他综合零售	1541937	16322	61810	——
食品、饮料及烟草制品专门零售	587768	7263	31280	——
粮油零售	55820	375	150	——
糕点、面包零售	12380	——	——	——
果品、蔬菜零售	204979	1465	16560	——
肉、禽、蛋及水产品零售	87416	685	4484	——
饮料及茶叶零售	30083	——	1000	——
烟草制品零售	17527	——	200	——
其他食品零售	179563	4738	8886	——
纺织、服装及日用品专门零售	800039	2632	73108	——
纺织品及针织品零售	89471	——	3800	——
服装零售	535834	——	67050	——
鞋帽零售	32213	——	808	——
钟表、眼镜零售	22218	——	——	——
化妆品及卫生用品零售	14547	——	——	——
其他日用品零售	105756	2632	1450	——
文化、体育用品及器材专门零售	279981	1606	27651	30
文具用品零售	14922	——	——	——
体育用品零售	46300	——	——	——
图书零售	108908	526	17051	——
报刊零售	——	——	——	——
音像制品及电子出版物零售	6655	——	——	——
珠宝首饰零售	40104	——	200	30
工艺美术品及收藏品零售	53674	1080	10100	——
照相器材零售	3810	——	——	——
其他文化用品零售	5608	——	300	——
医药及医疗器材专门零售	118686	120	3664	——
药品零售	89512	——	3064	——
医疗用品及器材零售	29174	120	600	——
汽车、摩托车、燃料及零配件专门零售	2035503	4281	49432	——
汽车零售	1382596	1976	35931	——
汽车零配件零售	225379	——	4000	——
摩托车及零配件零售	44614	——	230	——
机动车燃料零售	382914	2305	9271	——
家用电器及电子产品专门零售	411933	——	9130	——
家用电器零售	220966	——	1370	——
计算机、软件及辅助设备零售	75164	——	5267	——
通信设备零售	37745	——	500	——

国民经济行业小类城镇投资资金来源构成(一)

续表 23　　　　单位：万元

行　　　业	本年资金来源小计	国家预算内资金	国内贷款	债券
其他电子产品零售	78058	——	1993	——
五金、家具及室内装修材料专门零售	1331682	63	63450	——
五金零售	141557	——	3700	——
家具零售	795817	63	32680	——
涂料零售	19913	——	2810	——
其他室内装修材料零售	374395	——	24260	——
无店铺及其他零售	408873	3058	12920	——
流动货摊零售	4239	58	——	——
邮购及电子销售	3550	——	——	——
生活用燃料零售	153990	——	1740	——
花卉零售	10654	——	300	——
旧货零售	6479	——	——	——
其他未列明的零售	229961	3000	10880	——
（九）住宿和餐饮业	**13672626**	**122601**	**1273047**	**5000**
住宿业	9599281	114017	1026152	——
旅游饭店	7428733	86297	909325	——
一般旅馆	1640552	3746	92263	——
其他住宿服务	529996	23974	24564	——
餐饮业	4073345	8584	246895	5000
正餐服务	3544524	5480	233867	5000
快餐服务	122117	100	2763	——
饮料及冷饮服务	102049	——	1550	——
其他餐饮服务	304655	3004	8715	——
（十）金融业	**1541723**	**65069**	**16280**	——
银行业	1178066	62442	6080	——
中央银行	105664	30297	——	——
商业银行	998564	29160	6080	——
其他银行	73838	2985	——	——
证券业	122621	——	——	——
证券市场管理	9694	——	——	——
证券经纪与交易	94724	——	——	——
证券投资	5103	——	——	——
证券分析与咨询	13100	——	——	——
保险业	100762	379	——	——
人寿保险	68019	379	——	——
非人寿保险	31435	——	——	——
保险辅助服务	1308	——	——	——
其他金融活动	140274	2248	10200	——
金融信托与管理	29124	148	4500	——
金融租赁	18161	——	200	——

国民经济行业小类城镇投资资金来源构成(一)

续表 24　　　　单位：万元

行　　业	本年资金来源小计	国家预算内资金	国内贷款	债券
财务公司	210	——	——	——
邮政储蓄	2076	——	——	——
典当	16578	——	——	——
其他未列明的金融活动	74125	2100	5500	——
（十一）房地产业	**408993063**	**1293114**	**72625980**	**1815**
房地产业	408993063	1293114	72625980	1815
房地产开发经营	387532629	358772	71125641	1580
物业管理	687245	15640	23626	——
房地产中介服务	193717	1560	2000	——
其他房地产活动	20579472	917142	1474713	235
（十二）租赁和商务服务业	**9084516**	**183226**	**1419745**	**370**
租赁业	340480	9708	10035	——
机械设备租赁	324870	108	10035	——
汽车租赁	79062	——	2430	——
农业机械租赁	751	108	——	——
建筑工程机械与设备租赁	121867	——	5950	——
计算机及通讯设备租赁	——	——	——	——
其他机械与设备租赁	123190	——	1655	——
文化及日用品出租	15610	9600	——	——
图书及音像制品出租	2000	——	——	——
其他文化及日用品出租	13610	9600	——	——
商务服务业	8744036	173518	1409710	370
企业管理服务	4287350	75501	753328	——
企业管理机构	1554084	7373	228989	——
投资与资产管理	1902161	62410	427333	——
其他企业管理服务	831105	5718	97006	——
法律服务	16769	4209	——	——
律师及相关的法律服务	9535	106	——	——
公证服务	984	——	——	——
其他法律服务	6250	4103	——	——
咨询与调查	163874	5330	4376	——
会计、审计及税务服务	21734	2530		——
市场调查	4060	——	——	——
社会经济咨询	62110	——	300	——
其他专业咨询	75970	2800	4076	——
广告业	120396	7920	4100	——
知识产权服务	7249	——	——	——
职业中介服务	65355	4526	400	——
市场管理	1404273	2759	124865	200
旅行社	96499	595	2570	——

国民经济行业小类城镇投资资金来源构成(一)

续表 25　　　　单位：万元

行　业	本年资金来源小计	国家预算内资金	国内贷款	债券
其他商务服务	2582271	72678	520071	170
会议及展览服务	1346106	57983	121918	170
包装服务	33096	——	1120	——
保安服务	10722	150	1500	——
办公服务	344105	1045	57447	——
其他未列明的商务服务	848242	13500	338086	——
（十三）科研技术服务和地质勘察业	**5522375**	**703014**	**392600**	**3828**
研究与试验发展	2296827	452463	203588	3600
自然科学研究与试验发展	605487	94147	122180	——
工程和技术研究与试验发展	1137312	308820	45000	3300
农业科学研究与试验发展	354328	30850	19674	——
医学研究与试验发展	56677	1040	1500	——
社会人文科学研究与试验发展	143023	17606	15234	300
专业技术服务业	1505376	148994	67825	——
气象服务	123596	65112	——	——
地震服务	11142	3189	——	——
海洋服务	5906	2372	——	——
测绘服务	62966	830	——	——
技术检测	322992	42313	11741	——
环境监测	71428	6226	——	——
工程技术与规划管理	631903	24588	13564	——
工程管理服务	101021	12032	1300	——
工程勘察设计	245620	4700	10664	——
规划管理	285262	7856	1600	——
其他专业技术服务	275443	4364	42520	——
科技交流和推广服务业	901733	72673	104186	228
技术推广服务	232329	27341	1586	228
科技中介服务	312242	16306	91004	——
其他科技服务	357162	29026	11596	——
地质勘查业	818439	28884	17001	——
矿产地质勘查	701193	15544	15501	——
能源矿产地质勘察	442224	2652	6000	——
固体矿产地质勘察	205105	12712	8501	——
其他矿产地质勘察	53864	180	1000	——
基础地质勘察	42562	2509	1500	——
地质勘察技术服务	74684	10831	——	——
（十四）水利环境和公共设施管理业	**92086538**	**12643375**	**17378070**	**173142**
水利管理业	10804067	3514281	1632929	5514
防洪管理	3649649	1008168	541133	244
水资源管理	5236831	2040104	856974	5220

国民经济行业小类城镇投资资金来源构成(一)

续表 26　　　　单位：万元

行　　业	本年资金来源小计	国家预算内资金	国内贷款	债券
水库管理	1753384	591983	237731	3161
调水、引水管理	2837218	1235965	561998	742
其他水资源管理	646229	212156	57245	1317
其他水利管理	1917587	466009	234822	50
环境管理业	6132430	1180573	605875	5101
自然保护	461614	98832	14734	1527
自然保护区管理	206571	42171	12164	205
野生动植物保护	138088	25425	2000	——
其他自然保护	116955	31236	570	1322
环境治理	5670816	1081741	591141	3574
城市市容管理	879676	75437	49814	2570
城市环境卫生管理	1097773	239681	114353	——
水污染治理	1437109	236125	207724	600
危险废物治理	207809	21120	28220	——
其他环境治理	2048449	509378	191030	404
公共设施管理业	75150041	7948521	15139266	162527
市政公共设施管理	64690246	6950861	13870166	152210
城市绿化管理	2635954	540101	292606	——
游览景区管理	7823841	457559	976494	10317
风景名胜区管理	2674939	79412	487083	1000
公园管理	2156653	280720	320712	9317
其他游览景区管理	2992249	97427	168699	——
（十五）居民服务和其他服务业	**2397894**	**81492**	**102630**	——
居民服务业	1536979	70578	76162	——
家庭服务	38314	674	436	——
托儿所	5763	350	——	——
洗染服务	13797	——	230	——
理发及美容保健服务	83588	651	1300	——
洗浴服务	392787	400	15474	——
婚姻服务	3674	——	——	——
殡葬服务	265561	19386	9426	——
摄影扩印服务	43641	——	1600	——
其他居民服务	689854	49117	47696	——
其他服务业	860915	10914	26468	——
修理与维护	406475	954	12208	——
汽车、摩托车维护与保养	388271	594	12208	——
办公设备维修	611	——	——	——
家用电器修理	3708	60	——	——
其他日用品修理	13885	300	——	——
清洁服务	50351	——	3350	——

国民经济行业小类城镇投资资金来源构成(一)

续表 27　　　　单位：万元

行　　业	本年资金来源小计	国家预算内资金	国内贷款	债券
建筑物清洁服务	9067	——	——	——
其他清洁服务	41284	——	3350	——
其他未列明的服务	404089	9960	10910	——
（十六）教育	**22369023**	**2757654**	**2881078**	**3925**
教育	22369023	2757654	2881078	3925
学前教育	271396	19723	3067	50
初等教育	2307800	569924	56488	488
中等教育	7221754	1315620	494239	3387
初中教育	2518237	603774	104056	339
高中教育	2928509	513023	272755	300
中等专业教育	523773	28897	35742	——
职业中学教育	677135	104855	44593	200
技工学校教育	450676	40876	30163	1250
其他中等教育	123424	24195	6930	1298
高等教育	10914957	707542	2247853	——
普通高等教育	10390944	665699	2220396	——
成人高等教育	524013	41843	27457	——
其他教育	1653116	144845	79431	——
职业技能培训	1142823	47710	45643	——
特殊教育	23313	4274	——	——
其他未列明的教育	486980	92861	33788	——
（十七）卫生社会保障和社会福利业	**8037466**	**814850**	**876365**	**981**
卫生	7285456	674481	850618	981
医院	6072983	423324	806429	246
综合医院	4678556	315145	649507	233
中医医院	393481	38871	63969	——
中西医结合医院	142448	5170	9985	——
民族医院	12450	3107	1789	13
专科医院	742813	51501	56150	——
疗养院	103235	9530	25029	——
卫生院及社区医疗活动	559577	133668	10846	625
门诊部医疗活动	109776	17519	5792	——
计划生育技术服务活动	76111	17855	1000	——
妇幼保健活动	98589	7418	8829	110
专科疾病防治活动	53569	19260	50	——
疾病预防控制及防疫活动	178139	40623	8476	——
其他卫生活动	136712	14814	9196	——
社会保障业	118783	32624	7219	——
社会保障业	118783	32624	7219	——
社会福利业	633227	107745	18528	——

国民经济行业小类城镇投资资金来源构成(一)

续表 28　　　　单位：万元

行业	本年资金来源小计	国家预算内资金	国内贷款	债券
提供住宿的社会福利	516063	87423	17928	——
干部休养所	69446	15350	800	——
收养收容服务	446617	72073	17128	——
不提供住宿的社会福利	117164	20322	600	——
（十八）文化、体育和娱乐业	**11971816**	**1765898**	**943747**	**181019**
新闻出版业	384947	21651	28205	——
新闻业	131692	14608	7695	——
出版业	253255	7043	20510	——
图书出版	82224	2268	7910	——
报纸出版	161218	4775	12300	——
期刊出版	1302	——	——	——
音像制品出版	——	——	——	——
电子出版物出版	88	——	——	——
其他出版	8423	——	300	——
广播、电视、电影和音像业	1416511	61332	118097	——
广播	199493	18739	29946	——
电视	922926	31431	83651	——
电影	262164	9362	4300	——
电影制作与发行	102588	4261	500	——
电影放映	159576	5101	3800	——
音像制作	31928	1800	200	——
文化艺术业	3926164	955570	384481	181019
文艺创作与表演	205919	73237	——	——
艺术表演场馆	739322	67823	124414	——
图书馆与档案馆	253433	85998	2290	——
图书馆	212164	72581	2190	——
档案馆	41269	13417	100	——
文物及文化保护	572212	194671	130160	276
博物馆	1246849	321722	78896	180743
烈士陵园、纪念馆	154727	71503	11470	——
群众文化活动	580803	128854	32520	——
文化艺术经纪代理	9304	——	——	——
其他文化艺术	163595	11762	4731	——
体育	2794326	623513	165901	——
体育组织	458293	23085	17690	——
体育场馆	2229840	596103	147881	——
其他体育	106193	4325	330	——
娱乐业	3449868	103832	247063	——
室内娱乐活动	953455	30251	11398	——
游乐园	743062	11340	142600	——

国民经济行业小类城镇投资资金来源构成(一)

续表 29　　　　单位：万元

行　　业	本年资金来源小计	国家预算内资金	国内贷款	债券
休闲健身娱乐活动	1249753	47216	63269	——
其他娱乐活动	503598	15025	29796	——
(十九）公共管理和社会组织	**27533806**	**6377388**	**799552**	**4360**
中国共产党机关	225989	105851	10069	——
中国共产党机关	225989	105851	10069	——
国家机构	22214226	6123078	639808	4360
国家权力机构	1018515	244784	54742	——
国家行政机构	19632783	5510102	553091	1853
综合事务管理机构	6387384	1341552	300128	566
对外事务管理机构	42019	18737	——	——
公共安全管理机构	3694031	2185598	38179	810
社会事务管理机构	1409888	309481	49375	47
经济事务管理机构	4349526	816292	109747	330
政府事务管理机构	3140998	682344	52968	——
行政监督检查机构	608937	156098	2694	100
人民法院和人民检察院	778405	229800	26833	2482
人民法院	418599	103811	8784	1395
人民检察院	359806	125989	18049	1087
其他国家机构	784523	138392	5142	25
人民政协和民主党派	119272	39717	——	——
人民政协	81018	16764	——	——
民主党派	38254	22953	——	——
群众团体、社会团体和宗教组织	682170	39012	35957	——
群众团体	144235	21901	6000	——
工会	83385	14669	6000	——
妇联	6661	640	——	——
共青团	7290	1268	——	——
其他群众团体	46899	5324	——	——
社会团体	155905	11888	19481	——
专业性团体	47008	9771	31	——
行业性团体	51983	2010	400	——
其他社会团体	56914	107	19050	——
宗教组织	382030	5223	10476	——
基层群众自治组织	4292149	69730	113718	——
社区自治组织	1597492	7754	69056	——
村民自治组织	2694657	61976	44662	——
(二十）国际组织	——	——	——	——
国际组织	——	——	——	——

国民经济行业小类城镇投资资金来源构成（二）

单位：万元

行　　业	利用外资	外商直接投资	自筹资金	企事业单位自有资金	其他资金
全　国　总　计	**45490180**	**34561261**	**74520881**	**431551110**	**2359003**
（一）农、林、牧、渔业	253326	150953	9091780	3944216	1952508
农业	85594	63282	2066278	901631	429864
谷物及其他作物的种植	2704	——	798398	323628	184193
谷物的种植	2216	——	393228	168790	84364
薯类的种植	——	——	38308	20312	14451
油料的种植	——	——	7461	5508	1136
豆类的种植	——	——	7460	3943	1454
棉花的种植	——	——	47327	14790	6899
麻类的种植	——	——	11197	2683	1402
糖料的种植	——	——	12127	1686	7439
烟草的种植	——	——	54474	30964	17032
其他作物的种植	488	——	226816	74952	50016
蔬菜、园艺作物的种植	48025	34057	770847	303901	136966
蔬菜的种植	21987	12487	433740	176551	106534
花卉的种植	15488	11570	208065	93882	24334
其他园艺作物的种植	10550	10000	129042	33468	6098
水果、坚果、饮料和香料作物的种植	34351	29225	355171	203475	86560
水果、坚果的种植	33652	28530	297983	182599	82755
茶及其他饮料作物的种植	699	695	52598	17089	3805
香料作物的种植	——	——	4590	3787	——
中药材的种植	514	——	141862	70627	22145
林业	53299	23163	1408236	576685	516984
林木的培育和种植	51999	21863	1278313	487415	440740
育种和育苗	4248	3388	248655	128900	26097
造林	42807	18320	885589	314221	340921
林木的抚育和管理	4944	155	144069	44294	73722
木材和竹材的采运	1300	1300	75527	46606	11110
木材的采运	1300	1300	74210	46025	11050
竹材的采运	——	——	1317	581	60
林产品的采集	——	——	54396	42664	65134
畜牧业	68339	37252	2497281	1166738	282820
牲畜的饲养	27920	18568	1081489	437070	119694
猪的饲养	13029	9039	562272	264816	48139
家禽的饲养	11320	5645	608640	331564	51062
狩猎和捕捉动物	4000	4000	450	——	1200
其他畜牧业	12070	——	244430	133288	62725
渔业	24426	24426	564257	304348	71357
海洋渔业	19314	19314	355627	222617	25296
海水养殖	4314	4314	285239	161517	7720

国民经济行业小类城镇投资资金来源构成（二）

续表 1　　单位：万元

行　　业	利用外资	外商直接投资	自筹资金	企事业单位自有资金	其他资金
海洋捕捞	15000	15000	70388	61100	17576
内陆渔业	5112	5112	208630	81731	46061
内陆养殖	5112	5112	207859	81280	45461
内陆捕捞	——	——	771	451	600
农、林、牧、渔服务业	21668	2830	2555728	994814	651483
农业服务业	18161	380	2367699	893324	610570
灌溉服务	4829	——	666191	241505	172581
农产品初加工服务	7680	380	517171	268206	35443
其他农业服务	5652	——	1184337	383613	402546
林业服务业	95	——	26445	13416	12442
畜牧服务业	3412	2450	114311	59405	19183
兽医服务	200	——	23504	12763	4480
其他畜牧服务	3212	2450	90807	46642	14703
渔业服务业	——	——	47273	28669	9288
（二）采矿业	**1030023**	**803740**	**42545479**	**28561724**	**3292579**
煤炭开采和洗选业	216254	106869	15470561	10716216	590650
烟煤和无烟煤的开采洗选	216254	106869	14541381	10253000	565978
褐煤的开采洗选	——	——	791710	388526	23402
其他煤炭采选	——	——	137470	74690	1270
石油和天然气开采业	479413	462099	16866755	11085058	1676685
天然原油和天然气开采	479413	462099	15993384	10441636	1468213
与石油和天然气开采有关的服务活动	——	——	873371	643422	208472
黑色金属矿采选业	41763	19016	3542553	2473878	393161
铁矿采选	33589	14036	3330375	2322989	364362
其他黑色金属矿采选	8174	4980	212178	150889	28799
有色金属矿采选业	203674	159909	4137733	2727094	375179
常用有色金属矿采选	64398	49134	2397592	1575559	288426
铜矿采选	16930	15330	783706	522939	63013
铅锌矿采选	11840	6850	939565	668011	146956
镍钴矿采选	10574	7574	103935	64868	380
锡矿采选	900	——	166607	136224	8495
锑矿采选	——	——	24215	11063	12488
铝矿采选	——	——	123440	53609	2364
镁矿采选	——	——	42133	22440	——
其他常用有色金属矿采选	24154	19380	213991	96405	54730
贵金属矿采选	117226	92025	950071	641289	57321
金矿采选	108126	82925	891891	608055	38633
银矿采选	9100	9100	42787	21282	15078
其他贵金属矿采选	——	——	15393	11952	3610
稀有稀土金属矿采选	22050	18750	790070	510246	29432

国民经济行业小类城镇投资资金来源构成（二）

续表 2　　　　单位：万元

行　　业	利用外资	外商直接投资	自筹资金	企事业单位自有资金	其他资金
钨钼矿采选	9800	6500	654077	380810	15124
稀土金属矿采选	12000	12000	12968	12428	7050
放射性金属矿采选	——	——	11240	10061	850
其他稀有金属矿采选	250	250	111785	106947	6408
非金属矿采选业	83889	50997	2439902	1492056	243715
土砂石开采	53719	39397	1564319	930790	177405
石灰石、石膏开采	22127	21235	442651	294215	15889
建筑装饰用石开采	3972	472	416929	221286	86368
耐火土石开采	21160	12760	188302	98792	14432
粘土及其他土砂石开采	6460	4930	516437	316497	60716
化学矿采选	700	——	355151	275769	8913
采盐	——	——	165955	105007	13425
石棉及其他非金属矿采选	29470	11600	354477	180490	43972
石棉、云母矿采选	——	——	8500	2600	235
石墨、滑石采选	16050	600	62966	42308	5419
宝石、玉石开采	——	——	4010	1750	1580
其他非金属矿采选	13420	11000	279001	133832	36738
其他采矿业	5030	4850	87975	67422	13189
其他采矿业	5030	4850	87975	67422	13189
（三）制造业	**30980535**	**25144023**	**286299135**	**187426625**	**11725329**
农副食品加工业	731410	586517	13884808	8354893	770124
谷物磨制	32658	21978	1959713	1028531	115356
饲料加工	57318	51881	1679905	1081465	87485
植物油加工	111390	93670	1467362	825476	77929
食用植物油加工	83526	65806	1331465	765893	69773
非食用植物油加工	27864	27864	135897	59583	8156
制糖	8800	8000	517370	435194	35474
屠宰及肉类加工	85118	67159	2719541	1643916	155157
畜禽屠宰	33308	28508	1445353	892317	72547
肉制品及副产品加工	51810	38651	1274188	751599	82610
水产品加工	130892	128848	1172297	804644	46422
水产品冷冻加工	98306	97193	814259	544746	30463
鱼糜制品及水产品干腌制加工	4316	3385	123182	81796	5035
水产饲料制造	1500	1500	74270	63015	3801
鱼油提取及制品的制造	——	——	460	——	——
其他水产品加工	26770	26770	160126	115087	7123
蔬菜、水果和坚果加工	139838	124167	2056404	1171490	129717
其他农副食品加工	165396	90814	2312216	1364177	122584
淀粉及淀粉制品的制造	124085	67234	1290030	793524	63619
豆制品制造	4963	2000	244398	154741	5718

国民经济行业小类城镇投资资金来源构成（二）

续表3　　　　单位：万元

行　　业	利用外资	外商直接投资	自筹资金	企事业单位自有资金	其他资金
蛋品加工	1100	——	73250	48531	5520
其他未列明的农副食品加工	35248	21580	704538	367381	47727
食品制造业	671599	586150	8051879	4983329	307373
焙烤食品制造	73307	62898	1081588	719244	29141
糕点、面包制造	15179	12729	422896	245622	15385
饼干及其他焙烤食品制造	58128	50169	658692	473622	13756
糖果、巧克力及蜜饯制造	110609	110609	453102	263754	19765
糖果、巧克力制造	109441	109441	309263	186124	11300
蜜饯制作	1168	1168	143839	77630	8465
方便食品制造	92180	83080	1229635	770420	48219
米、面制品制造	8287	6787	463497	311347	21587
速冻食品制造	48828	48828	306448	153438	14278
方便面及其他方便食品制造	35065	27465	459690	305635	12354
液体乳及乳制品制造	78758	63065	1178742	811086	48246
罐头制造	24998	23940	668516	424003	47723
肉、禽类罐头制造	1200	1000	154246	101152	28823
水产品罐头制造	2212	2212	31372	22661	——
蔬菜、水果罐头制造	13537	13037	396743	251607	10500
其他罐头食品制造	8049	7691	86155	48583	8400
调味品、发酵制品制造	151429	115504	998664	649306	15107
味精制造	72000	72000	202306	113329	450
酱油、食醋及类似制品的制造	29476	20876	314098	216865	3745
其他调味品、发酵制品制造	49953	22628	482260	319112	10912
其他食品制造	140318	127054	2441632	1345516	99172
营养、保健食品制造	15649	14407	597161	364991	28608
冷冻饮品及食用冰制造	3863	3640	319368	183265	12795
盐加工	12700	12700	178541	35660	3666
食品及饲料添加剂制造	64501	62181	677397	369829	20836
其他未列明的食品制造	43605	34126	669165	391771	33267
饮料制造业	458270	334195	6091539	3920055	257222
酒精制造	33486	25868	600399	485976	27550
酒的制造	191646	158171	2783512	1783474	103496
白酒制造	5154	604	1227950	722566	29148
啤酒制造	173205	146280	1097191	783427	47949
黄酒制造	——	——	79843	51426	1510
葡萄酒制造	5715	5715	244813	139663	12671
其他酒制造	7572	5572	133715	86392	12218
软饮料制造	221554	141922	2445544	1529014	91584
碳酸饮料制造	21456	21456	202336	144900	16799
瓶（罐）装饮用水制造	20507	19787	429778	277092	12043

国民经济行业小类城镇投资资金来源构成（二）

续表 4　　　　单位：万元

行业	利用外资	外商直接投资	自筹资金	企事业单位自有资金	其他资金
果菜汁及果菜汁饮料制造	78472	44400	862341	598864	26854
含乳饮料和植物蛋白饮料制造	34532	22242	526690	225973	30521
固体饮料制造	3930	3280	56241	34797	450
茶饮料及其他软饮料制造	62657	30757	368158	247388	4917
精制茶加工	11584	8234	262084	121591	34592
烟草制品业	5000	5000	1240557	855929	6352
烟叶复烤	——	——	77157	57472	1050
卷烟制造	5000	5000	1080943	755232	5062
其他烟草制品加工	——	——	82457	43225	240
纺织业	1134833	929062	12503869	7800352	556384
棉、化纤纺织及印染精加工	459372	378239	7018877	4286705	371212
棉、化纤纺织加工	367091	295547	6354197	3779477	359847
棉、化纤印染精加工	92281	82692	664680	507228	11365
毛纺织和染整精加工	35989	31589	622705	395329	22988
毛条加工	3000	——	158403	88129	11770
毛纺织	14079	12679	364221	254217	4253
毛染整精加工	18910	18910	100081	52983	6965
麻纺织	16800	200	232397	142707	6047
丝绢纺织及精加工	16224	10724	467141	318336	33202
缫丝加工	6480	980	197865	137740	21384
绢纺和丝织加工	6917	6917	196145	140711	6659
丝印染精加工	2827	2827	73131	39885	5159
纺织制成品制造	298855	239860	2249302	1351675	59442
棉及化纤制品制造	158428	110043	1089464	565134	42349
毛制品制造	6619	6619	79820	37447	1270
麻制品制造	——	——	38012	28457	3392
丝制品制造	1923	1923	130976	112429	804
绳、索、缆的制造	5060	180	83982	61464	400
纺织带和帘子布制造	6036	6036	120838	87237	700
无纺布制造	64589	62309	363469	240503	3207
其他纺织制成品制造	56200	52750	342741	219004	7320
针织品、编织品及其制品制造	307593	268450	1913447	1305600	63493
棉、化纤针织品及编织品制造	201774	183855	1105974	745097	27104
毛针织品及编织品制造	67560	66621	518481	381358	21335
丝针织品及编织品制造	6503	3803	136201	97423	2043
其他针织品及编织品制造	31756	14171	152791	81722	13011
纺织服装、鞋、帽制造业	987267	826288	5988772	3776480	318514
纺织服装制造	903329	750907	5678354	3597260	291785
纺织面料鞋的制造	65628	59306	252382	147780	21731
制帽	18310	16075	58036	31440	4998

国民经济行业小类城镇投资资金来源构成（二）

续表 5　　　　单位：万元

行　　业	利用外资	外商直接投资	自筹资金	企事业单位自有资金	其他资金
皮革、毛皮、羽毛(绒)及其制品业	507990	422645	2795933	1839351	99585
皮革鞣制加工	25178	16220	338807	212510	10565
皮革制品制造	439417	370290	1909402	1291137	67540
皮鞋制造	312017	276770	1215478	842734	46913
皮革服装制造	15819	12699	190558	117931	1250
皮箱、包(袋)制造	63550	43970	288223	194723	8182
皮手套及皮装饰制品制造	7900	4740	75914	52045	4578
其他皮革制品制造	40131	32111	139229	83704	6617
毛皮鞣制及制品加工	17835	10775	255633	167960	10605
毛皮鞣制加工	8175	7175	79472	36306	2560
毛皮服装加工	504	504	117694	89426	6800
其他毛皮制品加工	9156	3096	58467	42228	1245
羽毛(绒)加工及制品制造	25560	25360	292091	167744	10875
羽毛(绒)加工	4631	4631	92149	50579	8075
羽毛(绒)制品加工	20929	20729	199942	117165	2800
木材加工及木、竹、藤、棕、草制造	183182	146337	5667030	3494128	323750
锯材、木片加工	23030	16820	1129994	614544	61936
锯材加工	14860	11910	596033	267006	32998
木片加工	8170	4910	533961	347538	28938
人造板制造	72002	55227	2940881	2002740	172129
胶合板制造	29661	27656	1179367	827460	87809
纤维板制造	12813	8713	657822	446453	36151
刨花板制造	15904	6534	195051	131028	5729
其他人造板、材制造	13624	12324	908641	597799	42440
木制品制造	64346	51019	1216110	684291	47368
建筑用木料及木材组件加工制造	32357	24992	777596	402194	24472
木容器制造	——	——	97765	75905	6285
软木制品及其他木制品制造	31989	26027	340749	206192	16611
竹、藤、棕、草制品制造	23804	23271	380045	192553	42317
家具制造业	301928	234083	3317466	2025589	141707
木质家具制造	220809	182627	2456980	1501402	116741
竹、藤家具制造	10825	10635	52820	35560	4010
金属家具制造	26102	15218	451213	300637	9614
塑料家具制造	3660	3660	46685	31787	20
其他家具制造	40532	21943	309768	156203	11322
造纸及纸制品业	1249552	1197980	5253360	3296857	439246
纸浆制造	480783	476566	479816	290550	63880
造纸	466416	452404	2678306	1689903	254399
机制纸及纸板制造	430437	416425	2380069	1520235	226952
手工纸制造	——	——	36872	15659	805

国民经济行业小类城镇投资资金来源构成（二）

续表 6 单位：万元

行　　业	利用外资	外商直接投资	自筹资金	企事业单位自有资金	其他资金
加工纸制造	35979	35979	261365	154009	26642
纸制品制造	302353	269010	2095238	1316404	120967
纸和纸板容器的制造	126375	115887	1096780	678247	47765
其他纸制品制造	175978	153123	998458	638157	73202
印刷业和记录媒介的复制	161061	140540	3218318	1972449	140953
印刷	148913	131768	2968684	1847961	131655
书、报、刊印刷	51998	41966	835860	523798	47566
本册印制	6688	6688	150217	89853	9342
包装装潢及其他印刷	90227	83114	1982607	1234310	74747
装订及其他印刷服务活动	11035	7659	152695	54592	7278
记录媒介的复制	1113	1113	96939	69896	2020
文教体育用品制造业	378869	328919	1225003	732491	91550
文化用品制造	42082	36754	311742	143122	9792
文具制造	14475	13295	110966	38935	3990
笔的制造	14979	14681	96323	45803	5270
教学用模型及教具制造	6153	6153	60327	36103	532
墨水、墨汁制造	——	——	18116	6016	——
其他文化用品制造	6475	2625	26010	16265	——
体育用品制造	136582	113436	462660	282339	5506
球类制造	5484	5355	63538	30302	670
体育器材及配件制造	28791	24873	107193	79813	1044
训练健身器材制造	46595	45569	100650	89755	2691
运动防护用具制造	20556	16870	31597	18937	——
其他体育用品制造	35156	20769	159682	63532	1101
乐器制造	14080	12031	106811	74374	3046
中乐器制造	——	——	12219	10309	345
西乐器制造	4531	3031	40207	30787	1750
电子乐器制造	——	——	37528	19052	951
其他乐器及零件制造	9549	9000	16857	14226	——
玩具制造	185388	165961	300506	193725	72672
游艺器材及娱乐用品制造	737	737	43284	38931	534
露天游乐场所游乐设备制造	——	——	25049	22414	300
游艺用品及室内游艺器材制造	737	737	18235	16517	234
石油加工、炼焦及核燃料加工业	226351	156497	11343421	6393120	374846
精炼石油产品的制造	141480	91503	8418439	4544701	158377
原油加工及石油制品制造	117825	85993	7739843	4318386	153577
人造原油生产	23655	5510	678596	226315	4800
炼焦	84871	64994	2924982	1848419	216469
化学原料及化学制品制造业	2665603	2241959	26582686	18023371	991764

国民经济行业小类城镇投资资金来源构成（二）

续表 7　　　　　　　　　　　　　　　　　　　　　　　　单位：万元

行　　业	利用外资	外商直接投　资	自筹资金	企事业单位自有资金	其他资金
基础化学原料制造	589987	482157	10353836	7115978	357205
无机酸制造	33598	14418	798573	513654	13034
无机碱制造	67148	67148	1746076	1201669	27451
无机盐制造	8680	3049	816551	539624	61264
有机化学原料制造	320457	254842	5593638	3829067	192835
其他基础化学原料制造	160104	142700	1398998	1031964	62621
肥料制造	80034	47443	4335144	2989302	132616
氮肥制造	23274	5585	2060865	1389004	65317
磷肥制造	3420	420	410083	303015	7976
钾肥制造	22017	22017	220022	176089	4810
复混肥料制造	18407	14777	1125797	839126	28802
有机肥料及微生物肥料制造	5216	2844	263833	141742	11637
其他肥料制造	7700	1800	254544	140326	14074
农药制造	35990	21610	1154389	652529	51108
化学农药制造	26670	21090	805805	482481	47006
生物化学农药及微生物农药制造	9320	520	348584	170048	4102
涂料、油墨、颜料及类似产品制造	260098	229038	1646821	1143038	57895
涂料制造	88904	67274	927339	638883	32484
油墨及类似产品制造	3272	2432	103986	77466	450
颜料制造	22062	21665	212765	118215	10227
染料制造	16748	9218	284241	226563	8095
密封用填料及类似品制造	129112	128449	118490	81911	6639
合成材料制造	846695	711333	2156496	1527352	112127
初级形态的塑料及合成树脂制造	340956	324627	1200048	940996	21063
合成橡胶制造	125092	123059	182443	127676	13640
合成纤维单(聚合)体的制造	361600	245700	454560	287833	70667
其他合成材料制造	19047	17947	319445	170847	6757
专用化学产品制造	735390	656626	5756065	3801561	234524
化学试剂和助剂制造	81043	70106	1653379	1080661	76514
专项化学用品制造	474873	440236	1717357	1084937	74297
林产化学产品制造	8460	5855	233922	141115	9883
环境污染处理专用药剂材料制造	16117	2117	138257	89656	9390
动物胶制造	9957	9557	86129	63108	2170
其他专用化学产品制造	144940	128755	1927021	1342084	62270
日用化学产品制造	117409	93752	1179935	793611	46289
肥皂及合成洗涤剂制造	27623	22757	330331	201498	1183
化妆品制造	41661	34996	183150	128658	14106
口腔清洁用品制造	5268	5268	41296	27750	362

国民经济行业小类城镇投资资金来源构成（二）

续表 8 单位：万元

行　　业	利用外资	外商直接投资	自筹资金	企事业单位自有资金	其他资金
香料、香精制造	9313	6467	195582	93510	17562
其他日用化学产品制造	33544	24264	429576	342195	13076
医药制造业	389812	305810	7401850	4528648	289380
化学药品原药制造	128648	98179	1554323	985953	55649
化学药品制剂制造	77402	62102	1254763	824345	29686
中药饮片加工	16641	8996	670089	438369	59887
中成药制造	31143	18351	1456067	867698	46738
兽用药品制造	7770	5770	526045	247059	21179
生物、生化制品的制造	78658	62862	1347936	858253	41644
卫生材料及医药用品制造	49550	49550	592627	306971	34597
化学纤维制造业	370083	320833	1982698	1287027	118764
纤维素纤维原料及纤维制造	10800	8000	585788	418358	4297
化纤浆粕制造	1000	——	130223	83238	2000
人造纤维（纤维素纤维）制造	9800	8000	455565	335120	2297
合成纤维制造	359283	312833	1396910	868669	114467
锦纶纤维制造	86120	74120	208625	152142	36540
涤纶纤维制造	189115	170565	435248	330775	68288
腈纶纤维制造	——	——	22683	18369	——
维纶纤维制造	1100	600	116896	44127	5696
其他合成纤维制造	82948	67548	613458	323256	3943
橡胶制品业	552625	373879	3087666	1912210	87570
轮胎制造	413356	275080	1416936	889115	20496
车辆、飞机及工程机械轮胎制造	408971	270695	1255949	798827	10622
力车胎制造	1445	1445	83965	48008	6621
轮胎翻新加工	2940	2940	77022	42280	3253
橡胶板、管、带的制造	66400	44359	630801	414850	21644
橡胶零件制造	14691	8271	325873	210441	17416
再生橡胶制造	9646	2067	109994	44198	7960
日用及医用橡胶制品制造	11562	11162	97143	72588	115
橡胶靴鞋制造	4760	2082	100743	77064	5715
其他橡胶制品制造	32210	30858	406176	203954	14224
塑料制品业	681609	541225	7280924	4649907	323195
塑料薄膜制造	68360	44410	776680	545666	34156
塑料板、管、型材的制造	104381	77864	2068065	1287050	72717
塑料丝、绳及编织品的制造	14303	13254	805862	446024	48662
泡沫塑料制造	13924	10750	362348	240082	4322
塑料人造革、合成革制造	20791	14909	309008	220120	8418
塑料包装箱及容器制造	69433	55770	811890	486778	38386
塑料零件制造	92790	81161	417930	274931	7790
日用塑料制造	58013	48777	642115	402440	39489

国民经济行业小类城镇投资资金来源构成（二）

续表 9 单位：万元

行业	利用外资	外商直接投资	自筹资金	企事业单位自有资金	其他资金
塑料鞋制造	12163	7163	187398	93581	26425
日用塑料杂品制造	45850	41614	454717	308859	13064
其他塑料制品制造	239614	194330	1087026	746816	69255
非金属矿物制品业	1341167	1026720	23941693	14860802	1255800
水泥、石灰和石膏的制造	225585	204848	5221145	3282988	285993
水泥制造	206533	188224	4784356	2989938	280641
石灰和石膏制造	19052	16624	436789	293050	5352
水泥及石膏制品制造	99817	65897	3154706	1941585	135011
水泥制品制造	49270	44080	1610864	1033609	60151
砼结构构件制造	10960	6011	547160	329264	18967
石棉水泥制品制造	——	——	52511	35654	20523
轻质建筑材料制造	10302	7178	595566	343020	24614
其他水泥制品制造	29285	8628	348605	200038	10756
砖瓦、石材及其他建筑材料制造	241947	188440	7287721	4385723	398140
粘土砖瓦及建筑砌块制造	25320	7310	2291770	1295324	134578
建筑陶瓷制品制造	63650	60052	1650113	988989	39793
建筑用石加工	69087	67081	1120015	800079	133615
防水建筑材料制造	6194	2787	338257	208802	6410
隔热和隔音材料制造	23684	11718	496334	276450	31496
其他建筑材料制造	54012	39492	1391232	816079	52248
玻璃及玻璃制品制造	451147	297422	3555223	2259314	172206
平板玻璃制造	103850	58426	659418	358785	49071
技术玻璃制品制造	52743	14817	651243	454164	8871
光学玻璃制造	14808	9596	87594	71752	27779
玻璃仪器制造	2500	2500	81577	36833	800
日用玻璃制品及玻璃包装容器制造	85737	76525	851426	566564	36887
玻璃保温容器制造	——	——	35172	12662	2964
玻璃纤维及制品制造	111103	109703	526718	320369	17250
玻璃纤维增强塑料制品制造	16608	9678	319674	197187	15684
其他玻璃制品制造	63798	16177	342401	240998	12900
陶瓷制品制造	146521	124418	1166648	619432	125831
卫生陶瓷制品制造	48115	40925	229177	151128	5867
特种陶瓷制品制造	40518	28718	413375	156575	45636
日用陶瓷制品制造	45713	42600	451334	259121	73288
园林、陈设艺术及其他陶瓷制造	12175	12175	72762	52608	1040
耐火材料制品制造	78215	70284	1441057	881797	39793
石棉制品制造	5380	5380	142469	56283	4010
云母制品制造	3560	3560	18190	14979	2690
耐火陶瓷制品及其他耐火材料制造	69275	61344	1280398	810535	33093
石墨及其他非金属矿物制品制造	97935	75411	2115193	1489963	98826

国民经济行业小类城镇投资资金来源构成（二）

续表 10　　　　单位：万元

行　　业	利用外资	外商直接投资	自筹资金	企事业单位自有资金	其他资金
石墨及碳素制品制造	18448	11428	888508	620269	50589
其他非金属矿物制品制造	79487	63983	1226685	869694	48237
黑色金属冶炼及压延加工业	578444	337039	22168244	18074555	479394
炼铁	50394	13987	1990287	1721279	36426
炼钢	8019	——	5602253	4912936	43274
钢压延加工	512541	322552	13658232	10668263	350930
铁合金冶炼	7490	500	917472	772077	48764
有色金属冶炼及压延加工业	697250	566330	10744499	7514498	401548
常用有色金属冶炼	170535	72848	5885373	4196476	219897
铜冶炼	28455	27655	1173120	894203	37746
铅锌冶炼	43700	2800	1079715	824080	21222
镍钴冶炼	4569	3631	611620	464779	15931
锡冶炼	——	——	28750	18566	——
锑冶炼	1500	1500	62108	45928	1180
铝冶炼	76271	23272	2331935	1561589	108421
镁冶炼	13425	12075	216858	121736	9073
其他常用有色金属冶炼	2615	1915	381267	265595	26324
贵金属冶炼	8800	6000	284786	210809	50316
金冶炼	6000	6000	179865	131163	42066
银冶炼	2800	——	44986	32161	6500
其他贵金属冶炼	——	——	59935	47485	1750
稀有稀土金属冶炼	60346	58126	625629	443395	37647
钨钼冶炼	2041	2041	322369	225599	25136
稀土金属冶炼	2898	2898	166372	121146	576
其他稀有金属冶炼	55407	53187	136888	96650	11935
有色金属合金制造	73521	60223	656617	534613	12084
有色金属压延加工	384048	369133	3292094	2129205	81604
常用有色金属压延加工	358895	343980	2971625	1971115	76154
贵金属压延加工	2045	2045	115633	37158	150
稀有稀土金属压延加工	23108	23108	204836	120932	5300
金属制品业	1206338	900547	13539578	8846962	500541
结构性金属制品制造	232988	165026	5753283	3782947	233746
金属结构制造	201331	148186	4704045	3150763	148249
金属门窗制造	31657	16840	1049238	632184	85497
金属工具制造	100404	76229	1629116	1049249	49272
切削工具制造	42876	31789	277590	200414	10002
手工具制造	10640	6490	346813	179355	3666
农用及园林用金属工具制造	3043	2043	130428	85612	2031
刀剪及类似日用金属工具制造	585	485	152938	73965	4530
其他金属工具制造	43260	35422	721347	509903	29043

国民经济行业小类城镇投资资金来源构成（二）

续表 11　　单位：万元

行　　业	利用外资	外商直接投资	自筹资金	企事业单位自有资金	其他资金
集装箱及金属包装容器制造	103578	97801	746008	487954	13286
集装箱制造	28532	28532	62529	41394	2868
金属压力容器制造	24517	20585	321864	220603	6953
金属包装容器制造	50529	48684	361615	225957	3465
金属丝绳及其制品的制造	240945	189016	777200	537535	10439
建筑、安全用金属制品制造	126422	108448	1503221	976342	49533
建筑、家具用金属配件制造	50950	45512	349051	237311	14111
建筑装饰及水暖管道零件制造	35650	32184	821334	516716	23407
安全、消防用金属制品制造	17689	8819	149176	89880	2635
其他建筑、安全用金属制品制造	22133	21933	183660	132435	9380
金属表面处理及热处理加工	47760	27463	733594	448595	15194
搪瓷制品制造	5040	——	177368	148148	3792
工业生产配套用搪瓷制品制造	90	——	22223	12953	2430
搪瓷卫生洁具制造	4750	——	43515	36915	——
搪瓷日用品及其他搪瓷制品制造	200	——	111630	98280	1362
不锈钢及类似日用金属制品制造	144952	120489	987803	583712	76900
金属制厨房调理及卫生器具制造	19503	17831	201520	109232	22116
金属制厨用器皿及餐具制造	52763	43990	337144	186491	7229
其他日用金属制品制造	72686	58668	449139	287989	47555
其他金属制品制造	204249	116075	1231985	832480	48379
铸币及贵金属制实验室用品制造	——	——	26271	25471	——
其他未列明的金属制品制造	204249	116075	1205714	807009	48379
通用设备制造业	1263760	911013	20469463	13057308	648282
锅炉及原动机制造	93617	35069	1547846	1056208	44934
锅炉及辅助设备制造	15789	14689	688466	438731	16674
内燃机及配件制造	20460	20380	656415	447287	24942
汽轮机及辅机制造	——	——	122152	108406	3268
水轮机及辅机制造	——	——	27306	19655	50
其他原动机制造	57368	——	53507	42129	——
金属加工机械制造	256515	179246	3485313	2020878	109512
金属切削机床制造	25052	22985	827910	466455	25836
金属成形机床制造	46514	29017	382768	215881	15657
铸造机械制造	66951	40555	808434	447288	15798
金属切割及焊接设备制造	54064	30064	203649	145949	3919
机床附件制造	10868	9068	397917	247662	29794
其他金属加工机械制造	53066	47557	864635	497643	18508
起重运输设备制造	87173	71605	1615578	838112	46753
泵、阀门、压缩机及类似机械的制造	155180	125853	2415637	1718463	127478
泵及真空设备制造	23558	18808	680605	449241	59360
气体压缩机械制造	26526	20036	229606	167430	22390

国民经济行业小类城镇投资资金来源构成（二）

续表 12　　单位：万元

行业	利用外资	外商直接投资	自筹资金	企事业单位自有资金	其他资金
阀门和旋塞的制造	42809	36864	712168	524817	19396
液压和气压动力机械及元件制造	62287	50145	793258	576975	26332
轴承、齿轮、传动和驱动部件制造	138643	113573	1970583	1314580	45326
轴承制造	104244	96526	1143363	832209	28056
齿轮、传动和驱动部件制造	34399	17047	827220	482371	17270
烘炉、熔炉及电炉制造	8948	8768	83932	45061	4281
风机、衡器、包装设备等通用设备制造	245217	147895	2716481	1732085	84256
风机、风扇制造	18022	17022	423391	241147	10022
气体、液体分离及纯净设备制造	17119	16343	188241	113236	19896
制冷、空调设备制造	48499	35073	634484	359462	16118
风动和电动工具制造	40251	28908	253109	209511	1155
喷枪及类似器具制造	5343	843	47286	27992	6800
包装专用设备制造	9894	5533	99247	56764	6707
衡器制造	21668	2677	63056	41039	2562
其他通用设备制造	84421	41496	1007667	682934	20996
通用零部件制造及机械修理	173952	143184	3336434	2277740	89841
金属密封件制造	15485	15285	191164	131016	7158
紧固件、弹簧制造	30980	27468	597916	431570	6641
机械零部件加工及设备修理	45851	31955	1652065	1055951	28665
其他通用零部件制造	81636	68476	895289	659203	47377
金属铸、锻加工	104515	85820	3297659	2054181	95901
钢铁铸件制造	66640	63869	2568973	1618566	70772
锻件及粉末冶金制品制造	37875	21951	728686	435615	25129
专用设备制造业	1163171	877490	14744585	10086537	613060
矿山、冶金、建筑专用设备制造	160425	126603	5726988	4187270	183376
采矿、采石设备制造	8030	4350	1558544	1119110	52239
石油钻采专用设备制造	50856	44817	906806	637807	46132
建筑工程用机械制造	65841	56838	1322409	849902	54213
建筑材料生产专用机械制造	6860	2760	455908	249923	16862
冶金专用设备制造	28838	17838	1483321	1330528	13930
化工、木材、非金属加工专用设备制造	395108	299602	2146944	1487710	90298
炼油、化工生产专用设备制造	30336	21536	472072	324311	7178
橡胶加工专用设备制造	10579	7979	139638	81460	2900
塑料加工专用设备制造	50434	46785	178226	121008	13641
木材加工机械制造	5105	4425	72353	54955	645
模具制造	281904	205827	1150255	833738	46681
其他非金属加工专用设备制造	16750	13050	134400	72238	19253
食品、饮料、烟草及饲料生产设备制造	35963	33267	457378	318532	11911
食品、饮料、烟草工业专用设备制造	11943	11943	227789	141735	5890
农副食品加工专用设备制造	21442	21324	212796	162247	6021

国民经济行业小类城镇投资资金来源构成（二）

续表 13　　单位：万元

行　　业	利用外资	外商直接投资	自筹资金	企事业单位自有资金	其他资金
饲料生产专用设备制造	2578	——	16793	14550	——
印刷、制药、日化生产专用设备制造	77488	58012	767443	502340	25711
制浆和造纸专用设备制造	19480	15180	141254	89890	880
印刷专用设备制造	22108	17178	174705	131665	13121
日用化工专用设备制造	10538	10538	87956	55133	3450
制药专用设备制造	453	453	54302	43226	3800
照明器具生产专用设备制造	8208	5400	149330	92664	1360
玻璃、陶瓷和搪瓷制品生产设备制造	2843	1463	85759	46885	——
其他日用品生产专用设备制造	13858	7800	74137	42877	3100
纺织、服装和皮革工业专用设备制造	69029	63094	600407	409339	48403
纺织专用设备制造	50911	44976	401863	276296	10738
皮革毛皮及其制品加工专用设备制造	3920	3920	24619	15965	300
缝纫机械制造	14198	14198	115588	72273	35649
其他服装加工专用设备制造	——	——	58337	44805	1716
电子和电工机械专用设备制造	113142	89433	1600862	1013239	118895
农、林、牧、渔专用机械制造	45295	15095	931986	575068	44241
拖拉机制造	26000		254577	179821	15270
机械化农业及园艺机具制造	5168	1968	277731	181445	18550
营林及木竹采伐机械制造	——	——	9571	4885	——
畜牧机械制造	——	——	18220	5310	500
渔业机械制造	1500	1500	5699	3684	——
农林牧渔机械配件制造	6383	5383	241369	133615	7470
其他农林牧渔业机械制造	6244	6244	124819	66308	2451
医疗仪器设备及器械制造	102843	96401	726309	457056	34938
医疗诊断、监护及治疗设备制造	23996	23996	243800	164244	15704
口腔科用设备及器具制造	——	——	8705	7905	——
实验室及医用消毒设备和器具制造	3044	3044	21508	19781	3720
医疗、外科及兽医用器械制造	23801	23751	265848	141035	3300
机械治疗及病房护理设备制造	24478	22210	34267	11383	800
假肢、人工器官及植入设备制造	13930	13930	19904	8223	1627
其他医疗设备及器械制造	13594	9470	132277	104485	9787
环保、社会公共安全及其他专用设备制造	163878	95983	1786268	1135983	55287
环境污染防治专用设备制造	58581	47781	578411	385608	13687
地质勘察专用设备制造	3321	——	34472	27173	——
邮政专用机械及器材制造	——	——	2500	2500	——
商业、饮食、服务业专用设备制造	8908	6526	25832	25332	——

国民经济行业小类城镇投资资金来源构成（二）

续表 14　　　　单位：万元

行　　业	利用外资	外商直接投资	自筹资金	企事业单位自有资金	其他资金
社会公共安全设备及器材制造	3910	3910	123104	86591	152
交通安全及管制专用设备制造	——	——	37113	23983	——
水资源专用机械制造	——	——	148204	93497	21970
其他专用设备制造	89158	37766	836632	491299	19478
交通运输设备制造业	1795158	1422413	22716105	14728786	782873
铁路运输设备制造	9700	9500	1002162	664086	60873
铁路机车车辆及动车组制造	——	——	260391	207083	34737
工矿有轨专用车辆制造	——	——	81123	38084	1210
铁路机车车辆配件制造	——	——	284073	135211	19891
铁路专用设备及器材、配件制造	4700	4500	256059	184472	5035
其他铁路设备制造及设备修理	5000	5000	120516	99236	——
汽车制造	1325284	1032120	16306555	10384281	482270
汽车整车制造	242271	175586	5295587	4094392	143937
改装汽车制造	13385	770	750205	495469	71680
电车制造	——	——	104249	56875	4860
汽车车身、挂车的制造	2000	2000	384337	196717	22700
汽车零部件及配件制造	1058028	851764	9332383	5289348	220889
汽车修理	9600	2000	439794	251480	18204
摩托车制造	100974	48274	891513	596785	29434
摩托车整车制造	57546	7246	338817	253242	4700
摩托车零部件及配件制造	43428	41028	552696	343543	24734
自行车制造	17861	14032	625192	442786	15701
脚踏自行车及残疾人座车制造	8951	8251	162401	119810	1885
助动自行车制造	8910	5781	462791	322976	13816
船舶及浮动装置制造	305448	290329	2830262	2095250	113171
金属船舶制造	88094	77458	1647351	1240295	101219
非金属船舶制造	3122	1839	50826	36181	100
娱乐船和运动船的建造和修理	18242	16642	61889	19428	1300
船用配套设备制造	82784	82484	538238	373143	2316
船舶修理及拆船	111906	111906	517160	413013	5736
航标器材及其他浮动装置的制造	1300	——	14798	13190	2500
交通器材及其他交通运输设备制造	35891	28158	1060421	545598	81424
交通管理用金属标志及设施制造	5200	3400	45090	30951	2080
其他交通运输设备制造	30691	24758	1015331	514647	79344
电气机械及器材制造业	1593725	1229359	13728180	9014684	447766

国民经济行业小类城镇投资资金来源构成（二）

续表 15　　　　　　　　　　　　　　　　　　　　　　　　　　　　单位：万元

行　　　　业	利用外资	外商直接投　资	自筹资金	企事业单位自有资金	其他资金
电机制造	133868	124065	1727984	1198194	43405
发电机及发电机组制造	34790	29591	697634	454787	29590
电动机制造	29451	26819	710228	522809	13441
微电机及其他电机制造	69627	67655	320122	220598	374
输配电及控制设备制造	462892	358408	3735137	2534773	144922
变压器、整流器和电感器制造	106961	41589	1077214	714660	32078
电容器及其配套设备制造	20263	14575	268571	192181	11911
配电开关控制设备制造	44679	30460	1174529	812371	38537
电力电子元器件制造	264797	247289	725925	484421	42583
其他输配电及控制设备制造	26192	24495	488898	331140	19813
电线、电缆、光缆及电工器材制造	204081	178105	2716055	1602773	78542
电线电缆制造	144994	122524	2083886	1247183	63686
光纤、光缆制造	14504	13904	150679	75154	780
绝缘制品制造	15902	15066	152721	103055	8580
其他电工器材制造	28681	26611	328769	177381	5496
电池制造	310710	151754	1830179	1156108	23489
家用电力器具制造	237918	205405	1515869	988791	40971
家用制冷电器具制造	16912	13012	296054	165286	14767
家用空气调节器制造	36094	34689	278053	149971	1670
家用通风电器具制造	13059	13059	34169	20729	——
家用厨房电器具制造	53328	49578	288117	210057	5740
家用清洁卫生电器具制造	46356	35856	137149	81012	400
家用美容、保健电器具制造	17296	14511	36776	31380	——
家用电力器具专用配件制造	10917	10917	175776	140176	4234
其他家用电力器具制造	43956	33783	269775	190180	14160
非电力家用器具制造	51071	37280	662524	485112	57899
燃气、太阳能及类似能源器具制造	44221	35080	561707	429421	57299
其他非电力家用器具制造	6850	2200	100817	55691	600
照明器具制造	121944	111398	966243	645816	54495
电光源制造	29511	28111	352961	203844	6638
照明灯具制造	53479	44333	494441	356739	46382
灯用电器附件及其他照明器具制造	38954	38954	118841	85233	1475
其他电气机械及器材制造	71241	62944	574189	403117	4043
车辆专用照明及电气信号设备制造	4240	3760	115066	64723	337
其他未列明的电气机械制造	67001	59184	459123	338394	3706
通信设备、计算机及其他电子设备制造	8886984	7583253	9850624	6670688	579281
通信设备制造	518040	317342	1716653	1224468	100996
通信传输设备制造	10148	9391	235750	126172	14823
通信交换设备制造	99286	99286	127665	96133	1000
通信终端设备制造	108894	93594	193426	76862	4180

国民经济行业小类城镇投资资金来源构成（二）

续表 16　　　　单位：万元

行　　业	利用外资	外商直接投资	自筹资金	企事业单位自有资金	其他资金
移动通信及终端设备制造	234497	94595	890698	728377	79033
其他通信设备制造	65215	20476	269114	196924	1960
广播电视设备制造	31435	21085	121608	79960	8070
广播电视节目制作及发射设备制造	7800	——	15563	13345	——
广播电视接收设备及器材制造	17175	16025	77093	44775	8000
应用电视设备及其他广播电视设备制造	6460	5060	28952	21840	70
电子计算机制造	1170156	912789	622528	481931	12793
电子计算机整机制造	490476	289075	183384	156386	1102
计算机网络设备制造	40454	24634	116037	86861	2474
电子计算机外部设备制造	639226	599080	323107	238684	9217
电子器件制造	4747204	4506278	2820404	1852379	191655
电子真空器件制造	40701	23746	190665	120751	5886
半导体分立器件制造	256133	217573	286308	190865	10688
集成电路制造	3093746	2938801	1022873	564436	55648
光电子器件及其他电子器件制造	1356624	1326158	1320558	976327	119433
电子元件制造	1970617	1484300	2933199	1954966	121890
电子元件及组件制造	1379952	930521	2470791	1691890	115403
印制电路板制造	590665	553779	462408	263076	6487
家用视听设备制造	129364	114893	601198	459448	38679
家用影视设备制造	93650	87580	501251	399294	31569
家用音响设备制造	35714	27313	99947	60154	7110
其他电子设备制造	320168	226566	1035034	617536	105198
仪器仪表及文化、办公用机械制造	316893	213935	2368730	1593904	60487
通用仪器仪表制造	59171	38465	1009894	691596	25173
工业自动控制系统装置制造	40195	33995	488623	353036	14360
电工仪器仪表制造	16170	3315	232512	160958	1967
绘图、计算及测量仪器制造	——	——	50063	14617	——
实验分析仪器制造	451	100	54641	32036	4424
试验机制造	406	406	28501	24465	620
供应用仪表及其他通用仪器制造	1949	649	155554	106484	3802
专用仪器仪表制造	23466	23466	531187	334342	10141
环境监测专用仪器仪表制造	1402	1402	39471	31071	2930
汽车及其他用计数仪表制造	——	——	138885	97233	10
农林牧渔专用仪器仪表制造	393	393	10919	2500	——
地质勘探和地震专用仪器制造	——	——	25314	24076	——
教学专用仪器制造	——	——	23249	12679	——
电子测量仪器制造	14787	14787	101825	41093	1000

国民经济行业小类城镇投资资金来源构成（二）

续表 17　　　　单位：万元

行　　业	利用外资	外商直接投资	自筹资金	企事业单位自有资金	其他资金
其他专用仪器制造	6884	6884	191524	125690	6201
钟表与计时仪器制造	14870	11170	90642	79869	300
光学仪器及眼镜制造	78480	49767	373884	262328	8609
光学仪器制造	16695	16695	241968	147139	4009
眼镜制造	61785	33072	131916	115189	4600
文化、办公用机械制造	136686	86928	270345	159304	13367
电影机械制造	——	——	6013	6000	——
幻灯及投影设备制造	——	——	1700	——	2607
照相机及器材制造	62312	38129	74288	45671	3400
复印和胶印设备制造	41134	41134	145435	83622	——
计算器及货币专用设备制造	25947	372	23378	15742	——
其他文化、办公用机械制造	7293	7293	19531	8269	7360
其他仪器仪表的制造及修理	4220	4139	92778	66465	2897
工艺品及其他制造业	450992	384567	4301643	2674140	280173
工艺美术品制造	209338	177417	1719735	1085485	82692
雕塑工艺品制造	17650	12194	241824	154515	12112
金属工艺品制造	22584	14514	158505	80782	5910
漆器工艺品制造	6008	6008	36412	24739	6150
花画工艺品制造	15685	15685	61937	44912	2345
天然植物纤维编织工艺品制造	30077	29771	106472	82461	4174
抽纱刺绣工艺品制造	23697	18997	310097	235031	9613
地毯、挂毯制造	13277	8593	182920	89655	17496
珠宝首饰及有关物品的制造	36386	27831	161139	86523	9089
其他工艺美术品制造	43974	43824	460429	286867	15803
日用杂品制造	100082	98141	368658	258022	28554
制镜及类似品加工	7539	7219	43745	22016	8171
鬃毛加工、制刷及清扫工具制造	8892	8892	39780	22728	4988
其他日用杂品制造	83651	82030	285133	213278	15395
煤制品制造	300	300	63183	42297	4639
其他未列明的制造业	141272	108709	2150067	1288336	164288
废弃资源和废旧材料回收加工业	29609	13438	808012	457575	37845
金属废料和碎屑的加工处理	17836	8355	515954	286879	6164
非金属废料和碎屑的加工处理	11773	5083	292058	170696	31681
（四）电力燃气及水的生产和供应业	**1283158**	**654629**	**42159120**	**25798835**	**5332839**
电力、热力的生产和供应业	811495	448917	34517313	21817688	4592447
电力生产	677526	350277	21197755	13178548	2525250
火力发电	258869	192111	11158226	6523728	1254678
水力发电	169187	63937	6448257	4537067	822330
核力发电	13576	——	238680	236480	271642

国民经济行业小类城镇投资资金来源构成（二）

续表 18　　单位：万元

行　　　业	利用外资	外商直接投资	自筹资金	企事业单位自有资金	其他资金
其他能源发电	235894	94229	3352592	1881273	176600
电力供应	40159	20280	11394749	7608986	1936176
热力生产和供应	93810	78360	1924809	1030154	131021
燃气生产和供应业	159619	105791	2717473	1620226	186306
燃气生产和供应业	159619	105791	2717473	1620226	186306
水的生产和供应业	312044	99921	4924334	2360921	554086
自来水的生产和供应	79200	39762	2684498	1473177	290487
污水处理及其再生利用	225690	56126	2062089	814306	252872
其他水的处理、利用与分配	7154	4033	177747	73438	10727
（五）建筑业	**60245**	**26009**	**7031583**	**3815159**	**1142914**
房屋和土木工程建筑业	55022	25759	5846398	3193954	955421
房屋工程建筑	42280	16370	3500778	1860707	676622
土木工程建筑	12742	9389	2345620	1333247	278799
铁路、道路、隧道和桥梁工程建筑	5370	4690	1402337	794480	188507
水利和港口工程建筑	5100	3100	463094	321064	33042
工矿工程建筑	110	——	71030	36662	21892
架线和管道工程建筑	——	——	213085	108893	6721
其他土木工程建筑	2162	1599	196074	72148	28637
建筑安装业	200	200	432783	233497	24041
建筑安装业	200	200	432783	233497	24041
建筑装饰业	5023	50	230836	148534	10182
建筑装饰业	5023	50	230836	148534	10182
其他建筑业	——	——	521566	239174	153270
工程准备	——	——	181998	52708	113701
提供施工设备服务	——	——	120748	69414	22505
其他未列明的建筑活动	——	——	218820	117052	17064
（六）交通运输、仓储和邮政业	**2136823**	**842755**	**55155649**	**26890275**	**6252230**
铁路运输业	259698	——	8020614	5388805	557152
铁路旅客运输	73804	——	1953483	731060	247938
铁路货物运输	183018	——	4455267	3661727	186635
铁路运输辅助活动	2876	——	1611864	996018	122579
客运火车站	——	——	508904	364783	72264
货运火车站	——	——	37377	19996	3921
其他铁路运输辅助活动	2876	——	1065583	611239	46394
道路运输业	529413	142991	27969144	9235002	4239129
公路旅客运输	303756	103335	8191589	2851459	1380785
道路货物运输	166680	9188	6277461	2211534	699051
道路运输辅助活动	58977	30468	13500094	4172009	2159293
客运汽车站	258	258	486079	283922	53265
公路管理与养护	58719	30210	11892759	3632772	1844943

国民经济行业小类城镇投资资金来源构成（二）

续表 19　　　　单位：万元

行　　业	利用外资	外商直接投资	自筹资金	企事业单位自有资金	其他资金
其他道路运输辅助活动	——	——	1121256	255315	261085
城市公共交通业	11233	——	3831334	2134933	333050
公共电汽车客运	——	——	954014	560241	68635
轨道交通	10933	——	2334136	1267462	210615
出租车客运	——	——	251893	204024	29870
城市轮渡	——	——	2711	1306	43
其他城市公共交通	300	——	288580	101900	23887
水上运输业	525214	377001	6469139	4648522	715784
水上旅客运输	——	——	132881	77448	5794
远洋旅客运输	——	——	12245	12245	——
沿海旅客运输	——	——	73388	51571	——
内河旅客运输	——	——	47248	13632	5794
水上货物运输	41455	34835	1335753	910022	62215
远洋货物运输	4915	4915	199737	108190	14980
沿海货物运输	31150	29920	661010	502681	8820
内河货物运输	5390	——	475006	299151	38415
水上运输辅助活动	483759	342166	5000505	3661052	647775
客运港口	7626	7626	124175	84569	42757
货运港口	466903	334540	4278061	3346182	508276
其他水上运输辅助活动	9230	——	598269	230301	96742
航空运输业	466132	14360	2882709	1941583	70357
航空客货运输	451772	——	1061933	726613	9958
航空旅客运输	451772	——	979192	696818	9958
航空货物运输	——	——	82741	29795	——
通用航空服务	7160	7160	233100	197677	5234
航空运输辅助活动	7200	7200	1587676	1017293	55165
机场	7200	7200	1450337	946838	54540
空中交通管理	——	——	17669	112	625
其他航空运输辅助活动	——	——	119670	70343	——
管道运输业	539	539	433852	197348	5016
管道运输业	539	539	433852	197348	5016
装卸搬运和其他运输服务业	14294	13994	880722	650040	22071
装卸搬运	6194	6194	127234	59679	6567
运输代理服务	8100	7800	753488	590361	15504
仓储业	330300	293870	4529052	2617679	306489
谷物、棉花等农产品仓储	8194	8194	845152	529645	54914
其他仓储	322106	285676	3683900	2088034	251575
邮政业	——	——	139083	76363	3182
国家邮政	——	——	123886	67840	2182
其他寄递服务	——	——	15197	8523	1000
（七）信息传输、计算机服务和软件业	**196559**	**115041**	**16942237**	**10663050**	**530188**

国民经济行业小类城镇投资资金来源构成（二）

续表 20　　　　单位：万元

行　　业	利用外资	外商直接投资	自筹资金	企事业单位自有资金	其他资金
电信和其他信息传输服务业	155483	101042	16078939	10212419	481719
电信	142114	96093	13615201	8313798	395239
固定电信服务	26331	20074	4209858	2887862	102714
移动电信服务	113403	73639	9169527	5282971	269384
其他电信服务	2380	2380	235816	142965	23141
互联网信息服务	5349	4949	1883255	1536930	14906
广播电视传输服务	8020	——	535997	352871	71344
有线广播电视传输服务	8020	——	470304	336783	66395
无线广播电视传输服务	——	——	65693	16088	4949
卫星传输服务	——	——	44486	8820	230
计算机服务业	——	——	261677	155826	34356
计算机系统服务	——	——	60131	26844	16339
数据处理	——	——	77887	66018	10577
计算机维修	——	——	1874	901	——
其他计算机服务	——	——	121785	62063	7440
软件业	41076	13999	601621	294805	14113
公共软件服务	38520	13999	466068	234610	9550
基础软件服务	6967	3127	126557	57611	6650
应用软件服务	31553	10872	339511	176999	2900
其他软件服务	2556	——	135553	60195	4563
（八）批发和零售业	**546040**	**445172**	**21499907**	**11508731**	**1839482**
批发业	197465	159154	10130643	5490336	826417
农畜产品批发	17420	——	627151	327756	87246
谷物、豆及薯类批发	17420	——	244549	118647	42741
种子、饲料批发	——	——	104702	71985	5587
棉、麻批发	——	——	29613	26477	18647
牲畜批发	——	——	18041	5728	2640
其他农畜产品批发	——	——	230246	104919	17631
食品、饮料及烟草制品批发	49810	44810	1627677	790823	190842
米、面制品及食用油批发	2100	2100	179196	54487	5014
糕点、糖果及糖批发	——	——	74377	30291	5944
果品、蔬菜批发	3200	1200	605283	358819	68158
肉、禽、蛋及水产品批发	43210	40210	156627	73509	15380
盐及调味品批发	——	——	227691	12221	2103
饮料及茶叶批发	100	100	79872	37902	6294
烟草制品批发	——	——	199691	155435	50180
其他食品批发	1200	1200	104940	68159	37769
纺织、服装及日用品批发	25668	23071	1483469	704824	221455
纺织品、针织品及原料批发	9444	8444	367462	212166	34638
服装批发	10671	9127	651474	290355	150872

国民经济行业小类城镇投资资金来源构成（二）

续表 21　　　　单位：万元

行　　业	利用外资	外商直接投资	自筹资金	企事业单位自有资金	其他资金
鞋帽批发	——	——	88415	12076	2800
厨房、卫生间用具及日用杂货批发	500	500	91248	29829	10000
化妆品及卫生用品批发	——	——	22388	14791	1420
其他日用品批发	5053	5000	262482	145607	21725
文化、体育用品及器材批发	2353	——	268810	156966	9025
文具用品批发	——	——	18273	8230	601
体育用品批发	——	——	24239	18015	32
图书批发	——	——	129427	79988	6317
报刊批发	——	——	3175	2175	685
音像制品及电子出版物批发	——	——	5005	4165	——
首饰、工艺品及收藏品批发	2353	——	36531	25594	——
其他文化用品批发	——	——	52160	18799	1390
医药及医疗器材批发	230	80	430023	273235	13849
西药批发	150	——	170134	102107	8502
中药材及中成药批发	80	80	173247	110890	4976
医疗用品及器材批发	——	——	86642	60238	371
矿产品、建材及化工产品批发	34591	26486	3157688	1847985	170185
煤炭及制品批发	——	——	327530	203197	19431
石油及制品批发	4572	3900	508909	327935	22894
非金属矿及制品批发	——	——	29195	8987	520
金属及金属矿批发	4036	3036	457413	350320	6790
建材批发	25815	19550	1479030	739167	105302
化肥批发	——	——	44273	23990	7403
农药批发	——	——	10246	9171	70
农用薄膜批发	——	——	11237	3050	——
其他化工产品批发	168	——	289855	182168	7775
机械设备、五金交电及电子产品批发	60374	58698	1936316	1082398	84035
农业机械批发	2500	2500	73307	49952	10917
汽车、摩托车及零配件批发	22138	21238	555606	291067	42051
五金、交电批发	——	——	505681	343657	10024
家用电器批发	376	——	161210	52399	1905
计算机、软件及辅助设备批发	26825	26425	55951	27212	131
通讯及广播电视设备批发	——	——	102712	91783	1592
其他机械设备及电子产品批发	8535	8535	481849	226328	17415
贸易经纪与代理	910	——	153278	72549	4857
其他批发	6109	6009	446231	233800	44923
再生物资回收与批发	3509	3509	157843	94473	4093
其他未列明的批发	2600	2500	288388	139327	40830
零售业	348575	286018	11369264	6018395	1013065
综合零售	269068	239544	6114512	3176172	662547

国民经济行业小类城镇投资资金来源构成（二）

续表 22　　　　　　　　　　　　　　　　　　　　　　单位：万元

行　　业	利用外资	外商直接投　资	自筹资金	企事业单位自有资金	其他资金
百货零售	151340	136044	3067652	1564884	305983
超级市场零售	73880	64300	1828132	1052289	155335
其他综合零售	43848	39200	1218728	558999	201229
食品、饮料及烟草制品专门零售	1827	600	485193	240114	62205
粮油零售	——	——	44307	26006	10988
糕点、面包零售	——	——	12380	9450	——
果品、蔬菜零售	——	——	161545	79262	25409
肉、禽、蛋及水产品零售	1677	600	74574	42268	5996
饮料及茶叶零售	——	——	25032	14484	4051
烟草制品零售	——	——	17227	15379	100
其他食品零售	150	——	150128	53265	15661
纺织、服装及日用品专门零售	12150	12150	654112	271726	58037
纺织品及针织品零售	750	750	71867	27982	13054
服装零售	——	——	432335	188753	36449
鞋帽零售	——	——	30690	7909	715
钟表、眼镜零售	——	——	21268	5986	950
化妆品及卫生用品零售	——	——	14311	6821	236
其他日用品零售	11400	11400	83641	34275	6633
文化、体育用品及器材专门零售	12281	10781	222078	132755	16335
文具用品零售	——	——	14812	8858	110
体育用品零售	6781	6781	39519	15129	
图书零售	1000	——	81376	60000	8955
报刊零售	——	——	——	——	——
音像制品及电子出版物零售	——	——	6655	6575	——
珠宝首饰零售	4500	4000	33974	13522	1400
工艺美术品及收藏品零售	——	——	36624	24260	5870
照相器材零售	——	——	3810	950	——
其他文化用品零售	——	——	5308	3461	——
医药及医疗器材专门零售	——	——	109802	67012	5100
药品零售	——	——	82798	51063	3650
医疗用品及器材零售	——	——	27004	15949	1450
汽车、摩托车、燃料及零配件专门零售	38913	13387	1874829	968295	68048
汽车零售	30086	7386	1278702	650724	35901
汽车零配件零售	4761	4761	205678	121841	10940
摩托车及零配件零售	2826	——	38803	24070	2755
机动车燃料零售	1240	1240	351646	171660	18452
家用电器及电子产品专门零售	150	150	357808	180141	44845
家用电器零售	——	——	207986	119481	11610
计算机、软件及辅助设备零售	——	——	67093	21683	2804
通信设备零售	——	——	35590	13994	1655

国民经济行业小类城镇投资资金来源构成（二）

续表 23　　　　单位：万元

行　　业	利用外资	外商直接投资	自筹资金	企事业单位自有资金	其他资金
其他电子产品零售	150	150	47139	24983	28776
五金、家具及室内装修材料专门零售	9505	5505	1186163	808711	72501
五金零售	——	——	117643	74743	20214
家具零售	9505	5505	710646	506715	42923
涂料零售	——	——	16573	15580	530
其他室内装修材料零售	——	——	341301	211673	8834
无店铺及其他零售	4681	3901	364767	173469	23447
流动货摊零售	——	——	4181	2106	——
邮购及电子销售	——	——	3550	250	——
生活用燃料零售	3500	3500	142370	79067	6380
花卉零售	——	——	9854	1456	500
旧货零售	——	——	6479	3758	——
其他未列明的零售	1181	401	198333	86832	16567
（九）住宿和餐饮业	**636029**	**481168**	**10731699**	**6059573**	**904250**
住宿业	525099	382176	7304489	4251339	629524
旅游饭店	485376	351643	5483289	3197735	464446
一般旅馆	31948	23308	1392313	777312	120282
其他住宿服务	7775	7225	428887	276292	44796
餐饮业	110930	98992	3427210	1808234	274726
正餐服务	106580	98142	2966264	1596569	227333
快餐服务	4140	850	112055	36513	3059
饮料及冷饮服务	——	——	97378	41108	3121
其他餐饮服务	210	——	251513	134044	41213
（十）金融业	**2613**	**2313**	**1370065**	**762597**	**87696**
银行业	1680	1680	1036343	552501	71521
中央银行	——	——	58431	23814	16936
商业银行	1680	1680	911662	482808	49982
其他银行	——	——	66250	45879	4603
证券业	——	——	120021	96952	2600
证券市场管理	——	——	7094	2911	2600
证券经纪与交易	——	——	94724	89563	——
证券投资	——	——	5103	4478	——
证券分析与咨询	——	——	13100	——	——
保险业	383	83	97316	70939	2684
人寿保险	383	83	65618	54966	1639
非人寿保险	——	——	30390	14868	1045
保险辅助服务	——	——	1308	1105	——
其他金融活动	550	550	116385	42205	10891
金融信托与管理	550	550	21512	5444	2414
金融租赁	——	——	15761	4170	2200

国民经济行业小类城镇投资资金来源构成（二）

续表 24　　　　单位：万元

行　　业	利用外资	外商直接投资	自筹资金	企事业单位自有资金	其他资金
财务公司	——	——	210	——	——
邮政储蓄	——	——	2076	996	——
典当	——	——	16071	9914	507
其他未列明的金融活动	——	——	60755	21681	5770
（十一）房地产业	**6722049**	**5073444**	**142305440**	**80620560**	**186044665**
房地产业	6722049	5073444	142305440	80620560	186044665
房地产开发经营	6526652	4929705	126957636	74054692	182562348
物业管理	36010	33610	557744	317925	54225
房地产中介服务	——	——	179700	76319	10457
其他房地产活动	159387	110129	14610360	6171624	3417635
（十二）租赁和商务服务业	**211532**	**113530**	**6566584**	**3906993**	**703059**
租赁业	2750	2000	303729	155615	14258
机械设备租赁	2750	2000	299719	151915	12258
汽车租赁	——	——	73132	42418	3500
农业机械租赁	——	——	643	43	——
建筑工程机械与设备租赁	750	——	108700	73890	6467
计算机及通讯设备租赁	——	——	——	——	——
其他机械与设备租赁	2000	2000	117244	35564	2291
文化及日用品出租	——	——	4010	3700	2000
图书及音像制品出租	——	——	——	——	2000
其他文化及日用品出租	——	——	4010	3700	——
商务服务业	208782	111530	6262855	3751378	688801
企业管理服务	140564	68129	2859493	1605946	458464
企业管理机构	38517	38257	1199953	771027	79252
投资与资产管理	70273	3300	1027713	477336	314432
其他企业管理服务	31774	26572	631827	357583	64780
法律服务	——	——	10810	2525	1750
律师及相关的法律服务	——	——	7679	2063	1750
公证服务	——	——	984	462	——
其他法律服务	——	——	2147	——	——
咨询与调查	26728	5068	112465	52626	14975
会计、审计及税务服务	3000	3000	14928	7912	1276
市场调查	585	585	3475	227	——
社会经济咨询	21930	270	37653	15261	2227
其他专业咨询	1213	1213	56409	29226	11472
广告业	——	——	104056	63551	4320
知识产权服务	916	916	6333	960	——
职业中介服务	——	——	54723	19513	5706
市场管理	31649	29332	1168496	837702	76304
旅行社	3000	3000	78464	50025	11870

国民经济行业小类城镇投资资金来源构成（二）

续表 25　　　　单位：万元

行　　业	利用外资	外商直接投资	自筹资金	企事业单位自有资金	其他资金
其他商务服务	5925	5085	1868015	1118530	115412
会议及展览服务	2300	2300	1114564	729267	49171
包装服务	840	——	30872	11175	264
保安服务	——	——	9072	7692	——
办公服务	260	260	259143	155657	26210
其他未列明的商务服务	2525	2525	454364	214739	39767
（十三）科研技术服务和地质勘察业	**88385**	**69383**	**3782351**	**1919319**	**552197**
研究与试验发展	59648	46828	1345676	698426	231852
自然科学研究与试验发展	——	——	238635	116299	150525
工程和技术研究与试验发展	57059	44239	685091	360698	38042
农业科学研究与试验发展	300	300	284522	147243	18982
医学研究与试验发展	1089	1089	51273	38058	1775
社会人文科学研究与试验发展	1200	1200	86155	36128	22528
专业技术服务业	14431	11355	1090714	597452	183412
气象服务	——	——	46287	13617	12197
地震服务	——	——	7953	7398	——
海洋服务	272	——	3262	2017	——
测绘服务	——	——	56832	11322	5304
技术检测	5149	5149	161204	95011	102585
环境监测	——	——	64482	23492	720
工程技术与规划管理	940	650	552871	332363	39940
工程管理服务	650	650	75112	33079	11927
工程勘察设计	——	——	226959	180555	3297
规划管理	290	——	250800	118729	24716
其他专业技术服务	8070	5556	197823	112232	22666
科技交流和推广服务业	9966	9040	644863	385449	69817
技术推广服务	9444	9040	175208	87967	18522
科技中介服务	522	——	172789	92128	31621
其他科技服务	——	——	296866	205354	19674
地质勘察业	4340	2160	701098	237992	67116
矿产地质勘察	4340	2160	610315	185196	55493
能源矿产地质勘察	680	——	408398	93171	24494
固体矿产地质勘察	3660	2160	155427	84884	24805
其他矿产地质勘察	——	——	46490	7141	6194
基础地质勘察	——	——	28339	13217	10214
地质勘察技术服务	——	——	62444	39579	1409
（十四）水利环境和公共设施管理业	**871278**	**404653**	**52315059**	**19103813**	**8705614**
水利管理业	73392	18945	4581590	1151166	996361
防洪管理	35153	11664	1789046	395435	275905
水资源管理	32439	2664	1825983	471133	476111

国民经济行业小类城镇投资资金来源构成（二）

续表 26　　　　单位：万元

行　　业	利用外资	外商直接投资	自筹资金	企事业单位自有资金	其他资金
水库管理	4090	1100	713932	223524	202487
调水、引水管理	28293	1564	822409	196877	187811
其他水资源管理	56	——	289642	50732	85813
其他水利管理	5800	4617	966561	284598	244345
环境管理业	113731	63324	3556097	1291817	671053
自然保护	34131	33631	249513	91623	62877
自然保护区管理	4131	3631	140047	55204	7853
野生动植物保护	30000	30000	56216	26289	24447
其他自然保护	——	——	53250	10130	30577
环境治理	79600	29693	3306584	1200194	608176
城市市容管理	1500	——	693567	92793	56788
城市环境卫生管理	58514	22094	538227	152091	146998
水污染治理	12987	1700	865076	365747	114597
危险废物治理	5099	5099	144404	78610	8966
其他环境治理	1500	800	1065310	510953	280827
公共设施管理业	684155	322384	44177372	16660830	7038200
市政公共设施管理	343097	188837	37223546	13457193	6150366
城市绿化管理	14000	13150	1611434	540384	177813
游览景区管理	327058	120397	5342392	2663253	710021
风景名胜区管理	65602	52871	1795421	965204	246421
公园管理	33522	14330	1306220	541560	206162
其他游览景区管理	227934	53196	2240751	1156489	257438
（十五）居民服务和其他服务业	**12124**	**3368**	**2029448**	**989936**	**172200**
居民服务业	7910	2704	1255449	635061	126880
家庭服务	——	——	34941	13863	2263
托儿所	——	——	5413	4533	——
洗染服务	——	——	13357	3090	210
理发及美容保健服务	373	——	78081	34941	3183
洗浴服务	1777	777	364119	201108	11017
婚姻服务	——	——	3474	3203	200
殡葬服务	1410	1327	221137	106740	14202
摄影扩印服务	250	——	38011	11353	3780
其他居民服务	4100	600	496916	256230	92025
其他服务业	4214	664	773999	354875	45320
修理与维护	414	364	368003	212408	24896
汽车、摩托车维护与保养	414	364	350235	201314	24820
办公设备维修	——	——	611	528	——
家用电器修理	——	——	3572	2630	76
其他日用品修理	——	——	13585	7936	——
清洁服务	——	——	45381	19251	1620

国民经济行业小类城镇投资资金来源构成（二）

续表 27　　单位：万元

行　　业	利用外资	外商直接投资	自筹资金	企事业单位自有资金	其他资金
建筑物清洁服务	——	——	9067	6387	——
其他清洁服务	——	——	36314	12864	1620
其他未列明的服务	3800	300	360615	123216	18804
（十六）教育	**124983**	**62997**	**14799975**	**7083425**	**1801408**
教育	124983	62997	14799975	7083425	1801408
学前教育	620	620	217888	110632	30048
初等教育	17988	11765	1429066	515976	233846
中等教育	51927	21449	4598707	1904750	757874
初中教育	12479	5202	1494457	632460	303132
高中教育	25070	12076	1788378	689152	328983
中等专业教育	1050	536	416024	190470	42060
职业中学教育	7328	3135	480435	179011	39724
技工学校教育	6000	500	334562	164418	37825
其他中等教育	——	——	84851	49239	6150
高等教育	39792	18037	7241795	3903454	677975
普通高等教育	35892	14137	6824781	3673759	644176
成人高等教育	3900	3900	417014	229695	33799
其他教育	14656	11126	1312519	648613	101665
职业技能培训	14625	11125	951078	469700	83767
特殊教育	——	——	17582	8846	1457
其他未列明的教育	31	1	343859	170067	16441
（十七）卫生社会保障和社会福利业	**46445**	**9938**	**5777940**	**2937956**	**520885**
卫生	44985	9278	5291203	2719075	423188
医院	43103	8959	4460328	2403684	339553
综合医院	33010	4091	3418291	1853821	262370
中医医院	2180	930	263503	134107	24958
中西医结合医院	3938	3938	116111	56145	7244
民族医院	——	——	6243	1215	1298
专科医院	3875	——	594531	329906	36756
疗养院	100	——	61649	28490	6927
卫生院及社区医疗活动	715	65	373147	139229	40576
门诊部医疗活动	——	——	79472	24354	6993
计划生育技术服务活动	118	——	53127	24979	4011
妇幼保健活动	154	——	75106	28501	6972
专科疾病防治活动	——	——	33637	12647	622
疾病预防控制及防疫活动	——	——	108826	44182	20214
其他卫生活动	895	254	107560	41499	4247
社会保障业	——	——	52610	17060	26330
社会保障业	——	——	52610	17060	26330
社会福利业	1460	660	434127	201821	71367

国民经济行业小类城镇投资资金来源构成（二）

续表 28　　单位：万元

行　业	利用外资	外商直接投资	自筹资金	企事业单位自有资金	其他资金
提供住宿的社会福利	1460	660	346285	162555	62967
干部休养所	——	——	31637	7422	21659
收养收容服务	1460	660	314648	155133	41308
不提供住宿的社会福利	——	——	87842	39266	8400
（十八）文化、体育和娱乐业	**214720**	**110501**	**8132767**	**3738359**	**733665**
新闻出版业	——	——	323931	169106	11160
新闻业	——	——	104739	45868	4650
出版业	——	——	219192	123238	6510
图书出版	——	——	71012	50883	1034
报纸出版	——	——	139837	64487	4306
期刊出版	——	——	1302	925	——
音像制品出版	——	——	——	——	——
电子出版物出版	——	——	88	——	——
其他出版	——	——	6953	6943	1170
广播、电视、电影和音像业	——	——	1184733	726451	52349
广播	——	——	142185	75363	8623
电视	——	——	779058	519561	28786
电影	——	——	233562	111236	14940
电影制作与发行	——	——	86558	59968	11269
电影放映	——	——	147004	51268	3671
音像制作	——	——	29928	20291	——
文化艺术业	9094	3054	2098613	654874	297387
文艺创作与表演	——	——	130354	16064	2328
艺术表演场馆	——	——	523353	56168	23732
图书馆与档案馆	——	——	155400	54520	9745
图书馆	——	——	130267	44788	7126
档案馆	——	——	25133	9732	2619
文物及文化保护	5000	——	192356	67794	49749
博物馆	2000	2000	525375	221538	138113
烈士陵园、纪念馆	——	——	64310	18195	7444
群众文化活动	2094	1054	373917	138554	43418
文化艺术经纪代理	——	——	9304	4134	——
其他文化艺术	——	——	124244	77907	22858
体育	39906	39296	1815907	849331	149099
体育组织	——	——	389213	359793	28305
体育场馆	39906	39296	1330329	453217	115621
其他体育	——	——	96365	36321	5173
娱乐业	165720	68151	2709583	1338597	223670
室内娱乐活动	14226	13258	855248	386591	42332
游乐园	48157	15797	500493	344383	40472

国民经济行业小类城镇投资资金来源构成（二）

续表 29　　　　单位：万元

行　　业	利用外资	外商直接投资	自筹资金	企事业单位自有资金	其他资金
休闲健身娱乐活动	79685	32323	989000	464884	70583
其他娱乐活动	23652	6773	364842	142739	70283
（十九）公共管理和社会组织	**73313**	**47644**	**16672599**	**5819964**	**3606594**
中国共产党机关	700	——	74946	10825	34423
中国共产党机关	700	——	74946	10825	34423
国家机构	53591	32114	12593493	4467453	2799896
国家权力机构	——	——	573344	241254	145645
国家行政机构	52891	32114	11067639	3921646	2447207
综合事务管理机构	17148	7820	3866030	1449489	861960
对外事务管理机构	——	——	23274	15582	8
公共安全管理机构	150	150	1248270	368009	221024
社会事务管理机构	2838	2577	727653	225335	320494
经济事务管理机构	10136	4141	2774630	1124838	638391
政府事务管理机构	19540	16126	2042259	598665	343887
行政监督检查机构	3079	1300	385523	139728	61443
人民法院和人民检察院	700	——	440435	127563	78155
人民法院	——	——	259094	69826	45515
人民检察院	700	——	181341	57737	32640
其他国家机构	——	——	512075	176990	128889
人民政协和民主党派	——	——	74062	10975	5493
人民政协	——	——	58761	7675	5493
民主党派	——	——	15301	3300	
群众团体、社会团体和宗教组织	19022	15530	496288	209012	91891
群众团体	——	——	95451	48309	20883
工会	——	——	53062	27530	9654
妇联	——	——	4900	4500	1121
共青团	——	——	3511	56	2511
其他群众团体	——	——	33978	16223	7597
社会团体	742	200	114166	47376	9628
专业性团体	——	——	35811	15347	1395
行业性团体	542	——	43145	17953	5886
其他社会团体	200	200	35210	14076	2347
宗教组织	18280	15330	286671	113327	61380
基层群众自治组织	——	——	3433810	1121699	674891
社区自治组织	——	——	1318925	576876	201757
村民自治组织	——	——	2114885	544823	473134
（二十）国际组织	——	——	——	——	——
国际组织	——	——	——	——	——

各地区城镇房屋建筑面积和造价

地　　区	施工房屋 面　　积 （万平方米）	竣工房屋 面　　积 （万平方米）	房屋建筑 面积竣工 率（%）	竣工房屋 价　　值 （万元）	竣工房屋 造　　价 （元/平方米）
全国总计	**414941.75**	**134247.50**	**32.4**	**180434095**	**1344**
北　　京	13426.98	3496.05	26.0	8485608	2427
天　　津	6834.79	2217.34	32.4	5306400	2393
河　　北	14183.53	5113.15	36.1	6362547	1244
山　　西	7491.84	2804.24	37.4	3285942	1172
内 蒙 古	9400.56	4029.85	42.9	5188028	1287
辽　　宁	20932.29	6847.61	32.7	9475502	1384
吉　　林	8519.77	3590.25	42.1	4724757	1316
黑 龙 江	6955.77	3818.63	54.9	4787580	1254
上　　海	13479.28	4333.79	32.2	12366406	2853
江　　苏	38275.71	12996.38	34.0	17125740	1318
浙　　江	32377.11	8000.67	24.7	12391700	1549
安　　徽	16099.66	4876.57	30.3	5672969	1163
福　　建	17565.06	3253.43	18.5	3845842	1182
江　　西	10159.22	3710.74	36.5	3259598	878
山　　东	32976.84	10676.16	32.4	13620010	1276
河　　南	24283.11	10184.79	41.9	10340574	1015
湖　　北	10210.63	4154.65	40.7	6338117	1526
湖　　南	12305.95	3621.03	29.4	4286781	1184
广　　东	31886.34	9255.47	29.0	14320047	1547
广　　西	9810.58	2710.22	27.6	2566493	947
海　　南	1863.51	475.61	25.5	649918	1367
重　　庆	14232.17	3783.35	26.6	4652482	1230
四　　川	23338.04	6443.22	27.6	6022108	935
贵　　州	6136.08	1468.64	23.9	1304751	888
云　　南	8227.03	2745.60	33.4	3254414	1185
西　　藏	713.30	432.04	60.6	599941	1389
陕　　西	10165.62	3287.15	32.3	4646474	1414
甘　　肃	4266.75	1433.43	33.6	1532663	1069
青　　海	1121.72	352.21	31.4	435770	1237
宁　　夏	1934.61	768.52	39.7	933519	1215
新　　疆	5695.76	3327.06	58.4	2626054	789
不分地区	72.15	39.67	55.0	25360	639

各地区城镇住宅建筑面积和造价

地　　区	施工住宅面　　积（万平方米）	竣工住宅面　　积（万平方米）	住宅建筑面积竣工率（%）	竣工住宅价　　值（万元）	竣工住宅造　　价（元/平方米）
全国总计	**226159.65**	**68820.78**	**30.4**	**96222044**	**1398**
北　　京	6622.62	1996.17	30.1	4357519	2183
天　　津	3785.50	1418.89	37.5	3680628	2594
河　　北	6930.86	1949.33	28.1	2677420	1374
山　　西	5016.44	1826.92	36.4	2072193	1134
内 蒙 古	5460.09	2264.30	41.5	2696335	1191
辽　　宁	10350.56	3130.39	30.2	4186652	1337
吉　　林	4398.01	1573.28	35.8	1712295	1088
黑 龙 江	3940.47	2213.12	56.2	2653841	1199
上　　海	7744.75	2809.18	36.3	8401220	2991
江　　苏	19472.92	5534.70	28.4	8660663	1565
浙　　江	14772.12	3438.23	23.3	6483090	1886
安　　徽	8891.61	2499.18	28.1	3188002	1276
福　　建	8413.58	1572.37	18.7	2044612	1300
江　　西	5355.50	1933.12	36.1	1771066	916
山　　东	16375.78	4732.86	28.9	6474107	1368
河　　南	12444.93	4377.29	35.2	4274203	976
湖　　北	6138.62	2275.53	37.1	3527763	1550
湖　　南	7323.03	2081.63	28.4	2372301	1140
广　　东	18188.36	5038.97	27.7	8532111	1693
广　　西	6205.07	1563.47	25.2	1463141	936
海　　南	1219.98	318.20	26.1	468090	1471
重　　庆	9282.67	2324.70	25.0	2829619	1217
四　　川	14693.79	3628.88	24.7	3325819	916
贵　　州	3985.54	855.54	21.5	694058	811
云　　南	4902.21	1610.79	32.9	1828516	1135
西　　藏	328.93	181.27	55.1	257260	1419
陕　　西	6040.53	1751.33	29.0	2405265	1373
甘　　肃	2389.22	721.12	30.2	729070	1011
青　　海	685.96	234.59	34.2	292902	1249
宁　　夏	1029.45	471.06	45.8	507153	1077
新　　疆	3765.45	2491.60	66.2	1655101	664
不分地区	5.12	2.75	53.7	29.0	11

国民经济行业大类城镇房屋建筑面积和造价

行业	施工房屋面积（万平方米）	竣工房屋面积（万平方米）	房屋建面积竣率（%）	竣工房屋价值（万元）	竣工房屋造价（元/平方米）
全国总计	**414941.75**	**134247.50**	**32.4**	**180434095**	**1344**
（一）农、林、牧、渔业	**2783.97**	**1742.77**	**62.6**	**992905**	**570**
农业	561.47	333.78	59.5	207135	621
林业	176.07	110.57	62.8	87252	789
畜牧业	919.36	543.84	59.2	410191	754
渔业	55.19	28.81	52.2	34793	1208
农、林、牧、渔服务业	1071.87	725.76	67.7	253534	349
（二）采矿业	**1579.05**	**696.26**	**44.1**	**701483**	**1008**
煤炭开采和洗选业	701.48	291.30	41.5	302597	1039
石油和天然气开采业	276.74	76.96	27.8	101104	1314
黑色金属矿采选业	147.97	84.78	57.3	74329	877
有色金属矿采选业	285.64	135.53	47.5	127785	943
非金属矿采选业	163.43	104.28	63.8	92278	885
其他采矿业	3.78	3.41	90.3	3390	993
（三）制造业	**70552.55**	**28994.03**	**41.1**	**30364043**	**1047**
农副食品加工业	3396.17	1722.91	50.7	1856171	1077
食品制造业	2108.80	989.17	46.9	1032436	1044
饮料制造业	1291.78	598.22	46.3	601461	1005
烟草制品业	284.64	55.31	19.4	91544	1655
纺织业	4009.91	1678.91	41.9	1493050	889
纺织服装、鞋、帽制造业	2912.52	1213.57	41.7	1106699	912
皮革、毛皮、羽毛(绒)及其制品业	1666.58	557.61	33.5	513955	922
木材加工及木、竹、藤、棕、草制品业	1342.77	755.22	56.2	687308	910
家具制造业	1523.16	651.27	42.8	643678	988
造纸及纸制品业	1172.21	542.16	46.3	548711	1012
印刷业和记录媒介的复制	1202.10	458.30	38.1	509675	1112
文教体育用品制造业	654.24	263.47	40.3	251131	953
石油加工、炼焦及核燃料加工业	418.57	174.73	41.7	209092	1197
化学原料及化学制品制造业	4079.63	1660.87	40.7	1665956	1003
医药制造业	1789.60	739.99	41.4	812945	1099
化学纤维制造业	415.69	146.85	35.3	180036	1226
橡胶制品业	776.11	329.23	42.4	365262	1109
塑料制品业	2231.92	1132.38	50.7	1092550	965
非金属矿物制品业	4452.05	2126.39	47.8	2099791	987
黑色金属冶炼及压延加工业	1761.89	546.06	31.0	703478	1288
有色金属冶炼及压延加工业	1187.19	500.49	42.2	538534	1076
金属制品业	4362.16	1786.19	41.0	1825515	1022
通用设备制造业	5617.61	2484.46	44.2	2718863	1094
专用设备制造业	4229.86	1622.25	38.4	1815198	1119

国民经济行业大类城镇房屋建筑面积和造价

续表 1

行　　　业	施工房屋面　　积(万平方米)	竣工房屋面　　积(万平方米)	房屋建筑面积竣工率(%)	竣工房屋价　　值(万元)	竣工房屋造　　价(元/平方米)
交通运输设备制造业	4924.39	1744.94	35.4	2048423	1174
电气机械及器材制造业	4376.16	1717.44	39.3	1836755	1069
通信设备、计算机及其他电子设备制造	4638.41	1463.78	31.6	1815838	1241
仪器仪表文化办公用机械制造业	906.33	276.21	30.5	302405	1095
工艺品及其他制造业	2664.27	1011.25	38.0	956308	946
废弃资源和废旧材料回收加工业	155.84	44.43	28.5	41275	929
（四）电力燃气水的生产供应业	**2160.39**	**756.43**	**35.0**	**983481**	**1300**
电力、热力的生产和供应业	1680.86	559.51	33.3	758519	1356
燃气生产和供应业	129.31	69.60	53.8	74525	1071
水的生产和供应业	350.22	127.33	36.4	150437	1181
（五）建筑业	**3124.90**	**1387.65**	**44.4**	**1529231**	**1102**
房屋和土木工程建筑业	2843.30	1251.91	44.0	1345161	1074
建筑安装业	122.41	67.98	55.5	89119	1311
建筑装饰业	35.70	21.91	61.4	35869	1637
其他建筑业	123.49	45.85	37.1	59082	1289
（六）交通运输、仓储和邮政业	**4604.19**	**1596.75**	**34.7**	**1921823**	**1204**
铁路运输业	295.09	49.72	16.9	143429	2885
道路运输业	1240.27	609.40	49.1	578930	950
城市公共交通业	137.90	84.26	61.1	112940	1340
水上运输业	177.37	32.98	18.6	33032	1002
航空运输业	403.41	68.00	16.9	165113	2428
管道运输业	5.71	3.56	62.4	3109	873
装卸搬运和其他运输服务业	178.92	58.02	32.4	68574	1182
仓储业	2112.52	667.09	31.6	781955	1172
邮政业	53.00	23.72	44.8	34741	1465
（七）信息传输、计算机服务和软件业	**1174.77**	**214.20**	**18.2**	**342306**	**1598**
电信和其他信息传输服务业	400.36	148.29	37.0	232915	1571
计算机服务业	56.01	24.20	43.2	55391	2289
软件业	718.40	41.71	5.8	54000	1295
（八）批发和零售业	**9366.62**	**4440.48**	**47.4**	**5362673**	**1208**
批发业	4381.90	1906.67	43.5	2259147	1185
零售业	4984.72	2533.81	50.8	3103526	1225
（九）住宿和餐饮业	**4262.53**	**1657.61**	**38.9**	**2404850**	**1451**
住宿业	3159.70	1062.19	33.6	1628584	1533
餐饮业	1102.83	595.42	54.0	776266	1304
（十）金融业	**434.01**	**188.00**	**43.3**	**281696**	**1498**
银行业	365.92	136.82	37.4	164683	1204
证券业	2.99	2.99	100.0	4328	1446
保险业	29.96	22.17	74.0	53486	2413

国民经济行业大类城镇房屋建筑面积和造价

续表 2

行　　业	施工房屋面积（万平方米）	竣工房屋面积（万平方米）	房屋建筑面积竣工率（%）	竣工房屋价值（万元）	竣工房屋造价（元/平方米）
其他金融活动	35.14	26.03	74.1	59199	2275
（十一）房地产业	**264517.46**	**73050.24**	**27.6**	**112018952**	**1533**
房地产业	264517.46	73050.24	27.6	112018952	1533
（十二）租赁和商务服务业	**3343.48**	**950.98**	**28.4**	**1206048**	**1268**
租赁业	52.28	27.86	53.3	31210	1120
商务服务业	3291.20	923.12	28.1	1174838	1273
（十三）科研技术服务和地质勘查业	**1810.35**	**581.37**	**32.1**	**958806**	**1649**
研究与试验发展	714.79	234.91	32.9	427226	1819
专业技术服务业	552.91	161.06	29.1	226920	1409
科技交流和推广服务业	371.43	125.94	33.9	200905	1595
地质勘查业	171.23	59.46	34.7	103755	1745
（十四）水利环境和公共设施管理业	**8437.52**	**2636.05**	**31.2**	**2616621**	**993**
水利管理业	339.37	189.20	55.8	140216	741
环境管理业	418.63	147.74	35.3	143640	972
公共设施管理业	7679.52	2299.12	29.9	2332765	1015
（十五）居民服务和其他服务业	**642.71**	**386.07**	**60.1**	**463039**	**1199**
居民服务业	455.98	265.20	58.2	298232	1125
其他服务业	186.73	120.87	64.7	164807	1364
（十六）教育	**16490.14**	**7027.03**	**42.6**	**8231707**	**1171**
教育	16490.14	7027.03	42.6	8231707	1171
（十七）卫生、社会保障和社会福利业	**4543.29**	**1611.36**	**35.5**	**2154019**	**1337**
卫生	4072.66	1373.60	33.7	1918693	1397
社会保障业	72.00	26.37	36.6	24741	938
社会福利业	398.63	211.40	53.0	210585	996
（十八）文化、体育和娱乐业	**3127.06**	**843.71**	**27.0**	**1467392**	**1739**
新闻出版业	214.91	37.07	17.3	58984	1591
广播、电视、电影和音像业	420.33	113.92	27.1	140471	1233
文化艺术业	1121.91	273.99	24.4	582180	2125
体育	647.54	125.86	19.4	277211	2203
娱乐业	722.38	292.87	40.5	408546	1395
（十九）公共管理和社会组织	**11986.75**	**5486.49**	**45.8**	**6433020**	**1173**
中国共产党机关	188.92	71.73	38.0	85745	1195
国家机构	9035.64	4166.98	46.1	4881631	1172
人民政协和民主党派	41.74	10.47	25.1	19491	1862
群众团体、社会团体和宗教组织	257.47	103.40	40.2	123079	1190
基层群众自治组织	2462.97	1133.91	46.0	1323074	1167
（二十）国际组织	——	——	——	——	——
国际组织	——	——	——	——	——

国民经济行业大类城镇住宅建筑面积和造价

行业	施工住宅面积(万平方米)	竣工住宅面积(万平方米)	住宅建筑面积竣工率(%)	竣工住宅价值(万元)	竣工住宅造价(元/平方米)
全国总计	**226159.65**	**68820.78**	**30.4**	**96222044**	**1398**
（一）农、林、牧、渔业	1187.01	846.68	71.3	254989	301
农业	269.32	191.47	71.1	94366	493
林业	95.12	62.16	65.4	44093	709
畜牧业	42.69	31.90	74.7	25388	796
渔业	4.23	0.86	20.3	729	851
农、林、牧、渔服务业	775.65	560.29	72.2	90413	161
（二）采矿业	**424.18**	**145.29**	**34.3**	**140657**	**968**
煤炭开采和洗选业	258.10	72.77	28.2	75221	1034
石油和天然气开采业	55.53	13.92	25.1	14739	1059
黑色金属矿采选业	30.85	11.63	37.7	8366	719
有色金属矿采选业	61.07	34.16	55.9	31567	924
非金属矿采选业	18.55	12.79	68.9	10745	840
其他采矿业	0.09	0.03	32.4	19	662
（三）制造业	**2194.66**	**1122.86**	**51.2**	**1177941**	**1049**
农副食品加工业	76.66	44.16	57.6	41404	938
食品制造业	64.47	32.98	51.2	30071	912
饮料制造业	38.13	19.15	50.2	21866	1142
烟草制品业	31.79	6.30	19.8	11448	1817
纺织业	110.93	63.81	57.5	54836	859
纺织服装、鞋、帽制造业	43.60	23.08	52.9	22023	954
皮革、毛皮、羽毛(绒)及其制品业	32.06	14.81	46.2	13211	892
木材加工及木、竹、藤、棕、草制品业	42.61	27.44	64.4	25103	915
家具制造业	25.56	11.69	45.8	9581	819
造纸及纸制品业	49.32	17.01	34.5	10791	634
印刷业和记录媒介的复制	37.62	23.22	61.7	28211	1215
文教体育用品制造业	11.43	8.03	70.2	5087	634
石油加工、炼焦及核燃料加工业	46.37	35.46	76.5	34608	976
化学原料及化学制品制造业	113.09	61.46	54.4	46486	756
医药制造业	89.86	69.62	77.5	62912	904
化学纤维制造业	18.77	4.83	25.7	5706	1181
橡胶制品业	12.82	6.37	49.7	9711	1524
塑料制品业	33.68	17.93	53.2	15754	879
非金属矿物制品业	125.76	85.03	67.6	78111	919
黑色金属冶炼及压延加工业	134.15	26.87	20.0	32178	1198
有色金属冶炼及压延加工业	49.25	22.43	45.5	19772	881
金属制品业	102.95	38.52	37.4	38466	999
通用设备制造业	129.77	71.31	55.0	75855	1064
专用设备制造业	221.12	125.89	56.9	148582	1180

国民经济行业大类城镇住宅建筑面积和造价

续表 1

行　　　业	施工住宅面积(万平方米)	竣工住宅面积(万平方米)	住宅建筑面积竣工率(%)	竣工住宅价值(万元)	竣工住宅造价(元/平方米)
交通运输设备制造业	183.22	95.85	52.3	133459	1392
电气机械及器材制造业	105.99	50.38	47.5	54526	1082
通信设备、计算机及其他电子设备制造业	184.65	72.27	39.1	102497	1418
仪器仪表文化办公用机械制造业	17.81	12.05	67.6	16084	1335
工艺品及其他制造业	58.56	33.86	57.8	28735	849
废弃资源和废旧材料回收加工业	2.65	1.06	40.1	867	816
（四）电力燃气水的生产供应业	**364.31**	**121.09**	**33.2**	**136599**	**1128**
电力、热力的生产和供应业	326.43	100.79	30.9	113141	1123
燃气生产和供应业	3.13	2.50	80.0	1327	531
水的生产和供应业	34.75	17.80	51.2	22131	1244
（五）建筑业	**1521.40**	**808.84**	**53.2**	**848878**	**1050**
房屋和土木工程建筑业	1465.81	780.95	53.3	813768	1042
建筑安装业	36.87	18.69	50.7	26336	1409
建筑装饰业	0.72	0.32	44.4	192	600
其他建筑业	18.01	8.88	49.3	8582	967
（六）交通运输、仓储和邮政业	**404.65**	**133.71**	**33.0**	**161150**	**1205**
铁路运输业	60.16	5.42	9.0	6272	1156
道路运输业	247.88	96.90	39.1	109294	1128
城市公共交通业	14.37	8.68	60.4	11056	1274
水上运输业	15.05	0.30	2.0	560	1879
航空运输业	23.33	9.12	39.1	15804	1733
管道运输业	0.03	0.03	100.0	33	1100
装卸搬运和其他运输服务业	8.32	0.32	3.8	236	742
仓储业	27.82	8.48	30.5	10297	1214
邮政业	7.70	4.46	57.9	7598	1702
（七）信息传输计算机服务和软件业	**46.30**	**31.69**	**68.5**	**31882**	**1006**
电信和其他信息传输服务业	24.93	19.32	77.5	19239	996
计算机服务业	3.87	1.87	48.3	3118	1667
软件业	17.50	10.50	60.0	9525	907
（八）批发和零售业	**794.92**	**508.63**	**64.0**	**543964**	**1069**
批发业	354.19	201.38	56.9	197485	981
零售业	440.73	307.25	69.7	346479	1128
（九）住宿和餐饮业	**320.01**	**150.75**	**47.1**	**183588**	**1218**
住宿业	255.13	115.06	45.1	140493	1221
餐饮业	64.87	35.69	55.0	43095	1207
（十）金融业	**107.72**	**53.10**	**49.3**	**53619**	**1010**
银行业	95.44	41.63	43.6	29766	715
证券业	——	——	——	——	——
保险业	2.33	1.53	65.6	1078	707

国民经济行业大类城镇住宅建筑面积和造价

续表 2

行业	施工住宅面积（万平方米）	竣工住宅面积（万平方米）	住宅建筑面积竣工率（%）	竣工住宅价值（万元）	竣工住宅造价（元/平方米）
其他金融活动	9.95	9.95	100.0	22775	2289
（十一）房地产业	**206186.62**	**59583.62**	**28.9**	**87163246**	**1463**
房地产业	206186.62	59583.62	28.9	87163246	1463
（十二）租赁和商务服务业	**444.34**	**174.91**	**39.4**	**196880**	**1126**
租赁业	1.85	1.85	100.0	3080	1669
商务服务业	442.49	173.06	39.1	193800	1120
（十三）科研技术服务和地质勘查业	**397.59**	**135.44**	**34.1**	**161913**	**1195**
研究与试验发展	155.85	56.61	36.3	56021	990
专业技术服务业	132.91	43.32	32.6	63470	1465
科技交流和推广服务业	12.53	7.44	59.4	8392	1129
地质勘查业	96.31	28.07	29.2	34030	1212
（十四）水利环境和公共设施管理业	**3881.78**	**1096.34**	**28.2**	**970319**	**885**
水利管理业	116.84	66.30	56.8	44427	670
环境管理业	150.50	35.95	23.9	27294	759
公共设施管理业	3614.43	994.08	27.5	898598	904
（十五）居民服务和其他服务业	**186.88**	**116.90**	**62.6**	**108025**	**924**
居民服务业	152.29	97.29	63.9	92828	954
其他服务业	34.60	19.61	56.7	15197	775
（十六）教育	**2074.77**	**1047.14**	**50.5**	**1150888**	**1099**
教育	2074.77	1047.14	50.5	1150888	1099
（十七）卫生、社会保障和社会福利业	**330.40**	**177.32**	**53.7**	**171794**	**969**
卫生	177.17	92.68	52.3	99748	1076
社会保障业	25.75	11.06	43.0	8775	793
社会福利业	127.48	73.58	57.7	63271	860
（十八）文化、体育和娱乐业	**174.66**	**74.09**	**42.4**	**92367**	**1247**
新闻出版业	19.29	8.81	45.7	12859	1460
广播、电视、电影和音像业	30.02	17.87	59.5	13556	759
文化艺术业	30.78	18.10	58.8	20185	1115
体育	32.30	7.23	22.4	16883	2335
娱乐业	62.27	22.08	35.5	28884	1308
（十九）公共管理和社会组织	**5117.46**	**2492.37**	**48.7**	**2673345**	**1073**
中国共产党机关	62.67	20.68	33.0	18923	915
国家机构	3548.82	1777.51	50.1	1855949	1044
人民政协和民主党派	10.38	4.43	42.7	3427	773
群众团体、社会团体和宗教组织	45.40	25.76	56.7	22681	881
基层群众自治组织	1450.19	663.99	45.8	772365	1163
（二十）国际组织	——	——	——	——	——
国际组织	——	——	——	——	——

（二）房地产开发

房地产开发投资主要指标

指　　标	2006 年	2007 年	2007 年比 2006 年增减	
			绝对数	%
一、投资总额（亿元）	**19422.92**	**25288.84**	**3513.67**	**30.2**
1.按构成分	——	——	——	——
建筑安装工程	13352.87	17205.54	2390.35	28.9
设备、工具、器具投资	269.95	340.49	32.51	26.1
其他费用	5800.10	7742.81	1090.81	33.5
2.按工程用途分	——	——	——	——
住宅	13638.41	18005.42	2777.48	32.0
其中：经济适用房	696.84	820.93	177.66	17.8
办公楼	928.06	1035.04	164.99	11.5
商业营业用房	2353.88	2785.65	314.35	18.3
其他	2502.57	3462.73	256.85	38.4
二、全部建设规模（亿元）	——	——	——	——
计划总投资	80955.66	104670.93	15838.92	29.3
自开始建设至本年底	48376.33	64155.34	11132.96	32.6
累计完成投资	——	——	——	——
全部建成尚需投资	32579.33	40515.59	4705.96	24.4
三、新增固定资产（亿元）	**10728.23**	**12618.65**	**1001.24**	**17.6**
四、房屋建筑面积（万平方米）	——	——	——	——
施工面积	194786.42	236318.24	41531.82	21.3
其中：住宅	151742.72	186788.43	35045.71	23.1
竣工面积	55830.92	60606.68	4775.76	8.6
其中：住宅	45471.75	49831.35	4359.60	9.6
五、投资资金来源小计（亿元）	**27135.55**	**37477.96**	**5737.71**	**38.1**
国内贷款	5356.98	7015.64	1438.90	31.0
利用外资	400.15	641.04	142.34	60.2
其中:外商直接投资	303.05	485.39	131.64	60.2
自筹资金	8597.09	11772.53	1596.70	36.9
其他资金	12781.33	18048.75	2559.77	41.2
其中:定金及预收款	8192.65	10663.20	2470.55	30.2
	——	——	——	——

各地区按登记注册类型分的房地产开发单位个数（一）

单位：个

地　　区	合　计	内　资	国　有	集　体	股份合作	国有联营	集体联营
全国总计	**62518**	**56965**	**3617**	**1430**	**537**	**78**	**38**
北　京	2699	2381	109	24	4	1	——
天　津	1028	932	129	22	3	2	2
河　北	1497	1440	60	11	17	——	——
山　西	1608	1582	132	26	6	——	——
内蒙古	1415	1405	36	6	6	1	——
辽　宁	2981	2634	94	23	27	1	——
吉　林	1041	996	49	5	3	——	——
黑龙江	1320	1277	117	7	5	——	——
上　海	3116	2674	260	127	13	19	17
江　苏	4648	4103	210	109	34	5	2
浙　江	3872	3645	144	56	12	9	——
安　徽	2391	2263	146	32	27	1	——
福　建	2693	2028	187	60	24	13	4
江　西	2043	1843	165	40	43	1	——
山　东	3436	3226	230	141	40	3	1
河　南	2586	2461	149	47	34	1	——
湖　北	2364	2154	185	43	31	3	——
湖　南	2501	2320	172	35	43	——	——
广　东	5695	4663	345	420	50	8	2
广　西	1949	1777	144	38	28	1	3
海　南	405	354	18	3	5	2	2
重　庆	2039	1927	70	16	14	——	——
四　川	2816	2712	106	40	27	1	——
贵　州	1575	1528	77	24	4	1	——
云　南	1228	1190	69	10	8	3	1
西　藏	35	35	11	——	3	——	——
陕　西	946	910	87	16	8	——	2
甘　肃	1045	989	74	39	10	——	1
青　海	299	285	11	5	5	1	——
宁　夏	338	334	5	1	——	——	1
新　疆	909	897	26	4	3	1	——

各地区按登记注册类型分的房地产开发单位个数（二）

单位：个

地区	内资						
	国有与集体联营	其他联营	国有独资公司	其他有限责任公司	股份有限公司	私营独资	私营合伙
全国总计	**42**	**78**	**447**	**21914**	**3099**	**680**	**295**
北京	——	——	26	1522	80	——	1
天津	——	——	8	362	36	10	2
河北	——	——	3	534	115	11	——
山西	——	2	2	474	54	14	12
内蒙古	1	——	——	655	57	40	7
辽宁	——	1	9	1099	57	38	3
吉林	——	——	8	459	100	14	1
黑龙江	——	——	4	530	137	14	7
上海	11	5	49	948	43	39	10
江苏	1	3	22	1365	193	54	15
浙江	3	2	42	1414	71	7	9
安徽	5	——	19	782	176	29	11
福建	2	8	27	642	68	20	20
江西	2	1	8	658	184	79	31
山东	1	——	11	1442	285	35	7
河南	——	1	8	1161	198	27	16
湖北	6	6	12	734	196	34	20
湖南	2	4	30	898	178	34	31
广东	5	31	38	1605	184	50	33
广西	1	2	5	433	90	23	4
海南	——	1	2	170	28	3	1
重庆	——	7	36	648	59	11	5
四川	——	1	16	976	219	24	16
贵州	——	——	15	547	42	17	15
云南	1	1	2	336	84	20	3
西藏	1	——	1	8	——	1	——
陕西	——	——	8	436	58	11	5
甘肃	——	1	6	515	79	11	4
青海	——	1	8	117	19	3	1
宁夏	——	——	15	84	4	2	1
新疆	——	——	7	360	5	5	4

各地区按登记注册类型分的房地产开发单位个数（三）

单位：个

地　　区	内　　资			港澳台投　资	合　资经　营	合　作经　营	独　资
	私营有限责任公司	私营股份有限公司	其他内资企业				
全国总计	**22335**	**2067**	**308**	**3524**	**1505**	**585**	**1375**
北　　京	592	22	——	188	70	96	19
天　　津	336	11	9	42	21	4	15
河　　北	597	85	7	37	29	2	6
山　　西	795	61	4	21	11	1	8
内 蒙 古	552	42	2	6	5	——	1
辽　　宁	1147	132	3	184	111	11	61
吉　　林	321	33	3	31	19	2	10
黑 龙 江	376	76	4	25	20	——	5
上　　海	1059	59	15	276	135	18	119
江　　苏	1907	156	27	316	176	21	112
浙　　江	1794	73	9	116	74	5	36
安　　徽	920	95	20	67	34	1	30
福　　建	835	89	29	443	98	26	313
江　　西	494	130	7	132	60	2	65
山　　东	894	98	38	128	71	10	45
河　　南	736	58	25	63	40	2	20
湖　　北	781	91	12	128	68	7	50
湖　　南	702	168	23	114	62	3	44
广　　东	1794	81	17	798	170	349	269
广　　西	911	94	——	112	59	13	38
海　　南	103	8	8	29	10	1	17
重　　庆	966	88	7	83	48	2	31
四　　川	1174	103	9	54	23	5	26
贵　　州	685	94	7	32	14		17
云　　南	595	48	9	29	25	2	2
西　　藏	9	1	——	——	——	——	——
陕　　西	248	22	9	21	14	2	5
甘　　肃	236	13	——	32	24		8
青　　海	91	18	5	11	9		2
宁　　夏	214	7	——	——	——	——	——
新　　疆	471	11	——	6	5	——	1

各地区按登记注册类型分的房地产开发单位个数（四）

单位：个

地区	港澳台股份有限	外商投资	合资经营	合作经营	独资	股份有限
全国总计	59	2029	919	249	817	44
北　京	3	130	51	61	16	2
天　津	2	54	24	10	18	2
河　北	——	20	11	3	5	1
山　西	1	5	5	——	——	——
内蒙古	——	4	3	——	1	——
辽　宁	1	163	99	11	51	2
吉　林	——	14	9	1	4	——
黑龙江	——	18	11	2	5	——
上　海	4	166	60	14	89	3
江　苏	7	229	116	15	94	4
浙　江	1	111	59	1	51	——
安　徽	2	61	30	1	27	3
福　建	6	222	48	17	150	7
江　西	5	68	39	4	19	6
山　东	2	82	51	8	22	1
河　南	1	62	32	——	29	1
湖　北	3	82	43	1	38	——
湖　南	5	67	35	5	25	2
广　东	10	234	68	78	83	5
广　西	2	60	33	9	17	1
海　南	1	22	7	——	13	2
重　庆	2	29	18	——	11	——
四　川	——	50	24	2	23	1
贵　州	1	15	2	2	11	——
云　南	——	9	5	1	3	——
西　藏	——	——	——	——	——	——
陕　西	——	15	11	2	2	——
甘　肃	——	24	14	1	8	1
青　海	——	3	2	——	1	——
宁　夏	——	4	3	——	1	——
新　疆	——	6	6	——	——	——

各地区房地产开发固定资产投资建设总规模

单位：万元

地区	建设总规模	在建总规模	在建净规模
全国总计	**1046709295**	**920423448**	**428099347**
北京	119793199	105353283	46828688
天津	23895483	20804980	11384647
河北	21862951	19709348	9553556
山西	9172104	7724478	3599956
内蒙古	10869181	8301354	3592185
辽宁	53412776	47376913	25663393
吉林	11726323	9881608	5039298
黑龙江	9580358	7548640	3134573
上海	81240600	70701130	23792572
江苏	102746454	93433581	40788791
浙江	76119199	66046872	27612767
安徽	32135256	28500558	13508702
福建	41102760	35862239	16890815
江西	16202381	14572677	7098389
山东	56023521	49986927	24712557
河南	28557609	25322823	12869235
湖北	26560133	23871946	11301137
湖南	33646214	30090948	17044236
广东	116412886	101175265	46109423
广西	21741474	18585414	8322792
海南	6695753	6065041	3774623
重庆	43385895	40412538	21527382
四川	42918804	36518649	17070518
贵州	10658100	9111077	4815998
云南	15782052	13595487	6922462
西藏	330661	258097	103792
陕西	21178836	18589955	10282771
甘肃	5281027	4521063	2056543
青海	1714152	1615969	653442
宁夏	2009175	1590389	656930
新疆	3953978	3294199	1387174

各地区房地产开发计划总投资和累计完成投资

单位：万元

地　　区	计划总投资	自开始建设累计完成投资
全国总计	**1046709295**	**641553398**
北　　京	119793199	73321274
天　　津	23895483	18024808
河　　北	21862951	12721654
山　　西	9172104	5917700
内 蒙 古	10869181	7437496
辽　　宁	53412776	28396940
吉　　林	11726323	6792458
黑 龙 江	9580358	6590127
上　　海	81240600	57448028
江　　苏	102746454	62984045
浙　　江	76119199	50079109
安　　徽	32135256	19382692
福　　建	41102760	25474626
江　　西	16202381	9398710
山　　东	56023521	33679365
河　　南	28557609	16198623
湖　　北	26560133	16589692
湖　　南	33646214	17187925
广　　东	116412886	73349940
广　　西	21741474	13529794
海　　南	6695753	3050047
重　　庆	43385895	21858513
四　　川	42918804	26752721
贵　　州	10658100	6121487
云　　南	15782052	8986767
西　　藏	330661	229910
陕　　西	21178836	11487310
甘　　肃	5281027	3358904
青　　海	1714152	1075819
宁　　夏	2009175	1395770
新　　疆	3953978	2731144

各地区房地产开发投资和新增固定资产

单位：万元

地　　区	投资额	新增固定资产	固定资产交付使用率（%）
全国总计	**252888373**	**126186539**	**49.9**
北　京	19958206	11305564	56.6
天　津	5052956	5069050	100.3
河　北	7092806	2750287	38.8
山　西	2589251	1313992	50.7
内蒙古	5008862	2756728	55.0
辽　宁	14975793	5843093	39.0
吉　林	4900844	2147816	43.8
黑龙江	3823651	2426086	63.4
上　海	13075256	10484714	80.2
江　苏	25159058	13840346	55.0
浙　江	18216690	9933824	54.5
安　徽	8920678	3787261	42.5
福　建	11324898	3094739	27.3
江　西	4354573	1798474	41.3
山　东	15210223	6630526	43.6
河　南	8371064	4434528	53.0
湖　北	7237255	4321282	59.7
湖　南	7545813	3249776	43.1
广　东	25172282	12882743	51.2
广　西	5362835	1684937	31.4
海　南	1275741	651864	51.1
重　庆	8498966	3821974	45.0
四　川	13268344	4553919	34.3
贵　州	2496674	852713	34.2
云　南	4228593	1818648	43.0
西　藏	116767	108955	93.3
陕　西	5353249	2018961	37.7
甘　肃	1340699	581496	43.4
青　海	342057	270328	79.0
宁　夏	931129	587082	63.1
新　疆	1683160	1164833	69.2

各地区房地产开发投资各种购置费用

单位：万元

地区	旧建筑物购置费	土地购置费
全国总计	**1667548**	**48732490**
北京	——	2932089
天津	87377	682287
河北	109041	1477613
山西	22246	385885
内蒙古	50974	713319
辽宁	119063	1971841
吉林	150278	587676
黑龙江	89161	466463
上海	——	1310242
江苏	103516	5725831
浙江	21283	6318669
安徽	98364	1706772
福建	31627	4518955
江西	17060	615502
山东	37659	2342899
河南	35211	1090917
湖北	112199	1220736
湖南	88362	1421521
广东	72267	4126911
广西	31374	1164661
海南	1533	219850
重庆	171949	1468063
四川	51462	3810372
贵州	25244	354441
云南	58213	937776
西藏	5	2455
陕西	12524	543057
甘肃	45642	194197
青海	3415	47733
宁夏	5025	124327
新疆	15474	249430

各地区按登记注册类型分的房地产开发投资（一）

单位：万元

地区	合计	内资	国有	集体	股份合作	国有联营	集体联营
全国总计	**252888373**	**217575494**	**11881216**	**3204114**	**1504557**	**314680**	**75851**
北京	19958206	16685722	476972	101681	26272	1287	——
天津	5052956	4199609	500485	26860	——	6660	——
河北	7092806	6780491	184042	34699	35543	——	——
山西	2589251	2541425	155944	36331	8841	——	——
内蒙古	5008862	4977542	120183	11227	11619	5426	——
辽宁	14975793	11649128	218159	44189	52891	3126	——
吉林	4900844	4497938	239103	2300	15200	——	——
黑龙江	3823651	3697823	251234	2959	7192	——	——
上海	13075256	10548121	573493	541220	42551	36119	23017
江苏	25159058	21259678	1368199	307822	113459	19471	——
浙江	18216690	16592949	619342	64904	11820	126378	——
安徽	8920678	7890437	659441	41237	65138	2000	——
福建	11324898	9174417	1284348	171354	35277	52651	19908
江西	4354573	3827541	287700	45852	54568	103	——
山东	15210223	13724980	859075	534323	118247	——	15701
河南	8371064	7595962	471594	76179	147914	——	——
湖北	7237255	6396780	616446	24910	101207	——	——
湖南	7545813	6887281	453578	38900	92680	——	——
广东	25172282	18883687	502861	874007	149728	10087	——
广西	5362835	4770318	279610	47670	66274	——	8943
海南	1275741	1114969	22237	——	12783	1615	——
重庆	8498966	7559775	158127	34226	79101	——	——
四川	13268344	10874714	445763	43009	136713	9132	——
贵州	2496674	2428029	102580	24253	8881	31387	——
云南	4228593	3972401	343399	15605	7836	1378	210
西藏	116767	116767	45913	——	15088	——	——
陕西	5353249	4830440	454697	22953	67580	——	6000
甘肃	1340699	1271577	126890	28658	11092	——	800
青海	342057	330270	9992	——	6100	——	——
宁夏	931129	894689	9112	1312	——	——	1272
新疆	1683160	1600034	40697	5474	2962	7860	——

各地区按登记注册类型分的房地产开发投资（二）

单位：万元

地区	内资						
	国有与集体联营	其他联营	国有独资公司	其他有限责任公司	股份有限公司	私营独资	私营合伙
全国总计	**291529**	**143311**	**2699037**	**101157914**	**12309373**	**2028166**	**619385**
北京	——	——	380479	13357869	644153	——	4690
天津	——	——	104327	1875326	332029	24062	10800
河北	——	——	4100	3062539	353668	20518	——
山西	——	——	——	905354	58725	29852	13107
内蒙古	——	——	——	2480967	131107	87287	19600
辽宁	——	——	58015	5538535	376562	123382	10749
吉林	——	——	17802	2205884	289678	45400	——
黑龙江	——	——	4843	1469444	289757	115284	43147
上海	215257	6860	112675	4929288	143742	177332	19553
江苏	——	8111	144001	8993465	774857	256731	21673
浙江	13506	2920	351616	7805396	332041	16908	9174
安徽	21274	——	163917	3228092	615107	71612	43480
福建	61	7913	436811	3340392	138922	45277	51134
江西	——	1400	43675	1624141	303987	204529	67171
山东	14544	——	108345	6798397	1335819	99096	15065
河南	——	5500	40373	3858973	621092	43883	24955
湖北	21752	5843	27645	2606751	825157	114157	11226
湖南	——	17750	111327	3524847	426733	87653	78613
广东	3916	59810	138454	7212383	2066075	148058	72808
广西	949	1244	28500	1399453	177850	51079	4716
海南	——	3500	27466	642259	67799	1910	665
重庆	——	10595	101946	3399820	190629	29350	20004
四川	——	5200	78124	4631264	1029244	127672	27189
贵州	——	——	46470	943737	102782	15223	19858
云南	270	4950	2750	1276680	271661	29610	7363
西藏	——	——	——	35380	——	——	——
陕西	——	——	47408	2472959	271747	36548	10378
甘肃	——	——	18457	574564	93343	7301	6970
青海	——	1715	9000	155754	17172	6420	1455
宁夏	——	——	75968	210466	8050	4030	387
新疆	——	——	14543	597535	19885	8002	3455

各地区按登记注册类型分的房地产开发投资（三）

单位：万元

地区	内资			港澳台投资			
	私营有限责任公司	私营股份有限公司	其他内资企业		合资经营	合作经营	独资
全国总计	**74441181**	**5820728**	**1084452**	**19979957**	**8705747**	**2526628**	**8219859**
北京	1681918	10401	——	1808983	313546	496437	733411
天津	1278510	17501	23049	158822	116529	20444	21799
河北	2557950	493363	34069	147674	66275	——	81399
山西	1212949	113988	6334	44528	28465	2615	13448
内蒙古	1983436	120190	6500	21548	9350	——	12198
辽宁	4786066	427343	10111	1491741	710419	47108	734214
吉林	1576412	99869	6290	320186	198953	9500	111733
黑龙江	1317842	146062	50059	12680	7830	——	4850
上海	3506354	163898	56762	1235145	641312	28354	546796
江苏	8527109	623584	101196	1848327	1002538	95645	699733
浙江	6716108	478883	43953	775101	418620	96016	246065
安徽	2716432	191885	70822	628875	341625	2213	268737
福建	3298495	130203	161671	1529784	472199	58830	977387
江西	908076	273358	12981	414417	138330	10427	258384
山东	3298858	448302	79208	998327	771628	47716	169413
河南	2013244	198883	93372	294299	173742	19476	101081
湖北	1862634	147880	31172	504287	128981	142516	232790
湖南	1658593	344306	52301	327496	227684	9165	88603
广东	7354164	230840	60496	4173002	1258550	1349233	1481348
广西	2504568	199462	——	366473	163505	17607	176313
海南	281724	32861	20150	122480	41648	3145	53949
重庆	3266980	237792	31205	718476	549968	2059	161524
四川	4093469	216914	31021	1316040	387851	1400	926789
贵州	964339	163101	5418	40728	19654	——	20624
云南	1861537	115739	33413	204115	194098	——	10017
西藏	20386	——	——	——	——	——	——
陕西	1272287	106758	61125	345359	192283	66722	86354
甘肃	375625	27877	——	38932	38932	——	——
青海	101064	19824	1774	9304	9304	——	——
宁夏	574253	9839	——	——	——	——	——
新疆	869799	29822	——	82828	81928	——	900

各地区按登记注册类型分的房地产开发投资（四）

单位：万元

地区	港澳台	外商投资				
	股份有限		合资经营	合作经营	独资	股份有限
全国总计	**527723**	**15332922**	**6014988**	**1397916**	**7574406**	**345612**
北京	265589	1463501	605356	585738	199502	72905
天津	50	694525	191323	156752	345054	1396
河北	——	164641	23167	180	141294	——
山西	——	3298	3298	——	——	——
内蒙古	——	9772	8132	——	1640	——
辽宁	——	1834924	1077125	9100	748699	——
吉林	——	82720	41000	37120	4600	——
黑龙江	——	113148	60124	23907	29117	——
上海	18683	1291990	269009	68825	908236	45920
江苏	50411	2051053	869681	112040	982204	87128
浙江	14400	848640	326294	110	522236	——
安徽	16300	401366	160186	3045	228598	9537
福建	21368	620697	235535	12515	369207	3440
江西	7276	112615	65261	234	33971	13149
山东	9570	486916	304595	12477	160994	8850
河南	——	480803	208227	——	254043	18533
湖北	——	336188	228334	——	107854	——
湖南	2044	331036	198426	1538	104339	26733
广东	83871	2115593	315319	223608	1573368	3298
广西	9048	226044	178054	17020	29986	984
海南	23738	38292	9907	——	25421	2964
重庆	4925	220715	82064	——	138651	——
四川	——	1077590	350675	127546	551394	47975
贵州	450	27917	14110	——	13807	——
云南	——	52077	9128	——	42949	——
西藏	——	——	——	——	——	——
陕西	——	177450	144570	6161	26719	
甘肃	——	30190	23990	——	3400	2800
青海	——	2483	2483	——	——	——
宁夏	——	36440	9317	——	27123	——
新疆	——	298	298	——	——	——

各地区按资质等级分的房地产开发投资（一）

单位：万元

地区	投资额	一级	二级	三级
全国总计	**252888373**	**18338089**	**44367180**	**65289974**
北京	19958206	3649572	3731292	1739079
天津	5052956	333412	809531	697172
河北	7092806	593530	1148805	1748488
山西	2589251	5584	436886	667900
内蒙古	5008862	174261	681301	1171320
辽宁	14975793	473196	1415237	4285943
吉林	4900844	104078	454253	1540598
黑龙江	3823651	147990	855783	1788526
上海	13075256	611176	743917	1375266
江苏	25159058	1376122	7838414	7631273
浙江	18216690	1441046	2797613	5244040
安徽	8920678	290237	1633807	1983861
福建	11324898	1022288	1719769	2611863
江西	4354573	109223	807113	1571924
山东	15210223	598251	1765278	4140643
河南	8371064	104440	1353631	2155828
湖北	7237255	711009	2500713	1964247
湖南	7545813	183896	747301	4065328
广东	25172282	3905282	2360609	4948780
广西	5362835	81729	242828	1367169
海南	1275741	——	25272	201273
重庆	8498966	790843	3097668	2048577
四川	13268344	755077	3803167	5814963
贵州	2496674	36466	284455	684642
云南	4228593	155101	1110178	721341
西藏	116767	——	51277	49061
陕西	5353249	207581	989104	1870619
甘肃	1340699	——	195671	434581
青海	342057	42340	159369	76943
宁夏	931129	125680	311805	225368
新疆	1683160	308679	295133	463358

各地区按资质等级分的房地产开发投资（二）

单位：万元

地　区	四　级	暂　定	其　他
全国总计	**29214740**	**83232478**	**12445912**
北　京	4261993	5893460	682810
天　津	1555475	1518444	138922
河　北	2409508	1154372	38103
山　西	856193	581314	41374
内蒙古	1772351	1009393	200236
辽　宁	247903	7948697	604817
吉　林	1183633	1560341	57941
黑龙江	228105	764829	38418
上　海	32064	8584381	1728452
江　苏	369464	7420877	522908
浙　江	873048	5804939	2056004
安　徽	583277	4362674	66822
福　建	1049422	4375660	545896
江　西	669245	1155399	41669
山　东	2886360	5393214	426477
河　南	878824	3763091	115250
湖　北	641514	1305155	114617
湖　南	383226	2086692	79370
广　东	3266541	6874550	3816520
广　西	483969	3103953	83187
海　南	93586	849959	105651
重　庆	87096	2420296	54486
四　川	613966	1584464	696707
贵　州	782736	694907	13468
云　南	1129682	1086887	25404
西　藏	——	16429	——
陕　西	1377309	862058	46578
甘　肃	173116	509237	28094
青　海	36278	27127	——
宁　夏	81274	141133	45869
新　疆	207582	378546	29862

各地区按构成分的房地产开发投资

单位：万元

地　　区	投资额	建筑安装工程	设备工器具购置	其他费用
全国总计	**252888373**	**172055400**	**3404903**	**77428070**
北　　京	19958206	10152715	588899	9216592
天　　津	5052956	3333665	26891	1692400
河　　北	7092806	5080232	53082	1959492
山　　西	2589251	1962746	36207	590298
内 蒙 古	5008862	4107962	22434	878466
辽　　宁	14975793	11662016	170600	3143177
吉　　林	4900844	3741480	18736	1140628
黑 龙 江	3823651	2838824	56278	928549
上　　海	13075256	9261572	273455	3540229
江　　苏	25159058	17358888	199984	7600186
浙　　江	18216690	10219453	199768	7797469
安　　徽	8920678	6329070	120983	2470625
福　　建	11324898	6209620	53625	5061653
江　　西	4354573	3457421	42021	855131
山　　东	15210223	11227022	138437	3844764
河　　南	8371064	6724673	92185	1554206
湖　　北	7237255	4846766	95023	2295466
湖　　南	7545813	5198533	90523	2256757
广　　东	25172282	17996670	494043	6681569
广　　西	5362835	3663658	95542	1603635
海　　南	1275741	972558	20301	282882
重　　庆	8498966	5538171	119628	2841167
四　　川	13268344	7763280	146408	5358656
贵　　州	2496674	1787203	20073	689398
云　　南	4228593	2976405	53924	1198264
西　　藏	116767	111532	325	4910
陕　　西	5353249	4171161	131228	1050860
甘　　肃	1340699	1005806	18054	316839
青　　海	342057	281985	2036	58036
宁　　夏	931129	753159	2999	174971
新　　疆	1683160	1321154	21211	340795

各地区按用途分的房地产开发投资

单位：万元

地　区	投资额	住　宅	经济适用房	办公楼	商业营业用房	其　他
全国总计	**252888373**	**180054184**	**8209260**	**10350409**	**27856494**	**34627286**
北　京	19958206	9916637	283013	2422185	2673568	4945816
天　津	5052956	3428187	495159	345476	637558	641735
河　北	7092806	5736995	407711	69497	440097	846217
山　西	2589251	1902509	275571	51973	245495	389274
内蒙古	5008862	3838894	337472	134023	748752	287193
辽　宁	14975793	11658892	509414	391338	1946253	979310
吉　林	4900844	3980067	279519	72409	623715	224653
黑龙江	3823651	2796442	164722	64450	505361	457398
上　海	13075256	8375305	——	1575146	1589376	1535429
江　苏	25159058	18707172	833041	684513	3488798	2278575
浙　江	18216690	13082714	594537	1095616	2079326	1959034
安　徽	8920678	6628333	110608	238815	1099389	954141
福　建	11324898	7783872	167737	209135	763491	2568400
江　西	4354573	3542540	198639	32216	395287	384530
山　东	15210223	11906798	596645	419526	1739181	1144718
河　南	8371064	6390811	457784	307959	1062761	609533
湖　北	7237255	5078509	493003	110956	749985	1297805
湖　南	7545813	5729021	159882	124289	880691	811812
广　东	25172282	18029577	80702	1081267	2128319	3933119
广　西	5362835	3535791	69586	87759	499672	1239613
海　南	1275741	1043830	36954	28478	79558	123875
重　庆	8498966	5218209	360456	166212	752126	2362419
四　川	13268344	9303464	118215	208396	990550	2765934
贵　州	2496674	1560743	214326	62908	240555	632468
云　南	4228593	3204592	136098	64576	446199	513226
西　藏	116767	104008	61028	200	10670	1889
陕　西	5353249	4275363	340527	197689	496554	383643
甘　肃	1340699	950760	202516	27397	131265	231277
青　海	342057	280506	27333	7094	31633	22824
宁　夏	931129	673283	32633	41282	174719	41845
新　疆	1683160	1390360	164429	27629	205590	59581

各地区按隶属关系分的房地产开发投资

单位：万元

地区	投资额	中央项目	地方项目	省属	地市属	县属	其他
全国总计	**252888373**	**3281728**	**249606645**	**12117045**	**47442773**	**21658534**	**168388293**
北京	19958206	1067957	18890249	2889850	1349199	——	14651200
天津	5052956	40414	5012542	1015368	454174	837786	2705214
河北	7092806	50400	7042406	259251	1071062	705843	5006250
山西	2589251	4319	2584932	88670	614661	230823	1650778
内蒙古	5008862	5700	5003162	101078	1409049	499184	2993851
辽宁	14975793	47569	14928224	187874	1412293	1017093	12310964
吉林	4900844	172712	4728132	90499	564101	560892	3512640
黑龙江	3823651	162721	3660930	390164	1172188	416702	1681876
上海	13075256	65245	13010011	778274	6063755	64734	6103248
江苏	25159058	36396	25122662	453508	2806086	2782469	19080599
浙江	18216690	40375	18176315	341332	1927110	1351402	14556471
安徽	8920678	21811	8898867	452268	2263663	725249	5457687
福建	11324898	35137	11289761	494485	2826512	1085100	6883664
江西	4354573	2427	4352146	77895	532305	560262	3181684
山东	15210223	46788	15163435	764343	3686906	2995702	7716484
河南	8371064	25126	8345938	240718	1562636	1107262	5435322
湖北	7237255	259180	6978075	496593	2335496	622299	3523687
湖南	7545813	70806	7475007	512979	1351375	496961	5113692
广东	25172282	799944	24372338	267176	5356542	1104645	17643975
广西	5362835	775	5362060	109468	1283958	540472	3428162
海南	1275741	21311	1254430	274733	466953	74717	438027
重庆	8498966	29579	8469387	293088	1332566	69890	6773843
四川	13268344	120006	13148338	394384	2478261	2231288	8044405
贵州	2496674	47448	2449226	99045	186514	156717	2006950
云南	4228593	47892	4180701	409739	779841	554793	2436328
西藏	116767	——	116767	28204	30179	23938	34446
陕西	5353249	1060	5352189	395151	1372998	451791	3132249
甘肃	1340699	——	1340699	71635	222376	125496	921192
青海	342057	2742	339315	——	316170	13904	9241
宁夏	931129	1690	929439	119092	88072	19913	702362
新疆	1683160	54198	1628962	20181	125772	231207	1251802

各地区房地产开发投资财务拨款

单位：万元

地　　区	本年资金来源合计	上年末结余资金	本年资金来源小计	本年各项应付款合计
全国总计	**435656488**	**60876878**	**374779610**	**41337750**
北　　京	50836186	9291238	41544948	847472
天　　津	11903281	2027694	9875587	2381334
河　　北	9485019	1383403	8101616	704414
山　　西	3379226	450494	2928732	503545
内 蒙 古	5142687	92502	5050185	260070
辽　　宁	20541730	1837813	18703917	1374177
吉　　林	5064509	167128	4897381	491063
黑 龙 江	4288367	220609	4067758	216623
上　　海	31533086	6001180	25531906	5749764
江　　苏	46820959	6733840	40087119	7404894
浙　　江	35442068	4662970	30779098	2315856
安　　徽	11617789	1563189	10054600	1177870
福　　建	21325852	3431795	17894057	796321
江　　西	6628940	770636	5858304	519603
山　　东	21806639	3276649	18529990	2633530
河　　南	11882356	1179904	10702452	741021
湖　　北	11609851	1568979	10040872	1948756
湖　　南	10517550	1208461	9309089	1147126
广　　东	46812662	6945576	39867086	3896444
广　　西	7337703	944397	6393306	316154
海　　南	2138588	306610	1831978	170857
重　　庆	15546697	1969736	13576961	1617390
四　　川	19949106	1722310	18226796	1448139
贵　　州	4447724	663702	3784022	304554
云　　南	7172247	1293402	5878845	611745
西　　藏	125536	6382	119154	2352
陕　　西	6597448	587273	6010175	1160013
甘　　肃	1824524	274519	1550005	191384
青　　海	467904	24538	443366	26487
宁　　夏	946871	50321	896550	117526
新　　疆	2463383	219628	2243755	261266

各地区房地产开发投资本年资金来源构成

单位：万元

地区	本年资金来源小计	国内贷款	利用外资	外商直接投资	自筹资金	其他资金
全国总计	**374779610**	**70156355**	**6410425**	**4853862**	**117725316**	**180487514**
北　京	41544948	10632066	399260	190186	8678604	21835018
天　津	9875587	2746213	210722	176641	2719034	4199618
河　北	8101616	1253587	11268	9524	3433545	3403216
山　西	2928732	292441	6414	6201	1379707	1250170
内蒙古	5050185	221729	9830	500	3954261	864365
辽　宁	18703917	2598871	924053	816076	8429379	6751614
吉　林	4897381	307185	6330	1480	3406673	1177193
黑龙江	4067758	261860	18718	18718	2436261	1350919
上　海	25531906	5584291	740459	654072	5837543	13369613
江　苏	40087119	7662108	1040630	819218	9940026	21444355
浙　江	30779098	6159442	172269	162714	6329102	18118285
安　徽	10054600	1136902	124685	108652	3911960	4881053
福　建	17894057	4641022	227702	88256	4760022	8265311
江　西	5858304	978297	55845	51925	2115313	2708849
山　东	18529990	3310012	316808	126929	7315043	7588127
河　南	10702452	927457	94559	81471	4606950	5073486
湖　北	10040872	1924097	155488	134585	2829543	5131744
湖　南	9309089	1475780	152215	96624	3750292	3930802
广　东	39867086	7808329	882344	609952	10607521	20568892
广　西	6393306	1100100	15990	9832	2203268	3073948
海　南	1831978	258559	9715	9158	844069	719635
重　庆	13576961	2518261	149069	122374	3587485	7322146
四　川	18226796	2716706	595657	484615	7122026	7792407
贵　州	3784022	958057	22375	22375	1093595	1709995
云　南	5878845	983451	16587	9562	1842614	3036193
西　藏	119154	14060	——	——	30865	74229
陕　西	6010175	963573	45523	36312	2622372	2378707
甘　肃	1550005	296812	——	——	650662	602531
青　海	443366	82493	——	——	218491	142382
宁　夏	896550	125214	5910	5910	302746	462680
新　疆	2243755	217380	——	——	766344	1260031

各地区房地产土地开发情况

地　　区	本年完成开发土地面积(万平方米)	本年购置土地面积(万平方米)	本年土地成交价款(万元)
全国总计	**27566.15**	**40245.85**	**45731786**
北　　京	248.74	391.55	1782454
天　　津	1212.48	920.33	1194479
河　　北	1228.42	1483.56	1387652
山　　西	399.41	532.10	557942
内 蒙 古	1001.04	1817.96	817231
辽　　宁	1813.93	3323.58	2899565
吉　　林	432.02	1040.27	751129
黑 龙 江	407.47	704.33	524795
上　　海	137.20	141.44	276272
江　　苏	2062.93	3509.37	5486616
浙　　江	1370.69	1829.26	4955572
安　　徽	1586.29	2252.26	1745016
福　　建	1158.72	1653.85	3990640
江　　西	730.25	807.72	529383
山　　东	2298.25	2743.08	2581730
河　　南	1202.62	1576.08	958159
湖　　北	974.08	1331.64	1602722
湖　　南	1069.88	1756.67	1135038
广　　东	2486.91	3138.66	4248235
广　　西	749.26	1867.06	1508152
海　　南	134.32	274.76	120544
重　　庆	1191.82	1737.74	1482356
四　　川	899.72	1451.07	2884627
贵　　州	219.94	661.16	465750
云　　南	749.61	1279.02	811893
西　　藏	27.87	5.20	3385
陕　　西	453.60	538.60	338860
甘　　肃	441.12	371.77	265737
青　　海	97.10	91.55	46523
宁　　夏	168.95	341.74	130112
新　　疆	611.50	672.47	249217

各地区房地产开发房屋建筑面积和造价

地　区	施工房屋 面　积 （万平方米）	竣工房屋 面　积 （万平方米）	房屋建筑 面积竣工 率（%）	竣工房屋 价　值 （万元）	竣工房屋 造　价 （元/平方米）
全国总计	**236318.24**	**60606.68**	**25.6**	**100398923**	**1657**
北　京	10438.65	2891.65	27.7	6907771	2389
天　津	4836.49	1704.36	35.2	4423780	2596
河　北	5821.87	1342.64	23.1	2211889	1647
山　西	3383.29	796.85	23.6	1179739	1480
内蒙古	5272.67	1832.91	34.8	2407903	1314
辽　宁	11615.11	3129.88	26.9	4453006	1423
吉　林	4370.03	1291.80	29.6	1491595	1155
黑龙江	3301.73	1595.62	48.3	2241018	1404
上　海	10766.72	3380.12	31.4	10389814	3074
江　苏	23221.55	6340.75	27.3	10184981	1606
浙　江	18370.15	4100.13	22.3	8365366	2040
安　徽	8943.51	2341.60	26.2	3282303	1402
福　建	9651.58	1711.33	17.7	2365283	1382
江　西	5452.42	1626.06	29.8	1636535	1006
山　东	15165.08	3794.69	25.0	5572523	1469
河　南	10550.90	2785.48	26.4	3267798	1173
湖　北	6552.66	2099.67	32.0	3853973	1836
湖　南	8162.11	2055.83	25.2	2739115	1332
广　东	20358.39	4262.86	20.9	9271154	2175
广　西	6028.11	1312.97	21.8	1308782	997
海　南	1185.93	233.14	19.7	420849	1805
重　庆	10578.84	2253.07	21.3	3180566	1412
四　川	13427.29	3084.15	23.0	3211742	1041
贵　州	4277.01	694.85	16.2	665994	958
云　南	4301.88	1016.29	23.6	1455661	1432
西　藏	114.71	41.27	36.0	100105	2425
陕　西	4446.42	892.04	20.1	1496058	1677
甘　肃	1854.11	431.69	23.3	464829	1077
青　海	584.22	171.21	29.3	248771	1453
宁　夏	1231.08	501.20	40.7	568119	1134
新　疆	2053.76	890.55	43.4	1031901	1159

各地区房地产开发住宅建筑面积和造价

地　　区	施工住宅面积（万平方米）	竣工住宅面积（万平方米）	住宅建筑面积竣工率（%）	竣工住宅价值（万元）	竣工住宅造价（元/平方米）
全国总计	**186788.43**	**49831.35**	**26.7**	**78530678**	**1576**
北　京	5914.49	1853.95	31.3	4033398	2176
天　津	3744.87	1398.61	37.3	3646693	2607
河　北	5174.71	1208.96	23.4	1903836	1575
山　西	2847.13	686.37	24.1	880036	1282
内蒙古	4338.58	1552.36	35.8	1955588	1260
辽　宁	9355.11	2685.13	28.7	3714084	1383
吉　林	3655.97	1147.46	31.4	1287968	1122
黑龙江	2636.32	1244.88	47.2	1650431	1326
上　海	7642.79	2752.45	36.0	8295875	3014
江　苏	18550.89	5161.37	27.8	8200416	1589
浙　江	13449.93	3054.48	22.7	6138837	2010
安　徽	7338.09	2012.36	27.4	2771487	1377
福　建	7504.40	1344.42	17.9	1845058	1372
江　西	4659.42	1459.18	31.3	1442545	989
山　东	12671.42	3317.19	26.2	4693441	1415
河　南	8628.93	2338.23	27.1	2545156	1088
湖　北	5513.11	1814.69	32.9	3112050	1715
湖　南	6434.55	1677.06	26.1	2041658	1217
广　东	15961.31	3502.13	21.9	7164559	2046
广　西	4819.24	1081.14	22.4	1053711	975
海　南	1020.82	211.30	20.7	374717	1773
重　庆	8179.29	1769.19	21.6	2333872	1319
四　川	11324.79	2593.18	22.9	2567714	990
贵　州	3369.78	559.83	16.6	496942	888
云　南	3597.92	835.47	23.2	1145622	1371
西　藏	103.63	38.76	37.4	89624	2312
陕　西	3749.86	801.93	21.4	1199506	1496
甘　肃	1468.19	375.17	25.6	386225	1029
青　海	514.03	148.58	28.9	206615	1391
宁　夏	903.88	407.41	45.1	452636	1111
新　疆	1715.00	798.12	46.5	900378	1128

各地区房地产开发房屋施工面积

单位：万平方米

地区	房屋施工面积合计	住宅	经济适用房	办公楼	商业营业用房	其他
全国总计	**236318.24**	**186788.43**	**11012.93**	**8321.51**	**25941.12**	**15267.18**
北京	10438.65	5914.49	440.08	1364.57	1482.09	1677.49
天津	4836.49	3744.87	616.22	208.12	530.72	352.79
河北	5821.87	5174.71	425.74	63.08	410.44	173.64
山西	3383.29	2847.13	391.18	108.51	360.20	67.46
内蒙古	5272.67	4338.58	444.16	156.71	641.29	136.10
辽宁	11615.11	9355.11	599.10	229.13	1458.80	572.08
吉林	4370.03	3655.97	287.26	60.85	500.70	152.51
黑龙江	3301.73	2636.32	125.31	43.71	478.08	143.63
上海	10766.72	7642.79	0.00	935.23	1131.86	1056.83
江苏	23221.55	18550.89	957.84	594.77	2789.57	1286.32
浙江	18370.15	13449.93	887.00	1000.84	1862.44	2056.93
安徽	8943.51	7338.09	209.76	265.28	992.52	347.61
福建	9651.58	7504.40	272.62	282.33	854.71	1010.13
江西	5452.42	4659.42	298.61	59.70	565.73	167.56
山东	15165.08	12671.42	704.97	387.41	1606.19	500.06
河南	10550.90	8628.93	679.06	366.08	1224.42	331.48
湖北	6552.66	5513.11	587.70	154.11	632.57	252.87
湖南	8162.11	6434.55	204.74	175.07	1098.65	453.84
广东	20358.39	15961.31	69.44	743.95	1763.03	1890.10
广西	6028.11	4819.24	129.14	128.12	714.80	365.95
海南	1185.93	1020.82	40.72	24.47	100.41	40.23
重庆	10578.84	8179.29	782.63	256.26	1301.23	842.07
四川	13427.29	11324.79	205.29	191.65	1193.29	717.56
贵州	4277.01	3369.78	391.80	132.25	567.31	207.66
云南	4301.88	3597.92	193.80	47.14	490.39	166.42
西藏	114.71	103.63	58.67	0.14	10.76	0.18
陕西	4446.42	3749.86	350.55	201.14	384.49	110.93
甘肃	1854.11	1468.19	254.25	44.68	231.08	110.15
青海	584.22	514.03	33.61	11.26	48.29	10.63
宁夏	1231.08	903.88	77.18	46.72	243.55	36.93
新疆	2053.76	1715.00	294.49	38.20	271.52	29.03

各地区房地产开发房屋新开工面积

单位：万平方米

地　　区	房屋新开工面积合计	住　　宅	经济适用房	办公楼	商业营业用房	其　　他
全国总计	**95401.53**	**78795.51**	**4810.26**	**2141.44**	**9093.89**	**5370.70**
北　　京	2557.40	1639.94	162.54	264.82	253.79	398.84
天　　津	2114.31	1611.91	336.18	56.55	260.41	185.43
河　　北	2797.55	2536.81	228.15	27.50	145.07	88.17
山　　西	1228.30	1098.51	110.51	15.31	93.21	21.27
内 蒙 古	3305.29	2739.55	240.12	84.83	396.82	84.09
辽　　宁	6536.45	5540.17	320.52	95.93	664.86	235.49
吉　　林	2932.80	2515.08	220.76	32.81	279.82	105.10
黑 龙 江	1834.07	1488.17	67.31	25.09	233.04	87.77
上　　海	2251.75	1633.94	0.00	201.06	202.89	213.87
江　　苏	9301.03	7656.38	423.73	182.81	992.12	469.72
浙　　江	5268.66	3873.79	193.86	256.94	546.24	591.69
安　　徽	3714.17	3078.19	85.54	77.46	418.13	140.39
福　　建	3927.10	3153.25	157.70	54.53	314.77	404.54
江　　西	2613.94	2290.67	188.44	18.26	238.52	66.48
山　　东	6623.54	5636.75	286.71	162.99	631.54	192.27
河　　南	5078.38	4303.69	315.93	113.05	511.95	149.69
湖　　北	2900.65	2539.29	296.60	48.55	240.80	72.01
湖　　南	3562.36	2861.49	88.67	56.76	419.22	224.89
广　　东	7412.47	6091.20	32.96	125.04	526.12	670.12
广　　西	2184.89	1846.23	30.18	33.69	180.64	124.33
海　　南	339.95	299.81	12.87	8.15	21.49	10.51
重　　庆	3555.87	2903.82	314.47	53.49	316.68	281.89
四　　川	5228.86	4524.08	61.04	44.38	376.56	283.84
贵　　州	1574.63	1290.50	93.76	15.14	179.22	89.78
云　　南	2018.53	1704.34	82.70	14.31	227.56	72.32
西　　藏	56.42	48.49	28.58	0.14	7.79	0.00
陕　　西	1446.78	1275.73	115.41	26.23	103.64	41.17
甘　　肃	695.72	604.65	134.03	5.54	70.44	15.10
青　　海	273.99	242.04	13.46	7.69	18.04	6.21
宁　　夏	718.59	550.66	34.70	23.30	120.72	23.92
新　　疆	1347.11	1216.39	132.82	9.08	101.82	19.82

各地区房地产开发房屋竣工面积

单位：万平方米

地　　区	房屋竣工面积合计	住　　宅	经济适用房	办公楼	商业营业用房	其　　他
全国总计	**60606.68**	**49831.35**	**3442.94**	**1545.02**	**6096.49**	**3133.82**
北　　京	2891.65	1853.95	188.57	314.83	315.10	407.77
天　　津	1704.36	1398.61	252.47	49.54	133.59	122.62
河　　北	1342.64	1208.96	145.76	22.57	97.57	13.54
山　　西	796.85	686.37	103.40	13.32	82.42	14.75
内 蒙 古	1832.91	1552.36	137.27	31.54	203.85	45.17
辽　　宁	3129.88	2685.13	249.10	55.67	267.46	121.62
吉　　林	1291.80	1147.46	92.25	15.96	93.24	35.14
黑 龙 江	1595.62	1244.88	46.95	27.27	254.05	69.42
上　　海	3380.12	2752.45	0.00	138.89	256.46	232.32
江　　苏	6340.75	5161.37	311.72	132.55	721.18	325.65
浙　　江	4100.13	3054.48	192.96	161.23	484.91	399.52
安　　徽	2341.60	2012.36	89.16	47.73	212.37	69.14
福　　建	1711.33	1344.42	70.38	55.49	163.30	148.12
江　　西	1626.06	1459.18	99.06	11.56	131.01	24.30
山　　东	3794.69	3317.19	196.57	51.91	346.22	79.37
河　　南	2785.48	2338.23	233.99	62.82	305.52	78.92
湖　　北	2099.67	1814.69	224.04	46.99	192.70	45.29
湖　　南	2055.83	1677.06	79.56	30.98	262.86	84.93
广　　东	4262.86	3502.13	20.25	98.07	343.91	318.76
广　　西	1312.97	1081.14	44.55	25.32	138.85	67.66
海　　南	233.14	211.30	18.77	3.78	13.26	4.79
重　　庆	2253.07	1769.19	147.09	45.17	270.47	168.25
四　　川	3084.15	2593.18	54.88	29.64	332.65	128.69
贵　　州	694.85	559.83	39.40	16.44	93.89	24.70
云　　南	1016.29	835.47	89.04	13.80	121.94	45.08
西　　藏	41.27	38.76	21.05	0.14	2.20	0.18
陕　　西	892.04	801.93	63.01	14.34	63.02	12.75
甘　　肃	431.69	375.17	45.21	5.59	30.61	20.32
青　　海	171.21	148.58	10.04	3.70	17.47	1.46
宁　　夏	501.20	407.41	29.27	8.48	72.36	12.95
新　　疆	890.55	798.12	147.18	9.73	72.07	10.64

各地区房地产开发商品房屋实际销售面积

单位：万平方米

地　区	房屋实际销售面积	住　宅	经济适用房	办公楼	商业营业用房	其　他
全国总计	**77354.72**	**70135.88**	**3507.52**	**1465.23**	**4644.61**	**1109.01**
北　京	2176.57	1731.48	100.11	265.67	134.82	44.61
天　津	1548.59	1401.85	126.92	42.95	91.40	12.40
河　北	2067.79	1969.12	134.90	7.74	73.93	17.00
山　西	913.55	846.50	109.43	11.78	51.48	3.79
内蒙古	2087.67	1809.73	188.30	42.86	199.76	35.32
辽　宁	3830.43	3545.55	114.40	19.12	220.42	45.35
吉　林	1292.39	1184.40	96.40	9.49	84.11	14.39
黑龙江	1709.25	1518.57	83.80	11.44	143.64	35.60
上　海	3694.96	3279.17	0.00	150.93	198.38	66.47
江　苏	7598.48	6772.71	290.74	133.46	586.72	105.58
浙　江	4541.97	3924.92	105.59	157.18	289.14	170.72
安　徽	3083.39	2775.66	63.89	42.42	243.03	22.27
福　建	2421.95	2096.37	81.62	80.19	155.38	90.00
江　西	2175.59	2037.87	60.22	4.43	113.02	20.26
山　东	5063.01	4710.66	246.21	50.35	264.44	37.55
河　南	3928.04	3569.18	292.77	64.88	260.22	33.75
湖　北	2538.90	2381.91	248.97	12.03	128.04	16.92
湖　南	2734.42	2498.83	95.06	32.88	184.21	18.50
广　东	6174.57	5603.88	22.32	118.19	298.77	153.73
广　西	2016.23	1855.50	35.87	25.78	113.73	21.21
海　南	312.52	299.59	12.18	5.13	7.63	0.17
重　庆	3552.92	3310.13	235.84	39.20	169.63	33.97
四　川	4923.84	4562.47	74.66	44.65	264.45	52.26
贵　州	1071.57	989.39	120.45	18.11	58.68	5.39
云　南	1976.29	1792.84	128.10	11.60	139.94	31.91
西　藏	60.78	59.60	27.89	——	1.18	——
陕　西	1460.17	1377.91	138.74	34.31	40.00	7.96
甘　肃	592.27	556.25	68.15	6.20	25.46	4.36
青　海	154.53	147.34	2.44	1.60	5.26	0.34
宁　夏	507.76	448.23	28.03	9.77	46.17	3.60
新　疆	1144.34	1078.28	173.51	10.87	51.57	3.62

各地区房地产开发商品房屋空置面积

单位：万平方米

地区	房屋空置面积	住宅	经济适用房	办公楼	商业营业用房	其他
全国总计	**13462.69**	**6856.08**	**273.57**	**872.18**	**4211.38**	**1523.05**
北京	1136.24	411.77	16.46	198.12	319.84	206.51
天津	139.05	78.00	3.58	20.10	31.99	8.96
河北	165.55	106.42	1.60	15.65	34.81	8.67
山西	174.53	110.40	7.64	7.91	47.90	8.33
内蒙古	405.92	262.87	17.05	17.05	110.47	15.52
辽宁	1369.35	954.09	16.13	40.89	316.94	57.43
吉林	535.60	361.86	31.67	23.79	116.27	33.68
黑龙江	852.33	508.80	44.82	24.62	260.83	58.08
上海	735.46	273.97	0.00	98.41	173.79	189.30
江苏	971.29	555.74	22.73	40.05	303.21	72.29
浙江	845.16	386.07	14.47	46.37	275.08	137.64
安徽	281.49	173.13	9.77	16.45	72.72	19.19
福建	280.65	69.96	1.91	21.98	148.89	39.83
江西	190.76	93.84	1.29	3.93	85.75	7.24
山东	546.03	348.58	11.65	14.26	158.80	24.39
河南	259.81	145.86	5.04	12.17	81.54	20.24
湖北	255.98	142.32	6.69	18.67	78.88	16.12
湖南	184.01	79.31	0.07	9.56	75.21	19.93
广东	1539.50	726.29	7.07	108.26	426.99	277.96
广西	173.48	71.98	0.03	6.26	64.49	30.75
海南	68.23	52.94	0.70	4.09	7.72	3.48
重庆	551.40	117.54	6.92	40.62	273.94	119.30
四川	595.97	200.82	2.31	26.12	288.33	80.71
贵州	123.11	38.76	2.50	8.11	63.79	12.45
云南	126.99	58.60	3.62	5.92	46.99	15.48
西藏	——	——	——	——	——	——
陕西	103.25	70.87	7.79	2.78	16.78	12.82
甘肃	164.79	109.32	6.55	11.05	38.63	5.79
青海	29.38	15.48	0.85	1.57	10.36	1.98
宁夏	368.16	215.10	7.16	13.74	129.77	9.55
新疆	289.22	115.39	15.50	13.70	150.68	9.46

各地区房地产开发商品房屋实际销售额

单位：万元

地　　区	房屋实际销售额	住　　宅	经济适用房	办公楼	商业营业用房	其　　他
全国总计	**298891189**	**255658111**	**6153012**	**12699134**	**26817182**	**3716762**
北　　京	25146507	18459730	287193	4025360	2370714	290703
天　　津	8999047	7816306	418726	318348	811559	52834
河　　北	5346849	4932672	217776	38096	342649	33432
山　　西	2055126	1737372	158776	48335	264413	5006
内 蒙 古	4690015	3645747	263386	137340	824001	82927
辽　　宁	13368797	11893975	278991	90342	1208087	176393
吉　　林	2975676	2595927	154164	34645	302508	42596
黑 龙 江	4224086	3575076	143480	29895	511022	108093
上　　海	30893542	27063027	——	2146686	1311913	371916
江　　苏	30579022	25967931	539139	959633	3422004	229454
浙　　江	26279951	22070890	314125	1217944	2365643	625474
安　　徽	8215277	6952430	91504	169585	1052481	40781
福　　建	11345234	9383249	136336	379636	1317408	264941
江　　西	4507574	4072204	57292	14581	380478	40311
山　　东	14703692	13186350	447841	323798	1109463	84081
河　　南	8851551	7428259	417248	232913	1143406	46973
湖　　北	7751551	6996737	436051	55455	658526	40833
湖　　南	6106361	5167484	118971	122293	782168	34416
广　　东	36518204	31842004	34089	1480795	2435916	759489
广　　西	5118485	4426332	70311	82041	559808	50304
海　　南	1300580	1226707	30786	29694	43589	590
重　　庆	9673125	8567327	411709	164106	870984	70708
四　　川	13985898	12559621	91909	229275	1089221	107781
贵　　州	2289658	1879201	208304	77198	321493	11766
云　　南	4851759	4115889	155329	50479	590311	95080
西　　藏	164348	158663	52992	——	5685	——
陕　　西	3828563	3427372	218874	145206	229844	26141
甘　　肃	1297396	1193722	82079	13772	81654	8248
青　　海	357123	324986	3417	4924	26783	430
宁　　夏	1084672	877496	35667	31168	171943	4065
新　　疆	2381520	2113425	276547	45591	211508	10996

第三部分
农村固定资产投资

各地区农村固定资产投资

地区	2007年（亿元）			2007年比2006年增长（%）		
	总计	非农户	农户	总计	非农户	农户
全国总计	**19859.47**	**14736.18**	**5123.29**	**19.4**	**20.9**	**15.5**
北京	309.91	286.41	23.50	9.1	8.3	21.4
天津	160.98	128.27	32.71	13.7	16.5	4.2
河北	1194.37	872.39	321.98	11.9	12.8	9.7
山西	261.24	145.45	115.79	30.6	36.3	24.1
内蒙古	117.88	43.15	74.73	19.9	31.7	14.0
辽宁	859.18	692.11	167.07	20.7	22.6	13.4
吉林	311.17	191.73	119.44	36.3	47.3	21.7
黑龙江	241.81	14.75	227.05	23.6	10.1	24.6
上海	375.28	370.06	5.21	-6.8	-6.7	-12.5
江苏	3106.69	2794.71	311.98	20.0	19.5	23.9
浙江	2423.50	2095.19	328.30	12.1	13.4	5.0
安徽	642.95	367.97	274.98	33.0	49.5	15.9
福建	458.74	323.66	135.07	58.5	87.3	15.8
江西	347.07	191.54	155.53	12.6	14.6	10.3
山东	2384.14	1948.67	435.47	-0.5	-3.3	14.4
河南	1400.95	809.41	591.54	31.7	45.7	16.4
湖北	403.00	216.23	186.78	32.1	32.8	31.4
湖南	545.22	328.88	216.33	19.3	29.6	6.4
广东	1925.58	1665.87	259.70	35.6	38.6	19.4
广西	342.93	158.50	184.44	36.7	39.6	34.2
海南	29.61	10.35	19.26	10.1	27.7	2.5
重庆	190.67	116.15	74.52	22.7	39.6	3.2
四川	596.38	302.30	294.08	22.8	26.5	19.2
贵州	199.67	117.35	82.32	38.1	64.8	12.1
云南	315.24	152.74	162.51	52.5	145.4	12.5
西藏	39.52	39.52	——	29.6	29.6	——
陕西	246.20	111.19	135.01	26.3	47.3	13.0
甘肃	126.69	70.36	56.33	28.4	62.2	1.9
青海	39.15	25.14	14.01	63.7	100.9	22.8
宁夏	72.10	38.09	34.01	20.1	26.9	13.4
新疆	191.65	108.06	83.59	28.6	54.6	5.6

各地区农村本年新增固定资产

单位：亿元

地　区	总　计	非农户	农　户
全国总计	**16107.50**	**11191.77**	**4915.73**
北　京	248.18	227.13	21.05
天　津	134.61	103.83	30.78
河　北	1009.03	685.94	323.09
山　西	229.45	116.43	113.02
内蒙古	115.92	41.19	74.73
辽　宁	769.28	607.77	161.51
吉　林	290.02	170.58	119.44
黑龙江	236.09	12.07	224.03
上　海	281.86	276.64	5.21
江　苏	2527.14	2257.59	269.55
浙　江	1698.47	1370.17	328.30
安　徽	544.81	275.02	269.78
福　建	350.63	233.48	117.14
江　西	305.37	136.39	168.98
山　东	1749.68	1347.60	402.07
河　南	1288.74	706.24	582.50
湖　北	355.57	179.25	176.32
湖　南	430.82	225.58	205.24
广　东	1378.32	1170.50	207.82
广　西	287.73	108.03	179.70
海　南	26.25	6.99	19.26
重　庆	163.64	91.30	72.34
四　川	502.65	219.43	283.22
贵　州	163.78	85.94	77.84
云　南	243.02	98.59	144.43
西　藏	33.88	33.88	——
陕　西	246.72	94.89	151.83
甘　肃	100.95	44.61	56.33
青　海	30.64	16.63	14.01
宁　夏	64.18	31.60	32.57
新　疆	300.07	216.48	83.59

各地区农村非农户按构成分的投资

单位：亿元

地　区	投资额	建筑安装工程	设备工器具购置	其他费用
全国总计	**14736.18**	**8383.05**	**4853.83**	**1499.30**
北　京	286.41	217.26	35.97	33.18
天　津	128.27	79.15	38.19	10.93
河　北	872.39	419.98	352.04	100.37
山　西	145.45	106.86	27.71	10.87
内蒙古	43.15	28.23	7.67	7.25
辽　宁	692.11	413.64	223.20	55.26
吉　林	191.73	100.65	64.39	26.69
黑龙江	14.75	7.52	5.30	1.94
上　海	370.06	230.63	90.10	49.33
江　苏	2794.71	1362.61	1187.56	244.54
浙　江	2095.19	1017.23	864.59	213.38
安　徽	367.97	237.04	90.02	40.91
福　建	323.66	209.22	80.53	33.91
江　西	191.54	139.52	31.02	21.01
山　东	1948.67	986.18	769.00	193.49
河　南	809.41	540.06	210.09	59.27
湖　北	216.23	134.72	46.74	34.77
湖　南	328.88	233.69	63.40	31.80
广　东	1665.87	1019.78	450.40	195.70
广　西	158.50	97.58	36.14	24.78
海　南	10.35	8.30	1.17	0.88
重　庆	116.15	79.55	24.26	12.34
四　川	302.30	219.19	45.90	37.21
贵　州	117.35	65.10	36.69	15.56
云　南	152.74	112.42	25.67	14.64
西　藏	39.52	39.05	0.41	0.05
陕　西	111.19	85.66	14.06	11.47
甘　肃	70.36	57.12	6.16	7.08
青　海	25.14	20.66	2.62	1.86
宁　夏	38.09	32.34	4.11	1.65
新　疆	108.06	82.14	18.73	7.19

各地区农村非农户按主要行业分的投资（一）

单位：亿元

地　区	合　计	农、林、牧、渔业	采矿业	制造业	电力、燃气及水的生产和供应业	建筑业	交通运输、仓储和邮政业
全国总计	**14736.1**	**901.55**	**617.86**	**8937.34**	**375.11**	**158.30**	**765.39**
北　京	286.41	15.64	1.98	52.01	24.56	3.55	63.55
天　津	128.27	3.71	0.04	79.71	3.48	1.50	1.35
河　北	872.39	77.19	57.90	529.63	12.86	7.94	44.62
山　西	145.45	12.34	31.61	33.84	5.34	0.05	6.39
内蒙古	43.15	17.83	4.15	9.98	0.41	0.12	1.24
辽　宁	692.11	92.82	53.40	387.87	6.31	6.97	33.40
吉　林	191.73	32.99	13.12	90.55	6.28	0.69	12.44
黑龙江	14.75	2.30	0.16	7.21	0.06	0.15	0.57
上　海	370.06	4.70	——	267.81	4.35	0.55	13.17
江　苏	2794.71	26.76	5.15	2299.94	38.93	13.70	43.35
浙　江	2095.19	22.00	12.25	1754.14	39.75	4.70	36.41
安　徽	367.97	30.06	24.01	165.72	9.40	14.40	26.07
福　建	323.66	27.15	30.80	138.81	15.90	1.58	33.90
江　西	191.54	18.93	10.53	52.74	17.07	0.00	17.07
山　东	1948.67	134.18	73.33	1239.33	25.45	70.70	74.56
河　南	809.41	93.49	63.22	345.38	16.78	1.75	53.78
湖　北	216.23	41.67	17.91	64.52	5.47	0.20	19.00
湖　南	328.88	27.74	30.85	101.21	26.89	7.21	57.67
广　东	1665.87	48.19	22.75	1068.31	53.40	4.48	77.76
广　西	158.50	24.58	22.02	48.72	11.47	0.69	20.10
海　南	10.35	3.22	0.10	0.56	1.19	0.19	1.26
重　庆	116.15	10.58	9.40	43.16	3.82	3.80	14.23
四　川	302.30	43.61	33.69	49.50	15.09	0.32	53.19
贵　州	117.35	7.65	54.43	22.66	7.72	0.75	4.06
云　南	152.74	26.36	23.74	20.38	8.44	0.69	17.04
西　藏	39.52	0.15	——	0.06	0.20	——	0.13
陕　西	111.19	8.58	6.59	25.25	2.48	2.22	11.17
甘　肃	70.36	9.61	3.50	11.73	2.95	7.04	6.18
青　海	25.14	8.39	0.07	2.65	2.49	0.56	5.94
宁　夏	38.09	10.40	0.81	7.13	1.09	1.78	5.36
新　疆	108.06	18.75	10.36	16.82	5.47	0.03	10.44

各地区农村非农户按主要行业分的投资（二）

单位：亿元

地　区	信息传输、计算机服务和软件业	批发和零售业	住宿和餐饮业	金融业	房地产业	租赁和商务服务业	科学研究、技术服务和地质勘查业
全国总计	**18.69**	**393.98**	**151.62**	**4.69**	**650.95**	**87.65**	**38.40**
北　京	0.07	7.68	12.96	0.01	21.79	3.28	2.01
天　津	0.15	9.37	1.61	——	1.10	16.98	——
河　北	1.44	32.91	4.42	0.02	33.70	1.88	1.84
山　西	0.00	2.22	0.09	——	19.69	0.00	——
内蒙古	0.07	1.32	0.13	0.07	0.79	——	0.08
辽　宁	1.30	12.27	6.82	0.00	20.00	1.52	3.42
吉　林	1.07	5.24	1.40	0.06	4.61	0.62	0.32
黑龙江	0.22	0.25	——	——	0.74	——	——
上　海	0.10	27.58	6.58	0.03	4.97	0.41	0.88
江　苏	1.23	57.28	22.08	0.63	103.66	18.92	4.13
浙　江	0.24	24.91	19.24	0.17	55.41	11.91	2.34
安　徽	0.31	9.40	3.77	0.12	35.47	1.27	0.41
福　建	0.53	4.83	2.31	0.00	7.31	0.49	1.55
江　西	1.18	6.08	2.13	0.02	12.20	0.55	0.60
山　东	1.05	65.37	17.34	0.23	52.00	5.68	3.08
河　南	1.15	32.73	5.57	0.59	67.73	4.27	1.62
湖　北	0.65	5.66	1.56	0.05	5.21	0.51	1.06
湖　南	0.83	6.06	2.15	0.16	16.35	1.01	0.39
广　东	1.21	58.76	33.98	1.98	79.49	14.97	3.63
广　西	0.44	3.08	0.45	0.04	4.15	0.13	0.83
海　南	——	0.19	0.27	——	0.19	——	0.03
重　庆	0.08	0.79	1.24	0.02	10.82	0.70	0.02
四　川	1.26	4.57	1.33	0.04	21.72	1.38	1.98
贵　州	1.13	1.15	1.36	0.13	2.99	0.05	0.35
云　南	1.14	1.70	0.35	0.06	4.82	0.02	5.23
西　藏	——	——	——	——	34.93	0.20	——
陕　西	0.35	7.10	0.78	0.05	0.19	0.34	0.15
甘　肃	0.76	2.40	0.45	0.20	1.98	0.25	0.39
青　海	0.30	0.36	0.13	——	0.02	——	0.08
宁　夏	——	0.85	0.19	0.02	3.53	——	0.51
新　疆	0.44	1.85	0.93	——	23.38	0.32	1.48

各地区农村非农户按主要行业分的投资（三）

单位：亿元

地　　区	水利、环境和公共设施管理业	居民服务和其他服务业	教　育	卫　生、社会保障社会福利	文件、体育和娱乐业	公共管理和社会组　织	国际组织
全国总计	**874.13**	**40.97**	**153.17**	**75.22**	**95.71**	**395.44**	——
北　京	40.31	0.11	8.29	2.48	5.53	20.60	——
天　津	3.40	1.39	0.02	——	0.38	4.09	——
河　北	31.62	1.93	8.05	3.89	6.73	13.82	——
山　西	19.14	0.13	3.65	0.97	1.28	8.70	——
内蒙古	0.83	0.05	0.09	0.16	0.14	5.67	——
辽　宁	42.71	1.84	4.80	3.46	4.27	8.92	——
吉　林	10.36	0.48	1.26	1.99	1.93	6.32	——
黑龙江	2.48	0.01	0.16	0.18	——	0.26	——
上　海	23.38	2.33	8.15	2.42	1.62	1.04	——
江　苏	107.79	6.91	13.35	5.63	12.09	13.19	——
浙　江	74.73	3.80	7.86	2.89	8.07	14.39	——
安　徽	22.51	1.56	6.84	1.43	1.14	14.08	——
福　建	22.30	1.12	4.79	3.08	1.60	25.59	——
江　西	34.80	0.35	2.85	3.63	2.95	7.86	——
山　东	76.14	4.26	11.31	12.98	10.93	70.74	——
河　南	60.54	4.11	16.10	10.07	9.72	20.81	——
湖　北	28.09	2.51	1.26	0.93	1.68	18.28	——
湖　南	21.10	1.14	4.66	2.25	4.64	16.58	——
广　东	115.86	3.88	32.79	7.52	13.64	23.28	——
广　西	9.65	0.32	2.48	1.03	0.63	7.68	——
海　南	2.18	0.07	0.17	0.00	0.24	0.49	——
重　庆	12.16	0.14	1.00	0.27	0.47	3.45	——
四　川	58.40	1.14	4.36	3.25	1.78	5.70	——
贵　州	7.80	0.10	0.03	0.51	2.03	2.47	——
云　南	14.10	0.31	2.32	1.62	0.38	24.02	——
西　藏	1.81	——	0.07	0.01	0.02	1.93	——
陕　西	6.64	0.55	3.55	0.43	0.58	34.19	——
甘　肃	6.94	0.26	0.70	0.24	0.69	14.11	——
青　海	1.34	——	0.28	0.37	0.01	2.14	——
宁　夏	3.60	0.05	0.35	0.98	0.13	1.32	——
新　疆	11.42	0.11	1.58	0.55	0.40	3.73	——

各地区农村非农户投资资金来源

单位：亿元

地　区	合　计	国家预算内资金	国内贷款	利用外资	自筹资金	其他资金
全国总计	**14936.87**	**392.93**	**747.43**	**583.67**	**12164.94**	**1047.91**
北　京	274.83	2.27	36.36	3.02	220.92	12.25
天　津	130.88	0.17	17.00	5.61	103.53	4.57
河　北	893.89	3.55	26.06	2.72	800.74	60.81
山　西	145.87	5.68	5.26	1.18	113.04	20.72
内蒙古	42.79	2.65	3.57	——	26.44	10.13
辽　宁	705.69	8.95	47.76	4.76	619.16	25.06
吉　林	199.40	6.90	6.47	3.84	168.41	13.78
黑龙江	16.26	1.02	0.07	0.75	12.55	1.88
上　海	383.26	2.33	26.65	33.80	300.88	19.61
江　苏	2847.15	4.35	103.51	158.39	2519.88	61.02
浙　江	2124.35	19.96	190.91	67.37	1786.10	60.00
安　徽	374.48	22.52	11.94	4.93	314.65	20.43
福　建	328.32	12.02	6.55	8.75	274.06	26.94
江　西	191.25	26.80	11.89	7.12	128.93	16.50
山　东	1935.77	19.87	117.37	64.72	1577.23	156.58
河　南	842.70	17.26	23.68	1.58	709.56	90.61
湖　北	219.85	20.67	3.76	1.26	168.75	25.42
湖　南	332.27	30.24	18.70	7.18	234.93	41.22
广　东	1688.78	24.93	31.46	200.10	1282.05	150.25
广　西	161.97	10.13	3.55	2.15	93.54	52.61
海　南	10.55	0.94	0.35	0.13	6.82	2.32
重　庆	117.43	9.77	7.23	0.05	79.17	21.22
四　川	298.36	23.98	8.56	0.99	205.80	59.03
贵　州	124.74	10.78	3.55	0.17	98.26	11.98
云　南	160.71	32.73	16.80	0.27	84.04	26.87
西　藏	39.52	6.31	1.83	——	21.39	9.99
陕　西	108.64	7.82	5.87	1.44	83.51	10.01
甘　肃	69.85	12.20	1.44	0.19	43.10	12.91
青　海	25.15	11.39	0.83	0.04	11.08	1.81
宁　夏	33.98	6.45	2.98	0.04	20.69	3.82
新　疆	108.18	28.28	5.47	1.10	55.74	17.59

各地区农村非农户房屋建筑面积和投资

地　　区	施工房屋面　积（万平方米）	竣工房屋面　积（万平方米）	房屋建筑面积竣工率（%）	竣工房屋价　值（亿元）
全国总计	**46934.66**	**25856.57**	55.1	**2310.97**
北　京	710.52	361.14	50.8	57.63
天　津	572.64	164.69	28.8	19.73
河　北	1503.56	1021.96	68.0	98.64
山　西	436.70	308.59	70.7	29.83
内蒙古	129.38	98.66	76.3	7.84
辽　宁	1597.61	1155.60	72.3	157.93
吉　林	384.54	294.22	76.5	32.04
黑龙江	35.92	22.47	62.5	2.57
上　海	1493.33	716.22	48.0	99.76
江　苏	9036.36	5068.33	56.1	480.80
浙　江	9945.48	4234.97	42.6	347.66
安　徽	1263.36	782.83	62.0	58.63
福　建	976.46	455.60	46.7	36.82
江　西	637.74	438.51	68.8	25.73
山　东	3861.68	2179.71	56.4	209.60
河　南	2616.18	1647.86	63.0	132.91
湖　北	392.32	320.98	81.8	25.72
湖　南	461.03	253.09	54.9	22.29
广　东	5568.79	3112.53	55.9	269.85
广　西	259.74	150.10	57.8	10.33
海　南	18.31	13.21	72.1	1.36
重　庆	447.05	266.69	59.7	19.58
四　川	1135.57	627.16	55.2	35.93
贵　州	176.16	137.19	77.9	7.48
云　南	983.23	254.70	25.9	15.81
西　藏	737.15	708.20	96.1	30.78
陕　西	370.42	250.29	67.6	29.45
甘　肃	208.60	82.74	39.7	6.49
青　海	35.71	17.04	47.7	1.24
宁　夏	139.82	91.68	65.6	6.08
新　疆	799.29	619.62	77.5	30.45

各地区农村非农户住宅建筑面积和投资

地　区	施工住宅 面　积 （万平方米）	竣工住宅 面　积 （万平方米）	住宅建筑 面积竣工 率（%）	竣工住宅 价　值 （亿元）
全国总计	**8687.91**	**4785.56**	**55.1**	**346.44**
北　京	166.21	102.82	61.9	20.03
天　津	124.96	26.09	20.9	3.54
河　北	173.18	90.12	52.0	11.41
山　西	306.93	216.80	70.6	20.71
内蒙古	40.83	40.11	98.2	3.56
辽　宁	172.17	78.24	45.4	12.03
吉　林	24.43	15.97	65.3	1.23
黑龙江	7.59	7.59	100.0	1.02
上　海	12.45	1.73	13.9	0.38
江　苏	609.05	340.84	56.0	31.17
浙　江	789.31	325.73	41.3	22.06
安　徽	371.41	248.24	66.8	17.13
福　建	144.54	78.95	54.6	6.26
江　西	319.84	249.54	78.0	13.94
山　东	518.26	289.98	56.0	28.66
河　南	700.14	290.05	41.4	22.60
湖　北	120.45	108.99	90.5	9.23
湖　南	132.63	59.02	44.5	4.88
广　东	522.57	259.24	49.6	18.65
广　西	66.41	34.72	52.3	2.05
海　南	5.50	5.50	100.0	0.46
重　庆	176.52	116.47	66.0	8.50
四　川	714.01	331.36	46.4	18.94
贵　州	55.98	45.14	80.6	2.28
云　南	805.21	146.07	18.1	7.73
西　藏	627.53	599.39	95.5	24.13
陕　西	130.82	49.93	38.2	5.81
甘　肃	71.23	33.36	46.8	1.98
青　海	17.19	7.42	43.2	0.41
宁　夏	90.86	61.77	68.0	3.67
新　疆	669.70	524.37	78.3	22.00

各地区农村农户固定资产投资增长情况

单位：亿元

地　　区	2006年	2007年	2007年比2006年增减	
			绝对数	%
全国总计	**4436.20**	**5123.29**	**687.09**	**15.5**
北　　京	19.36	23.50	4.14	21.4
天　　津	31.39	32.71	1.32	4.2
河　　北	293.58	321.98	28.40	9.7
山　　西	93.33	115.79	22.47	24.1
内 蒙 古	65.57	74.73	9.16	14.0
辽　　宁	147.38	167.07	19.69	13.4
吉　　林	98.15	119.44	21.29	21.7
黑 龙 江	182.18	227.05	44.87	24.6
上　　海	5.96	5.21	-0.74	-12.5
江　　苏	251.84	311.98	60.15	23.9
浙　　江	312.67	328.30	15.63	5.0
安　　徽	237.20	274.98	37.78	15.9
福　　建	116.63	135.07	18.44	15.8
江　　西	141.00	155.53	14.53	10.3
山　　东	380.59	435.47	54.88	14.4
河　　南	508.20	591.54	83.34	16.4
湖　　北	142.13	186.78	44.64	31.4
湖　　南	203.28	216.33	13.05	6.4
广　　东	217.53	259.70	42.18	19.4
广　　西	137.41	184.44	47.03	34.2
海　　南	18.79	19.26	0.47	2.5
重　　庆	72.18	74.52	2.34	3.2
四　　川	246.62	294.08	47.46	19.2
贵　　州	73.41	82.32	8.91	12.1
云　　南	144.51	162.51	18.00	12.5
西　　藏	——	——	——	——
陕　　西	119.48	135.01	15.53	13.0
甘　　肃	55.30	56.33	1.04	1.9
青　　海	11.41	14.01	2.60	22.8
宁　　夏	29.99	34.01	4.02	13.4
新　　疆	79.13	83.59	4.46	5.6

各地区农村农户按构成分的投资

单位：亿元

地　　区	投资额	建筑安装工程	设备工器具购置	其他费用
全国总计	**5123.29**	**3539.97**	**1026.10**	**557.21**
北　　京	23.50	19.70	2.67	1.14
天　　津	32.71	18.31	8.73	5.67
河　　北	321.98	240.65	35.99	45.34
山　　西	115.79	83.37	23.51	8.91
内 蒙 古	74.73	34.98	25.70	14.05
辽　　宁	167.07	113.82	21.09	32.16
吉　　林	119.44	45.49	34.78	39.17
黑 龙 江	227.05	67.92	100.82	58.31
上　　海	5.21	3.71	1.51	——
江　　苏	311.98	193.50	96.79	21.69
浙　　江	328.30	250.99	50.20	27.11
安　　徽	274.98	201.76	57.41	15.81
福　　建	135.07	89.18	35.30	10.58
江　　西	155.53	116.23	19.39	19.91
山　　东	435.47	294.82	88.37	52.28
河　　南	591.54	511.25	68.33	11.96
湖　　北	186.78	150.48	21.95	14.35
湖　　南	216.33	153.79	40.00	22.54
广　　东	259.70	231.33	17.71	10.66
广　　西	184.44	131.41	40.01	13.01
海　　南	19.26	8.97	1.49	8.80
重　　庆	74.52	52.13	11.87	10.51
四　　川	294.08	166.94	62.63	64.52
贵　　州	82.32	58.27	24.06	——
云　　南	162.51	130.70	14.07	17.74
西　　藏	0.00	——	——	——
陕　　西	135.01	81.01	43.43	10.57
甘　　肃	56.33	29.50	18.61	8.22
青　　海	14.01	8.39	3.20	2.42
宁　　夏	34.01	11.72	20.72	1.58
新　　疆	83.59	39.63	35.75	8.21

各地区农村农户按项目分的投资

单位：亿元

地区	投资额	房屋	道路	桥梁	设备	水利	其他
全国总计	**5123.29**	**3419.65**	**7.40**	**1.40**	**1023.94**	**18.15**	**652.74**
北京	23.50	19.59	——	——	2.67	——	1.25
天津	32.71	18.31	——	——	8.73	——	5.67
河北	321.98	238.04	——	——	35.99	0.05	47.90
山西	115.79	83.17	——	——	23.51	——	9.11
内蒙古	74.73	29.62	——	——	25.70	2.34	17.07
辽宁	167.07	110.80	——	——	20.75	——	35.52
吉林	119.44	45.29	——	——	34.78	——	39.37
黑龙江	227.05	67.55	——	——	100.82	——	58.68
上海	5.21	3.71	——	——	1.51	——	——
江苏	311.98	178.84	——	——	107.29	1.00	24.86
浙江	328.30	239.72	2.00	——	50.20	——	36.39
安徽	274.98	200.27	0.67	——	54.54	0.11	19.40
福建	135.07	87.22	0.29	0.04	37.67	0.55	9.30
江西	155.53	112.05	——	——	19.39	0.14	23.95
山东	435.47	277.90	——	——	78.01	3.24	76.32
河南	591.54	503.44	0.37	——	68.33	0.26	19.15
湖北	186.78	150.25	——	——	21.95	0.07	14.51
湖南	216.33	141.60	3.86	1.36	40.00	5.30	24.21
广东	259.70	229.52	——	——	17.71	0.03	12.43
广西	184.44	123.33	——	——	40.01	——	21.10
海南	19.26	8.90	——	——	0.04	——	10.32
重庆	74.52	51.50	——	——	11.87	——	11.14
四川	294.08	165.36	——	——	62.63	1.02	65.07
贵州	82.32	56.26	0.05	——	24.06	0.03	1.93
云南	162.51	109.18	——	——	14.07	3.01	36.25
西藏	——	——	——	——	——	——	——
陕西	135.01	80.47	0.03	——	43.43	0.27	10.81
甘肃	56.33	28.45	0.15	——	18.61	0.31	8.82
青海	14.01	8.39	——	——	3.20	——	2.42
宁夏	34.01	11.72	——	——	20.72	——	1.58
新疆	83.59	39.21	——	——	35.75	0.42	8.21

各地区农村农户按主要行业分的投资（一）

表 1　　单位：亿元

地　　区	合　计	农、林、牧、渔业	采矿业	制造业	电力、燃气及水的生产和供应业	建筑业	交通运输、仓储和邮政业
全国总计	**5123.29**	**1041.91**	**4.80**	**91.07**	**3.55**	**151.47**	**391.56**
北　京	23.50	2.51	——	0.26	——	0.14	1.28
天　津	32.71	5.60	——	1.76	——	2.27	5.09
河　北	321.98	67.79	——	2.53	——	0.07	12.65
山　西	115.79	22.96	——	0.10	——	1.85	6.55
内蒙古	74.73	37.93	0.27	0.13	——	2.60	3.60
辽　宁	167.07	50.35	——	1.45	——	10.01	11.72
吉　林	119.44	58.89	——	0.04	——	——	14.68
黑龙江	227.05	143.05	——	——	——	2.20	14.25
上　海	5.21	0.02	——	——	——	——	1.51
江　苏	311.98	35.27	——	23.95	——	3.98	43.65
浙　江	328.30	32.06	——	26.45	——	——	29.41
安　徽	274.98	42.40	——	0.43	——	0.34	29.47
福　建	135.07	27.89	0.12	1.02	0.20	16.58	10.18
江　西	155.53	39.85	0.00	0.21	0.08	0.29	9.01
山　东	435.47	98.25	——	20.42	——	0.48	35.14
河　南	591.54	58.14	1.33	3.30	1.67	9.68	28.54
湖　北	186.78	25.19	——	0.28	——	6.06	4.57
湖　南	216.33	31.87	——	3.09	0.17	4.05	14.79
广　东	259.70	17.55	0.05	0.16	0.01	38.37	11.44
广　西	184.44	34.91	0.25	0.59	——	8.23	14.25
海　南	19.26	9.82	——	0.04	——	——	0.50
重　庆	74.52	13.37	——	1.47	——	3.12	5.07
四　川	294.08	52.38	1.02	1.68	0.04	17.42	27.19
贵　州	82.32	10.46	0.40	0.42	1.26	——	13.10
云　南	162.51	27.59	1.24	0.33	——	0.39	7.36
西　藏	——	——	——	——	——	——	——
陕　西	135.01	13.26	0.01	0.12	0.11	11.96	11.05
甘　肃	56.33	15.05	——	0.09	——	3.12	7.52
青　海	14.01	4.15	——	0.08	——	——	1.77
宁　夏	34.01	19.08	——	0.39	——	——	4.56
新　疆	83.59	44.29	0.12	0.28	——	8.27	11.65

续表 1 单位：亿元

地　　区	信息传输、计算机服务和软件业	批发和零售业	住宿和餐饮业	金融业	房地产业	租赁和商务服务业	科学研究、技术服务和地质勘查业
全国总计	**10.03**	**35.74**	**37.93**	**0.94**	**3168.71**	**1.01**	**0.45**
北　　京	——	——	——	——	18.89	——	——
天　　津	——	0.29	0.12	——	16.81	——	——
河　　北	——	0.44	3.89	——	232.67	——	——
山　　西	——	0.34	0.03	——	83.17	0.09	——
内 蒙 古	——	0.32	1.67	——	26.96	——	——
辽　　宁	——	0.27	——	——	87.05	——	——
吉　　林	——	5.77	——	——	40.06	——	——
黑 龙 江	——	——	——	——	67.55	——	——
上　　海	——	——	——	——	3.69	——	——
江　　苏	——	7.74	——	——	171.20	——	——
浙　　江	——	0.09	——	——	239.72	——	——
安　　徽	——	——	——	——	201.32	——	——
福　　建	1.09	1.88	1.85	——	69.45	——	——
江　　西	0.06	0.15	0.50	0.94	103.33	0.39	——
山　　东	——	0.76	——	——	275.75	——	——
河　　南	——	2.44	——	——	468.48	——	——
湖　　北	——	0.02	0.00	——	150.25	——	——
湖　　南	0.38	1.32	1.16	——	153.29	0.10	0.42
广　　东	0.02	0.30	2.52	——	187.49	0.01	——
广　　西	0.08	0.00	——	——	118.49	0.42	——
海　　南	——	——	——	——	8.90	——	——
重　　庆	——	——	——	——	51.50	——	——
四　　川	3.40	2.22	3.93	——	124.59	——	——
贵　　州	——	0.03	——	——	55.79	——	——
云　　南	——	1.16	15.25	——	109.18	——	——
西　　藏	——	——	——	——	——	——	——
陕　　西	3.68	10.16	5.12	——	47.57	——	——
甘　　肃	0.45	0.02	0.27	——	24.91	——	0.03
青　　海	——	——	——	——	8.02	——	——
宁　　夏	——	——	——	——	9.98	——	——
新　　疆	0.43	——	1.61	——	12.65	——	——

续表 2　　单位：亿元

地　区	水利、环境和公共设施管理业	居民服务和其他服务业	教　育	卫生、社会保障社会福利	文化、体育和娱乐业	公共管理和社会组织	国际组织
全国总计	**4.15**	**157.96**	**1.53**	**0.44**	**17.83**	**2.21**	——
北　京	——	0.43	——	——	——	——	——
天　津	——	0.22	——	——	0.55	——	——
河　北	0.78	0.72	——	——	0.16	——	——
山　西	——	0.12	——	——	0.42	——	——
内蒙古	——	0.96	——	——	0.29	——	——
辽　宁	——	4.06	——	——	2.16	——	——
吉　林	——	——	——	——	——	——	——
黑龙江	——	——	——	——	——	——	——
上　海	——	——	——	——	——	——	——
江　苏	——	26.18	——	——	——	——	——
浙　江	——	0.57	——	——	——	——	——
安　徽	——	1.02	——	——	——	——	——
福　建	0.78	2.99	0.02	0.08	0.94	——	——
江　西	0.02	0.37	——	0.08	0.26	——	——
山　东	1.07	2.40	——	——	1.19	——	——
河　南	——	17.15	——	0.06	0.74	——	——
湖　北	——	0.23	——	——	0.16	——	——
湖　南	0.35	2.86	0.80	——	1.45	0.24	——
广　东	0.02	1.69	——	——	0.06	——	——
广　西	——	4.29	0.33	——	0.62	1.97	——
海　南	——	——	——	——	——	——	——
重　庆	——	——	——	——	——	——	——
四　川	0.05	52.50	0.09	0.17	7.40	——	——
贵　州	0.25	0.60	——	0.03	——	——	——
云　南	——	——	——	——	——	——	——
西　藏	——	——	——	——	——	——	——
陕　西	0.06	31.19	0.13	0.02	0.58	——	——
甘　肃	0.33	4.14	0.09	——	0.32	——	——
青　海	——	——	——	——	——	——	——
宁　夏	——	——	——	——	——	——	——
新　疆	0.42	3.27	0.06	——	0.54	——	——

各地区农村农户投资资金来源

单位：亿元

地　　区	合　　计	国内贷款	自筹资金	其他资金
全国总计	**5123.29**	**160.69**	**4687.41**	**275.19**
北　京	23.50	——	23.50	——
天　津	32.71	1.76	27.43	3.52
河　北	321.98	0.34	321.63	——
山　西	115.79	1.45	113.33	1.01
内蒙古	74.73	8.10	64.05	2.59
辽　宁	167.07	3.80	163.27	——
吉　林	119.44	18.70	100.50	0.25
黑龙江	227.05	5.63	166.66	54.77
上　海	5.21	——	5.21	——
江　苏	311.98	23.95	269.57	18.47
浙　江	328.30	4.05	321.00	3.25
安　徽	274.98	12.14	250.87	11.97
福　建	135.07	2.65	128.74	3.69
江　西	155.53	6.70	142.96	5.87
山　东	435.47	12.53	378.61	44.34
河　南	591.54	6.31	570.37	14.86
湖　北	186.78	0.40	180.25	6.13
湖　南	216.33	2.27	155.08	58.98
广　东	259.70	1.91	253.84	3.96
广　西	184.44	11.07	166.67	6.70
海　南	19.26	——	19.26	——
重　庆	74.52	——	74.52	——
四　川	294.08	1.42	285.07	7.60
贵　州	82.32	3.67	76.72	1.93
云　南	162.51	12.56	139.66	10.28
西　藏	——	——	——	——
陕　西	135.01	4.84	127.48	2.69
甘　肃	56.33	4.65	44.99	6.69
青　海	14.01	0.92	12.64	0.45
宁　夏	34.01	1.61	31.77	0.63
新　疆	83.59	7.28	71.75	4.56

各地区农村农户房屋建筑面积和投资

地　　区	施工房屋面　　积（万平方米）	竣工房屋面　　积（万平方米）	房屋建筑面积竣工率（%）	竣工房屋价　　值（亿 元）
全国总计	**86665.63**	**78321.25**	**90.4**	**3228.35**
北　　京	398.09	311.15	78.2	17.14
天　　津	302.18	218.68	72.4	16.38
河　　北	5010.84	4384.97	87.5	222.23
山　　西	1970.00	1702.00	86.4	78.35
内 蒙 古	814.00	794.00	97.5	28.43
辽　　宁	3276.00	3276.00	100.0	131.91
吉　　林	650.88	640.40	98.4	38.79
黑 龙 江	923.84	891.96	96.5	64.53
上　　海	32.70	32.70	100.0	3.71
江　　苏	2588.00	2465.00	95.2	178.84
浙　　江	4411.00	4135.00	93.7	239.72
安　　徽	4005.20	3699.51	92.4	169.93
福　　建	5117.43	3433.32	67.1	58.52
江　　西	3136.38	2731.15	87.1	106.43
山　　东	5958.55	5832.27	97.9	281.07
河　　南	13451.00	12534.75	93.2	474.18
湖　　北	3379.52	3249.95	96.2	142.51
湖　　南	5812.00	5469.00	94.1	137.25
广　　东	4615.00	3328.00	72.1	182.59
广　　西	3362.73	3273.88	97.4	122.54
海　　南	216.63	160.23	74.0	9.19
重　　庆	1597.62	1471.45	92.1	49.08
四　　川	4855.00	3947.00	81.3	153.47
贵　　州	1800.00	1654.00	91.9	53.78
云　　南	4176.00	3957.00	94.8	101.11
西　　藏	——	——	——	——
陕　　西	1749.43	1718.52	98.2	79.05
甘　　肃	1031.00	1028.00	99.7	28.38
青　　海	257.34	252.80	98.2	8.31
宁　　夏	234.00	234.00	100.0	11.72
新　　疆	1533.28	1494.55	97.5	39.21

各地区农村农户住宅建筑面积和投资

地　　区	施工住宅 面　积 （万平方米）	竣工住宅 面　积 （万平方米）	住宅建筑 面积竣工 率（%）	竣工住宅 价　值 （亿 元）
全国总计	**80782.24**	**72676.38**	**90.0**	**3022.00**
北　京	379.96	298.48	78.6	16.66
天　津	253.63	203.31	80.2	16.10
河　北	——	3990.32	——	203.97
山　西	1930.00	1666.00	86.3	76.93
内蒙古	628.00	596.00	94.9	23.90
辽　宁	2981.00	2981.00	100.0	120.16
吉　林	620.25	620.25	100.0	35.92
黑龙江	780.93	720.14	92.2	57.46
上　海	32.70	32.70	100.0	3.69
江　苏	2525.00	2404.00	95.2	171.20
浙　江	4158.00	3997.00	96.1	230.35
安　徽	3759.54	3507.18	93.3	161.98
福　建	4867.63	3206.54	65.9	54.37
江　西	2982.55	2598.11	87.1	100.73
山　东	5382.86	5284.59	98.2	251.78
河　南	12633.00	11574.55	91.6	440.04
湖　北	3189.01	3173.05	99.5	138.05
湖　南	5545.00	5161.00	93.1	130.37
广　东	4503.00	3256.00	72.3	179.51
广　西	3316.58	3219.78	97.1	121.52
海　南	205.43	152.76	74.4	8.76
重　庆	1452.69	1368.43	94.2	46.00
四　川	4042.00	3219.00	79.6	135.28
贵　州	1773.00	1627.00	91.8	53.32
云　南	3722.00	3515.00	94.4	87.68
西　藏	——	——	——	——
陕　西	1703.49	1668.69	98.0	76.76
甘　肃	955.00	770.00	80.6	26.67
青　海	224.24	219.70	98.0	7.93
宁　夏	203.00	203.00	100.0	9.98
新　疆	1480.68	1442.80	97.4	34.93